红/十/字/文/化/丛/书
池子华　总主编

中国红十字运动史料选编·湖北专辑二
（第十七辑）

湖北省红十字会　红十字运动研究中心　编
涂明珍　池子华　主编

合肥工業大學出版社

《红十字文化丛书》编辑委员会

《中国红十字运动史料选编（湖北专辑二）》（第十七辑）编辑委员会

编辑委员会组成人员名单

《红十字文化丛书》总序

150 年前，高举人道主义旗帜，旨在促进人类持久和平的红十字运动在欧洲兴起并迅速走向世界。100 多年来，红十字会为世界和平与发展做出的巨大贡献有目共睹，因而日益受到世界各国、各地区的欢迎，已发展为与联合国、奥委会并称的世界三大国际组织之一。究其原因，乃其所奉行的七项基本原则——也是红十字文化的内核——涵盖了世界上各种不同文化的共同点，能为文化和制度不同的国家所接受，故而具有强大的生命力。

100 年前，红十字运动东渐登陆中国。在其中国化的发展过程中，红十字会不断吸取中国传统文化的精髓，茁壮成长，逐步形成了“人道、博爱、奉献”的文化内涵，并成为中华文化的瑰宝之一。

百余年来，红十字运动在波澜壮阔的实践中积累了丰富的经验，也留下了许多教训。经验与教训需要上升为理论，也只有理论才能更好地指导红十字事业持续、健康发展。学界、业界对此都进行了持续的关注。

2005 年 12 月 7 日，苏州大学社会学院与苏州市红十字会携手合作，成立全国首家红十字运动研究中心，旨在通过学界和业界的联合，推动和加强红十字运动的理论研究，探究红十字运动中国化的过程与特色，凝练红十字文化价值，探求红十字运动在构建国家软实力和促进中华民族伟大复兴中的地位与作用。同年 12 月 9 日，中国红十字会总会也提出：“确定一批研究课题，组织专家学者开展对国际红十字运动及中国红十字运动的深入研究。”[①] 由此，学界、业界共同开展了对红十字运动的学术研究与理论探讨。

多年来，红十字运动研究中心除通过专业网站（http：//

① 中国红十字会总会：《关于加强和改进宣传工作的意见》，红总字〔2005〕19 号。

www. hszyj. net）发布和交流学界、业界动态外，已出版研究成果数十部；帮助一些地方红十字会建立与高校的合作，搭建平台，共同开展研究；举办了首届红十字运动与慈善文化国际学术研讨会；培养了一批专门研究红十字运动的生力军；积累了大量的学术资料。中心主要研究人员还借助在各地讲学的机会，传播重视红十字运动研究的理念。正是在红十字运动研究中心的引领之下，红十字运动研究在中华大地上呈现出生机勃勃的发展态势，并取得了丰硕的成果，“新红学”[①] 呼之欲出。仅以2011 年为例，各地以纪念辛亥革命100 周年为契机，纷纷整理、编辑出版了地方红会百年史；有的红会还与高校合作组建相关研究中心；等等。[②] 这些方式有力地推动了红十字运动研究向更深更广的方向发展。

当今世界正处于大发展大变革大调整时期，多极化、经济全球化深入发展，科学技术日新月异，各种思想文化交流交融交锋更加频繁，文化在综合国力竞争中的地位和作用更加凸显。2011 年10 月18 日，党的十七届六中全会通过的《中共中央关于深化文化体制改革　推动社会主义文化大发展大繁荣若干重大问题的决定》，提出要推动社会主义文化大发展大繁荣。2011 年11 月7 日，教育部发布了《高等学校哲学社会科学繁荣计划（2011—2020 年）》，强调要大力提升高等学校人才培养、科学研究、社会服务、文化传承创新的能力和水平。2011 年12 月7 日，全国人大常委会副委员长、中国红十字会会长华建敏在中国红十字会九届三次理事会上提出：“要深化理论研究，充分挖掘红十字文化内涵，推进红十字文化中国化，广泛传播人道理念，在全社会推动形成良好的道德风尚。”[③] 红十字“文化工程”已然成为红十字会总体建设目标之一。[④] 进一步加强与拓展红十字运动理论研究，尤其是对红十字文化中国化的研究，已成为历史与现实的呼唤。

---

① 在2009 年4 月于苏州大学召开的“红十字运动与慈善文化”国际学术研讨会上，红十字运动研究中心主任、江苏红十字运动研究基地负责人、苏州大学教授池子华指出，经过100 多年波澜壮阔的实践发展和学术界呕心沥血的开拓性研究，在人文社科领域构建一门“新红学”——红十字学，条件已经具备，时机已经成熟。见池子华：《创建“红十字学”刍议》，《中国红十字报》2009 年4 月17 日。

② 池子华、郝如一：《2011 年红十字理论研究之回顾》，《中国红十字报》2012 年1 月3 日。

③ 《中国红十字会九届三次理事会召开》，《中国红十字报》2011 年12 月9 日。

④ 池子华：《“文化工程”应成为红十字会总体建设目标之一》，《中国红十字报》2009 年12 月11 日。

有鉴于此，红十字运动研究中心继续发挥高等学校与业界合作的优势，汇聚研究队伍，科学选题，出版一套“红十字文化丛书”，弘扬有利于国家富强、民族振兴、人民幸福、社会和谐的思想和精神，凸显红十字文化在中国文化园地中的地位，使红十字文化在神州大地上更加枝繁叶茂，促进中国红十字事业可持续发展，推动红十字文化的国际交流。

“红十字文化丛书”的出版，得到了中国红十字基金会、江苏省红十字会、苏州大学社会学院、上海市嘉定区红十字会、浙江省嘉兴市红十字会、江苏省盐城市盐都区红十字会等单位的鼎力支持，也得到红十字国际委员会东亚地区代表处及中国红十字会总会的关心和指导，在此谨致衷心感谢。

池子华

2012年6月于苏州大学

前言

《中国红十字运动史料选编》是红十字运动研究中心推出的大型资料汇编，本书是这一系列中的第十七辑。该书在时间断限上为1950—1965年。该资料集以《人民日报》《光明日报》《新中国红十字》等报刊资料以及湖北省档案馆、武汉市档案馆馆藏资料为主要来源，从中辑录湖北红十字运动的相关史料。

本书辑录原则如下：

一、辑录资料依据内容分为会务讯息、工作汇报、公牍选载、统计图表、人道文苑、杂俎等6个专题。每个专题内，除个别内容为阅读方便而前后衔接外，其余均按时间先后顺序排布。

二、均在资料末注明原载报刊名称和刊载日期。对于不同报纸中完全重复的资料，选载其一，并存另一目录。需要特别说明的是，《新中国红十字》于1950年9月创刊发行，在1950—1952年共出版2卷合刊本，每卷12期内容；1953年及1954年每年出版1卷合刊，每卷12期，每月出版1期。1956年4月，《新中国红十字》杂志改名为《中国红十字》杂志复刊，初为双月刊，后变为单月刊。编者在标注资料来源时，一律遵照原刊标注，或有杂乱之嫌，敬请读者原谅。

三、辑录资料的标题按照原标题照录，尽可能不做改动，仅对原标题过长者做了必要的精简。原文无标题者酌加标题，以便检索。

四、辑录的资料按原意分段并按现行规范进行标点。对于前后顺序颠倒的词语，直接进行改正；对于明显的错字，在原文中进行纠正；对于缺漏之字，在“（ ）”中予以注明；对于模糊不清之字，则以“□”表示；但原文本身有误、无从核对之处，只好仍旧，或留有遗憾。

五、1949年以来，湖北省行政区划调整变化较大。1949年5月，设武汉市，由中央人民政府直辖；湖北全省分设黄冈、孝感、襄樊等8个专区。1950年武汉市和湖北省改由中南军政委员会领导；1952年由中南行政委员会领导。1954年，撤销中南行政委员会，改湖北省为中央直接领导，武汉市为省辖市，并为省人民政府驻地。1959年，撤销孝感专区，所属各县划归武汉市。至1965年底，湖北省有8专区、72县。因此，1949—1954 年，湖北省、武汉市是并列关系。本书亦将 1949—1954 年的武汉红十字运动作为湖北红十字运动的一部分进行论述。

六、中华人民共和国成立后，一些区域现在已经不在湖北省界之内，如石首县的岳军乡（现属湖南岳阳市）；有一些区域是中华人民共和国成立后才划入湖北的，如大冶专区（现属黄石市）、郧阳专区（现属十堰市）。而且，各专区（市）所辖行政区划也在频繁调整。鉴于此，本书汇编的原则，是以当时的行政区划为准。

七、关于同一人名、地名的不同写法，辑录的资料依照现存记录及当前习惯用法进行了统一。人名：如湖北医院内科主任卢镜澄，原文亦作芦镜澄等。地名：如湖北孝感，原文亦作孝干；武汉浠水，原文亦作希水；湖北襄樊，原文亦作襄凡；湖北嘉鱼，原文亦作加鱼等。

八、关于文中阿拉伯数字与汉字数字表达不一致的问题，为尊重原文，文中的数字按照原文中的写法照录，部分篇章为了局部统一，稍作了修改。

需要说明的是，本书是集体劳动的结晶，其中，戴少刚、钟鑫鑫、商东惠负责资料搜集、校对、统稿，戴少刚、商东惠负责资料整理、校对。全书由池子华审稿、定稿。由于编者水平有限，错漏之处在所难免，还请读者批评指正。

目　录

会务讯息

工作汇报

公牍选载

统计图表

人道文苑

杂　　组

会务讯息

中国红十字会总会举办分会干部学习会

举办学习会的目的

根据总会1950年9月至12月工作计划大纲规定，今年内工作重心为整理组织及训练干部。在整理组织方面，本年内须完成二十个至三十个分会之整理工作，为达成此项任务，故决定在11月间召集此二十至三十个分会的会务主管人员及业务主管人员来京参加集体学习。使对本会工作方针与任务，得以充分学习与了解，并吸收总会改组经验以便搞好分会之整理工作。

参加学习会之分会名单

邕宁分会、梧州分会、汉口分会、北京分会、西安分会、赣州分会、广州分会、昆明分会、济南分会、重庆分会、南昌分会、上海分会、常州分会、万县分会、天津分会、无锡分会、镇江分会、安庆分会、济宁分会、青岛分会、开封分会、福州分会、广德分会、凤台分会、太原分会、内江分会。

（原载于《新中国红十字》1950年第2期）

中国红十字会改组总会新理事会成立

中国红十字会总会已实行改组。中央卫生部和中国人民救济总会根据中央人民政府政务院指示和中国人民救济代表会议决议，于日前邀集中央人民政府有关部、会和群众团体代表，召开改组中国红十字会的协商会议，成立了新的中国红十字会总会理事会。出席者计有中央人民政府卫生部、内务部、外交部、民族事务委员会、华侨事务委员会、人民革命军事委员会卫生部，北京市人民政府，中国人民救济总会，全国总工会，全国妇联，全国青联，全国文联及原中国红十字会总会等单位代表共二十名。

会议首先听取了原红十字会秘书长胡兰生关于红十字会会务的报告、卫生部李德全部长关于红十字会今后工作任务的报告、中国人民救济总会伍云甫秘书长关于调整中国红十字会若干原则问题的报告，继即讨论新中国红十字会总会会章草案。全体代表对该草案原则上一致通过，最后选出中国红十字会总会新理事会的理事二十七名。

新理事会业已举行了两次全体会议，推选了正副会长和常务理事，决定了正副秘书长人选；并根据协商会议上确定的原则，对中国红十字会总会会章作了文字上的修改。

中国红十字会总会正副会长、常务理事、理事和正副秘书长名单如次：

会长：李德全

副会长：彭泽民、刘鸿生、熊瑾玎、胡兰生。

常务理事：金宝善、苏井观、陈其瑗、龚普生、伍云甫、林仲。

理事：吴有训、徐国懋、王晓末、朱子会、傅况鳞、徐寄庼、傅连暲、杨静仁、朱学范、曹孟君、吴晗、梅兰芳、康克清、周鲠生、谢雪红、邓裕志。

秘书长：胡兰生（兼）

副秘书长：林士笑、倪斐君。

（原载于《人民日报》1950年9月10日）

中国红十字会分会及总会职工发表抗美援朝宣言

中国红十字会总会，为了整理各地分会，贯彻新中国红十字会的精神，特召集了三十个分会负责干部，举行学习会。于本月六日，举行开学礼。首由该会兼秘书长胡兰生报告了学习会的目的；继由代理会长熊瑾玎、军委卫生部傅连暲副部长、救总林仲副秘书长及来宾干部等讲话。他们批判了红十字会过去的工作，并指出今后应认清敌我，站稳立场，为消灭灾难，反对美帝侵略而斗争。最后一致热烈通过，发表抗美援朝宣言，并向毛主席致敬。宣言内称：“中国红十字会，是人民的组织，是主张和平的团体。对于美帝这种发动侵略战争，破坏和平，制造灾害的行为，万分的憎恶与仇恨。我们为了自救和保卫世界的持久和平，坚决拥护苏联红十字会在国际红十字协会第二十一届大会提议通过的‘禁止原子弹，停止滥施轰炸’的决议，拥护各民主党派的联合宣言，并动员全中国红十字会员，一致起来，为抗美援朝保家卫国而奋斗！”签署的是：中国红十字会分会干部学习会：汉口、南宁、济宁、西安、长泾、镇江、常州、昆明、福州、凤台、内江、洛阳、南京、赣州、梧州、上海、天津、南昌、济南、青浦、广州、万县、青岛、夏邑、无锡、重庆、开封、北京、太原、广德等三十个分会及总会全体职工。

（原载于《人民日报》1950年11月14日）

红十字总会配合治淮工程组织医务服务队出发工地

中国红十字会总会为了配合政府生产救灾、治淮工作的需要，并给今后农村卫生工作创出一个良好的开端，由西安、济南、汉口、上海、镇江、南京、青浦等地红十字分会调派和介绍了医护人员一百三十七人，在南京举办了一个训练班，该班于五〇年十二月十八日开始，在五一年一月十三日结束。

该班一百三十七人内包括医师十人，医士二十八人，助产士二十人，护士十九人，药剂员八人，检验员一人，护理员四十二人。他们在政治方面学习了“论知识份子与工农群众结合”“第一届全国卫生会议总结报告”“斯大林论自我批评”。业务方面学习了关于急救、传染病及环境卫生的一般知识。在训练过程中，中央防疫总队及南京人民政府卫生局曾派员大力协助。

中国红十字总会在这训练班结束之后，便把这些学员和以前总会的农村巡回医疗服务队编成一个医防服务大队，下设五个队，每队三十四人，其中包括队长一人，队副二人，医师三人，医助四人，护士长一人，护士四人，助产士四人，药剂员二人，检验员二人，护理员六人。

这五个队已于一月十九日从南京出发，分赴各地。第一队驻颍上，第二队驻临淮，第三、四两队驻正阳关，第五队驻凤台，大队部也在凤台。他们将在各地区进行治淮工程卫生和灾区农村卫生工作。

（原载于《光明日报》1951年1月27日）

各地医务工作者纷纷报名参加抗美援朝医疗队

各地医务工作者纷纷响应中国人民保卫世界和平反对美国侵略委员会和中国红十字会总会的号召，报名声请参加抗美援朝医疗队。从二月九日到十九日报名人数已有三百八十七人。向中国红十字会各地分会报名的有：常州分会十三人，洛阳分会五人，无锡分会二十三人，江阴长泾分会十六人，上海分会十二人，南京分会六人，安庆分会十二人，芜湖分会一人，即墨分会五十七人，济宁分会六人，仙游分会一人，南宁分会十八人，江门分会九人，福州分会二十二人，赣州分会三人，灌县分会五人，平凉分会四人，广州分会二十四人，汉口分会十二人，重庆分会七十人。直接向中国红十字会总会报名的有：河北省顺义县卫生院十一人，察哈尔省宣化县龙烟铁矿庞家堡医务站十人，华北人民革命大学附属医院三人，河北省磁县峰峰矿务局医院十一人，福建省武平县机动鼠疫防治队十四人，远在中国越南边境的云南省建水县医务工作者十二人，山西、河南、黑龙江、湖南等省及北京市个别报名的七人。

这些医务工作者在报名中都表现了高度的爱国主义与国际主义精神，坚决要求准许他们去朝鲜前线工作。中国红十字会灌县分会在给总会的电报中说："报名者都是满腔热忱，未便加以取舍，故全部报请总会审核。"常州分会和洛阳分会报名的十八人则已迳（经）来北京，等待批准。

这一报名热潮目前正在各地继续高涨。已报名的医务工作者，将由中国红十字会总会审核批准后，再通知其来京集中，编入"中国红十字会国际医防服务队"，前往朝鲜工作。为使各地医务工作者在报名手续上得到方便，中国红十字会总会规定：凡附近有红十字分会的可就近向分会报名；如在机关中工作者，须取得行政上同意的介绍信；不是在机关中工作的，须取得当地医务工作者的团体或区以上政府的证明信。

（原载于《人民日报》1951 年 2 月 26 日）

各地医务工作者纷纷报名参加援朝医疗队

随着时间的发展和朝鲜战局的辉煌胜利，抗美援朝运动正不断地推进中，因之二月九日新华社发布了中国人民保卫世界和平反美侵略委员会和中国红十字总会的组织援朝医疗队的办法之后，全国各地纷纷响应，到二月十九日止，十天以来已有报名者387人。

首先这一运动是在全国人民热烈的抗美援朝的基础上，而以各地红十字分会为中心来展开的。各地红十字分会接到这一通知之后，马上进行了传达，布置了学习，大多数分会与当地人民政府及有关机关团体进行了协商，如重庆分会与各界成立了“重庆市人民抗美援朝志愿医疗队筹委会”，很快地发动了志愿报名运动。

已报名的有常州分会十三人，洛阳分会五人，无锡分会二十三人，江阴长泾分会十六人，上海分会十二人，南京分会六人，安庆分会十二人，芜湖分会一人，即墨分会五十七人，济宁分会六人，仙游分会一人，南宁分会十八人，江门分会九人，福州分会二十二人，赣州分会三人，灌县分会五人，平凉分会四人，广州分会电报组织二队约二十四人，汉口组一队约十二人，重庆分会报纸上已披露响应者七十余人。

在这些报名过程中，有不少的生动事例，如常州分会中有撇下一个半月的婴孩来报名的年轻母亲，有向病中母亲跪泣请求的女同志。仙游分会医院的护士王莹珍特地写了志愿书来保证以实际行动回答美帝的侵略政策，南宁分会因为报名中护士助理员较多，因之有的女同志恐怕淘汰，夜间失眠，甚至吃不下饭和暗泣的。灌县分会来电说“报名者均属热忱坚决，未便加核”，所以全部报总会审核。平凉分会王兆祥医师夫妇，洛阳分会李帼侠、李帼琴姊妹都同时报名参加。其中常州和洛阳分会十八位同志以急不待缓的心情，已于十三及十九日先后到达了北京红十字总会。

这一运动决不单是红十字会的个别行动，而是在群众和广大的医药卫生工作者的热烈愿望上展开的，因之热烈地响应了这一号召。顺义县卫生院院长等十一个人，投书红十字总会报名，坚决地要求准许赴朝工作，他们保证把工作做好。宣化龙烟铁矿庞家堡医务站十位工作同志来函本会，说明他们都是进步青年，他们保证人人能吃苦，坚决要求赴朝工作锻炼自己，而且原来是薪金制，参加工作随便处理。北京革大附属医院的护士同志三人表示他们曾三次要求赴朝，组织上都未同意，这次想请红十字会协助促成。河北磁县峰峰矿务局医院见到报纸这一消息后，来函保证决以一切力量完成所付任务，该院院长等十一位医工同志一致要求准许报名。福建省武平机动鼠疫防治队队长等十四人急电该会说：“组织医疗队热盼赴朝。”还有山西、河南、黑龙江、湖南及北京个别直接报名的七人。远在越南边境的建水某医院电报红会要单独组一个队来京。

这一运动正不可遏止地进行着。这些医务工作者报名之后，将经中国红十字会总会审查，再通知批准的同志来京集中，编入中国红十字会国际医防服务队，转赴朝鲜。

该会最近收到询问个别和直接参加手续的信件很多，他的答复是：凡附近有红十字分会者可就近报名，或直接与北京中国红十字会总会联系，如在机关中工作者须取得行政上同意的介绍信，不在机关中工作的，须取得医联和区以上政府的证明信。

（原载于《光明日报》1951年2月26日）

全国医务工作者涌入抗美援朝的巨流中（节录）

（上略）

中南方面：

1. 武汉：朝鲜战争爆发以后，中南区和武汉市的医务工作者们，纷纷要求去朝鲜前线，为中朝战士服务，击退美帝侵略。1950年12月17日，武汉市医务工作者曾为此举行集会，交换意见。在大家的一致要求下，当即组成中南区医务工作者抗美援朝行动委员会，具体进行动员和组织工作，推选委员51人，并公推姚克方任主委，江虎臣、王子玕、谢治光、张静吉为副主委，红会汉口分会宋如海、朱文俊亦为该会委员。各省市均成立分会，武汉市分会即于当日成立。选出卢镜澄为主委，宋瑛、范乐成、陈修元为副主委。中南区方面，组成队员94人之医疗手术队，在大队长龙伯坚、副大队长丁志辉领导下，于1月10日出发，武汉市方面由协和医院组成一队，湖北省立医学院及湖北省人民医院组成一队，每队医师4人（包括外科主治医师1人、内科医师1人），护士8人，药剂员1人，事务联络员1人，工友1人，均于1月10日从中南区出发朝鲜前线工作。

（下略）

（原载于《新中国红十字》1951年第5期）

汉口分会协助乞丐收容所医治回归热

本会汉口市分会医院，最近循当地民政局及中国人民救济总会武汉市分会之要求，由院长朱文俊率领医疗人员，前往临时乞丐收容所，实行检治所民的回归热症，经化验，患此症者 110 人（该所收容乞丐 2355 名）。每日分别施以砒素制剂之注射，并建议该所彻底进行灭虱运动，以期根绝传染。总会为了协助此项工作，特由上海材料库发给该分会医院 Neodiavserzob300 支，以应急需。

（原载于《新中国红十字》1951 年第 5 期）

中国红十字会国际医防服务队（节录）

本年 1 月 14 日中国人民保卫世界和平反对美国侵略委员会发出了慰劳中朝人民部队和救济朝鲜难民的号召之后，本会一面与“救总”发出联合通知响应这一号召协助进行这一工作，又在红十字会特殊性能上开展了组织救济朝鲜难民的医防服务队，除了 1 月 22 日把这一任务通知各地分会外，又于 2 月 3 日与中国和大联合发出了“关于组织医防队的通知”。这一通知通过新华社，在 2 月 9 日全国各地报纸发布了这一消息。

由于时间的发展和朝鲜战局的辉煌胜利，抗美援朝运动不断地深入推进着，全国人民抗美援朝的情绪不断高涨，所以号召一经提出，全国各地医务工作者热烈地响应了这一运动。

……

向总会报名的单位和人数如次：南京分会 19 人，广州分会 28 人，汉口分会 20 人，重庆分会 12 人，万县分会 12 人，南宁分会 15 人，江门分会 9 人，即墨分会 19 人，安庆分会 12 人，仙游分会 1 人，长泾分会 16 人，昆明分会 12 人，无锡分会 23 人，……

（原载于《新中国红十字》1951 年第 6 期）

各地分会春节慰问医防服务队家属（节录）

总会为了表达对医防服务队同志们的关怀和慰劳他们的家属，特于春节致函各队员，并对队员家属举行了春节送礼运动。这一运动是由总会拟定了办法，通过各队员家属所在地的分会进行的。各分会接到指示后，都用了万分热诚，带着慰问函（以志本刊第5期）和不同的礼品与不同的方法，完成了这一意义重大的任务。现在综合了各分会举行的具体情况和所得的反映综合报道如下：

一般的慰问情况是这样的：镇江市分会负责医防服务队员童济龄等25人的慰问工作；南京市分会负责方泽仁等20人的家属；济南市分会负责慰问于连梅等8人的家属；无锡市分会负责慰问陆鸣飞等5人的家属；西安市分会负责冯鹏鸣等3同志家属；汉口市分会负责慰问周守忠等3人的家属；北京市分会慰问了高玉华等两同志的家属。各分会都遵照了总会的办法，有的购买了年糕、猪肉，有的就以代金3万元带着慰问函，派了代表亲去一一访问。无锡市分会还曾动员了百余群众打起锣鼓、放起花炮、举着慰问队的大旗，去慰问队员家属。

（下略）

（原载于《新中国红十字》1951年第6期）

汉口市分会医院实行民主管理成立院务管理委员会

本会汉口市分会医院，为了实行民主管理院务，以便改进医院业务，并教育职工，提高政治水平，发挥全心全意为人民服务精神起见，特组织成立院务管理委员会。首先分别提出委员候选人数，并研究选举办法。即由院长室根据群众意见，决定委员为9人，除推选院长为当然委员外，其余8人，为医师组1人，护士助产士组1人，医护技术组1人（包括检验员、药剂生、医护员），事务人员组1人，工友组3人，工读学生组1人。上项办法决定后，朱文俊发表谈话后，即分组选举。选举取记名投票方式，结果，计选出工友组周德昌、冯友竹、叶芳蕙三人为委员。医师组李懋基、医护技术组吴旭临、工读学生组刘文芳、护士助产组王英、事务人员组刘剑雄等为委员，并推举院长朱文俊为主席，全体职工鼓掌庆祝。并决定该会每半月召开委员会议一次，讨论院务，及各项改进事项，遇有特殊问题，得召开特殊会议。该会并与该院职工会取得密切联络，对于有关职工学习事项及参加各种活动，两会均在互助协商原则下办理。兹将院务管委会主席朱文俊讲话情形，简录于后：

首由主席朱文俊报告成立院务管理委员会意义及院务管委会应当担任之任务，继即希望职工们在当选院务管委会之后，要全心全意为人民服务，为搞好医院的业务而努力；要虚心学习，接受群众意见，认真负责管理本院院务。我们要知道，今日的医务工作者，是实行利人爱人的革命人道主义者，应该走向为人民服务的道路，我们要发扬民主、团结、互助的精神，要搞通思想，提高工作效率。要面向工农兵，为广大的劳动人民服务。

（原载于《新中国红十字》1951 年第 6 期）

汉市防疫委会表扬红十字会医院

本会汉口市分会医院，在上年秋季种痘运动中，积极争取工作，完成了它所应做完的任务。汉口市卫生防疫委员会，日前特颁给卫字第 658 号表扬证一纸，兹将表扬证原文抄录于后：

红十字会医院在 1950 年秋季种痘运动中，能主动地向群众进行宣传，启发群众，并用带头的行动，推动了工作，因此，在这一运动中，获得有显著成绩，经群众评议，共认有功，特发此证，以资鼓励云。

（原载于《新中国红十字》1951 年第 6 期）

武汉分会积极组织赴朝国际医防服务工作

武汉分会于 1 月 8 日以民主协商的方式进行了改组，与此同时，在总会的号召之下，该会更高度地表现了爱国主义和国际主义精神，马上成立了武汉市医务工作者抗美援朝行动委员会，动员组织了首批赴朝国际医防服务队，于2月28日下午4时偕同广州队乘车离开汉口北上前往北京总会报到。汉市各界千余人曾于当日下午1时在人民银行大礼堂举行欢送大会。中南文教委员会潘梓年副主任于开会前，特赶来向赴朝队员致欢送敬意。当五十余位医疗英雄步入会场时，爆竹声和暴雨般的掌声响彻全场，队员们襟头都配着一朵光荣的大红花，露着兴奋的笑容。欢送会首由武汉市红十字会卢镜澄会长致辞，他首先代表市卫生局及武汉市医务工作者抗美援朝运动分会、红十字会，向即将出发的医疗队员们致敬意。他指出：武汉市开业医师，在解放后，政治觉悟均普遍提高，帮助政府做了很多工作。这次医防队里就有17位是开业医师，汉阳还有两位医务工作者参加。他热烈祝贺各队员胜利完成任务。中南卫生部姚克方副部长代表中南卫生部及中南医务工作者行动委员会致词，勉励大家要克服困难，发挥革命人道主义精神完成任务。致辞欢送的还有市总工会、市工商联、市妇联、民革武汉分会等代表。他们均一致为这些英雄们的出发感到兴奋。市妇联代表表示努力工作来支援他们，市医联代表表示决在后方为搞好医疗工作而努力。紧接着是侨汉朝鲜妇女代表金月香、何君子致辞，并向医疗队献上“发挥国际友爱精神”的锦旗。接着光荣家属代表陈奉直同志代表全体赴朝同志家属保证做好工作，希望赴朝工作同志不要依恋家庭。最后，由广州队黄队长及武汉队孔队长致谢词。他们代表两队50余人表示坚决服从组织、克服一切困难，为朝鲜人民、全世界的和平，献出自己的一切、彻底粉碎美帝阴谋，以报答武汉市人民对他们的期望。在献旗、献花、献礼后，欢送会在热烈的气氛中结束，即开始出发。各界代表均亲送至车站，情况异常热烈。

该分会继此第一批之后，将再一次以实际行动响应抗美援朝运动，发扬救死扶伤的革命人道主义，决定组织第二批志愿援朝手术队第4队，赴朝鲜前线为朝鲜人民军和中国人民志愿军部队服务。

为了积极进行组队工作，该会于2月24日下午举行第二次全体委员会议，会商具体工作，当场决定第二批四个志愿手术医疗队，由全市各公私立医院及开业医务工作者共同组成。其中分会负责组成两队，每队人数为各15人，另两队由市第一、第二两个医院负主要组织责任，每队人数各为12人，限月底以前各队一律组成，俾在月底或三月初出发。此外，该会决定在组队期内分组织、秘书、供应、服务四组，分别办理宣传动员、药材劝募及为参加志愿手术队员家庭服务事宜。

（原载于《新中国红十字》1951年第7期）

热烈展开捐献救护机运动

——孝感分会各理事员工们均已展开捐献

本会孝感县分会，为了响应本会号召捐献救护机运动，特于6月17日召开了一个理事会议，商讨展开推行捐献的办法，当场决定除理事个别自动捐款外，尽量向外发动劝捐。该分会诊疗所职工司药黄月峰、护士周俊儒、助理员王光珠、炊事员林连源、职员曾慕藩等，自愿将六、七、八个月的伙食总额内节省百分之四，合计人民币60000元，响应捐献。会后分会会长胡侯之，副会长李醒华，各捐50000元，理事刘健春20000元，副会长邓云樵捐交夹袄一件，变卖作捐款。诊所职工交6月份节省伙食费20000元。因此，该分会的捐献运动，已顺利展开。

（原载于《新中国红十字》1951年第12期）

孝感分会的河工巡回医防队

孝感地势滨江带河，可能说是一个“土地肥沃，物产丰富”县份，但国民党反动派只图贪污，不修水利，在其血腥统治时，几无年不遭水害，农民辛苦终年，将到手的果实被水淹得干干净净，房屋还被荡去无存。

我人民政府在新经济建设原则下首先提倡水利，保证五年后农民不受洪水损害，人们晓得这个水利建设是自己的，就有将近2万人来响应这个号召，坚决把旧有河提补修坚固，并在南乡开辟一条西起白湖南止朱湖，又在东乡开一条南自军台北达车站延长十余华里两个新河，使夏秋山洪畅流无阻。

我会（即孝感分会，下同）为了配合这个建设，于3月2日开了一个堤工巡回医防服务队座谈会，研讨了怎样进行巡回医防工作。一致认为：红十字会的任务是协助政府推行卫生工作的，政府为人民建设，我们就得以全力支援政府搞好新经济建设事业。至于无力添聘工作人员，所以决定利用星期例假日全体到河堤上去工作，大家提前吃早餐，晚餐推后些，中间便是工作时间，至于药材动用原有第三乡村巡回医防服务队结存的少数药材，不够时，再向有关各方面解释请捐。当场公选李医师醒华到孝感县人民政府表达我会的意思，请县长给我们介绍信，我会好很快地工作起来。孝感县人民政府接受了我会意见的次日，我们就按照初步计划分配工作，各队工作由6个人负担，医师1人，司药1人，护士2人，挂号1人，另一人负担卫生宣传责任，药品器材分担携带，不另用人。

当民工们发觉了这一群白衣战士们就笑着说：那是红十字会的医师们，我的小孩病得很厉害，是他们治好的，我的母亲寿衣都准备了，也被他们给治好，现在还很有精神地活着呢！另一个说：他们的技术那样的高明，为什么很少收我们的药费，他们的药和技术不是本钱换来的吗？当这七言八语中，白衣战士们不晓得怎样就被民工们围得水泄不通，这种亲密的动作更加鼓舞了他（她）们为人民服务的勇气，就按照原来分配好了的任务——看病的看病，换药的换药，讲卫生常识的讲卫生常识。

工作同志们一面看病，一面说明疾病的成因，如看到患沙眼的人，就说这是使用公共洗手巾、面盆和用手抹眼等等而传染的，看到患痢疾的人，就说是喝生水和吃不洁净食物而发生的……要想病好，就要革除这些坏习惯。民工们都表示诚恳地接受，并互相勉励改掉习惯。

返回后，晚上大家就加紧讨论，吸收日间工作的经验，使理论与实践相配合起来，并且纠正工作中的缺点，针对需要，充实药品材料的配备，经过业务及政治配合的学习，在工作上表现得更进步。

从3月18日开始，5个礼拜日共诊了内外科373名，对工作更加强了信心，使我们体会到红十字会工作只有与建设事业结合起来，才显得有价值，我们坚决地在毛主席的领导下协助建设事业，树立革命人生观，加紧工作，加紧学习，搞好福利和卫生事业。

（原载于《新中国红十字》1951年第8期）

芜湖、武汉两分会向群众展开
捐献救护机运动的号召与宣传（节录）

武汉市分会，为了响应本会捐献“救护机”的号召，当即发动该分会医院全体职工等于6月25日召开了全体职工会议，由院长朱文俊先作启发报告，一致响应这一光荣号召，当场就捐献了 1413000 元，又现大洋 14 元，星期日上午应诊捐献了 1000000 元。该会除本身的捐献之外，把这个运动已逐渐向群众展开宣传。

（原载于《新中国红十字》1951 年第 11 期）

总会及分会热烈展开端午节慰问工作

总会为了鼓舞在朝鲜战地艰苦工作的国际医防服务队，及在淮河上进行民工卫生保健工作的第一医防大队队员同志们（的）工作情绪，为了鼓舞各同志努力工作的家属们致以慰问之热忱，特在端午节前通知与分函各地分会及妇联代为慰问各队员家属，致送每一位队员家属 20000 元的礼物和一封慰问信。在端午节那一天，各地分会均分别准备，热火朝天地展开了慰问。

……

其他的分会如南宁、重庆、北京、镇江、青浦、芜湖、平凉、武汉、凤台、青岛、天津、南京、灌县、江阴、杭州、垫江、即墨、常州等地分会均已按时进行了慰问工作。

（原载于《新中国红十字》1951 年第 11 期）

孝感分会顺利完成防疫注射任务

孝感分会配合当地卫生机构于 3 个星期中，胜利完成 4155 人防疫注射任务。防疫注射所采取的方式和方法是多式多样的，如进行住户注射就抽调一个或两个医务干部，配合保健站和中西医务工作者一道工作，进行机关学校注射就抽调 1 个医师配合孝感实验卫生院工作，进行船户及行人注射就于办公和学习时间外全体出动。

工作中群众对防疫知识的认识提高，如孝感南河岸住民柳清安对行人说："红十字会的医生们真好，人民政府真关心人民，我活了七十多岁，就没有看到在这样火热阳光下来给我们打防疫针的，不花钱、不痛，能防霍乱、伤寒病，我们还能不打吗?”她自己诚恳地接受注射外，并不断地劝勉行人接受注射。又船户胡树德正在患疟疾寒颤，听到防疫队员因隔水不能到他的船上，使他不能亲眼看到为他的后辈打上防疫针，就大声喊说着：“你们（指着他的两个儿子）把医生们背到我们船上来，让我们全家都打个不要钱的防疫针，对于霍乱、伤寒的传染放心些!”左右船户受感动，都注射了。

群众的反映是打了针手臂痛，妨碍工作。该分会对群众反映积极进行说服宣传，所以顺利完成防疫注射任务。

（原载于《新中国红十字》1951 年第 11 期）

黄石分会优待烈军属

黄石分会订在优待烈军属及残废军人，特订定了医药优待办法，并制定了一种两联式的优待券送请公安分会转发，因此持券就可以，免得有无证明信搞不清的情况发生，这个办法各分会可以参考施行。

庆祝八一建军节致本港烈军工属及残废军人书

亲爱的烈、军、工家属及残废军人们：

你们为了解放全国被压迫的人民，为了反对帝国主义的侵略，为了消灭封建势力和保卫世界和平，及祖国的独立富强自由平等，献出了优秀子女和爱人，为革命作剧烈的斗争，创出辉煌的事迹，政府为了纪念这一不能磨灭的光荣事迹，并为照顾你们的生活困难、子女教养、健康福利及就业等问题，发出优抚号召。本会经多日研讨，特就本会力量所及制定长期医药优待办法以示敬爱赤忱。

敬礼

中国红十字会黄石市分会

1951 年建军节

附：烈军工家属及残废军人医药优待办法

一、本办法为照顾烈军工家属及残废军人健康和医药享受优待特制定两联式优待券送请本港公安分局核准转赠。

二、凡持本优待券者一律免收挂号费，有优先治疗的优待，但按各个不同经济力量享受不同的优待程度。

三、如确系贫苦又系老弱且无收入者，照门诊依以五折优待。

四、本人系有生产力、因病不能生产者照门诊予以六五折优待。

五、一度经济力量较好（营有工商业者）照门诊以八折优待。

六、本优待券享受优待权利人员只限其直系亲属，如父母、爱人、子女等，他如伯叔兄弟姐妹不得享受。

七、凡持券来医院询问预防保健以及各种卫生常识等当尽情解答，概不收费。

八、本办法送请政府机关核准于8月1日实行。

九、本办法如有未尽事宜得随时呈请修订之。

（原载于《新中国红十字》1951年第2卷第2期）

武汉市分会医院举行扩大母亲会

本院因系接近劳苦居民集中地区，人口极为稠密，交通、居住各方面的卫生条件都很差，据估计以人力车夫、三轮车夫等劳动工人最多，所以他们自己无法照顾到环境卫生及妇幼保健。我们在工作中，经常发现到儿童们有流行病及旧法接生所产生不良后果。因此，我们结合这个实际情况使一般的母亲与妇女们，能够吸收一些普通妇幼保健的知识，和了解新法接生的好处与旧法接生的坏处，并且更进一步地使妇女们和母亲们知道今天的人民政府是如何重视妇幼的健康，以及预防为主的总方针，因此我们就和武汉市第二区卫生所，联合举办一个扩大的母亲会。

在8月31日上午8时，我们的扩大母亲会假借新世界戏院举行了，大会门首挂有“提高国民体育，推广卫生医药事业，要注意保护母亲婴儿和儿童健康”的红横联一幅，四壁满贴标语，及挂各种彩色旗帜，会场内的扩大器播送了人民的歌声，工作人员忙碌于会场门外，母亲们都是兴高采烈地进入会场。到会母亲计710余人，先至展览室参观新法接生各种图表及儿童营养品，由本院工作人员负责向母亲们讲解。9时，大会宣布开会，首由大会主席朱文俊同志（本会医院院长）报告召开扩大母亲会的意义，继由市一医院保健科胡科长、妇联代表、二区卫生科等单位代表讲话，然后由本会医院妇产科医师韩仁瑛同志作妇幼卫生讲话，把新、旧接生法的比较，以及旧法接生的危害，给到会母亲们做了一个详细的介绍。继由典型母亲们报告，当典型母亲涂（涂）胡氏在主席台出现的时候，台下响起经久不息的掌声，她介绍了她本人先后怀了七胎，因为没有经过查胎而小产了，她感到非常的痛心，而只知道是命运的支配。这一次怀了孕，经过红十字会医院的查胎，才知道过去的小孩，都是因为梅毒危害的关系而小产的，同时得到了红十字会医院医师们的指导和治疗，使她明了旧式接生婆对母亲小孩（的危害）是多么的严重。她并说明了接生婆不懂新法接生的道理，确实是太害人了。最后她再忠告到会的母亲们，要为了保护自己及孩子们的健康，在怀孕以后不要去找旧式接生婆，一定要到医院里先去查胎，在生产前后才能够得到真正的安全保障。继由本会医院工作同志报告了人民政府为了照顾贫苦产妇，可以向本医院申请免费接生。讲话完毕，开始食饭余兴，并分发点心。文娱节目中演出了一个话剧《李小勇》……是一部富有政治教育意义的独幕话剧。大会至 12 时 40 分胜利结束。这次扩大母亲会出席的母亲 710 多人，这是出乎我们意料之外的，也可以说是这次母亲会最大的收获，并说明在今天的母亲们，也是很重视妇幼保健工作的，因此她们才抛下家庭工作，抽暇来开会。这是值得我们高兴的。不过这次因会址的关系，开会时间不合适，一般家庭妇女早上都是有事的，因此有一些妇女因时间冲突而未到会。会场上又没有很好的布置与掌握，秩序亦不太好，主席在台上讲话后面听不清楚。话剧也文不对题，如果多演妇幼保健的话剧，那收获一定会更大的。我们希望通过这次会议以后，能更进一步地展开妇幼工作，更好地为人民妇幼保健工作而奋斗。

（原载于《新中国红十字》1951 年第 2 卷第 3 期）

中国红十字会武汉市分会
第一次全体理事会议（1951 年）

中国红十字会武汉市分会于本月十五日召开第一次全体理事会议。经选举，台端为本分会常务理事，除呈报总会及武汉市人民政府外，特此通知，即请查照为荷。

此致蒋铭理事。

武汉分会

1951年5月20日

（原载武汉市档案馆馆藏档案，档号：XX000134-WS01-0088）

武汉分会积极展开增产节约运动

武汉分会医院为了热烈地响应毛主席在第一次全国政协会第三届会议上增产节约的号召，在领导的重视下，全院职工积极地组织了增产捐献小组，根据“个人节约不影响生活，集体节约不影响业务”的原则，结合各个不同的工作情况，定出了增产捐献计划。

在增产方面，他们首先规定星期日照常应诊，并且想出主动地到各企业、工厂接洽检查体格的办法，将所得进款除医药成本外，全部捐献。另外，药房同志们制造雪花膏，化验室的同志们制造汽水也都作为了增产的一部分。在节约上，爱克斯光室把爱克斯光照片多余的部分剪下来，用它冲洗小型照片，外科室节省敷料制成膏药卖，大家又将吃茶水改成吃开水，消除了不必要的浪费，把茶叶费节省下来捐献，最后并提出每个人今后要以贯彻增产节约的精神去不断地想出增产办法，反对一切浪费。

（原载于《新中国红十字》1952年第1期）

总会召开卫生教育座谈会

本会根据去年全国卫生会议决定，为了执行与贯彻全国统一卫生教育的政策，更为了培养大量卫生干部，特于1951年12月10日在本会召集全国各地有教育机构的分会代表座谈于卫生教育问题。到会的计有：武汉、梧州、广州、天津、杭州、西安、江阴、常州、北京、万县、济南、青浦等十二个分会的代表。

座谈会于12月10日上午9时开始。首先是胡副会长兰生致辞，说明了召开座谈会的意义。主要是由于总会干部缺乏，对各地联系不够，对很多问题不大了解，所以不能及时帮助各分会解决困难，另一方面总会对训练干部、举办卫生教育的经验很少，而有个别分会对卫生教育已经有多年经验，故借座谈会的机会来互相交流经验、多提意见，使总会能够得到更多更好的帮助。同时，又明确地指出了明年的工作计划，着重中级卫生教育，广泛地开展卫生干部的训练，免得把干部东扯西拉、顾此失彼，而今后中国红十字会的工作是多争取主动，应当是有计划、有步骤地一面吸收苏联先进国家红十字会的经验，一面紧密地配合人民政府卫生机构，共同肩负起重大的人民卫生保健事业。

（下略）

（原载于《新中国红十字》1952 年第 1 期）

孝感分会的乡村卫生工作

沙沟、八埠、新垸、黄花是四个肥沃的湖区乡。在国民党反动派统治时期，因为连年水灾，又遭受压迫剥削，迫于生活不能讲究卫生。解放以后，人民分得了土地，同时在人民政府领导下修好了河堤，三年都收成很好，生活普遍提高了，政府为了保障人民的健康，采取地区医师责任制，我会同志就担任以上四个乡村的责任医师。当时这四个乡正进行土地改革。他们就与做土地改革的同志密切联系，一面进行春季种痘，一面“逢会插一脚”在大小会议上讲解卫生常识，这样就完成种痘任务，做了急救、六一儿童健康检查等工作，并且四次用幻灯进行卫生宣传、两次卫生图片展览及一些墙头标语等促使群众对卫生引起重视，和群众打成一片，建立了威信，对四个乡下进一步卫生工作起了生根发芽的作用。

在县防疫委员会的号召下，8 月 1 日全区乡长、乡主席、乡妇幼主席、乡小学教师等到区人民政府开卫生会，布置防疫卫生工作。本会就抓着会后时机，调配大批干部到各乡协助成立基层组织，加强卫生工作。于8 月5 日前各地防疫组织都先后成立了，一般的组织情况是这样：乡长担任防疫组长，乡主席担任副组长，下设三个组，宣传组由学校、妇联和宣传组织担任，管制组由民兵、青年团员担任，防治组由责任医师、新法接生员担任。村设防疫员一人，每十户至二十户设卫生员一人，以村为单位由卫生员中互推正、副卫生小组组长各一人，成立卫生小组，在村防疫员领导下推动工作。每乡在学校成立清除“五毒”办公室以后，乡干部再不说卫生工作是医师的事的话了，并积极地协助推行卫生工作。

我们就以沙沟乡为重点，由点而面地进行工作。办法是先在较大的自然村召集卫生员开会讨论办法和步骤，再召集群众开会，先诉说并解决困难再决定办法，要做到人畜分居，饮用水塘分开，厕所加盖，消灭五毒（苍蝇、蚊子、跳蚤、臭虫、虱子），捕尽老鼠，清除垃圾，填平污水沟和铲除杂草。

在工作进行中，鲁家寨女卫生员张么姑、赵冬梅想到他们村里为什么不能经常保持清洁，就跑到学校里找程老师想办法，适逢我会工作同志在那里，当即开个座谈会拟了计划后，就召集没参加生产的家庭妇女和厕所主户开会，卫生员让她们先说出了所有困难，然后针对他们思想动员说：搞卫生是为我们好，我们是翻了身的妇女，而且有智慧，不靠打赤脚的（指丈夫）一样能搞好卫生工作，如厕所加盖咱们也能做。经过讨论后，最后决定办法并向大家宣布每户出一个人组织清扫队清除空地垃圾、杂草；各家室内外由个人负责打扫，垃圾如不运到田里，就埋起来，应当迁与不迁的厕所三天内都要加盖，盖由我们自己做，不依靠丈夫，每人打20个苍蝇，每户捕一只老鼠，这一下把到会的人的思想都闹通了，对于搞好卫生有了充分信心，有的当场就说：“我们原来一则有依赖心，二来没有办法，现在这个办法好，我们保证照样做到。”真的不到三天功夫鲁家寨焕然一新，村里的群众在搞卫生工作检查会上高兴地说：“这是多么好，未费多大力气，村子就变新样，这是我们妇女的力量，是卫生员的光荣。”

通过这次的努力结果做到污水沟垃圾堆杂草林普遍清除了，饮用水塘分开了，厕所百分之九十以上加盖了，如沙沟乡厕所总数525个填平18个、迁移52个，全部加盖。消灭五毒工作由突击编成经常的，如沙沟乡一个月中消灭苍蝇20500个、臭虫875个、老鼠197个，现在工作仍在进行中。

由这次的工作中得到几点经验教训：

1. 要紧密地与行政干部联系，引起他们对卫生工作的重视；

2. 见会插一脚地进行宣传，推动工作，才能深入群众取得群众的信任；

3. 乡村卫生工作要想法子发动妇女；

4. 建立公地打扫制，才能保持经常清洁；

5. 建立清洁值日制，才能正确使用批评与自我批评的武器，搞好乡村卫生工作。

（原载于《新中国红十字》1952 年第 10 期）

防汛卫生都是为了人民健康

黄石港位于长江南岸，八、九月间长江水位猛涨，该镇沿江街道多被淹浸，深处达二尺，地方政府号召郊区农民组织防堤队，我们和卫生协会协同组织卫生工作人员，分成四组，配合巡堤工作。我们大部人力都放在这项工作上，工作情绪一直是紧张的，大家共同目标都是要做好秋季防汛工作，使广大的劳动人民得免灾害。

在推进爱国卫生运动中，每天抽出一天到三天由卫生协会协同我会卫生人员轮流到各居民学习组讲解防疫卫生常识，如传染病及当地容易发生的一般流行病以及预防细菌的措施、救治和隔离等常识，提高群众卫生常识水平。九月间江水续涨，灌进街道沟渠，蚊蝇非常多，我们就将防疫委员会发给的“六六六”喷洒到各厕所和低洼积水地方，三天共喷面积 359 平方公尺，获得群众一致好评。

（原载于《新中国红十字》1952 年第 11 期）

孝感县分会学习《新中国红十字会的工作方向与发展步骤》

（上略）

孝感县分会在八至十二月份的第三个学习单元中曾学习了《新中国红十字会的工作方向与发展步骤》。

（下略）

（原载于《新中国红十字》1953 年 1 月号）

第二医防服务队走向新的工作岗位

张景和

本会第一、第二两医防服务大队，在一九五二年十月间分别在北京及南昌集中整休，并进行整编。现第一大队除泗阳、泗洪两诊所仍留原地作地方病防治及进行农村卫生工作外，其余整编为第九个队，分别至黄石、麻城、临颍等九个分会协助展开业务为发展会员创造条件；第二大队整编为七个中队，由黄超汉大队长率领至河南配合治淮民工卫生工作。两队全体同志在整休中进行了热烈的学习并对工作也做了严格的检查与总结，现在都已愉快地走上了新的工作岗位。

（原载于《新中国红十字》1953 年 1 月号）

麻城县分会吸取经验

蔡炳坤

在麻城工作的第一医防服务队第九队与麻城县分会共同配合了当地的爱国卫生运动。他们采取由点到面的方法，用城关镇作试点，吸取经验，找出经验然后扩大到全县。

运动开始时先成立了爱国卫生委员会，由县长任主任委员，各镇成立分会，街上选出卫生指导员，每一行政小组选一个卫生组长，机关里的卫生委员组织起来讨论工作；卫生组长和干部都组织起来学习公共卫生、个人卫生及一般的传染病等知识。同时发动初级中学的学生组织了腰鼓队，发动红十字急救员与会员组织了宣传队到街上展开口头宣传、快板宣传等，在墙壁上刷了巨幅的标语，街头剧团也配合爱国卫生运动演出了《搞好卫生不得病》等节目。由于学习过后在思想上都动了起来，由于广泛宣传后群众都对卫生工作有了认识，四五天后，各组与各组、街与街、群众与机关掀起了挑战的热潮，黑板报上写满了快报和贴满了挑战书，运动就轰轰烈烈地搞了起来。麻城的居民普遍地进行了大扫除，改良了厕所，水井都加了盖，几十年的农场搬了家，十几年的臭水沟都疏通了，每十家做一个垃圾箱，到处都看到人在扫地，挑沙子、石块等。爱国卫生运动委员会及时地掌握情况，五天总结一次，并运用互相竞赛的方式鼓励群众的情绪，好的在黑板报表扬或给以红旗。

运动告一段落后，爱国卫生委员会召开了卫生小组长会议，民主评定了模范，并研究保证如何使运动经常化、制度化和订爱国卫生公约。另外，召开了1500余人的大会，对模范小组和机关单位都由县长发给奖品、红旗等。

在这个工作中，队员和分会有以下几点体会：

一、要有健全的组织（如爱国卫生委员会）和周密的计划；

二、要做好宣传教育和动员工作，使群众领会总的意图并行动起来；

三、要做到经常化、制度化必须要把负责卫生的同志（如卫生组长等）组织起来，不断地进行学习；

四、要培养积极分子在运动中做骨干；并由行政上号召、布置。

（原载于《新中国红十字》1953年2月号）

武汉市分会的三个医防队

武汉市分会在一九五二年举办了三个医防队：一是农村医防队，以武昌为重点推展区，照顾缺乏医药的郊区农民，先后治疗了五百八十一人，现正加强原有组织中；二是旅行式农村访问医疗队，这个医疗队主要是为了锻炼工作人员的，利用星期假日，发动医院、产校人员轮流以旅行方式下乡，向农民做卫生宣传、访问、医疗等工作，已经在惠洛区马城乡访问了一千七百多户，治疗了二百九十四人，产前检查十一人；三是鄂东北医防队，这是为了响应总会号召所组织的一个突击大队，在与湖北省人民政府卫生厅联系了解了麻城灾区的疾病情况，然后于十月十二日到麻城工作。

（原载于《新中国红十字》1953年2月号）

中国红十字总会指示
各地分会开展春季爱国卫生运动

中国红十字会总会于二月一日向全国各地分会及各医防队发出春季开展爱国卫生运动的指示。指示指出：各地分会和各医防队应把开展爱国卫生运动，列为经常性的工作之一。特别在配合全国性的春季爱国卫生突击运动中，更须当作压倒一切的中心任务。每一个红十字工作者应积极参加春季爱国卫生突击运动，大力协助当地人民政府，动员和组织群众发挥潜在力量，做好预防为主的卫生普及和卫生救护工作；大力训练初级卫生人员和卫生宣教人员，培养成为爱国卫生运动中的骨干。指示又指出：各地分会所有工作人员要认真学习继续开展爱国卫生运动的文件，结合当地具体情况订出切实可行的计划。

（原载于《光明日报》1953 年 2 月 7 日）

麻城龟山区急救训练情况

世　恪

湖北麻城龟山区共有十四个乡，目前正忙着兴修水利工程，可是当地医务人员相当缺乏，工地有了伤患，迫切需要救护设施。去年冬季，第一医防大队麻城工作队就趁乡民农作较闲时节，协助龟山区人民政府，训练了急救员三十九人，组织成一个红十字急救站，分两个队流动服务。在工地上，急救员起的作用很大，由于能及时处理了大小伤患，群众称他们叫“小先生”（小医生的意思）。现在举两个例子：

（一）第十一乡工人王洪紫，因工作不慎，头部前额及腰部都受了伤，肘关节脱臼，当时离卫生所有三十多里地远，没法送往，急救员就给包扎、整复，不几天，该工人又重返工作岗位去。

（二）又一次有工人陈有意，小腿受伤，血流如注，情况危急，经急救员止血后，才转危为安。

龟山区急救站所以能起到一定的作用，主要由于他们经过了仔细缜密的组织工作，使急救员了解了自己的任务，鼓起了工作的热情，不但积极地处理了意外发生的伤害，同时做到不耽误生产，自备伙食，每月两次翻山过岭来汇报工作。下面是一些分配急救箱的情况，值得提供其他分会作为成立红十字急救站方面的参考。

麻城工作队在急救员训练结业时，即分配急救员回各乡工作，并和龟山区政府商定，由段继信政委担任龟山区红十字急救站站长，由区卫生所方思炎所长任副站长。在今年元月十二日，收到总会发给的急救箱后，彼此又做了进一步的讨论和布置，决定在距离卫生所较远和水利工程兴修地区的这些急救能起作用地方发给急救箱，选定思想进步，在群众间有威信，对革命工作有热情、能吃苦的急救员来保管它，使急救工作能起一定的作用。为配合水利中心工作，站长得根据急救工作的需要，随时调动优秀急救员工人和急救箱；对担任急救工作的工人，根据他在水利工作和急救工作的积极表现，可以在标准工资以外再增加工资，以鼓励工作热情；如果群众反映急救员工作有显著成绩的也可评为模范。另外由区政府负责来做红十字急救站的牌子和两名红十字旗——插在放急救箱的地点。

在第二天（一月十三日）即由区人民政府通知各乡，召集全体急救员来开会，因各乡路远，急救员当天不能全部到齐，开始时，让先到急救员汇报工作情况。十四日早上，又组织他们温习急救课本及讨论工作中可能遇到的困难和克服办法，到中午十二时才正式开会，会上报告急救的意义和作用，急救员应抱什么态度对待这项工作，怎样分配总会发下的两个急救箱，急救箱的用法，怎样爱护急救箱及选定专人保管等。会后即以乡为单位分组讨论，决定将一个急救箱放在离卫生所四十里的山区，由第一队队长负责保管；另一个急救箱放在离卫生所二十余里的山区，由第二队队长负责保管。其他急救员在工作需要时，可以向负责保管者领用，用完交还。负责保管者需要登记每次用药量，经常检查箱内药物，每半月向卫生所报销和补领药品。此外，提出每月初一和十五日由站长负责召开全区急救员会议两次，汇报工作情况及交流急救经验。为了照顾远近急救员工作的便利，又决定根据工作的需要，每隔十里路地区由卫生所发一部分简单的急救药品，队长带头表示今后要以认真负责的态度来做好急救工作。

（原载于《新中国红十字》1953年3月号）

武汉市分会急救训练显成效

戴维天　蔡叔和

武汉市分会现在正大力推行急救训练。参加的学员对学习急救情绪都很高，每班学员在两个月的学习期间后，一般的都能掌握急救方法，并且实地运用了。如：

张桂兰、丁慧清、吴开英三人是参加纯阳街急救组学习过的，在二月五日她们碰到一个老人的头部受了伤，鲜血直流。她们三人连忙跑到伤者跟前，一个用手压迫老人的颞颥动脉，一个赶忙去西药房买消毒纱布棉花，一个跑回家把被单撕成绷带，一刻儿功夫就把伤者包扎好。她们再把他送到医院里去。

二月六日，新兴街有一家的小孩打翻了开水壶，把一双手和小腿都烫了水泡，幸而同居的张少华同志，是受过急救训练的，她马上给小孩敷上了煎过了的油，又用消毒的纱布棉花包扎好，再送到医院，使小孩减少很多的痛苦。

该班学员夏宝成，他是汉口青年会的工人，在二月八日他在路上碰到一个羊癫疯患者，倒在地上把前额碰出了血，他就赶忙给患者进行包扎，路上的群众都围着看他做。有人问他怎么会包扎的？他说："我是红十字会急救班的学员，我学过了急救方法的。"

（原载于《新中国红十字》1953年3月号）

各分会、各医防队积极参加春季爱国卫生突击运动

（本刊综合报道）

今年春季的爱国卫生突击运动，北京市、武汉市等十余个分会和一部分医防队都积极参加了工作，这些分会和医防队有很多是在当地爱国卫生运动委员会统一的计划与布置下进行工作的，其中福州、临颍两分会并且担任了当地重点区的典型培养工作；有些分会主动争取分担了一部分具体任务，柳州市分会在市人民政府批准后动员了分会中西门诊部的医务工作者和急救员组织了一个"爱国卫生运动巡回医防工作队"，

赣州和洛阳两分会也在市的领导下与当地卫生科、卫生院、文化馆等有关单位组织了工作队参加运动。

在运动开始前，有些分会学习了总会所布置的有关继续开展爱国卫生运动的几个文件。很多分会采取了比较慎重的态度做了调查研究和周密计划等准备工作。如孝感县分会为了配合县的突击运动，特派专人深入到分会负责医疗工作的八埠等四个乡做了一次普遍的卫生调查，以户单位把厕所、畜廐、水沟、厨房等卫生现状用表册记下来，做计划卫生工作的根据。

一边宣传，一边动员

分会和医防队在开展运动时，一般都是采取一边宣传，一边动员；培养骨干，带动全面；巩固成绩，订立制度的步骤。例如，安庆市分会组织了一个幻灯组担任城东区十六个居民委员会的卫生宣传工作；在福州市的第一医防服务队第一队以小型卫生座谈会为主要的方式作宣传；洛阳市分会和市卫生科、文化馆、卫生工作者协会及民间艺人联合组成两个“春节爱国卫生宣传队”，分头到城区、郊区做流动性的卫生图片展览、讲演和民间艺术表演的宣传。有些分会的宣传动员工作是结合群众春节前扫尘的习惯进行的，如无锡市分会第一妇幼保健站在光明村搞突击运动时，就是结合农民“十七十八，越掸越发”的风俗，用黑板报、标语、小组会、个别交谈、卫生课、控诉会等宣传方式，将群众都鼓动起来。这些宣传对提高当地人民对爱国卫生运动政治意识的认识上有一定的作用，因而使群众积极行动起来加到运动中去。如无锡市在光明村一个村就做了十四个垃圾箱，并且运走了廿吨垃圾；又如洛阳宣传队在市南关吕氏街宣传以后，群众懂得要想有好身体来参加生产必须先搞好卫生工作，立刻就补墙洞、灭蝇、捕鼠，并且在区的领导下重新整顿了街卫生委员会，建立了街卫生小组来经常检查与指导各户的卫生工作。

组织与培养骨干，带动全面工作

差不多每一个参加运动的分会和医防队都采取了培养和组织积极分子、干部亲自带头的做法来带动群众，开展运动。零陵县分会在掌握城西居民委员会卫生突击工作时，起初搞了半个多月也没搞起来，经过县卫生科重作指示，分会又重新研究了情况，学习了文件以后，在整顿基层组织和重作布置时，选了积极分子赵莲英专门负责督促检查，采取群众建议的“先培养典型再推广全面”的办法，结果消灭了很多死角。芜湖市分会和第一医防服务队第六队在当地搞河南重点区的卫生运动时，经过宣传动员后立刻组织卫生基层组织，尤其是将大批积极分子和卫生模范组织起来，发动起挑战应战的热潮，搞卫生时，分会、医防队的同志也亲自参加，将许多过去没动的机关和地段都带动起来，并且将河南区从没动过的大垃圾堆搬走了。赣州市分会宋海瑞、陈承宣两同志参加市统一领导的工作队发动群众挖蛹时，一面宣传，一面动员，并且开头就动手揭开茅厕板，挖出很多蝇蛹给群众看，群众怕脏怕臭的顾虑被打破，都参加挖蛹了。在工作中，他们又以模范为骨干每街组织一个挖蛹队，掀起很大的挖蛹热潮，全市在八天中就挖出一千七百多斤蛹，超出市所提出的数字将近两倍。

福州市分会、（福州）第一医防服务队第一队和临颍县分会都是在当地的统一分配下担任典型试验区的卫生工作。临颍县分会的工作已取得成绩和经验。这两处在开展突击运动时，恰巧碰到当地另有中心任务（福州是民主建政和贯彻婚姻法，临颍是动员民工参加治淮和反会道门），但他们都能紧密结合中心任务来开展工作。福州是在婚姻法宣传和婚姻案件处理会上结合做爱国卫生突击运动的宣传动员。临颍县分会的工作同志到重点试验区台陈乡时，完全和地方干部吃住在一起，配合搞中心工作。在工作中了解了地方与群众的情况，和乡村干部建立了情感，后来展开工作时，订的计划比较切合实际，地方干部帮着动员群众听宣传和开会，使运动进行得很顺利，因此，台陈乡的农民在“卫生运动就是积肥运动”的口号下运走了两千八百多车粪下地，各家的废物都彻底翻了身，连一个瞎老太太也都把家里打扫得干干净净了。这些都说明了当地的中心工作非但不致于影响爱国卫生运动的开展，只要配合得好，相反的会有很大的帮助。

发挥会员、急救员、接生员的作用

有会员的分会在突击运动中将会员发动起来带动群众，对运动起了助手作用。如北京市分会西四区帅府胡同分支会将会员组织成“挖蛹宣传队”，到居民家中宣传挖蛹的意义和方法，原来那一个地段七八天才交到一万多个蚕蛹，宣传以后群众都被鼓动起来组织了七个挖蛹队，不但消灭了空白点，而且最多一天交到二万七八千个蚕蛹。福州市分会和第一医防服务队第一队在福州市大根区光复居民委员会卫生典型实验工作中提出“红十字会基层组织与卫生基层组织”相结合的口号，他们召开了会员动员大会和座谈会，以居民小组为单位，组织了“红十字卫生突击队”，边向群众宣传，边检查，边帮助搞卫生，带动了不少居民，对卫生典型试验工作有很大帮助。福州市南门居民委员会有一条堵塞了数十年的死沟，臭气熏人，当地红十字支分会主席（也是急救站站长）何清祺说：“做一个红十字会员就应当搞好卫生工作。”他发动了廿个急救员为骨干，向群众说明臭沟对大家的切身厉害，带动很多人，半天里就把沟疏通了。柳州、开封、武汉、内江、江阴、梧州、麻城、杭州等分会都分别发动了经分会训练出来的急救员、接生员帮着搞运动。开封市分会发动了开封第二中学的急救员参加挖蛹，一共挖了一万五千多个，在得到了市爱国卫生运动委员会通报表扬以后，他们的热情更高了，向全市发出挑战，保证挖廿万个蚕蛹作为争取做红十字少年的献礼。梧州市分会在运动开展的初期，动员了全体急救员一百二十人学习了卫生常识，号召他们投入运动，后来有四十三人参加了市爱国卫生运动工作队，在工作中都起了积极推动作用，如主动提出建议、借用宣传工具、做卫生展览的讲解员、带动群众挖蛹等，没参加工作队的如河西搬运站的十个急救员，也发动工人组织了卫生组专门做灭蝇和打扫清洁的工作，订立爱国卫生日等制度，在群众中起了核心作用。江阴县分会将妇幼保健员训练班的全体学员组织成一个队分赴各区挖蛹，边挖边向群众宣传，带动了群众也参加到她们的行列中去。

参加运动的各分会和医防队都发挥了主动性和积极性，对当地运动起了一定的助手作用。目前，很多分会还正在突破重点、推广全面的阶段；有些分会已经在取得了经验之后，帮助群众通过订立经常保持清洁的制度、修订爱国卫生公约、成立经常性的督导与检查组织等方式，使运动逐步转向经常化、制度化了。

（原载于《新中国红十字》1953年4月号）

麻城的行业卫生学习

第一医防服务大队第九队　薛炳坤

麻城县分会为了把卫生运动经常化，提高当地人民的健康水平，在春季卫生突击运动结束后，首先和爱国卫生运动委员会研究对饮食行业的管理问题。经县委会和县政府的同意，并取得了工商科、工商联、镇公所、公安局的协助，动员饮食行业（包括饭馆、豆腐房、酱园业等）及理发业、浴室及一切公共场所、屠宰业、旅栈、磨坊等都进行了登记。根据不同行业的具体情况组织起来分批进行学习。每批三十人至四十人。学习材料是由我队商同当地卫生部门统一布置的，内容包括一般个人卫生，如疥癣、秃疮、梅毒、痢疾、伤寒、霍乱、皮肤病、指甲、头发卫生等；环境卫生，如垃圾污水的处理，传染病的来源及预防，疟疾、蛔虫、沙眼、肠胃病的来源及预防；饮食卫生；等等。根据不同的行业准备不同的材料。教材上并带有图画，在不妨碍生产的基础上进行学习，每晚学习二三小时，一共学习七天，学习方式是少讲理论多谈实例，讨论占大半时间，结合具体情况提出改进的办法，最后再订出公约。这次学习一共训练了一百六十二人，最后把机关里的炊事员也动员来学习，他们结业后，都保证搞好机关干部的伙食福利。

为使各行业保持并巩固学习成绩，成立了行业卫生管理委员会，并由爱国卫生运动委员会订立了检查汇报制度，各行业自己来管理自己。经检查合格者由卫生科发给营业卫生执照，并予以表扬。对改进工作起了很好的作用，如饭馆里做到室内外清洁，没有苍蝇和老鼠，理发工人也都带上了口罩并穿上了工作服，机关里提出夏季不闹胃肠病并提出厨房一切清洁的口号，现正在把口号贯彻到实际工作中去。

（原载于《新中国红十字》1953年4月号）

中国红十字总会派出检查组检查各地分会工作

中国红十字总会宣传组

中国红十字会总会进行的反官僚主义运动已初步告一段落。在反官僚主义学习中，发现总会在工作上主要的缺点是：对分会的情况不够了解，对如何加强分会领导以及发挥会员作用等问题没有得到解决。

为了纠正这种偏向，该会已抽出约三分之一干部，组成五个检查组，分由负责干部率领前往北京、华东、中南、河南、福州等地分会深入检查工作。于四月七日至十日先后出发，出发前都作了充分准备，预计检查工作时间约一个半月至两月。

此次检查工作的目的主要是，了解各分会如何配合当地政府卫生部门起其助手作用及会员们的活动情形，以便确定今后各地组织在国家建设中应如何发挥其力量，并通过对各地分会工作的检查来进一步检查总会领导工作上的官僚主义。

（原载于《光明日报》1953年4月21日）

卫生运动必须与群众切身利益相结合

安阳、垫江、大竹、孝感、芜湖等分会，在春季爱国卫生突击运动的基础上，注意了卫生工作与群众切身利益相结合，提出“卫生生产两不误”的口号，受到了当地群众的欢迎，在群众自觉自愿的基础上运动得到普遍深入，为卫生工作经常化、制度化创造了一些条件。

……

孝感分会在进行卫生宣传时，由于能注意针对群众当前最大的思想障碍与切身利益进行说服，因此达到了消除死角的目的，如该县有一个村村民很迷信，不愿意搞卫生，认为村里死人是因为修堤把地脉挖断了，所以树立了三丈多高的制地气符牌，同志们给他们进行卫生宣传，讲到中途他们就溜光了，他们说：“搞卫生也死人，乡里人离屎不能吃饭，讲不成卫生。”后来，同志们先帮助他们挑土、干活，干累了，坐下来休息的时候，就跟他们聊天，说说不讲卫生的害处、生病的原因、卫生工作搞好病人就会少，生产也会搞好的道理，使他们破除了迷信思想，以后开始搞卫生了。

安阳分会在发动群众厕所加盖的时候对群众说：“夏天快来了，你们晚上在院心里乘凉，如果厕所没有加盖，臭味够多难闻，再说加上了盖子，野狗也偷不到粪吃了，更可以多积肥料。”群众听了以后，越想越对，在一个月内，每家都将自己的厕所加上了盖。在发动修路的时候，对群众说：“你们门口的公路呵，凸凸凹凹的真不好走，谁家没有个骡子牛大车呵！过这条路多不方便，又伤车子，又累人，下雨天水没处流，还会冲到你家门口去，真不好呵！”这些话都深深地打动了群众的心，他们就利用空余时间，大家齐动手修铺了一条他们自己的公路，又宽、又平、又干净，两旁还修了排水沟。

从以上几个分会的卫生运动中，再一次证明了卫生运动必须与中心工作相结合，与生产相结合，也就是与群众切身利益相结合才能搞好。因为卫生运动是群众运动，群众自己的事情必须依靠群众自己的力量来解决，所以只有当群众觉悟到卫生运动确实对他们的生产有利，确实与他们的切身利益有密切关系，群众才会真正的自觉自愿地投入卫生运动，也只有群众对卫生工作的自觉性提高了，发动起来了，消除死角、普遍深入，才有保证。目前安阳、大竹、芜湖、孝感等分会的卫生运动，由于注意了卫生运动与群众切身利益相结合，已使卫生运动普遍深入，给卫生工作经常化创造一些有利的条件。

（原载于《新中国红十字》1953 年 5、6 月号）

各地红会组织开好展览会

开封、泸州、芜湖、柳州、零陵、即墨、梧州、遂宁、孝感、乐山、青岛、江阴等十二个分会，配合当地春季爱国卫生运动或婚姻法宣传举办了展览会，观众达三十余万人。其中，开封市分会的展览会，是与市的爱国卫生运动展览大会联合举办的，共展览了二十天，参观人数达十一万六千多人，占全市人口二分之一弱。泸州市分会主办的妇幼卫生展览会，观众达三万二千余人，打破该市解放三年来各种展览会观众数目的记录。大多数分会的展览会都是主动配合当地爱国卫生运动委员会、卫生科、卫生院、民主妇联、文化馆、卫协会等有关单位共同举办。展览的内容一般包括爱国卫生运动、环境卫生、个人卫生、传染病、妇幼卫生和新旧婚姻的连环画、苏联妇女和儿童幸福生活的图片及中国红十字会两年来工作活动的图片等。这些展览都在配合爱国卫生运动，普及卫生知识、妇幼卫生知识及宣传婚姻法方面起了一定的作用，从而也扩大了红十字会的社会影响。例如：芜湖市的工人赵邦义看过展览会后，在意见本上写着：“看过展览，更使我们仇视美国侵略者细菌战的毒害，我们相信在人民政府的领导下，广大人民一定能扑灭这种无耻的行为。”即墨七区尹至欣老大爷说：“过去害肠胃病不知道是苍蝇作的怪，现在知道了，回去赶快叫家里人做蝇拍拍苍蝇！”妇女们看过新、旧法接生对比的展览都反映说：“这样做（指新法接生），救了多少孩子和妈妈！”有些人过去对红十字会不够了解的，看过展览也有了初步认识，知道了红十字会是人民自己的组织。

几点经验

怎样才能开好展览会，各分会取得了如下的几点经验：

一、开展览会要注意主动配合中心工作，与有关部门合作，选择有利时机举办。例如：泸州市分会配合婚姻法宣传月举办了包括妇幼卫生婚姻法宣传画、爱国卫生运动图片和红十字会工作活动图片的展览会，不但给观众进行了妇幼卫生普及教育，而且对当地的婚姻法运动起了推动作用。观众王一士说："贯彻婚姻法，摧毁封建婚姻制度，才能保护妇女和婴儿的利益。"芜湖市分会配合当地春季卫生突击运动的工作，举行展览会，除展览新中国红十字会图片外，还展览了环境卫生、传染病、妇幼卫生、急救等五部分，增加了广大市民的卫生文化水平，替当地的爱国卫生运动经常化、制度化打下思想基础，因此也就获得政府的支持与群众的好评。举办展览会是很复杂的工作，单独靠分会的力量是难以搞好的。因此，各分会都注意了与有关单位合作举办。例如：零陵县分会通过县卫生科发动了人民医院、卫生学校、文化馆等三个单位共同举办展览会，由人民政府通知围城各区、乡政府组织观众，由文化馆、城关宣传队等单位通过有线广播、街头宣传等方式，动员群众自动参观，因此，参观人数达二万二千〇四十八人，超过了预计的数字。此外，选择有利时机举办展览会，效果是很大的，如江阴县分会配合春季各大市镇物资交流大会，在周庄、顾山两处举办举行展览会，结果观众达五万六千余人。青岛市分会选择当地春季公园游览大会的时期，举办了图片展览，就有很多观众来看展览。开封市分会在爱国卫生展览大会内，设一单独的红十字会展览室，也吸引了大量观众。经验证明：孤立地举办展览会，既费力，效果也不大，主动配合当地中心任务，与有关单位共同合作，选择有利时机，展览会才能开好。

二、要有周密的计划与正确的估计：展览会的目的是什么，展览什么内容，可能有多少观众，要多少工作人员，在什么地方展览，需多少时间，需要多少费用等等，都要做出周密的计划与充分的估计。如乐山县分会，虽然展览获得一定成绩，但由于事前计划不周，选择地点不适当，对观众数目估计不足，以致形成拥挤，很多观众没有机会参观，使宣传工作遭到一定的损失。又如江阴县分会也是由于事先未与主管单位取得紧密联系，展览会临时设在联合诊所里，诊所地方又不大，观众拥挤，工作人员一面要讲解，一面要保护模型，非常辛苦，秩序难以维持。有些分会由于计划不周，临时感到人力不够，临时从各单位抓干部，甚至无处抽调，影响了工作。

三、要适当组织与处理展览材料：形象宣传材料（标本、模型等）宣传效果较大，性质不同的图片和模型，要分别陈列展览，否则观众就不会看图片；新旧对比的宣传方式的启发教育性是大的，如好几个妇幼卫生展览会都把新法接生模型对比陈列，群众参观后，便明了旧法接生的害处和新法接生的好处。不少孕妇参观后，自觉地到检查处要求检查去了。真人真事、实物展览的宣传效果也是很大的。芜湖的展览会将陶塘水和自来水分别放在显微镜下，许多观众看到陶塘水里有许多小虫子，都表示再不在陶塘里洗米洗菜，并且认识到喝生水的害处及饮水消毒的重要性。开封、芜湖、柳州等分会分别把当地的急救训练、分会两年来的工作活动，及当地爱国卫生运动等图片陈列出来展览，也都收到良好的效果。

四、要宣传、要组织观众：开封、泸州、零陵等分会和文化馆动员了广播电台、播音站、黑板报及地区宣传队等做宣传讲解，介绍展览会的一切有关问题，都收到良好的效果。开封市分会还利用漫谈、访问等方式解答观众所提出的问题，使群众感到满意。相反，芜湖市只张贴了海报和通知有关单位组织市民参观，没有利用报纸以及其他宣传方式动员，结果参观人数不能达到预期的要求。为了达到展览的目的，必要时可采用通知邀请、分别动员等方式发动与组织群众自觉自愿地来参观。有了观众，就要把参观人数及日期做出适当的计划安排，还要很好掌握；会场秩序也要有人维持照料。芜湖市展览会把全市学生（两万多人）都布置在一个星期日参观，结果实际得到参观的仅五分之一，秩序也不易维持。

五、要注意解说工作：担任解说工作的有各单位和分会抽调的干部，江阴、梧州两分会，并分别动员了妇幼保健班毕业学员和急救员任解说员。一般观众除从模型、图片等展览品得到启发教育外，口头解说可帮助了解展览的内容。解说员必须具备积极、热诚、和蔼、热心的工作态度，熟悉自己所讲解的材料，运用清晰、通俗、熟练的口语，分别不同对象（如学生与农民，老年与青年），采取不同方式，有中心、有重点地进行宣传解说。观众少，也要采取“有人就讲、不怕麻烦、不怕累”的态度进行解说；观众过多，则更要简单扼要地讲解，这样就能起到调节观众、维持会场秩序的作用。一般解说员要有分班工作制度，否则太累了，不能坚持。为使解说员熟悉材料内容，梧州、青岛等分会都给宣传员组织了会务学习。青岛并邀请了山大医学院教授给解说员讲解妇幼卫生。开封市分会更组织解说员先按分工，实习解说，并互相提意见补充。零陵县卫生科长每天召集解说员汇报，根据观众反映的意见，亲自帮助他们总结与改进工作。这都是很好的经验。

六、要搜集群众反映，要总结工作经验：此次大多数分会能把展览情况、群众反映、工作优缺点、经验、意见等具体的、有分析、批判的总结报导出来。乐山县分会分类统计了观众反映的意见。有些分会不但报导工作成绩，也报导了缺点，并能找出根源，总结出不少经验。这样做不仅能及时改进工作，并且积累了工作经验，对于自己以及兄弟分会工作质量的提高，都是有好处的。自然，这还是不够的，有的分会还是仅简略地报导展览情况，没有做出总结或仅总结出一部分经验，而另一部分情况，经验没有很好地总结报导出来，有的经验还是不够成熟的。另外，还有些分会作了展览工作，但没有总结报导。

从分会展览工作中，也检查出总会制造、配发宣传品工作上的许多缺点。开封等分会并对此提出改进意见，这都是很好的，这些都是帮助改进总会工作的宝贵材料。

（原载于《新中国红十字》1953年5、6月号）

红十字会总会指示所属组织讨论宪法草案

中国红十字会总会于六月十八日向全国各地红十字分会，所属的中南、华北、西北三个医防大队及诊所等发出学习和讨论中华人民共和国宪法草案的通知。通知中指出深入地学习和讨论中华人民共和国宪法草案是当前全国人民的重大政治任务，因此，指示各分会、各医防队等必须在中共各级党委、各级人民政府卫生部门和当地宪法草案讨论委员会的领导下，认真地组织学习与讨论。通知中并指出各分会、各医防队的负责同志尤应以身作则认真学习。

中国红十字会总会也将在中央卫生部党委的统一布置下学习与讨论中华人民共和国宪法草案。该会出版的《新中国红十字》月刊七、八月号将以学习与讨论宪法草案作为中心内容。

（原载于《光明日报》1954年6月21日）

孝感分会与卫生科合署办公

王善甫

孝感分会于五月十二日与县卫生科、卫生院合署办公，并参加该科、院学委会一起学习。同时，分会为提高干部政治水平及业务能力，派干事会慕藩参加由专署主办的孝感专区卫生所长训练班学习。

（原载于《新中国红十字》1953 年 7 月号）

黄石市电厂试办家庭护理训练

第一医防大队第四队　袁文惠

我队在黄石市电厂的接生员训练，给了工人家属很大的帮助，经过训练的接生员，不但接生不收一点报酬，而且发挥了高度的为人民服务精神，组成互助组，帮助人少的产家洗衣、做饭等，创造了许多模范事迹。十七名接生员中，有五名被厂里评为模范，十二名得到了“光荣的接生员”的称号。由于这些具体事例，使群众对红十字会有了进一步的认识，领导上对红十字会的工作，也大力支持。在此基础上，我们在该厂重点试办家庭护理训练，准备首先试办一班，取得经验后，再向各厂矿推广。

（原载于《新中国红十字》1953 年 8 月号）

孝感分会利用实物宣传效力大

李万杰

我们孝感县分会配合县卫生院在沙沟乡开展了钩虫病患者调查统计工作。

检查以前，虽然我们采用了放映幻灯、个别谈话等方式进行了一些宣传，但有些人觉得大便太脏，不愿拿来检查，强调“没有屎，现在不解”。我们发现这主要还是宣传工作做得不够，群众还不完全相信钩虫病是钩虫在作怪。于是，我们就把显微镜摆开给群众看，一面就把肚子里有钩虫就会生病的道理讲给大家听，许多人从显微镜下看到粪便里真有钩虫，就嚷着说：“我们以前认为黄病（当地把钩虫病叫作黄病）是吃得不好得来的病，现在明白了，这是有钩虫吸血的缘故，我们一定要检查。”当天，该村百分之四十的居民都做了检查。

从这里面，我们深深体会到，用实物宣传卫生常识是一种为群众乐于接受的办法。

（原载于《新中国红十字》1953 年 8 月号）

武汉市分会在三轮车工人中展开训练

蔡叔和

武汉市三轮车组织制度较完善，他们在各交通要道都设置有木屋，早晚有专人值班售票，分会想这些人可以作为急救训练的对象，于是积极向三轮车工会建议，得到他们热烈的支持。由三轮车工会在汉口武昌已有的七个基层组织中每一基层推出一个代表，连同红十字会代表及正、副班主任合组成一个筹备委员会，进行筹备开班工作。现已于九月份内在汉口开两班，武昌一班各有学员六十名。分会并派负责同志讲授会务课程，以加强为人民服务的思想。筹委会议定训练完毕后，在汉口各交通要冲设立十二个急救站，其中包括四官殿轮渡、武汉关、中山公园、车站路、粤汉轮渡码头等处；武昌设六站。工人们还要求陆续开班训练，陆续加设急救站。

（原载于《新中国红十字》1953 年 10 月号）

黄石分会家庭护理试办简况

在市内五大厂矿之一的冶电厂工人家属进行家庭护理训练，通过妇联及厂内家属委员会进行深入动员。然后再选择积极带头的家属妇女，在自愿的基础上进行学习。学习后并组织家庭护理互助小组，制定汇报、检查制度，现正在试行推进中。

（原载于《新中国红十字》1953年10月号）

孝感分会医疗队为防护河堤民工服务

龚共龙　朱培新　王善普

八月上旬，襄河水涨，孝感分会在县卫生科领导下，和县卫生院、卫生所合组医疗队开赴汉川襄河大堤，不分昼夜为抢险民工服务。民工们高兴地说："有了你们这支生力军来和我们并肩作战，我们一定保证把洪水打退。"有的说："以前我们不知道红十字会是干什么的，原来你们也是毛主席派来帮助我们的呀，像旧社会，死活有谁问过啊！"医疗队在汉川工作了四天，直到把洪水完全战退，才返回孝感。

（原载于《新中国红十字》1953年10月号）

总会卫生组关于急救的训练、组织和如何发挥作用等问题的商榷

急救训练是一项群众性的卫生普及工作，也是一项新的工作。目前很多分会已开始以工人、学生、居民等为对象展开训练，并且取得了一定的成绩。很多急救员在不同的情况下发挥了作用，尤其是工人急救员，对增加产量、减低缺勤率以及节省医药支出，保护工人健康等方面作用很显著。

但由于这是一项新的工作，究竟如何做才能适应某一种环境的需要，才能为群众所欢迎，我们还缺乏成熟的和成套的经验，因此也产生了不少的问题。这些问题如何解决，因各地情况不同，训练对象不同，不可能主观地加以肯定，需要从实践中摸索研究，找出切合实际的解决办法。我们根据各地分会反映来的材料及检查组的报告做了研究，对一些主要问题提出初步意见，希望各分会结合实际，进一步研究这些问题，共同商榷。

几个问题和我们的初步意见

一、训练的对象

目前各地训练对象比较复杂，不少分会是在居民中训练的。居民中各种行业不同，文化水平不一。部分学员有的是想找工作，有的是从兴趣出发，有的是被派而来，对急救缺乏认识。一般分会多未分析、研究这些情况，把不同的行业、不同的文化水平分别开来进行教育，对各种不同思想情况事先又未加以了解与说服，加上居民住地分散，组织性差，往往教学不易进行，结业后难以组织，即使组织起来也不易发生作用。青岛、芜湖等分会目前已有如此体会。有些分会在厂、矿或建筑工地等有组织的工人群众中训练，进行比较顺利，作用也很显著。根据卫生工作首先为工人服务这一原则，为使我们的工作紧密配合国家的经济建设，并从当前实践中碰到的具体情况来看，急救训练首先在工人群众特别是在安全卫生比较差的厂、矿、工地中做起是比较恰当的。至于已在居民、学生中有训练和组织基础的，似宜暂缓发展，对现有组织即加整顿巩固，求质的提高，研究如何发挥作用，比较好些。

二、站的组织、领导和设站地点

在这些方面是比较乱的，如组织系统：一般的是总站、站、小组；有的在总站下设中心站，或以中心站代总站；南昌某砖瓦厂站下还设有队，队下设小组。设站地点也不同：街道上有的在冷僻的巷内，有的在热闹的街口，有的在商店，有的在中医师家中或在居民委员会中，还有的设在急救员小组长家里。常州新坊桥急救站是由三十七个中、小学校组成的，最远的离站十四里。工厂中有的几个车间合（用）一个急救包；有的把站设在车间外面，碰到工伤急救员要跑很远；还有的把站设在医务室形成双料组织。有些分会设的站甚至只挂了一个牌子，无人负责。镇江、济南、青岛等地训练的急救员，有的没有组站或在组站工作中发生了很多周折。南昌分会放松了组织工作，使急救员不能全部发挥作用。至于急救站的领导问题，工厂方面有的由所在单位的负责人领导，有的由工会或工会劳保委员、行政秘书、工薪科、人事方面、医务方面等部门领导；街道上由居民委员会领导较多。还有很多是由分会直接领导的。由于组织系统比较乱，设站地点不适当，领导关系不明确，因而组织不易巩固，系统分散庞杂，对工作发生不少影响。

我们感到：急救组织一般的以总站、站、小组为恰当，名称和组织系统上可不必另添。设站地点在厂、矿、工地，从结合生产防止耽误工时的要求出发，以一个单位一个站，一个车间或一个中队（数十人）一个组比较好，同时每一个组必须配备一个急救包，挂到车间或带到工地上，几个车间合用一个急救包是不好的；在街道原则上应根据便于联系，易于为群众知道的地方好些；学校以在课室内的一角好些。至于急救站的领导关系，若由单位的行政领导、工会、工薪科、人事科或居民委员会等负责，站的行政工作上比较方便，但由于他们本身工作忙，常无暇过问站务，这样很容易自流；若由医务室领导，在技术指导上比较方便，可是在急救组织和急救员的思想掌握上由医务部门负责就不适宜。根据这些情况，我们认为组织与思想领导在厂、矿、工地一般的以劳保卫生科、劳动工薪科、技术保安科或工会的劳保方面负责，在街道上由所在地的卫生部门负责比较妥当。技术指导上有医务室的单位应尽量争取他们担任，没有医务室的单位分会可以经常加以协助、指导。该单位企业如有红十字基层组织，则应由基层组织来领导，因为它的成员包括了所在单位的各个方面，完全可以负起领导责任的。当然这样做，不等于分会对整个急救组就可以完全不管，经常地联系、了解，对这一工作进行研究与总结，还是十分必要的。

至于有些情况特殊的，其训练和组织工作就要有不同的办法、设备以及工作制度等，这还需要我们再加以摸索，找寻办法。

三、师资与辅导如何解决，教学计划如何订定

担任训练的讲师，多数分会请由当地卫生机构调派或由所在机构的医务人员主讲，也有是由分会事业单位或分支机构的医务人员主讲。但有些分会请讲师形同拉夫，请来的人也就抱着任务观点，产生了照着书本向下念，或上课时常看表，巴不得早下课等情况。有些分会动员医务人员时对工作内容交代不够，因而讲师有的硬搬教条，有的满口医学名词，学员听不懂。有些分会请讲师不恰当：有的请了连自己也讲不出、做不好的人员；有的请了有名的教授，讲的理论比较深又要求太高了。根据实际情况，急救师资是比较困难的，而师资与整个训练及以后的工作又有很大的关系，如果分会能与卫协、中华医学会等卫生团体取得密切联系，有计划地聘请或培养师资，问题易于解决。在教学之前，最好要求讲师了解训练的对象，根据学员不同成分和文化水平订出教学计划，以求高、低、深、浅，灵活运用，同时必须注意的是一切计划一定要把急救的要求、课程进度、配合的材料明确订出，并切实执行。

在辅导工作中，小先生制常州首先推行，有较好的成绩，多数分会也在试办。还有些分会调本单位的医务人员为辅导员，深入小组，分组

包干，利用小组长集体补课，辅导教学。北京和武汉更就中医或急救员中选拔优秀分子训练为师资，都在教学中取得了效果。常州分会特别提出讲师和小先生（辅导员）要密切联系，小先生和小组长要密切联系，小组长更要和组员密切联系，以及讲师、小先生、小组长要定时交换意见，统一备课；北京分会把辅导员组织成教研组，经常研究教学辅导和发现问题如何纠正等办法。这些做法对训练工作是有很大帮助的。

在订训练计划中分会初、中、高级班次的问题。我们初步的意见认为绝不是在急救课程里加一些治疗技术或理论来划分高低的。在初步训练还没有摸索到整套经验之前，班次可以不必划分，但急救范围内理论的提高和技术的熟练使教了的都能懂，学了的都会做是必须要注意的。

四、急救站的巩固和急救员的技术提高

各分会所设的站一般的都有会议、汇报、学习、检查等制度。在会议、汇报和学习中，除检查工作解决一些问题外，多能就实际工作提出讨论和复习过去所学的理论、操作等。梧州、开封等分会曾就几个急救失败的例子开会检讨；安阳等分会组织急救工作检查组，负责联系，并做督促、指导，及时解决疑难问题。像这些做法，对急救站的巩固和急救员的提高有很大的帮助。但有些分会，会议、汇报、学习等制度不健全，或会议太多、太长、浪费时间；有的占用工作时间影响生产；有的强调抽不出时间，对急救站的会议、学习等制度不加过问；还有的为替急救员补课，常请医师做报告，但讲的是高血压或巴甫洛夫学说等专门性的学术问题，脱离实际。

特别需要提出的是值班制度问题。厂、矿、工地在不影响生产原则下的值班制度很需要，如京西矿区城子矿井下各站都订有值班制度和交接班制度，经常有急救员在班上，随时发生工伤疾病，随时有急救员处理。街道上的站就有问题，很多分会都在研究。有些站订了值班制度，但因为没有多少工作，急救员呆坐在站上看书（如开封某些站），或背了急救包到处找急救工作（如常州某些站），有的遇到节日整天在风景区为游人服务（如福州）。当然，急救员们的服务精神都是很好的，但值班不应脱离生产，他们轮值时是否耽误生产必须予以注意。

急救站要巩固，首先要有较健全的组织和正确的领导，有些分会放松了组织工作和不能正确地解决站的领导关系，是不妥当的。组织和领导问题解决，站的巩固才能得到保证，才有可能切实地掌握急救员，使他们不断的在政治和技术水平上提高。站上订一些切实可行的会议、汇报、学习、检查等制度是很需要的，问题在于能不能在不妨碍生产和不妨碍急救员的健康的情况下经常执行。有些站在这一方面掌握较紧（如京西矿区城子矿和开封市植物油厂），对站的巩固和急救员的提高很有作用。此外，举行一些定时的工作讨论会及时解决实际工作中的问题，和与各有关方面加强联系和配合防止急救员孤军奋斗，都对安定急救员情绪、巩固急救站有很大关系。

至于街道站的值班制度问题，是否更换其他办法来解决，还希望已在街道训练了急救员的分会深入钻研，想出办法。

五、与其他群众性卫生训练及工作的配合和急救员的工作范围

根据过去的经验，单纯的急救训练和急救工作是有很多缺点的。因此我们要纠正孤立的、静止的、单搞一套的训练，应与群众性的卫生防疫等训练配合，与群众性的卫生防疫工作如爱国卫生运动等配合，并与当地、当时的中心工作配合，如开封市植物油厂的急救员配合厂内防蚊灭蚊的卫生工作；梧州、天津、开封、西安的急救员配合当地防疫注射工作；还有很多分会的急救员配合了当地的爱国卫生运动或进行卫生宣传工作；等等。这样做可以使有些急救员不致因外伤、急病少而无事做，同时急救员也能在预防外伤、疾病方面做些工作的。此外，在厂、矿、工地，急救员对单位的安全保健工作也是可以配合的，天津建筑工地木工场急救员在这一方面已经取得了成绩。至于如何配合，一定要注意在地方统一的计划下作适当的安排，并要主动地争取把急救训练及其工作纳入地方工作计划以内，使之能占有时间、空间和经费。

以上的做法可以使急救员的工作内容丰富起来，但有些分会让急救员做简易治疗就不恰当了。急救员的意义、原则、范围和我们的要求已经很明确，但是由于事先宣传不够，特别在训练之前没有对讲师和学员交代清楚，因此讲师唯恐教得不多（如南昌加教常见病治疗和药物等），学员唯恐学得太少，甚或有的学员想一学而为医师，讲师或医务人员也想培养他们担任治疗的助手（有些单位已将急救员调到医务室去当助手了）。谈到治疗，范围太大，短期训练出来的急救员如果去做治疗工作，因限于医务知识的不够，对有些要求必无法应付，甚或发生事故（南昌已发生急救员治疖肿用错药的现象）。所以有些分会让急救站看内科、外科并接受复诊（如福州、南昌、塘沽等）的情况必须加以纠正，并且应严格掌握急救原则才好。

六、急救常识训练和急救员训练应否区分

过去在这一问题上并未区分，但事实上部分学生和居民是只能做急救常识训练，不必强求他们一定参加急救站做急救工作的。急救常识训

练是要求普及，要求能做急救常识的宣传，可以作为急救员的外围，不发给急救员证章；急救员训练是要求技术熟练，能担任具体的急救工作，并要对他们进行思想教育，提高其工作效率，因此今后可以将两种训练分开。

七、急救员误工时间的计算和因误工而损失工资的计算及解决办法

在厂、矿、工地急救员是不脱产的，他们一做急救工作，就要耽误工时，如果是按计时或计件来计算工资，也一定会影响到急救员的工资收入。目前，武汉国棉一厂按急救员当日每小时平均产量，来计算误工产量和工资，以补偿急救员因急救误工工资的损失。如一急救员每天工作八小时，其中有一小时做了急救工作，实际生产时间为七小时，七小时的总产量是二十八件，平均每小时四件，那么将他误工的一小时结算四件，全日产量即为三十二件，并依此数来计算工资。这样就解决了急救员工资损失的问题，这个办法是很好的。至于济南搬运工人急救员在本小组内担任急救工作而减少件数少算工资，由本组工人自愿地给以补偿，可是为其他组急救时就无人负责了，问题仍未解决，这种做法也不太妥当。因此这一问题必须要及时发现并研究解决，而且要根据不同工种提出不同的解决办法。我们感到：这种办法，最好由工人中提出，从急救员中提出，由单位领导根据这些意见来做决定，而这种决定一定要能使急救工作和生产任务相结合，使急救员的利益和公共利益相结合。

八、急救员称号的取得和转移关系的问题

急救训练毕业考试及格以后的学员，是否即取得急救员的称号是可以研究的问题。关于此点，要注意审查的手续，要注意让群众来评比，更要注意的是出于自觉自愿，然后再发给以急救员证章。急救员取得了这个称号以后，就要掌握他被调动或迁徙时的转移关系问题。因此急救员如果被调动或迁徙，应当到急救站办理转移手续，俾能到另一地区时向当地红十字机构报到。如当地无红十字机构也没有急救站，就可以向所属单位卫生机构或工会报到，参加新的急救站或发展急救工作（由北京东四区的急救员若干人调到东北某地后，当地无红十字组织，他们在厂中主动地建立了急救站为工人服务）。如果不这样做，调走的无法统计，调来的没有工作，不仅急救员要感到苦闷，也是急救工作的损失。

我们的希望

以上各点都是我们的初步意见，特提出商榷，希望各分会特别注意，要有领导地深入实际去发现和解决问题。因为领导工作人员直接

地、积极地深入实际参加急救训练工作，可以大大地促进此一工作的提高和发展，否则领导人员对进行工作中所遇到的一些具体问题茫无所知，或知道了也不想法子解决，不但会影响群众的情绪，也会将好事办坏了。据此，分会就要注意，不仅派干部去进行工作，更重要的是经常地派出一定的负责干部或领导本身亲自到实地去虚心、认真地深入了解情况，并帮助工作人员做一些总结、研究和检查工作，分析工作的方式方法、急救员的作用和所发生的问题，尤其是对上面所提出的问题，结合当地情况，会同有关方面共同研究，更好地求得解决。

另一方面，必须要转变有些分会在急救训练工作中不深入实际，只有一般号召，缺乏具体领导，只满足急救员现在所起到的一点作用而不进一步钻研工作，只满足训练了多少急救员，或挂了若干急救站的牌子，或仅派一些干部去做就算完事的做法和想法；要转变一些分会训练的目的要求不明确，对象不加选择，或大量的训练以致难于组织、草率从事等盲目冒进的现象。因为这样做的结果必然是浮于表面，看不到问题也不能解决问题，使急救训练工作的进一步展开受到阻碍，造成了人民卫生事业的损失。希望各分会多加注意、多加检查，有这样的情况立刻加以扭转。

对前面所提的问题如有更好的意见，希望能及时反映给我们。

（原载于《新中国红十字》1953 年 11 月号）

孝感县分会的墙画

王善普

孝感县分会在城关选择了适当地点，画了些长阔各二丈左右的彩色墙画，画中人物有的一丈多高，十分引人注目。这些画的内容包括有三改、六净、扑灭五毒、消灭美帝细菌战、个人卫生、环境卫生等等。我每次走到这些大幅墙画的前面，总见有或多或少的人在那里欣赏。很多观众说："这画的内容很对，我们一定要搞好卫生。"城关镇爱国卫生委员会也说画得好，有相当作用，并建议可以推广。我们明年准备把它扩展到农村去。

（原载于《新中国红十字》1953 年 11 月号）

武汉市在训练中增列政治课程

武汉市分会从一年来急救站的组织情况、急救员的工作表现以及他们对红十字会的认识、态度方面感觉到思想教育的重要。为扭转过去急救训练只注重技术知识讲授的情况，今年七月份起，在急救师资训练班及第二十五、二十六两班试增政治课程，结果解决了一些问题，加强了训练的效果，进一步密切了学员和分会的关系。有的学员反映：听了政治课，使我们对红十字会有了比较明确的认识。学员思想从而也得到了提高，特别是端正了大多数为了就业、混资格、便于照顾子女等不纯的学习动机，使大家明确了作为一个红十字急救员所应有的态度等。

分会已于七月十五日对在各种业务训练班增加讲授政治课程的做法作了决定，内容暂定为三个单元：一、学习态度（二至三小时）；二、新中国红十字会的性质与任务（三至四小时）；三、革命人生观（二至三小时）。决定要求做到行政辅导和教学相结合，训练班行政领导应充分供给讲师关于学员思想情况的材料及提出讲授意见等；单元讲授后并注意组织学员讨论。在方式上采取座谈会、报告会、学习会等形式进行。（根据武汉分会报告摘编）

（原载于《新中国红十字》1953 年 11 月号）

受群众欢迎的小型医防服务队（节录）

今年夏天，福州、杭州、麻城、内江、垫江、遂宁、高密、永城、开封、天津、广州等分会及第一医防服务大队第三、八两队，在当地政府卫生部门领导下，根据当地实际需要，及时地、突击式地组织了小型巡回医防队（或称医防组、工作组），深入农村为“抗旱保秋”“抗旱除虫”的农民群众服务；其中，天津、开封、广州三分会的医防队则到附近水灾地区给受灾群众进行医疗慰问，各队在短短十来天到一个多月的工作中，都进行了简易治疗、宣传卫生常识、慰问等工作，解决了当地群众迫切需要解决的问题，对生产起了一定的保证作用，在群众中引起了良好的政治影响。

（下略）

（原载于《新中国红十字》1953 年 11 月号）

武汉、济南两分会的急救训练及工作体会（仅摘录武汉部分）

今年十月初，我们的一个检查小组到武汉、济南两分会了解急救训练工作推行情况。这些情况对我们研究如何更好地开展急救训练工作是很有帮助的，特将了解的材料加以介绍，并附我们的初步意见，供作进行急救训练的分会研究、参考。

一、武汉分会的急救训练工作情况

武汉市分会从 1952 年 10 月着手推行急救训练，陆续在汉口、武昌两地训练了十二班，都没有及时组织起来。主要原因是当时分会没有通过街政府推行这一工作。直至一九五三年三四月间，在居民中组站时，碰到急救员成分的选择和站长人选等困难问题，分会才与卫生局和民政局联系，至五月间市卫生局和民政局通知各区、街政府协助分会推行急救训练和组织急救站，此后，动员训练和组织急救站工作才顺利地开展起来。

一年来总计训练了二十四班，结业急救员一千二百八十六人，在汉口江岸区设了七个站，有一百八十人参加；武昌设了二十八个站，有三百零三人参加；汉阳在国棉一厂三车间设了三个站，三十个受过训练的急救员都参加了工作。分会为了今后开展训练工作，还从急救员中选拔一些较好的办了一期师资训练班。目前在市内训练的尚有五个班，对象包括三轮车工人和回族同胞，共二百九十五人。所涉各站大致可分为三种类型：

1. 汉阳国棉一厂——以集体大生产的工人为对象的急救站

汉阳国棉一厂原有一个设备比较完备的卫生室，有医生三人，医士、助产士、调剂员各二人，护士十人。虽然医务工作者多方努力采取下车间巡回等办法，还不能彻底解决车间里临时发生的工伤事故。该厂劳保福利科注意到了这一点，并认识到苏联厂矿中急救组织的优越性，从我会（即武汉分会）编印的《急救》书上找到关于急救训练和组织的办法，即于今年春季主动与武汉市分会联系开始进行了一次急救训练，因劳保福利科和厂的行政领导商酌挑选了30个工人参加学习，结业后在厂的三个大车间各设了一个急救站，目前每站已增设到六个急救箱，各站的具体工作、每周一次的业务学习，由厂卫生室所属的保健站负责领导，药品也由他们配发。事实证明：由工人自己担任起急救工作，车间内意外工伤事故获得了及时处理，解决了医生下车间巡回仍不能及时解决的问题，也减少遭受意外伤患的工人们的误工时间。

目前国棉一厂的行政领导、工会、卫生室和工人群众从实际的体验中对急救工作更重视了。通过厂的行政领导，解决了急救员工人因急救工作而误工的工资计算问题（详见上期本刊《关于急救的训练、组织和如何发挥作用等问题的商榷》一稿）。最近该厂改行三班生产制，车间主任更向劳保福利科提出要继续训练急救员，厂方已准备进行第二次训练。为了减轻因急救而误工影响生产起见，此次训练对象多是大组长、技师等，当车工人已减少了。据该厂劳保福利科谈，由于对象挑选严格，组织比较易于巩固，也能经常发挥作用。

2. 居民急救站

居民急救站共二十七个，几占武汉市急救站总数的四分之三。目前存在问题特别多，其中组织巩固的、能起作用的站不多。较好的如武昌区黄鹤楼街急救站是一个街道居民的典型急救站，由一个理发工人邱忠海当站长。他是个积极分子，理发店靠近急救站（站设在十字街口一个空的交通警亭内），其他站员也都住在附近，他们与街政府卫生干事有密切的联系，群众关系也搞得很熟，因此街道上有了事情发生，通过街政府卫生干事或周围群众就能很快将急救员集合起来，所以他们就不需要急救员按时坐在站里等候工作。其他多是只具形式，如北京街第一站，设在一个私人诊所内，有急救箱，但没有负责人，急救员亦多散失。

值班室在居民急救站是一个问题。一般家庭生活条件较好的妇女尚能每天到站值班，但多数站的值班制度还是徒具形式，有的经常委托站长一人或几个急救员值班，有的虽有制度而无人负责。

3. 手工业者集体生产的小型厂坊和市场摊贩急救站

这一类型的急救站组织容易巩固，作用也能经常化，如武昌区第一屠宰场，是一个人工的屠宰场，有屠工五十余人，夜里宰牛，发生了伤害往往要等到天明才能得到处理，这样对于工人们的健康和生产都受妨碍。自从分会帮助场内工人组织了红十字急救站后，情况就好转了。再如汉口合作街急救站，是由一个市场中的摊贩们组织起来的。市场摊贩本来有组织，摊贩们有经常性的集会，所以急救站组织容易巩固，他们并不采取值班制，碰到有伤害发生就及时去救护。

二、济南分会的急救训练工作情况（略）

三、几点初步意见提出商榷

1. 领导关系

武汉分会是在碰到居民急救站组织困难时才找领导解决；济南分会则不能主动地和有关部门经常联系，有困难也不随时报告、请示，都形成脱离领导，单搞一套。当急救训练得到了领导的重视与支持后，有时又认为得到上级领导的重视，就不深入争取各中、下级领导的支持，因而在具体工作上发生许多困难。

急救站的领导，在居民方面，济南第一区第一红十字急救站的站长是由居民委员会主任兼任。他工作主动，和附近诊所洽商每星期日由大夫领导急救员学习业务两小时，亲自领导学习政治两小时，解决了急救员的提高问题；同时，他还深入地掌握急救员的居住地区、家庭情况，能比较恰当地分配任务。急救站又设在居民委员会里，也解决了房屋等问题，因而使这个站成为当地一个典型的居民街道急救站。工厂、工地及搬运工人急救站有的由劳保福利科领导，有的由工会领导，有的由医务室领导，各有优点。不过急救员技术提高和急救器材补充等方面还是由医务室掌握比较便利。

2. 训练对象

对象的选择，对组站及急救工作有很大关系。武汉动员宣传得不够，以致由街政府选送的多系劳动就业登记的青年，他们以为训练后就有职业；济南分会用招考的方式拿户口簿报名投考，录取的也大部分是找出路的失业者，而且动员时还用初级、中级、高级递升式的训练做宣传，结果因不能兑现，学员们闹情绪，常转业，组织后更不能巩固。这些做法是错误的。因为急救工作是自救助人的革命人道主义精神的具体表现，是建筑在志愿的基础上的，我们并不是不要失业的人参加训练，只要他动机纯正，志愿为人民服务，还是欢迎的，如果是为了找职业等等，就不合我们的目的和要求了。

汉阳国棉一厂选了群众所拥护的有文化、工作积极的工人或和工人有密切联系的车间干部担任急救员；济南搬运工会也是选工人或小组长当急救员。这些急救员都是不论早晚，不辞辛劳，带着急救包不脱产地做急救工作（武昌屠宰场的急救员也是如此），而且他们的工作对增加生产起了作用，这些人才是我们所要求的对象。

居民中的训练与设站，不如工人训练及工厂设站急迫和效果明显，加之居民不如工人易组织，所以首先在有组织的工人中训练和建站对生产建设最有直接意义。但亦须有客观需要，有党政工的领导支持，有一定卫生机构的技术指导，有训练对象的自觉自愿等条件，才能办好训练与建站。

3. 急救站的组织

训练后要有组织才能发挥作用，但武汉和济南在街道方面都训练了很多的急救员，却大部分没有组织起来。这也许是在训练之前就没有考虑到组织的问题，加上训练的人又分散不集中，组站的目的、任务和办法，没有通过地方政府，也没有向急救员交代清楚，组织起来是比较困难的。

设站的地点和数字对工作有相当关系，但为统一掌握，避免“五多”，就要考虑在实际需要情况下去设站，如济南因为有些工厂训练的急救员比较多，几个厂设一个站，就不知把站设在哪里好。

急救站下的小组应给予一定的设备。在目前尚无经验的情况下，站组之外，以暂不建队为适当，如建队必须明确目的、任务，并估计客观条件具备确能起作用才建队。

4. 急救站的值班问题

工厂、工地或搬运工人的急救站因为急救员都是现场的工人或职员，同时他们的工作和生活都是集中的，所以能在不脱产的情况下实行值班制度，而居民方面的值班制度就值得考虑了。武昌黄鹤楼街和汉口合作街市场中的急救站工作比较好，但都没有坐着值班，相反的汉口岳飞街第一站每天虽有五小时的值班制，但因急救员住处不集中，值班以外的时间便无人照顾工作了，还有些急救站虽订有值班制度，但没有执行，流于形式。这些说明了值班制在街道站中有问题，至于用何种办法好，还要我们来共同摸索。

5. 训练师资问题

师资对训练的成败有很大影响。汉口分会为能解决这个问题，曾选拔优秀急救员加以训练，但因学习不够，经验不足，担任教学时发生了许多困难；济南分会训练中西医担任师资，在教学上还没发生大问题，但由于选择不当，个别品质不良行为恶劣的分子影响了整个的训练。

师资的选择和训练很必要，选拔优秀的急救员加以训练提高，运用他们来辅导教学是可以的，但训练后即任教师时常容易发生问题，应谨慎。

训练师资时除急救的理论及技术学习外，要紧的还有政治上的提高，使所训练的师资能彻底明了红十字会和急救工作的方针、任务和目的，好正确地掌握急救训练及组织工作。

6. 急救工作必须服从生产，提出急救为生产服务是正确的

推行急救工作，必须紧密配合国家经济建设，并围绕着国家过渡时期的总路线去进行。武汉、济南两分会过去均未注意总结经验，像汉阳国棉一厂和济南搬运工会的急救站的组织、配合生产建设发挥作用及工资计算等一些好办法均应加以总结，介绍推广。

此外，还应有意识地在当地卫生部门的领导与统筹计划下，把急救训练、急救工作和地方的卫生训练、卫生工作配合起来。目前急救训练仍在试验推行的阶段，我们所要努力的是如何紧紧地围绕生产，不断地提高急救员，如何巩固急救站。所谓提高不是要他们多学技术担任治疗工作，而是要将他们的政治水平和卫生急救常识不断提高，使他们的急救知识和技术更熟练、更有办法。济南分会有一些急救员还没有明了急救训练的目的和急救站的任务，应从加强宣传教育和提高急救员的思想认识以逐步求得解决。

如何做好急救工作服务生产，有待于更进一步地集思广益，共同努力，总结经验，改正缺点。以上只是个人的一些不成熟的初步意见，错误之处，望即指正。

（原载于《新中国红十字》1953 年 12 月号）

武汉分会红十字急救站
对增加生产和保护工人健康都有利

汉阳国棉一厂劳保福利科　雷济民

（原编者注：此稿发表于一九五三年十一月六日《长江日报》的读者来信栏）

今年二月间，我厂得到中国红十字会武汉市分会的协助，在车间成立了三个急救站，三站共有急救员三十人，急救员都是没有脱产的工人，经过短期的急救常识的学习后就担任这项工作的。

在未成立急救站时，工人在车间受了伤或生了小病，到医务室去诊一次，必须请假出车间，再到医务室挂号、诊断、取药，起码需要一小时。有些工人怕耽搁时间，小伤小病就不去诊治，致常常有使伤口化脓，轻病变重的情况，诊治起来很费时间，反而耽误了生产。成立了车间急救站后，工人有了小伤小病可以马上得到治疗（应是急救——本刊编者注），九月份车间急救站就诊治（应是急救——本刊编者注）四百二十人次，每次裹伤、治疗只要十分钟就够了，一次可以节省半小时以上，四百二十人可节省二百一十小时，以一个工人看四百个锭子，每小时产二十支细纱二十磅计算，二百一十小时可增产细纱四千二百磅；同时，患病率也降低了，九月份比八月份降低了百分之二十以上。我们认为在大的厂矿中成立车间急救站，对保护工人健康，增加生产都是有利的。

（原载于《新中国红十字》1953 年 12 月号）

武汉分会医院增产节约提高了工作效率

白德畅

我院全体工作人员于十月二十六日开展了增产节约的学习，通过学习，同志们检讨了工作中的缺点和对公物的浪费现象。在认识提高了的基础上，全院建立了责任制并大力推行了三级护理制，克服了过去的忙乱现象又节省了人力。妇产科接受了产妇们的意见，改进了对婴儿普遍喂葡萄糖的浪费现象，决定将葡萄糖单给产母无乳或身体瘦弱的婴儿吃；发动了全体工作人员，利用空间、时间向产妇们讲解哺乳方法等，并把产妇擦奶的棉球收集起来，经消毒再用。其他同志们也都在根据增产节约的精神挖潜力，找窍门研究如何把医院管理得更好，如何提高治愈率及病床周转率等。通过增产节约运动，医院里的各项工作都在开始改进。

（原载于《新中国红十字》1953 年 12 月号）

麻城县分会组织送粮急救站为农民服务

刘焱晴

麻城县去年稻谷普遍丰收，秋收刚过，农民便积极准备踊跃交好爱国公粮。麻城县分会为保证送粮农民身体健康，特号召一百零六个急救员，在仓库附近及运粮路线上设立了八个送粮急救站，为送粮农民服务。十五天中共急救了二千一百九十人。

由于急救员积极工作，关心伤患者的痛苦，作出了不少模范事迹。农民邹金台中途晕倒，急救员徐志福跑去急救以后，又把他一挑一百多斤重的谷子挑送到六七里外的麻城仓库。急救员甯永忠、罗建华在分会号召下不但本人积极参加秋征急救工作，还动员了十几个急救员参加。群众对他们都表示感激，反映说："红十字会每逢集会人多的场所，都有他们的急救员做工作，这也只有在共产党和毛主席的领导下，才能照顾我们这样周全，我们一定要提前完成秋征任务来报答毛主席。"

（原载于《新中国红十字》1954 年 1 月号）

为售粮的农民服务

麻城县分会　姚昭先

麻城县搬运工会红十字急救站，为了及时地结合购粮工作，向农民进行急救服务，自去年十二月十六日起，除配合红十字总站设置的固定站担任急救工作外，每天从早到晚，派出两个急救员，轮流地巡回在县粮食局和仓库附近，及各个街道上，做急救工作。这样为出售余粮的农民们工作了十三天，受到了农民们的欢迎。

（原载于《新中国红十字》1954 年 2 月号）

麻城县分会举行了急救员代表会

刘焱晴　姚昭先

湖北麻城县分会共训练有急救员二百余人。这些急救员配合当地的水利工程、抗旱、秋征等工作起了一些作用，并且还做了一些卫生宣传等工作。不过也有少数的急救站流于形式，存在有领导关系比较乱，工作范围不明确等等问题。分会为了总结一年来的工作，解决现存问题，并奖励一些模范急救员，召开了一次急救员代表会议。事先，分会作出计划，经卫生科同意，县委批准，由县府发出通知，在一九五三年十二月十七日举行了会议。麻城县第二副县长吴伯厚和县人事科科长都在会上作了报告。关于领导问题，卫生科作了指示：学校由本单位行政领导，农村归区卫生所领导，县府也通知各区乡、各区卫生所及设有急救站的单位应对急救站多加协助。工作范围也明确了，今后不再接受简易治疗或复诊。会上全体代表并且订出今后急救工作的计划。计划中除了从工作、学习、思想、组织制度等等方面保证做好急救工作、卫生工作外，并且明确地提出结合总路线总任务进行工作，动员亲友把余粮卖给国家。

（原载于《新中国红十字》1954 年 2 月号）

孝感县分会建立了五个工人急救站

王善普

孝感县分会一九五三年六月间成立急救训练委员会开展了急救训练工作以后，共训练了急救员五百七十七人，建立急救站九个。其中大部分是工人，在农具厂、红星烟厂、地方印刷厂、搬运站、织布生产合作社建立了五个工人急救站。

急救员们学习以后都能起作用。如搬运站的一个工人，第一天学习了止血法，第二天就急救了一个头部大出血的人。红星烟厂的技师姚国贵被机器轧伤大出血，就是经急救员及时救好的，因此已引起厂方对急救工作的重视，为该厂急救站买了毛巾、肥皂、面盆等用具。

（原载于《新中国红十字》1954 年 3 月号）

武汉市分会通过总路线学习
提高了干部的认识改进了工作

康人苏

武汉市分会及其所属第一和第二门诊部全体工作人员，在总路线学习中，思想认识上，有了一些收获，工作也有所改进和提高。今年二月中旬，得到了武汉市卫生局党委通报表扬，这主要表现在下面两件事情上：

一、严肃对待国家经费，严格执行经费预算管理：分会在总路线学习之前，虽也认识到今后急救工作应重点发展，并已把训练经费从原预算的一亿二千万元减为六千二百万元，但当时有些同志对削减经费，在思想上还搞不通，曾强调说：钱少了少办事。通过总路线学习，同志们认识到目前正是国家积累资金进行社会主义建设的时候，必须集中力量发展重工业，我们多花一个钱，就要分散和减少工业建设的一分力量。而又重新修订训练计划，将训练经费削减为三千四百万元，比上次已修订后的数字又减少了百分之四十五强。第一门诊部的财务管理，过去是不好的，会片面强调需要，不按预算开支；去年的账务，积压很久没有处理，每日门诊收费，总是隔一天甚至几天才入库。在这次总路线学习中，检讨了过去工作中的混乱现象，找出了没有建立制度，没有主动向上级财务机关联系的缺点，并认识到不克服这些缺点，就会妨碍国家经济建设。由于增强了干部的责任感，也就很快地清洁（结）了一九五三年的账务；建立了一九五四年的账册并保证今后不再积压，当日事、当日毕，每日收费在当日下午四时半缴库，尾数在翌日上午缴清；严格执行经费预算管理；加强缴款责任制，分清挂号、收费、会计的责任。这些工作有了改进后，同志们都感到非常愉快，认为这样做，不仅增强了工作效率，而且将有助于加速国家建设资金的周转。

二、初步明确了今后工作必须面向厂矿，技术必须为政治服务：分会同志过去强调人少事繁，经过学习批判了单搞一套的做法和盲目在居民中发展急救员的偏差，认识到今后必须集中力量把重点工作搞好，首先应面向生产，到厂、矿、工地去进行急救训练。不应强调客观困难。经学习后，第二门诊部的医务人员，对“技术应为政治服务”的观点也有了较明确的认识，在学习会上批判了单纯技术观点，自觉地要求搞好劳动纪律；在晚间遇有急症，即随时应诊或出诊。还能主动热情地为附近的武汉锅炉厂职工诊病。

这次总路线的学习，同志们情绪一直是高涨的，如分会王民朴同志，年已七十二岁，同样坚持自学，在讨论时能热烈发言。第一门诊部五十四岁的聂敬廷同志，以前对学习抱着应付态度，而在这次总路线学习中，不仅用心听讲，认真记笔记，且抓紧自学，讨论前就作好发言提纲。他说："眼看到伟大的社会主义前途一天天接近现实，怎能不努力学习，同大家一道前进呢？"

（原载于《新中国红十字》1954 年 3 月号）

黄石分会训练碎石工人急救员

赵巨烈

长江中游新兴的工业城市——黄石市的大冶钢厂扩建工程已经开始了。市工业局为了支援这一工程，组织四千多市民和工人家属新成立了一个国营新成碎石场。

由于场的范围很大，工地分散（远的相距约二十余公里），卫生条件也较差，对经常发生的大小工伤难于处理。黄石市分会便派了一个卫生工作者到厂里去担任急救工作并展开急救训练。工人们很欢迎这一学习，不管路途远近坚持上课，有一天下大雨他们还冒雨赶到课室。不久，每一个采石和捶石工地上都出现了背着红十字急救包的急救员，二十天内就处理二百多次伤患，给工人们很大的便利。

（原载于《新中国红十字》1954 年第 5、6 月号）

各分会积极在工厂、城镇展开春季爱国卫生运动（节录）

零陵县、麻城县、高密县、梧州市、芜湖市、武汉市、安庆市、常州市、天津市等九个分会，和泗阳县诊所，在当地党政领导及爱国卫生运动委员会统一布置下，积极地在工厂城镇展开了今年春季的爱国卫生运动。

……

麻城县分会是结合生产积肥开展运动的，为达到增产积肥的目的，提出屋内光、屋外光、田地光的口号。具体要求：彻底清扫屋内垃圾和牲畜栏圈里的粪便，洗刷衣服；屋外清扫周围环境和污水沟，这样可以达到找肥的目的；田地中铲除四周的杂草，可以使粮食增产，并以三光的口号向群众进行宣传，以第四选区为重点，采取典型示范的办法，逐步推广，仅在第四选区就有一百八十多个妇女投入运动，一天工夫积了一千二百多担肥料，计可下六担多田。取得成绩后就以这个选区为例，用广播向其他区介绍，推动了全镇。全镇在卫生积肥运动中共积肥一十二万一千零二十八担，以每斗田八十担计算，可下一百五十多担田，抵豆饼七万五千六百四十斤，值人民币六千八百零七万五千元。另外还打扫了六十四个公共场所，清除渣子六万担，新建厕所十八个，每月可积肥八百担，给生产积了大批肥料。

（下略）

（原载于《新中国红十字》1954 年第 5、6 月号）

孝感县分会学习《新中国红十字》月刊

李万杰

我们分会规定，每周学习会务四小时，学习材料是以《新中国红十字》月刊为主。学习方法是：选择月刊内的重要文章，由一位同志念及讲解，然后大家结合个人的工作和全分会的工作进行讨论。比如在学习一九五四年第二期《第三届全国卫生行政会议确定今后卫生工作的方针任务》一文时，大家着重检查了过去工作中的强迫命令和形式主义。有的同志说：我在种痘工作中，碰到有些群众不了解天花的危害，不肯种痘，我就强迫他种，结果引起群众不满。又如我们学习一九五四年第三期《西安分会医院简化门诊手续提高工作效率》报道时，大家结合我们的诊所工作情况，进行讨论，准备学习西安分会医院，简化门诊手续。我们体会到认真学习月刊，对我们思想、工作都有帮助，今后将继续坚持下去。

（原载于《新中国红十字》1954 年第 5、6 月号）

武汉市分会积极做好防汛工作中的医防服务

武汉市红十字分会响应政府防汛号召，在市卫生局领导下及时组织了四个郊区医防服务队，于六月十六日晨分别到该市福城区、东湖区、南湖区为农民作医防服务。

医防队是由分会所属医院、门诊部的医护人员及一部分红十字急救员组成的。队员们认识到这是一项重要的政治任务，因而在工作中均发挥了高度的积极性和艰苦朴素的工作作风，得到当地政府和农民的良好反映，农民对政府都很感激，他们说："我们过去逃水荒，反动政府不但不管，还要我们还粮，有病也只有死！现在呢？政府这样照顾我们，诊病不要钱，医生还亲自下乡。"武汉市分会已于七月七日通报各队鼓舞队员们在现有基础上继续努力，更好地完成这一光荣任务。

（原载于《新中国红十字》1954 年 7、8 月号）

武汉市红十字工作者和急救员在防汛中贡献出力量

武汉市分会蔡叔和　白德畅

在战胜洪水，保卫武汉人民的安全的战斗中，武汉市分会及其所属医院积极响应了党和政府的号召，先后组织了七个医疗队（组）在防汛总指挥部卫生处的统一领导下，担任防汛中的医疗预防工作，还动员了许多急救员为护堤民工服务。这些红十字工作者和急救员们艰苦地、勤恳地为群众工作，他们表现出了爱国主义和革命人道主义的高贵品质。在防汛前线的同志们，每个人都忘我地、夜以继日地，为防汛人员医疗救护。医士欧阳九和他的医疗组，在离城五六十里的祁家山上为取土民工服务，曾连续工作到三十二小时。在防汛第三指挥部第四工段医疗站工作的医士安蒂同志（青年团员）在修筑二道堤防时，冒着大雨，踏着滑泥一直在工地上巡回。由于过度疲劳，她曾发烧到三十九度，两次昏倒，苏醒后，仍坚持工作。金雍和同志（青年团员）参加市郊抗涝医疗工作时，每天背着药箱出去看病人，并且细心给病人检查治疗，虽然他的关节炎病复发了，但他还是坚持在涝区工作，农民都称他为"人民的金医师”。

许多急救员们都能运用他们学到的急救技术帮助医务工作者给防汛伤病员急救、护理。岳飞街的急救员陆朵云、陈妙娥、苏秋萍等都因细心服侍伤病员受到群众赞扬。沈阳街急救员吴胜南、张颖等除了帮助医生做护理、注射工作外，还帮助群众搞环境卫生，搬床铺、叠衣服、修盖厨房，进行卫生宣传。刘家庙回民急救站的急救员除了担任急救外，曾连续两天两夜不停地帮助搬石挑土。家庭妇女急救员，也不甘落后，她们每天把家里的事忙完了，就赶到地上为堤工们服务；有的不能参加值班，就烧些茶水供应急救站。李粹芝是六个孩子的妈妈，但她仍然克服了困难，参加了工作。

留在医院工作的同志们也同样以战斗的精神支援防汛前线的工作。他们不为人少事多所阻难，仍坚持了医院的门诊工作和其他日常工作。主治医师黄兴让一人担负了内科门诊和病房的工作，经常深夜仍在病室亲自照料；为了适应防汛的需要，他还亲自动员慢性病人出院，以便空出床位，尽量收治防汛人员及灾民。在他的积极带头下，内科同志克服了工作中的困难，顺利地完成了任务。药剂士王绍安对于防汛应用的药品器材，事前都做好充分准备，而且包装得很好，只要是为了防汛医疗队使用起来便利，他是能苦心想办法的。收费员周训玉是个青年团员，他思想上时刻准备着响应党的号召，亲自参加防汛工作。有一个星期天，防汛总指挥部卫生处发来一个紧急通知，要各医院搜集一磅的空瓶作饮水消毒之用时，他不肯休息，很快地和其他同志将院内所有空瓶收集起来装了两筐，冒着大雨亲自挑到卫生处去。揭森权同志担任防汛的联络工作，他每到一队就把后方同志对前方同志的关怀传达给队员们，又把队员们艰苦忘我的战斗精神带回后方，这样使前后方同志更加亲切，鼓舞了前后方同志的工作热情和信心。他发现队上需用棉签迫切，就主动号召门诊部的同志在百忙中抽空完成了九千五百支棉签，包装好送到队上，并在包上写着：“你们需要什么，我们支援什么”“前后方一条心”等动人的口号。这些棉签送到队上后，队员们都激动地高呼出自己的决心，“坚持战斗，绝不松懈”。在这次防汛斗争中，武汉市分会及其所属医院红十字工作者和急救员们就是以这样高度爱国主义、热爱人民、热爱祖国财产的精神，前后方一条心地全力投入了斗争里，不少同志，在工作中创造了许多动人的事迹，被防汛总指挥部评为功臣。

（原载于《新中国红十字》1954 年第 9、10 月号）

中国红十字会工作会议闭幕

中国红十字会工作会议从4月16日起共进行了八天，于24日闭幕。参加这次会议的有二十二个省、自治区（和）北京、天津、上海三个直辖市的卫生厅、局的有关人员，以及红十字会分会的负责人，共五十余人。会议根据国家建设发展的形势，着重讨论了红十字会今后的方针任务、红十字会的性质和红十字会和卫生部门的关系等问题。

会议认为中国红十字会是中国人民志愿组织的群众性的卫生救护团体，在国家卫生工作的以“预防为主”和“卫生工作与群众运动相结合”的方针指导之下，进行工作。为了适应国家经济和文化建设的需要，红十字会今后国内工作的主要任务是，动员和组织广大群众参加业余卫生活动，普及卫生知识，提高人民健康水平；加强卫生国防工作，和在军事行动及自然灾害时，实行自救助人。根据以上任务，红十字会将大力发展会员，整顿和建立基层组织；吸引会员及群众参加“卫生卫国”训练，组织群众性的卫生站和卫生队，建立起群众性的基层卫生工作网；对会员群众进行经常的卫生知识宣传教育；通过会员基层组织发动会员积极参加除“四害”和防治血吸虫病等为害最大的疾病等重点工作。在这些群众卫生救护工作中，红十字会组织将成为卫生部门的得力助手。

中国红十字会自1950年9月改组以来，会务虽然有了很大的发展。但是，还远远跟不上国家经济、文化以及国防建设等方面的要求。这次会议在明确红十字会的性质后，还讨论了修改后的中国红十字会章程（草案），按照新的章程（草案），红十字会今后吸收会员的范围将更加广泛。

（原载于《光明日报》1956年4月28日）

湖北省红十字会召开首次工作会议

本报消息：湖北省红十字会在最近召开了首次工作会议。参加会议的有各市、县红十字会专职干部。会上传达了中国红十字会总会今年4

月会议的精神，学习了中国红十字会章程（草案），并通过了湖北省红十字会1956年工作计划（草案）。通过会议，到会的（人员）明确了红十字会是政府卫生部门的助手，是开展群众卫生工作最好的组织形式。会议并确定今年要在全省普遍发展会员，建立基层组织。

（原载于《湖北日报》1956年8月22日）

红十字会开会确定今后的工作方针

1957年红十字工作会议，已于10日在北京闭幕。

会议在总结了1956年所取得的成绩以后，也指出了少数地区发展会员追求数字、发展后没有安排活动和基层组织流于形式等缺点。认为今后发展会员应该根据“边发展、边组织、边训练、边巩固”的方法，首先吸收医务人员和群众中的卫生积极分子骨干，以愿意学习卫生知识和能够担任群众卫生工作的人为主要对象。基层组织和会员活动内容应该同他们的生活和劳动特点结合起来。在街道居民和职工家属中应以搞好清洁扫除、疫情报告、急救、家庭护理和妇幼卫生为主；在厂矿中应以改善卫生状况、预防职业病和多发病、注意安全设施及搞好急救为主，女工多的工厂应加强妇幼卫生宣传；在农村中应（以）结合生产积肥改进环境卫生、注意饮水消毒、水源和粪便管理、宣传和推动新法接生、预防地方病和慢性传染病以及使用下乡成药等为主；在学校中应以培养少年卫生习惯、注意预防慢性传染病和协助医疗机构矫治缺点为主。街道、厂矿、农村的基层组织，还应开展节育宣传。

会议认为如何巩固基层组织的最基本的问题，是加强互助友爱、救死扶伤的革命人道主义教育和经常搞好对会员的系统的卫生知识教育，以提高会员的光荣感和为群众服务的知识和能力；同时，基层组织和基层医疗机构要实行业务挂钩，吸收医务人员担任领导并帮助会员学习卫生知识，基层组织应该协助医疗机构做好各项卫生防疫工作。此外，会议对基层组织的形式等问题也作了研究。

通过会议，与会代表们认为，适应我国目前情况及红十字会的本身条件，1957年红十字工作应该在精简节约和勤俭办会的原则下，根据需要和可能，采取有重点、有计划、稳步前进的方针，防止贪多求快或有条件而不发展等偏向，以更有力地发挥红十字会在贯彻全面预防为主和卫生工作与群众运动相结合的方针的积极作用，和卫生部门的助手作用，并继续加强国际工作。会议指出，在开展工作时，还须加强同教育、民政、公安等政府部门及工会、青年团、妇联、中华医学会、护士学会、科普协会等群众组织的联系。

（原载于《人民日报》1957 年 4 月 11 日）

咸宁县应成立血吸虫病防治组

根据咸宁县于 10 月 8 日送来的文《关于卫生工作的报告》中，因该县周围接近血吸虫病疫区，经过多次的调查，发现有病有螺的可疑处，必须建立组织，好进一步地调查研究，开展防治血吸虫病工作。我们认为可以成立一个防治组，但人员由该县卫生系统中自行抽调解决，（一组七人）自 1958 年起列入计划。关于该县的疫情，尚需进一步摸清，并需成立各项组织，制定规划，定期消灭。

1957 年 11 月 20 日

（原载湖北省档案馆馆藏档案，档号：SZ115-02-0162）

各地红十字会会员学习本领除四害（节录）

武汉市汉阳区红十字卫生总站在这一次运动中，抽调了七十五个红十字卫生员，集中学习除四害的具体方法。学习的时候，由挖蛹能手江翠华（卫生员）介绍她挖蛹的经验，捕鼠能手明定魁（卫生员）介绍他的捕鼠经验。在两天的时间里，一天半学习讨论，半天到现场实习操作。学习以后，卫生员们信心百倍，回到卫生站就深入居民小组，布置了各种除四害的天罗地网。

四懂、三会、两有

孝感县红十字会 3 月 26 日向全县的红十字会员发出了一个积极参加除四害、讲卫生的通知。通知要求：基层包片、包单位；会员小组包车间、班、队、居民组或科、室；会员包院、包户。还要求会员加强学习卫生科学技术，使每一个会员都做到“四懂”：懂得四害的生活习惯，懂得四害的危害性，懂得除四害的重大意义，懂得除四害的技术；“三会”：会用普通除四害的工具，会用普通除四害的药物，会挖鼠穴、堵鼠洞、掏雀窝、毁雀巢和灭蚊、灭蛆；“两有”：天天手中有捕蝇拍，夜夜家中有捕鼠器。

（原载于《中国红十字》1958 年 4 月总 66 号）

争取早日实现四无国（节录）

——孝感城关镇实现四无镇

孝感城关镇根据省下发的四无检验标准检验，结果已基本实现四无。4 月 19 日在镇除四害指挥部、镇红十字会领导下组织了 120 余名红十字会员等，旌旗招展，锣鼓喧天向县委、县除四害指挥部报请验收。

（原载于《中国红十字》1958 年 5 月总 67 号）

麻城县分会为群众接种牛痘

麻城县今春为 52000 人进行接种牛痘，全县 352 名红十字卫生员积极参加了预防接种工作。如岐亭红十字卫生员在卫生部门领导下，首先组成 12 个种痘小组，深入各个乡的农业合作社和岐亭街，在三天内就完成了 2100 人的种痘任务，群众对红十字卫生员的种痘反映很好。都说：“红十字卫生员是卫生部门的得力助手。”

（原载于《中国红十字》1958 年 5 月总 67 号）

跃进中的红十字少年

——湖北省红十字少年工作成效明显（节录）

孝感师范学生和红十字少年自从开展勤工俭学，到处找生产门路，有报酬无报酬他们都一样地干。他们清理了校内外几十条污水沟，把号称孝感腥臭区的垃圾送给农民当了肥料，捕到上千只老鼠、八百只麻雀，挖光了校内厕所的蝇蛹，还分别到附近的农村去帮助农民突击清除水沟和垃圾。

武汉市21中初三（4）班学生经过红十字少年的宣传，把教室里的痰盂取消了，大家都把痰吐在废纸或手帕里。班里设有专盛痰纸的纸篓，并且有专人负责定时将痰纸拿去烧掉。

（原载于《中国红十字》1958年5月总67号）

基层办起了红十字业余学校

——孝感的红十字卫生学校（节录）

孝感县城关镇为了给城关镇各单位培养卫生防疫保健人员，在县红十字会具体指导和帮助，镇党委、镇人委的重视和大力支持下，办起了一个红十字卫生业余学校。校长由城关镇副镇长兼镇党委宣传委员王青云担任，副校长由镇卫生所所长叶志清担任。教师由镇里各单位、各医药卫生单位的医护人员兼任。以教导主任为首成立教研组，在业余时间进行备课和教学。学员是由各单位保送的，只要年满十六到卅五岁、有高小以上文化程度的男女红十字会员，都可以参加。报名后做了语文和算术测验。

学校是在今年4月8日开学的。学校的经费在学费内支出，如课本、讲义、灯光、茶水等都由学校供给，学员入学时一次缴纳学费两元，在各单位公杂费内开支。

学习的课程分：会务、卫生、防疫、急救、生理剖析、药物、内科、外科等，每周并有一定的政治课。全部共八十四课，总共学习了177.5小时，每周学习六次，共十四周（三个半月）结业。

入学的学员一共四十人，他们学习后，在本单位、本街道不脱产地担任卫生防疫、保健工作，协助搞好卫生宣传等工作。城关镇红十字会准备在结业学员毕业一年后，如果取得了显著成绩，并且在有条件的情况下，培养他们投考中级卫生学校。

（原载于《中国红十字》1958年8月总70号）

新华社短讯：波兰红十字代表团在我国做友好访问

波兰红十字代表团在我国北京、武汉、上海、杭州等地做了为期11天的友好访问后，已于6月20日离开北京。6月18日，我国务院副总理陈毅曾接见了以波兰红十字会会长伊伦娜·杜曼思卡夫人为首的波兰红十字代表团，接见时在座的有李德全会长及波兰驻我国大使基利洛克等人。

（原载于《中国红十字》1958年8月总70号）

各地红十字会员抗议美英武装侵略中东（节录）

美英帝国主义者武装侵略黎巴嫩和约旦的行为，激起了全国各地红十字会员的强烈愤怒。麻城县城关镇、新乡市、大竹县等地的红十字会员举行了抗议大会或座谈会，会后签名表示支援阿拉伯人民的决心，并参加了当地的示威游行。

（原载于《中国红十字》1958年8月总70号）

麻城县一基层红十字会实施保护妇女劳动力的四挂牌制

麻城县宋埠镇勤俭一社建立红十字会以后，普及了卫生知识，注意到保障妇女婴儿健康，根据生理状况给予合理照顾，以达到消灭妇女疾病，增加生产的目的，因此实行了劳动保护四挂牌制。

具体办法是：以生产队为单位，红十字会员小组为组织保证，制了四个牌子，妇女社员根据本人身体情况，将自己的姓名牌子挂在不同的栏里。妇女队长根据保护妇女劳动的原则，遵照社管理委员会的决议，在排工的时候，给予“三调四照顾”：经期调干活不调湿活；孕妇调轻活不调重活，哺乳期调近不调远；产期除给予工分补助外，还给一个月的休息时间。

自从今年1月实行这个挂牌制度以后，妇女们身体健康得到保障，出勤率提高了。7月份，江西、湖南、湖北三个省的红十字会参观团来到这里都认为这个办法很好，准备回去也照样执行。

（原载于《中国红十字》1958年9月总71号）

湖北麻城县红十字会带领群众美化家庭

湖北麻城县福田河镇从7月11日到15日，在红十字会员的积极带头下，开展了一个美化家庭运动。在开展运动中进行了三个结合：1. 供销社结合收购废品；2. 居民用卖废品的钱来美化家庭；3. 红十字会员和卫生部门结合以上两项，协助居民进行卫生美化家庭工作。全镇居民62户、农业社员196户，共258户，户户都把自己放了几年的破铜、铁、锡、钢种、破布、玻璃、麻袋等没用的东西变了钱。这笔钱除了美化自己家庭外，还有余钱买油盐吃。有一个红十字会员把家里废品卖了七元七角六分钱，买了石灰、红土、牛膏、红绿纸、门帘和各种画来美化家庭，还买了毛主席像挂得整整齐齐的，最后剩余0.77元。美化后，她家大人小孩都高兴，她母亲出门也笑，进门也笑，说："我儿子结婚时也没像这样打扮家庭。"

在美化工作中结合积肥，各户对不合卫生要求的灶、牛栏、猪圈、鸡笼都搬了家，拆墙隔、拆香案，把家庭一切用具都洗了。这样，既做好卫生工作又积了肥料，仅两天就积肥16790多担，供应了水稻三类苗80亩和棉花三类苗18亩的肥料。社员个个都满意。在这个镇上，随便走进哪一家屋子里一看，墙上是白的，门上是红的。家具摆设得齐齐整整的。堂屋内上边挂着毛主席像，两边是对联，两面墙上挂的各种采（彩）色的美丽的图画。7月17日，全福田河区各乡乡干部组织了参观团到镇参观。他们表示要把镇上的美化结合积肥的经验带回去。这个区的领导同志对红十字会员带头搞美化表示满意。参观的代表说："这个工作一举四得，卖了废品支援了国家建设，卖的钱搞美化家庭，家庭又美观，又卫生，也积了肥料。"

（原载于《中国红十字》1958年9月总71号）

孝感县城关镇理发社的红十字会员在跃进

孝感县城关镇理发社基层红十字会，在工农业生产大跃进中，打破常规，发挥了积极主动精神，深入工厂和农业社中去上门理发和急救。他们每天有红十字会员一至二人带着急救药品，到有四百多工人的农具制造厂，当工人休息时，他们到各车间理发，上班时，就在车间参加义务劳动或帮助厂里打扫卫生。工人在生产中有了跌打损伤，他们就担任急救。这样得了厂里的工人和领导对他们的喜爱，厂里领导买了药品，写了表扬信到社里来慰问。

他们为了支援农村，每天还组织了二至三个红十字会员，深入农业社并带着药品给农民治黄疮。今年麦收时候，他们特别组织力量，带着三个急救箱，帮助农民抢割，遇有外伤就进行急救。会员中有的会捏功和拿功技术的，还治好了不少因工作不慎腰骨错环、膀臂脱臼的工人和农民。半年来不完全统计，他们共急救了跌打损伤和各种小病达三百多人，因此有些人称他们为“理发医生”。

（原载于《中国红十字》1958 年 9 月总 71 号）

湖北等地红十字会员活跃在红十字工作战线上

卖废品支援国家建设

8 月 5 日，湖北孝感县城关镇西正街的红十字会员周兰英等和群众一起五十多人，组织了一个卖废品大队，敲锣打鼓，扛的扛，提的提，扶老携幼的去卖。她们卖出了陈铜旧铁，破衣烂絮等，既搞好了家庭卫生，又支援了国家工业建设。

向工地输送卫生员

武汉市红十字会 8 月间办了个会员进修班，培养八十名红十字卫生员达到医院护理员的技术水平，去支援该市关山、青山等工业区的建设。市红十字会还要不断办这种进修班，向全市二百项工程大量输送初级卫生技术人员。

（原载于《中国红十字》1958年9月总71号）

中国红十字会召开工作座谈会 交流经验和研究当前问题

【本报讯】 中国红十字会最近在北京召开了部分城市红十字会工作座谈会。参加座谈会的，有北京、上海、天津、武汉、南京、广州、杭州、福州、南昌、西安、沈阳、鞍山、汕头十三个市的红十字会办事机构的负责人；中央爱国卫生运动委员会和中央卫生部等有关单位也派人参加了座谈会。

座谈会汇报了这些地区开展红十字会工作的情况，交流了工作经验。在讨论研究当前工作发展中的问题时，就发展会员、红十字卫生站和会员的训练工作等，进行了专题讨论。

座谈会期间，卫生部徐运北副部长到会讲了话。他在讲话中谈到红十字会工作的重要性以及与卫生部门的关系、工作方法等问题。徐运北说，十多年来，红十字会做了不少工作，取得了很大成绩。红十字会的工作及其所起的作用，是其他部门不能代替的。

关于红十字会的国内业务活动，徐运北说，在卫生部和红十字会发出的1963年地方红十字会工作安排的联合通知中，已经对红十字会的经常性工作，作了说明。红十字会要适当发展会员，工作要有重点，由点到面，逐步开展起来。他还指出，红十字会是群众性的卫生组织，它的业务活动是从基层实际工作做起。保护人民健康，为生产服务，为国防服务。

徐运北希望到会同志，从实际工作中总结经验，树立标兵，调动广大会员的积极性。

伍云甫副会长也在会上讲了话。他首先阐明了中国红十字会的宗旨和基本任务。他说，红十字会要努力搞群众卫生工作，在开展爱国卫生运动中作出贡献。要救死扶伤，发扬革命人道主义精神。为此，要教育会员，以助人为乐；要专门利人，毫不利己；要有共产主义风格。在伍副会长的讲话中，还谈到红十字会工作中的某些具体业务问题，如发展会员问题，会员活动方式方法问题等。

（原载于《光明日报》1963年4月2日）

工作汇报

武汉市红十字会医院支援农村工作总结

党号召城市支援农村、工业支援农业，我们积极响应了这一号召。在市卫生局的具体领导下，我们长期支援十人到蒲圻县卫生院并无私地支援显微镜一架、电动离心器一部，由江汉医院抽调组织的蒲圻队50名医务干部，分批的又于四月三日和四月十四日先后到蒲圻，在蒲圻县委和卫生局的领导布置下，配合当地医务人员一道，成立了一支212人的强大医疗队伍。在全县的五个公社的各管理处直至生产队设立了四（十）二个医疗队，形成了一个全面周密、力量雄厚、组织健全的医疗网，开展起突击预防治疗浮肿、痟瘦和子宫脱垂三病。

由于党高度地关心人民疾苦，市委和县的各级党委对“三病”治疗工作的重视，全体医务干部坚决地贯彻休、养、治、管、教、防的措施，和各有关部门的大力支持，在短短的两个多月的时间内治疗了浮肿病人约13000多人、痟瘦病人千余人、子宫脱垂近千人，在整个工作过程中，一直贯彻着因地制宜、因陋就简的精神，将所有病员分为三级（分社卫生院、管理区卫生所、生产队医疗站），尽量地做到了集中治疗和休养。在各个病种的治疗上，都是本着“中西结合、土洋并举、以土为纲”的方针，如对浮肿病，采用了中药五皮饮、五苓散以及土法豆饼“黄鲜汤”和葡萄糖、维生素等治疗，并用白茅根预防痟瘦病，采用了中药配置的痟瘦合剂、葡萄糖、维生素。治疗子宫脱垂，采取了快速的酒精普鲁卡因注射液、明凡注射液、鲫鱼头、黄连外用药和中药的补中益气汤以及针灸等多种的治疗方法。

为了辅助治疗，使病人早日恢复健康，在病人营养上，广泛地增进红糖、红枣、黄豆、食油和葡萄糖、鱼肝油，并全面增加口粮，并经常给予鲜鱼肉类的供应。在治疗上，虽然是些临时的病房和休养站，但也建立了各种不同的管理制度，保证了治疗和休养。与此同时，在病员中大力开展政治思想教育工作和卫生知识的宣传，如座谈会、回忆对比“四期保护制”、新法接生等。特别是子宫脱垂患者，有的患病十几年，有的患病二十几年，有的妇女由于长年子宫脱出，与裤子摩擦已经溃烂，又臭又脏。有些妇女因为害了这种病不能参加劳动，因此被家里人瞧不起，说是能吃不能做，因为这些，往往上吊自缢，有些夫妇关系坏了。但经过这次治疗后，大家都非常感激。所有子宫脱垂的人都治疗好了，成了健康的人。因此农民一致感激地说这是毛主席的恩，不是毛主席，我们妇女哪能翻身。患者得治，在农村增加了一大批劳力，保证了春耕和夏收播种工作的完成。最大的收获，还是由于党高度地关心群众疾苦、珍惜劳动人民的生命和健康，不惜一切代价地治疗病人，使患者和广大群众具体深切地体会到只有共产党才能这样地关心人民群众，只有在社会主义制度下劳动人民才能有这样的幸福。

为了在较短的时期内消灭“三病”，在某些物质缺乏的情况下，发动了群众广开药物门路、破除迷信、取经献宝，采用和推广了民间单方，收效良好。这样高速度的、采取最有效的方法治疗“三病”，这对医务人员是一项艰巨的工作。在医务人员不够的情况下采取了“现场练兵”和速成讲习等办法，培养了保健人员50多人、护理人员40多人，在实际突击治疗“三病”的同时协助了地方病的普查普治工作，帮助扑灭了流行性的传染病，如百日咳等。

这次去蒲圻的同志们，大家在工作中都是积极主动地抢着干，克服了条件和地方语言等种种困难。半夜三更也摸黑走几里路去出诊，对病人的态度都是和蔼可亲。正像山里的女病人说：“毛主席派这么好的医生给我们治病，医生对我们这样好，比亲人还亲。”所以有些病人在医院的时候含着热泪告别，有的拿些自己种的鲜叶束（蔬）来感激医生。

在生活上都能做到三同。这次下乡的同志，有不少是第一次来农村的。除了自己的工作外，还要参加生产、投入双抢、插秧、割麦、上山打柴，真是既做了工作，又锻炼了人。有的说再不会把麦子当葱了。农民们的简朴生活对他们的影响也很大。正是大家所说的工作、思想、生活全面丰收，评出了甲、乙、丙模范十三人。现将好人好事列举几个于下：

周涛，工作一贯认真负责，能主动克服药物器械不够的困难，带病坚持工作，并能学习先进经验，采取土洋结合的办法解除病人痛苦。在生活上坚持三同。有困难自己克服，从不提任何客观要求，群众关系好。坚守自己工作岗位：每天从早晨一直工作到夜晚，有时深夜还要走十里路出诊，从无怨言。服从组织分配，哪里需要，就到哪里，毫无讨价还价。

郡林，是行政工作人员，被分配搞环境卫生，他能（充）分发动群众，成天在县城内外拿着扫把打扫卫生。病房成立后，做工友工作，挑水做饭、倒便盆，服务态度和蔼可亲，真正做到了把病人当亲人，他所居住的地方生活条件很差，从不叫苦，没有衣服也克服，不回家，得到当地群众和领导的好评。

周妙君、杨荣恩、刘文芳等事迹略。

今后的打算

根据上半年的情况来看，是采取“派出去”和“接进来”办法，收到一定效果。例如，外科，经过我院派医生下去支援蒲圻县卫生院，现在能解决一般急诊外科，同时对蒲圻县卫生院派来我院外科进修的同志，培养他现在回去可以开展腹部一般手术。化验室药房，由于我院派了工作人员，参加该院的化验室和药房工作，经半年情况，现在提高到能搞肝功能、肾功能、康氏微、康氏反应、肥连氏反应等检验。药房工作帮助蒲圻制剂工作开展了，并将蒲圻派来我院药房进修同志，使其提高到能回去开展合剂工作、制剂工作，操作比较熟练，有很大提高。

我院上半年派有妇产科医师、助产士帮助蒲圻县开展了妇产科门诊工作。该院内科力量较强，因而从下半年情况来看，亟待解决的是小儿科的工作开展和护理人员的业务水平的提高。我院根据蒲圻县这一情况，准备在八月份内将协作支援的人员再互相对换一下，在今年下半年主要力量要帮助该院把小儿科工作开展起来。目前我院虽然只有二个小儿科医师，但为了支援农村，决心派小儿科医师和能力较强的护理人员下去帮助开展是项工作，并提高护理水平，在下半年并接收该县前来我院进修。

为了帮助蒲圻县开展新技术，决定每月组织一次送技术上门，上门表演帮助开展新技术。为了使这个工作有计划地进行，初步决定七月下旬，由书记、院长带领有关人员到蒲圻县进一步研究今后工作（如何）更好地开展。总的情况，在今明年内，保证使其达到市内综合医院业务水平。

（原载武汉市档案馆馆藏档案，档号：XX000071－WS01－1007－0018）

新中国红十字会的工作方向与发展步骤

中央人民政府卫生部部长　李德全

一

中国红十字会于一九五〇年八月初由中央人民政府卫生部和中国人民救济总会主持举行的协商会议改组以后，它是变为新中国的红十字会了。依据政务院批准的《中国红十字会会章》的规定，它是在中央人民政府领导下的人民卫生救护团体。其方针是根据“预防为主”的卫生工作总方针，及“动员和组织人民实行自救助人”的救济福利方针，协助各级人民政府，面向人民大众，宣传并推广防疫、卫生、医药及救济福利事业。其任务是：

（1）团结群众，担任救护训练及宣传公共卫生。

（2）推动卫生防疫工作，进行医疗服务。

（3）办理灾害救助及救济性医药卫生工作。

（4）在必要情形下，经中央人民政府政务院批准担负国际性救助及医疗服务。

其目的是协助政府医治战争创伤和消灭灾难，开展群众的卫生运动和救护运动，从而提高人民的卫生文化水平及健康水平，保证国家的经济建设。它的政治基础是根据中国人民政治协商会议共同纲领第四十八条：“提倡国民体育。推广卫生医药事业，并注意保护母亲、婴儿和儿童的健康。”他的思想基础是爱国主义、国际主义和革命的人道主义。这一切综合起来，就构成了新中国红十字会的性质和它今后所应努力的方向。

这个性质与方向，显然的与旧红十字会是不相同的，因之要将其体现出来，是要经过一番努力的。总会改组已经四个多月，根据这四个多月的工作经验，感觉到新中国红十字会方针原则虽已确定，但今后的具体工作和发展步骤，还不够明确，究竟做哪些事？应该怎样做？先从哪里着手？都觉得很含糊，因之在指导和布置工作上，就把握不定，所以在这里特提出研究，以求解决。

二

我们知道苏联红十字及红新月联合会，于一九一七年十月大革命之后改组，在社会主义指导之下，三十二年来发展是极速、极大的。一九二六年会员仅七万五千人，一九三四年会员已有五百万人，卫国战争中会员多至一千二百万人，一九四五年每季增加会员竟达五十万人，现有会员一千七百余万人，拥有分支会二十三万余个。他之所以得到如此发展：第一，是因他的活动是名符其实的群众性的，在政府与人民间起了桥梁的作用。第二，是他对战争残废者、孤儿及儿童们办了不少的救济福利工作，体现了社会主义、人道主义的崇高理想。第三，是他配合几个五年计划为政府分担医药服务事业。第四，是他在改善人民劳动及生活卫生条件和对人民卫生文化水平的提高方面，有了重大价值的贡献。下面列举几个主要事例：

（1）训练大批人员做急救及健康防护的工作，据统计一九四一年七月至一九四五年七月共有二千二百五十万成年、六百万学校儿童参加训练，现在莫斯科分会就有会员七十万人，有组织的救护队就有二百五十队。

（2）组织卫生站，检查住宅、公共宿舍、工厂学校、理发所及浴堂，宣传卫生常识，减低病患及工业性外伤，协助医务人员从事积极预防工作。据一九四五年统计，此类卫生站共有二十五万四千一百个，战后计划并在每一个集体农场内设立一个医务“中心”。据一九四六年统计，共有一万二千个。

（3）救济战争残废者、烈、军家属、战争孤儿及办理灾难救济。例如乌克兰红十字会一九四九年办有孤儿院四百（一）十八处，育婴院七十五处，卫国战争残废院（有）六十八处，协助各共和国社会部，使百分之八十的残废人员恢复有用的劳动。一九二一年至一九二二年旱灾，在伏尔加河区每日赈济三十万人。一九四四年苏维埃红十字会募集六十万件衣服，三百六十八吨食物和一千四百余万卢布的现款，作为战时救济礼品。

总之，苏联红十字会工作是做到组织群众，教育群众，而又为群众服务，不仅将他的会员都训练成为公共卫生员或急救员，同时还直接和间接地训练更多的人，他的总路线是配合着社会主义的建设而向前开展着（的）群众的卫生文化运动。

旧中国红十字会已有四十六年的历史，他的产生和四十六年的工作，在思想上是遵循了封建主义和资本主义相结合的虚伪的并含有毒素的人道主义，在组织上是历受封建军阀政客官僚反动阶级的把持与控制，因之他虽是群众团体，而并未与群众结合；它虽打着为社会服务的招牌，而所起的作用是冲淡人民对统治者反抗的情绪，甚至做了反动阶级麻醉人民的工具。所以除了在抗日战争特定的历史任务之下，贡献了一些救护成绩以外，他的工作就只能是消极的、被动的、可有可无的，得不到人民的拥护的，因之事业的范围也就越来越小、愈做愈困难了。抗日战争前原有分会五百一十二个，到抗战胜利后加上一些新设的分会，仅有一百九十三个，而到一九五〇年八月总会改组后至现在仍与总会有联系的仅八十九个。兹就初步的调查了解，将这些分会现在的会务、业务与思想情况分述如下：

（一）会务情况

一般的是停滞状态，没有具体的组织活动。会员大部分无联系，过去虽多到三十八万，但现在有联系的不到一万人，很少缴纳会费。旧理事会还能召开的，不到二十个分会，仅有少数理事维持会务的有四十多个分会，理事会完全解体，仅存在业务机构的有十几个分会。在经济方面，过去靠土地收入维持开支的有四分之一分会（如河南、四川等地区），靠会费及捐款维持开支的约占四分之一，靠业务收入维持开支的约占四分之二。这些分会现在的组成人数约有二千人，理事约占六分之一，医护人员五（百）九（十）六人。

（二）业务情况

（1）医院二十八个，共有病床八百张，每月平均住院人数八百三十人，每月平均门诊人数四万六千六百一十人。

（2）诊所四十五个，助产站五个，沙眼防治所一个，每月平均门诊人数约六万人。

（3）医防队五个，每月平均诊治人数一万八千人。

（4）护士学校二个、助产学校两个，护士训练班两个，共有学生四百一十三人。

以上这些业务，过去总会在经费方面补助很少，仅发给一些药品材料。现在有些业务可以勉强维持自给自足，有些业务亟待经济上的支援。

（三）思想情况

（1）一般的存在着很浓厚的依赖思想。认不清人民团体的本质，这因为过去工作是依靠地主军阀官僚少数统治阶级及“美援”，不是依靠人民，没有群众基础。现在那些统治阶级已被人民打倒，“美援”亦为中国人民揭穿其恶毒企图而不能依靠，所以觉得如果人民政府不予支持即无法工作。

(2) 部分的人仍认为红十字会是“中立性”的“国际性”的“超政治性”的团体，其工作方针不应受人民政府政策的拘束，虽经过批判，但还有一部分人存在这种思想。

(3) 部分的人认为红十字会是一种有历史性的单纯的医务团体，他的工作平时应该是办些医院和诊所，战时组织一些救护队。

(4) 少数人仍认为红十字会是慈善机构，由少数有钱人主持办理一些像放赈和冬赈之类的消极工作。

(5) 许多分会不了解如何走群众路线，如何下手改组，过去糊里糊涂，提出改组之后却又感到办法很少。

以上几种情况，就是体现了旧中国红十字会的方针不是面向人民，为人民服务的，本是群众团体却又未到群众中去，所以事业愈来愈垮，愈来愈没有生气。

但是新中国红十字会是仍要在这样旧的基础上建筑起来，因之对旧有基础之整理，就成为新中国红十字会成立后最首要的任务。整理之目的，是为扭转过去不正确的方针，所以整理的工作首先是思想建设，除了肃清那些旧的错误的思想外，同时还要建立一套新的思想体系，并指示今后工作的具体方向和发展步骤，这样才能使新中国红十字会的事业顺利地推进，不致走太多的弯路。

三

新中国红十字会今后的工作方向究竟是怎样呢？根据我国当前的社会情况，应该是站在人民的立场，围绕人民，尤其是工农群众及少数民族的现实需要，参照苏联红十字及红新月联合会的发展道路，配合政府推行卫生工作及救济福利工作，逐步实现共同纲领第四十八条的任务。因此，当前的具体工作，就必须：

(1) 把现有的业务整顿起来，改被动为主动，并以这些业务为基础，结合新的力量，培养卫生人员并开展妇婴保健及一般医药防护工作，并在发展过程中特别注意工矿、农村、少数民族地区及灾难地区等急需医药的地方。

(2) 组织机动的医疗队，配合政府政策，完成一定的政治任务，如目前即应发动组织各分会医护人员在自觉自愿的基础上成立抗美援朝志愿医疗队，从事战伤救护及难民医疗等工作，并成立医防队配合生产救灾，修河工程等建设事业，推进防疫卫生及医疗工作，并在医防队的地区结合各地人民，创设条件，建立红十字会基层组织，发展会务。

（3）各地红十字会组织在各级人民政府领导下，与工、青、妇、农各人民团体取得密切联系，先从有组织的群众中做起，开展救护教育及一般卫生常识宣传，而后吸收他们为红十字会会员，建立红十字组织，并逐渐普及到一般人民，使卫生保健工作真正成为广大的群众性运动。在这三项工作做有相当成效并打下基础之后，再进一步的在工厂、学校及农村中普遍设立“卫生站”及“救护中心”以及其他救济福利组织，协助政府普遍提高人民的卫生文化水平。但为了保证这些工作在坚实的基础上进行，因此它的发展步骤，应该是由小到大，由点到面，先做好业务而后发展会务，先整顿旧组织而后推设新组织，先由政府给予经费补助，将业务充实之后，而后走向半自给与全自给。

综合以上所述，新中国红十字会是有无限发展的前途。为求使它确能完成其所负的任务，红十字会工作干部应坚决地改变其过去的看法与做法，以自己的实际工作，表现出确实在为人民做事，借以求得群众对红十字会的改观并得到群众的支援。同时应请求政府在旧的基础尚须整顿，新的业务刚刚发芽的开始几年之内，给予充分的发展条件——思想领导与经费补助，并企望国内各民主党派、各人民团体，给予必要的指导与帮助。

（原载于《人民日报》1951年2月1日；另载于《光明日报》1951年2月11日）

中国红十字会武汉市分会改组工作简报

我会在过去37年当中，历受封建军阀、官僚买办及反对政府的□□与钳制，业已解体（仅有医院组织存在）。1951年1月8日，由中南卫生部、武汉市各级机关团体协商改组，成立了武汉市分会（连武昌支会在内），同时产生了新的理事会。改组后，首因经费无着，就暂医院人员□□暂兼。同年□月中，总会汇拨行政补助费，始开始建制。但因领导关系不明，创造条件不够，人员所属单位旧的思想作风浓厚，迄未树立完好制度和从教育干部着手改造，旧的思想意识迄未彻底肃清，几有脱节现象。1951年工作显著，□仅做了组织援朝国际医防队、治淮医防队、农村医防队、助产学校义务医疗、门诊医疗、防疫保健、卫生宣教等工作。经过了镇压反革命运动、忠诚老实运动，虽有成绩表现，在此次检讨当中还不够理想。4 月 15 日，领导改组，结合领导关系明确，8 月 15 日，由卫生局戴维天医师专任本会总干事。现正针对实际情况，首以整顿机构、纯洁组织、纠正各级干部对红会的错误观点和加强思想领导，建立各项制度，稳步推进，再谋业务开展。

一、庆祝总会改组两周年情况

我会为了加强卫生教育，增进人民对新红会的认识，于 9 月 7 日（星期日），结合爱国卫生运动，（在）该日上午 9 点，假市立第一医院大礼堂，举行庆祝大会。到会本市各机关首长、民主党派地方组织负责人，各人民团体代表和武汉市医士学校、护产学校全体同学和本会所属医院、产校、武昌支会全体学生员工共 500 余人。首由本会会长做工作报告并宣布今后工作计划，继由各级首长致词，（中午）12 点散会。继即举行爱国卫生运动游行。参加游行队列的有武汉卫协、中西医务工作者、医士学校、市立护产学校全体同学等 300 人，及（本会）所属学校 150 人，共 450 人。行列中有各种模型、图表、画片等。另行组织宣传队，分发会务介绍 6000 份、卫生常识传单 4000 份、街头标语 2000 份，分别在各区居民中进行爱国卫生运动宣传。（9 月）8 日，《新武汉报》登载了我会的新闻稿和庆祝稿。在□□运动中，发挥了应有的极大的作用，得到各级领导的好评。我会街头照片已由中南（军政委员会）卫生部指示放大，拟作为中南区卫生展览之用。（这）扭转了各团体和人民群众间对新旧社会红会□□的观点。

二、今后工作方向和发展步骤

1952 年，限于经费及机构整顿，业务方面拟由小而大，由点到面，稳步开展。

（1）急救训练：这一工作因一系列的大运动延宕，俟等出经验，再逐步展开。

（2）农村医防队：我会为了面向工农，照顾农村地区医疗机构的缺乏，防治和解除农民疾病的痛苦起见，拟以武昌为重点扩展区，现在加强原有组织中。

（3）旅行式农村访问和治疗：为了锻炼工作人员面向农村学习，经发动医院、产校和诊疗所全体（学生员工），利用星期假日轮流以旅行方式向农村访问，并备有部分药品，作为临时治理疾病用，□□农民对红会的认识。

（4）妇幼保健：为了提高妇幼卫生工作，团结家庭劳动妇女，共同为保护母亲婴儿和儿童健康目标而奋斗，主□与硚口区人民政府妇联等组织接生员训练班，（入）学人数每班暂定 25 至 30 人，经费由硚口区负担。班址设本会药帮二巷□号原产校旧址。为了加强妇幼保健扩展和便利学员实习起见，拟以现医院妇产科加以修理和充实，并在中山大道 1212 号新迁产校内组织接生站一所。新中国红十字会是以“预防为主，开展广泛的群众性的卫生运动”为原则，我会主动地联系武汉市体育分会，参加了该会欢迎天津篮球队的晚会，派医护人员 4 人组成了卫生站，为篮球赛临场表演做了医防工作。

（5）鄂东北医防队：为了响应总会的号召，经与湖北省人民政府和卫生局联系，了解了灾区和疾病种类，现正积极组队中，并尽速地解决药品、经费问题，组成一大队前往扑灭灾民疾病。

（6）整顿会务与人事组织：趁此关系明确，首以尽先争取（请领修建费）收中山大道 1212 号房屋修整完竣，分会即与产校合室办公。为了团结兄弟团体和业务扩展便利，已与中药医学会武汉分会、武汉市卫生工作协会等合室办公。结合编制增加，正加强人事组织，并正分请卫生局、人事局调派中。

1951 年□月□日

（原载武汉市档案馆馆藏档案，档号：XX000071-WS01-0693）

武汉市分会协商改组经过报告

汉口分会根据总会的指示，由中南军政委员会卫生部长姚克方及原汉口分会会长宋如海于 1950 年 12 月 27 日邀请了武汉市人民政府民政局、卫生局，武汉市救济分会，在中南军政委员会，卫生部举行了一次筹备会，在会上决议成立改组协商会议，委员人选，由市民政局、市救济分会与原武汉两分会，共同提出协商会议代表名单，经过多次的协商与各方面的交换意见，始确定了人选，乃于 1951 年 1 月 8 日下午 1 时，举行了红十字会武汉分会改组协商会议。

会议开始时，先由主席中南医生部姚克方副部长报告红十字会在过去反动派统治之下，不能很好地发挥为人民服务的作用，因为中央人民政府很重视这个群众性的医疗服务机构，所以觉得有加以调整的必要。目前红十字会总会业已改组完成，今天特邀请各位同志出席武汉市分会改组协商会议，来共同推选信任理事，继由原汉口分会会长宋如海报告会务，说明分会在战争灾难救济上是有一定成绩的，但过去强调中立，不分阶级，不分敌友是错误的，并指出红十字会是中国人民的组织，必须站在人民的立场，发挥自救助人的精神为人民服务。孙仪之部长在讲话中提出希望分会成立后，首先明确以工农劳苦大众为服务对象，密切配合卫生部门，宣传推广开展以预防为主的群众性社会卫生工作。徐力之处长代表政府民政部向分会致贺词，指出武汉市社会救济统一战线必须继续扩大，尽量吸收一切愿在人们政府的领导之下的团体和个人共同治疗战争的创伤。民政局胡泽萍科长并报告了武汉市分会筹备改组过程。

会上决议依照行政，把原有汉口、武昌两分会合并为武汉市分会，修正通过了《中国红十字会武汉市分会组织规程》并选出心理师王民朴等27人，候补理事为马汉三等9人。

改组协商会完成之后，于2月15日下午2时，举行了第一次全体理事会议，在会上选出了王同等11人为常务理事，通过了本会1951年度工作计划大纲，讨论了经费筹措方法、会址及发动组织援朝医疗队等提案。紧接着于下午5时举行了第一次常务理事会议，选举了卢镜澄为会长，宋如海、戚元德、赵厚甫三人为副会长。胜利完成了武汉市分会的协商改组工作。兹将会长副会长及理事名单列后：

会长：卢镜澄（武汉市卫生局局长）

副会长：宋如海（原汉口分会会长）、戚元德（民主妇联主席）、赵厚甫（工商联常委）

常务理事：王民朴（原汉口分会副会长）、朱文俊（原常务理事）、王同（原武昌分会常务理事）、姚克方（中南军委卫生部副部长）、蒋铭（救总武汉市分会秘书长）、刘静（生产教养院长）、王景瑞（总工会劳保部长）

理事：高欣荣（原汉口分会理事）、刘理壎（原汉口分会理事）、曹美成（原武昌分会会长）、吕道信（原武昌分会副会长）、陈铭枢（中南军委农林部长）、胡泽萍（武汉民政局社会科长）、陈先（民青主席）、林厚周（善堂联会主席）、黄居易（市郊农会主席）、张吟秋（工商界）、戴今生（协商委员会秘书处长）、刘年芬（女青年会）、陈修元（医务工作者联合会秘书长）、吴天保（文艺工作者联合常委）、崔思恭（工商界）

（原载于《新中国红十字》1951年第7期）

中国红十字会武汉市分会两年来工作介绍

我会根据总会的指示，就原汉口分会基础，于1951年元月八日□武昌支会在内，经有关机关团体协商改组成立了武汉市分会，同时产生了新的理事会，开始（了）我们的新生。在我们新生以后，遵照政府预防为主、治疗为辅的号召和总会指示的方针任务，结合实际情况，在共同努力下，争取工作逐步的开展。不过改组伊始，人力、财力、物力俱感缺乏，工作的进度是被动的，而不是主动的、积极的，这是无可讳言的，并将我会两年来的工作介绍如下：

人事：我会在改组前会务完全停顿，改组后，因经费无来源，会务由医院兼办，是无法建制的。7月8日，总会颁发行政补助经费后，才开始筹建工作，总干事由救济会秘书长郎勤襄兼代，鄢曾佑为副总干事，并在常务理事中推选王民朴同志驻会办公……4月21日，卫生局杨桂生局长兼任我会会长，现□□会领导关系明确，全面改组人事，整顿会务，并争取实现办公中。

抗美援朝工作：我会为了响应总会与抗美援朝总会的号召，主动地与市医（院）联合发动组织了我会国际医防服务队武汉队，我会有杨荣恩等四同志和动员了二十位医务工作者，总计24人。由孔国强同志领队，于（一九）五一年二月廿八日光荣地担起了伟大而英勇的任务。

参加治淮工作：为了响应毛主席及总会的号召，经过热烈动员，有周守中等四（位）同志参加了。他们在工地为治淮的长工们担任医防服务工作，并且光荣地完成了任务。

志愿赴朝防疫队：我会医院以实际行动来制止美国侵略者撒布细菌的滔天罪行，于1952年3月22日组织了志愿赴朝防疫队，并经报请中南医务工作者赴美援朝行动委员会登记：指示"你们的爱国热情，非常（令人）钦佩的，报名参加志愿赴朝防疫队，现在给你们登记了，等待实际行动需要的时候，再行正式通知。"

防疫委员会分会：我会为了响应政府的号召，并防患于未然，遵照中南区防疫委员会的指示，成立我会防疫分会；医院成立武汉市第二区卫生防疫委员会红十字会医院分会；武昌支会成立防疫第八分会；均于1952年4月分别成立，配合政府办理防疫宣传教育、环境卫生、预防医疗等事宜。

捐献救护机运动：在总会捐献救护机的号召下，我会和医院职工一次节约捐献币 2549000 元。（一九）五一年十一月成立了增产捐献组，（一九）五二年元月完成。计捐献 1348240 元。

中苏友协支会：我会为增进中苏两国文化、政治、经济、建设和科学的成就，加强中苏两国在争取世界和平的共同斗争中的紧密团结，于 1951 年 9 月 18 日成立我会支会，一次入会共 59 人，通过了报告、读报、庆祝会等方式，提高了各会员以苏联为领导世界和平的堡垒，作为中国最可靠的朋友的认识，彻底肃清了美帝国主义和蒋介石□□在我国人民中长时期进行的反苏宣传的影响，逐渐结合自己的业务，学习了苏联先进的经验。1952 年 7 月 9 日，参加了中南武汉中苏友协成立两周年纪念会及会员代表会议，七天完成。

卫生教育情况：我会为防止意外伤害，并减少意外伤害所造成的疾病残废或死亡，以保持人民健康和生命的安全，并响应总会的号召，1951 年曾与有关团体报请全面展开，后因"三反"运动暂停，现正积极筹建武汉市急救训练工作中。

助产学校：因校址关系，迟未举办，后经救济分会协助，征得现校舍。旧式房屋彻底改建，后因"三反"运动，建设局修建执照迟未颁发，营造商办因"五反"问题反省，致开学日期延误，现在为了完成学课，暑假决定照常上课。

宣传和通讯工作：我会（一九）五一年八月三十日联合二区政府召开了扩大母亲会，联合武汉市救济分会召开学习人员家属慰问会，组织了总会改组周年扩大庆祝会，主办了援朝医疗扩大欢送和欢迎会，参加了中南医防队手术个人的欢送和欢迎会。在武汉各级随时报道医防队的情况，11 月 20 日登载了我会增产节约计划。1952 年 6 月联合二区政府举行了国际儿童节大会，放映幻灯，同时参加了花园山育幼院□□暨接生员周年大会，并赠送儿童木骏马 20 辆。为了响应李会长号召，我会于 2 月 29 日、3 月 2 日、3 月 17 日、3 月 24 日连续在武汉各报抗议美帝进行细菌战的罪行。本会产校周末期间化装街头，结合卫生宣传运动，宣传美帝使用细菌战毒害人民的罪恶。现在，为了加强宣传通讯工作，1952 年 7 月将原通讯员改组为二人，摄影工作一人。

联系和慰问工作：我会为与中西医院取（得）联系起见，经常以座谈会等方式相互交流意见，对中医师申请登记时体检查费均作减免优待。并与各群众团体和新闻、文化界发生联系。关于居住本部第二、三区的军烈属，我会通过了区政府和公安的证明，均予以免费治疗。我会并按季节随时作了慰问团、医防队在□□的慰问工作。

妇幼卫生的推进：我会医院除经常担任产前检查、产后访视外，并于一九五一年八月与武汉市立医院举办了接生婆训练班。八月卅日因附近居民对妇幼保健不够重视，主动地与市二区卫生所合办了一个扩大母亲会，到会的母亲有七百多人，这次的会是有启发作用的。十一月一日至八日，第二区卫生科举办妇幼图片展览，我院担任筹备和妇幼产前检查与图片宣传说明的工作，诊所办理妇幼检查与免费接生工作。

环境卫生及防疫：我院周围环境卫生和居民清洁均由卫生员负责，并随时做宣传工作。防疫：我会医院的防疫工作，是由保健科，按照卫生局□□地区人口和办法进行工作的，设有防疫保健站，对外有注射队与接种队。经常主要任务：除掌握贫苦病患见面工作，并担任霍乱、伤寒、白百破、卡介苗、白喉抗毒素、种痘等防疫工作（附表）。医院1951年接种20518人，1952年大约72967人。诊所1950年5487人，1951年4247人，1952年6951人。我们在推动防疫工作时，经常遇到困难，例如襄河一带船户和劳动居民日间均须工作，为使接种，我们接种队同志利用晚上休息时间前往工作，结果颇有了一些收获。

急救工作的进行：1951年5月1日劳动节，10月1日国庆节，举行大游行，专门成立了急救站，专门担任急救工作。五月卅日，武汉市重□□区灾，我院组织了医疗巡回工作队，派医师二人、护士二人，到各灾民所做诊疗工作，计诊治453人，住院234人，均予免费。

义务医疗服务：武汉市建委会六月间发动全市人民参加义务劳动，修建人民广场，我会即组织救护站，计诊疗1334人。1952年5月1日劳动节，我会除全体参加示威大游行外，并成立巡回医疗队担任急救工作。诊所1951年五一劳动节在汉阳门设站救护游行人民百余人，六一节为贫农子弟检查体格数万人。四至六月为武昌花园山孤儿院义诊。□□□□武昌东湖群众，公推郭自柏持函来参会，要求恢复农村医防队组织，前往治疗。目前暂以周末为前往治疗时间，候环境许可，再行□□□□。

医院诊所治疗方面：1951年各科门诊人数，初诊25937人，复诊28439人；1952年六月份初诊11248人，复诊11013人。接生及妇幼保健：1951年产前1597人，产时849人，产后6012（人）。1952年六月份止，产前1786（人），产时33（人），产后2232人。诊所：1950年，产前42人，产时4人，产后23人。1951年产前24人，产时2人，产后20人。

1952年六月份（止），产前54人。诊所：儿童体格检查，1951年308人。

（注：原文中未见环境卫生及防疫工作相关表格）

（原载武汉市档案馆馆藏档案，档号：XX000071－WS01－0693－0004）

中国红十字会组织国际医防服务队工作总结报告

本会为展开抗美援朝、保家卫国的运动，发扬爱国主义、国际主义和革命人道主义的精神，在总会组织稍经整理，与1951年工作计划布置之后，即确定以后号召各地分会医务工作人员，组织支援医防服务队，参加抗美援朝，担任战伤救护工作和朝鲜难民救济工作，为当前的中心任务。

因此早在中国人民保卫世界和平反对美国侵略委员会（以下均简称和大）于1月14日发出通知，号召全国展开募集慰劳中朝人民战士及救济朝鲜难民物品后，本会即发动组织救济朝鲜难民医防队工作。

……

各地分会接到通知后立即进行了宣传，布置了学习，并与各地政府和有关机关团体进行了协商，很快地发动了志愿报名运动。这一运动日益扩大，日益深入，由城市而乡村由内地而边疆，鼓舞了各地医务工作者的踊跃参加的热情，截至3月5日（以后报名的在继续统计与审查中），向总会报名的已有53个单位，合计833人，地区分布遍于20省市，经本会初步审核批准，先后集中北京报到的单位人数如下：常州分会3人，洛阳分会5人，南宁分会14人，无锡分会14人，武汉分会24人，……

（下略）

（原载于《新中国红十字》1951年第8期）

中国红十字会总会改组一年来的工作总结

李德全

中国红十字会于一九五零年八月初由中央人民政府卫生部和中国人民救济总会主持举行的协商会议进行改组以后，新中国红十字会随即降生了。改组工作在九月八日正式完成，同时建立了新的总会机构，开始工作到现在是一周年了。一年来，在中央人民政府正确的领导下，确立了为人民大众服务，首先为工农兵服务的立场，掌握了“预防为主”的卫生基本原则，依照《新中国红十字会会章》规定的方针与任务，本着先做好业务而后发展会务的步骤，做了下面几项重要的工作。

一、关于会务方面（略）

二、关于业务方面

业务方面，是根据“预防为主”的卫生总方针，推动卫生防疫工作，进行医疗服务与开展卫生运动与救护运动，以提高人民的卫生文化水平及健康水平。在适当的情况下，并进行国际性的医药救护工作。依据这样的工作方向，本会改组一年来，在业务的开展上具体的可以分成下面几点。

1. 组织国际医防队参加了光荣的抗美援朝工作

在祖国抗美援朝运动展开以后，本会因对分会力量及客观情况估计不足，未能及时组织支援工作，及至今年一月间举行第三次理事会议以后提出以组织抗美援朝医防队为上半年的中心任务，乃于一月二十日向各地分会发出通知，号召各分会动员医务人员在自觉自愿的基础上，踊跃参加国际医防服务队，并于二月三日与中国人民保卫世界和平反对美国侵略委员会联合发出统一组织全国各地志愿医防队的办法。由于全国人民抗美援朝运动的迅速开展，各地有关单位的协助与各分会本身的努力，鼓舞了医务人员抗美援朝的情绪，一月之中，报名参队的就有八百三十三人，包括了五十三个单位，经审查与最后选拔，决定了二百二十七人组成“中国红十字会国际医防服务大队第一大队和第二大队。”第一大队系由汉口、广州、西安、南宁等分会为主所组成，第二大队则以山东大学医学院、唐山开滦医院所组成。为了更好地适合前方的需要，第二批组队时重点在组织专科队，以组织二十五个队为目标，在四月二十日复与中国人民抗美援朝总会联合通知各大行政区较大城市发动组队工作。首先是天津市医药界组成了第三大队，计五十三人的胸腹腔外科、五官科、骨科、口腔外科、传染病科五个队，于五月二十五日出发，配合军医院担任专科手术及教学工作。六月份组成四、五、六三个大队计二〇七人，第四大队辖五个队担任俘虏营卫生工作。第五大队由华西大学、重庆市医药界、耶稣家庭等所组成。第六大队系由青岛、唐山、广州等地医务人员所组成，接替了第二大队的工作。

在发动组队的过程中，由于他们爱国情绪的高涨，涌现了不少动人的事例，如汕头市五十岁的张士衡医师和他的妻子、儿子、媳妇们全家都报了名；有些同志为了争取参加组队用指血写上了决心书；很多教授和大夫都热烈响应，如青岛山大教授冯雁忱，华西大学教授宋儒耀，开滦医院骨科主任陈敏，天津吴廷椿、冯玫英、陶黼、王德延、阎承先等大夫，广州黄超汉，芜湖的乐和大夫，耶稣家庭的朱邦仁，西安的□□□等都参加了这一伟大的抗美援朝的医疗工作。而各队同志在工作中，绝大多数都发挥了高度的爱国主义、国际主义与革命人道主义的精神，为中朝人民战士及朝鲜人民的健康，贡献了最大的力量，如第一大队第十队的化验员在朝鲜背着显微镜到老百姓家中去找病人，一星期中做了七十八次检验；第八队副队长王权用替一位人民军洗涤沾上大小便的衣裤，替伤病员洗头理发，灭虱剪指甲。他队同志并且发挥了创造性来克服困难，一支小小的痘苗，他们可以接种八十人至一百人之多，而且大都出了痘；缺乏纸张，他们就用树皮、木做处方纸。第二大队在医院中对医院制度做了很多的建议和改进；在教学方面创造了多种多样的方法提高工作同志的技术。这样的例子是举不胜举的，一般的他们都表现了高度的工作热情与刻苦耐劳的精神，背伤病员、抬担架，女同志也不落人后；（有的）把自己的衣被用具等送给伤病员，有的输血给伤病员同志。这些工作表现产生了极良好的影响，志愿军与人民军的同志都表扬他们，（在）保证以多杀敌人的实际行动来报答他们，保证抗美援朝的胜利上起了一定的配合作用，为中国人民在保卫世界和平事业中扩大了国际上的影响，同时对本会今后会务的发展，也开拓了有利的条件！

2. 组织治淮医防队为祖国伟大的经济建设而努力

为了配合治淮工程的卫生工作，以及适应皖北农村的需要，于上海南京一带招聘了一批医务人员，另在本会济南、西安、汉口等地分会征调了一部分产校护校毕业生，在南京成立医防干部训练班，学习了一个多月，编组成本会第一医防服务大队，共一百三十七人，五个队，以王昌来同志担任大队长，于今年一月下旬开往皖北，光荣地展开了淮河中游治淮民工卫生保健工作。三四月间又从参加抗美援朝的医护人员（中）吸收一批人参加这个大队，这个大队增加至八个队，共二百九十八人，分布在皖北、霍邱、寿县、凤台、颍上的六个队是为治淮民工服务，另有两个队（在）蒙城与涡阳担任地方卫生工作。由于通过学习提高了政治认识，在工作上表现了高度吃苦耐劳积极负责的精神，深入工棚，和民工们打成一片，贯彻了“预防为主”的工作方针，团结了当地中西医所组成的防疫队，除了一般的门诊及巡回治疗外，并且大力展开环境卫生工作与防疫工作，给民工、灾民牛痘接种、防疫注射、打井、灭虱等，有计划地组织了民工基层卫生小组，发动了卫生红旗竞赛。如第四队在霍邱与当地行政紧密联系，创立了一个（有）二十五张病床的临时病房，收效很好，第二队在蒙城潘村区工作，同灾民一道吃住，并且由于他们与蒙城县人民政府各有关单位的配合，有计划地展开牛痘接种，八天之中完成了二十一万余人。各队同志，都开动脑筋想办法运用各种各样的方式方法进行卫生宣传，深夜检查工棚，为民工们盖被子。由于全体同志提高了政治认识，在工作中了解了民工和灾民的痛苦与需要，经常的以极大的关切和耐心不倦地为民工、灾民服务，在皖北广大的群众中建立极良好的感情，得到群众热烈的爱戴。

由一月下旬至六月五个月中，做了如下的工作：

（1）在防疫工作上，各队共注射了160001人，种痘613542人，灭虱136851人。

（2）在治疗工作方面，门诊人数内科46433人，外科66796人。

（3）环境卫生方面，改良与新建厕所12198个，改良与新建水井4070个。（其他关于妇幼卫生及急救训练方面并入后面有关妇幼卫生及急救训练两条中）

以上这些工作，在与当地卫生行政机构及中央、华东两防疫队的密切配合下，在各同志忘我的工作中，保障了上百万民工及灾民的健康，在治淮春修工程的顺利完成上起了一定的作用并且启发了部分农村人民重视卫生，从而减少了死亡率，给救灾工作和发展生产，创造极有利的条件。目前，由于该大队的迅速成长与在工作中的实践，已成为本会开展业务和会务的强有力的队伍。

3. 各分会医院、诊所及卫生工作情况

一年以来在已改组的三十八个分会中，有医院十七个（连未改组的分会共医院二十八个），诊所十九个（连同未改组的分会共诊所四十五个），救护队两个，农村巡回队两个。天津分会已于七月成立了第一保健所（第二保健所正在筹备中），未改组的昆明分会，亦已在大力扩充医院及助产站，自置了X光机、人工太阳灯及其他贵重器械，试行组织疗法，做出了不少的成绩，各分会医院诊所等一般的均已通过改组与整理，业务效率大大地提高。根据不完全的统计，一年以来的工作在门诊方面初复诊228000人，沙眼防治2884人；体格检查27856次；外科手术1717次；X光检查127902次；结核毒素试验186人。

预防工作各分会亦重点推行，种痘方面共接种了71029人，有的分会在农忙期间派种痘队住在乡间种痘。防疫注射方面，各地分会都协助当地卫生行政，大力展开，仅就已收到的报告即有43950人。在宣传教育方面，各分会运用各种不同的方式进行，如孝感分会以街头国术表演宣传卫生，青岛分会以街头图片展览的方式进行，均获得了群众的好感。环境卫生方面，如江阴分会在长泾镇一地已迁移与改建厕所一百三十余所、建筑垃圾箱五处，帮助居民订好卫生公约；孝感分会发动了一万余人进行了全城大扫除。

除了以上各项工作，其他如梧州、南宁、百色、昆明等分会消防队，经常担任当地火灾急救工作，如梧州消防队有五十人，在当地人民帮助下举办了急救训练班，当地政府拨发吉普车引擎两副以便设装救火机用。卫生教育方面，除原有济南分会助产学校，西安分会护士学校给以补助使其增加班次扩充外，协助北京分会授办了北宁助产学校，协助万县分会创办助产学校，协助西安分会办理了检验员训练班。其他广州分会代当地政府办了一个医士班，常州分会办了一个初级卫生人员训练班（学员二十四人），临颍分会举办种痘员训练班二十人，镇江、江阴等分会亦以带徒弟的方式训练护理人员，总会也曾同什坊院保健院合办了一个妇幼保健员训练班。

综观分会业务，在通过改组整理以后，一年以来虽然做了不少工作，但由于新生未久，基础不够健全，一般的还不能满足人民的需求，但从既有的工作来看，是正在蓬勃发展，在政府的领导与群众的支援下，各分会一定会成长和壮大起来，成为和人民紧密结合在一起的群众卫生救护团体的。

4. 妇幼卫生与接生员改造训练等工作

妇幼卫生工作以第一医防服务大队和昆明等分会做得比较好，如一大队所有队上的助产士们在皖北农村中进行各种调查了解，访视、接生、检查、改造训练等工作，由于皖北农村封建意识迷信观念非常浓厚，婴儿死于旧法接生者占了很大的百分比，因此改造旧产婆成为一个急待解决的工作。在霍邱、寿县、蒙城等地都举办接生员训练班，共办了二十二班，训练了新法接生员七五五人，改造旧产婆二九三人。在动员旧产婆的时候，助产士同志们为了争取每一个旧产婆都得到新法接生的教育，在大雨天下乡帮旧产婆背行李，说服她们参加学习，学习时又和她们像一家人似的共同生活共同研究，致大部（分）经改造的旧产婆不但在技术上获得科学方法，思想上也消除了对旧法接生的迷信观点，愉快地回到农村中去。除了训练改造工作，接生 194 人，产前检查 621 次，产后访视 798 次，妇幼卫生调查 4193 人，以及儿童健康检查及母亲会等工作，为广大的淮河两岸的农村妇女解决了不少困难与痛苦，和她们建立了深厚的感情。当第六队由霍邱新店区奉调回北京时，当地的妇女恋恋不舍地送了好远才洒泪而别，这一方面说明了第一医防服务大队助产同志工作深入群众，同时也反映了农村中是如何的需要妇幼卫生工作者为她们服务！

在各分会的妇幼卫生工作方面，昆明分会办了五个助产站，泸州办了一个助产站，北京办了一个妇幼保健站，梧州有一个育婴院，重庆有一个托儿所，北京分会与市妇联合组了五个农忙托儿所，与什坊院保健院合组一个农忙托儿所，另外济南分会有一个产院。就济南与万县两个分会的妇幼工作来说，每月有一百六十多个住院的产妇，外出接生的（有）二百多个，并且能做两百次以上的访视工作。在宣传教育工作方面，运用母亲会、墙报、漫画、电台广播、家庭访问等方式来进行。有的分会并且做了儿童健康检查工作。

5. 急救训练方面

本会曾配合北京市少年夏令营办理了四期急救训练，共二七九人（参加），与北京市妇联办理保育员急救训练班，一班计四十人，又办理了急救师资训练班，一班六十人，师资班学员结业以后，已在北京市各区发动群众进行训练。分会方面，汕头分会配合当地总工会举办了打石站救护队，担任意外伤害的急救工作，并进行了三百人的急救训练。参加治淮的第一医防服务大队也办了四班急救训练班，训练了民工及干部一六八人。其他上海、温州、百色、南宁等分会都曾在当地所发生的特别事故中进行急救工作，并获得一些成绩。

整个急救工作，现在还在有计划有步骤地予以开展，必须扩大与加强急救训练，才能组织生产部门和学校中的急救站与急救网，以防止与减少意外伤害所引致的疾残与死亡。

6. 加强了国际联络与保卫世界和平的活动

中华人民共和国的成立，形成了亚洲的和平堡垒；改组后的新中国红十字会，就以代表五万万爱好和平的中国人民的姿态，出现于国际舞台，高举起保卫和平的旗帜，发出了反对帝国主义侵略战争的正义呼声，加强了和平民主阵营的斗争力量。

一九五〇年十月十六日至二十一日，国际红十字协会在摩纳哥举行第二十一届理事会，本会由李德全会长，伍云甫常务理事等组织代表团前往参加，在会议上发表谈话，散发报告，宣传了新中国建设的各项成就，和新中国红十字会的方针与计划；被选为协会执行委员，争取通过了反对使用原子武器及其他大量屠杀人类的武器的提案，同时提出了关于反对美国侵略者滥炸朝鲜平民，以及扫射我东北的提案，揭露了美帝暴行，发挥了保卫世界和平的配合作用。

本年五月九日至十二日国际红十字协会执行委员会于日内瓦举行会议，本会由李德全会长、林士笑副秘书长等前往参加，在会议上提出制止美帝在朝鲜暴行，加强保卫世界和平等提案，并驳斥美国代表提出的不顾朝鲜三千万人民，而只救济在朝鲜的美国俘虏案，结果予以否决，对帝国主义侵略之意图，加以有力的打击。

为了吸取苏联和各人民民主国家红十字会的先进工作经验，两次出国代表团，都曾访问了苏联红十字及红新月联合会，捷克红十字会，与各兄弟国家的红十字会建立了初步联系，并在莫斯科、列宁格勒、布拉格等地，参观学习他们的实际经验，带回了许多有价值的资料，分别进行迻（移）译，以供参考（共已译出二十一种），并确定以它们面对工农兵广大人民的需要，开展大规模急救训练和卫生教育，并在一切工厂、矿山、学校、农庄普设急救站，动员群众自己的力量为群众服务的辉煌成就，作为我们今后发展业务的方向。

在国际联谊方面，去年九月间本会倪斐君副秘书长参加了中国人民慰问朝鲜代表团，访问了朝鲜红十字会，十二月间朝鲜红十字会金世光副委员长来到北京，本会开会欢迎，互相交流经验。今年三月十四日国际红十字委员会主席吕格来我国访问，本会予以接待，并举行数次座谈会，就红十字会如何改进业务，交换意见。此外如各项有关业务资料和照片的搜集与交流，每逢各种纪念日与兄弟红十字会交换贺电等，都进一步加强了国际间的联系。

上面是本会改组一年来在会务和业务方面所完成的主要工作，为了巩固成绩，继续前进，除了整理和纯洁我们的组织，大力改造和培养干部，为发展会务创造条件外，我们今后一年内确定以下列各项为中心工作：

（1）继续开展医防服务队的组织，发挥爱国主义和国际主义的精神，争取抗美援朝的最后胜利，并保证伟大祖国经济建设所必需的安全。

（2）扩大实施急救训练，配合工、青、妇、农各群众团体，组织和广泛推行急救训练，普遍组织急救站，建立急救网，借以防止并减少一切意外伤害。

（3）继续改组旧分会，并有重点地创设条件，建立新分会，于天津等具备条件的分会试行发展会员，取得经验之后，推广到改组的分会，壮大群众基础。

（4）充实并健全现有教育机构，增加班次，扩大名额，大量培养卫生工作人员，并施以会务补充训练，使会务的整顿与业务的开展密切结合起来。

（5）与新民主主义青年团合作，大规模展开红十字少年的组织和训练工作，增进学生健康，灌输卫生常识，推进国际联谊活动。

（6）整顿并维持原有业务机构——各地分会医院及诊所，争取条件具备的加以扩充，根据卫生工作三大原则，协助当地人民政府，进行防疫和一般卫生工作。

（7）加强国际联络工作，研究红十字会国际组织情况，深入了解各国红十字会的活动及意图，借以透过业务，发挥保卫世界和平的力量；一般吸收先进国家工作经验，并有系统地进行国际宣传，巩固兄弟国家间的联系。

值此改组一周年纪念，我们总结了过去的成绩和经验，进一步坚定我们为人民服务的信心与热忱，展望光明的未来，迎接庄严的使命，决心以更大的努力来创造新中国红十字会的光辉而伟大的前途。

（原载于《光明日报》1951年9月8日）

中国红十字会总会改组两年来的工作

李德全

中国红十字会总会自一九五〇年九月八日完成改组到今天，已经两周年了。从改组的时候开始，就产生了为人民服务的新中国红十字会的组织和事业。两年来，在中央人民政府正确领导下，本着“预防为主”的卫生方向及“动员和组织人民实行自救助人”的救济福利方针，我们红十字会工作者，以崭新的、战斗的姿态，站在自己的岗位上，和全国人民同心协力，参加了我们伟大祖国的建设。我们进行了什么工作呢？

首先，思想建设和组织建设是我会两年工作中的主要部分，这也是从旧中国红十字会到新中国红十字会的根本问题。我们曾经指出旧中国红十字会所标榜的人道主义是帝国主义、封建主义和资本主义思想相结合的产物，它是虚伪而含有毒素的。虽是群众团体，而未与群众结合；虽然挂着“慈善”招牌，做点救济性的治疗工作，但却起着反动统治阶级麻痹和松懈群众斗争的作用。与此恰正相反，新中国红十字会是以爱国主义、国际主义和革命人道主义为指导思想，它是建立在中国人民革命胜利的基础上，而又服务于广大人民的。从旧红十字会改组为新红十字会，其间曾经历了改造思想与提高认识的一段艰苦过程。

旧红十字会依靠统治阶级少数人的“恩赐”和“美援”，不是依靠人民，因而缺乏群众基础。旧红十字会一再强调它自己是“中立性”的、“国际性”的、“超政治性”的团体，是单纯的“医疗团体”与“慈善机关”。因此，旧红十字会的工作人员表现着浓厚的崇美思想、宗派观念和极端自由主义。改组后总会即召集部分分会的负责人来京学习，使他们树立群众观点。接着在总会内又展开了反对自由主义与反对宗派主义的学习，大家钻研了有关“批评与自我批评”等方面的文件。在学习中，一般均能结合本人思想展开了批评与自我批评，清算了亲美思想，批判了依赖与恩赐观点，批判了对红十字会所谓“中立性”“国际性”“超政治性”等等错误的看法，也深刻地检讨了“爱面子”“重感情”“讲私人关系”“对人不对事”“纯技术观点”“救济福利事业与政治无关”等等的错误思想，因而树立了对祖国对群众的热爱，变亲美为仇美。当时就有很多人提出组织医防队，参加抗美援朝工作。他们认识到红十字会必须站在人民立场，依靠人民，才有前途；也体会到批评与自我批评是改正错误、推动工作前进的武器，从实际出发，才是新思想方法的准则。去年五月在人民政府统一领导下，又开展了“忠诚与老实”的学习运动，在学习中，绝大多数红十字会工作者都在分清敌我界限上迈进了一大步，同时对旧红十字会的反动本质进一步进行了揭发与批判。去年十月至十一月机关内部关于统一战线的学习，对机关工作人员中存在着的雇佣观点和作客思想做了一次有力的批判，从而也进一步地树立了正确的工作态度与主人翁思想。此外总会还集中各分会工作人员一百零五人，举办了一期政治学习训练班。总会和一部分分会的工作人员响应政府参加土地改革运动的号召，下乡参加了土地改革工作，在实际中得到了锻炼。所有这些学习都普遍地提高了各地红十字会干部的思想认识与觉悟水平，发扬了民主作风，改进了领导。

本年上半年“三反”运动学习的收获更为巨大，参加学习的同志一般都认识了资产阶级的本质，暴露了许多贪污、浪费和官僚主义的具体事实，划清了资产阶级与无产阶级的思想界限，提高了对资产阶级侵蚀作用的警惕性，大大地加强了爱护人民公共财产的观念，树立了坚苦朴素、廉洁奉公和全心全意为人民服务的观点。“三反”后，机关里呈现了一片新气象和新作风，大大地提高了工作效率。各地分会几乎也全都进行了同样的学习，这对全国红十字会工作人员的思想改造与提高来说，是具有更深刻意义的。

组织建设大体分为整顿与发展两方面，目前完成改组的分会有北京、天津、上海、武汉、广州、重庆、西安等五十一个，新建立的两个，还有少数分会正在努力整顿业务，争取在最短期间全部加以改组。

为了使中国红十字会具备着广泛的群众基础，成为真正人民的卫生救护团体，发展会员是一个很重要的步骤。一九五一年末我们选择了事业基础与客观条件较好的三个分会——天津、芜湖、福州来作为发展会员的试办区，以便从中吸取经验，推广全面。北京市分会也正在集中精力，进行发展会员工作。这些分会已建立基层组织，开办卫生和急救训练。福州市分会的会员已积极参加爱国卫生运动。发展会员的主要经验是：一、当地政府及其卫生行政部门负责同志对发展会员工作的重视、推动和领导，是发展会员工作能否顺利展开的中心环节。如福州市许亚市长、市卫生局张荣彩、王灼祖正副局长和福建省卫生厅黄开云厅长等亲自领导了发展会员的工作，因此福州市分会发展会员工作的成绩较为显著。二、发展会员工作开始，应即妥善解决基层组织的负责干部问题。根据福州、杭州的经验，基层组织的负责人，应由各地区卫生所负责同志或指定医务人员充任。发展会员应首先争取医务人员入会，这可以使分会易于建立卫生与急救的组织训练工作。工厂、矿山、学校、机关均应普遍发展。三、各群众团体的紧密配合与通力合作，也是发展会员工作中一个重要条件。如芜湖市民主妇女联合会一位派出所的妇女委员蔡向南主动积极地帮助宣传，在一个月内她一个人就发展了一百八十二名会员。

第二，医药卫生防治救护等工作，是我会两年来的中心事业。据部分分会的医院、诊所和国内外各医防队的不完整统计，两年来共诊病二百九十九万八千九百三十一人，接生一万九千零九十七人，产前检查四万三千八百三十人，产后访视一万七千九百一十七次，X光透视二十一万五千零七十八次，摄影三万六千九百一十次，手术五万四千五百七十次，各种检验一百九十二万七千一百四十一次，接种牛痘二百九十二万四千四百六十二人。此外并调整了各分会的医疗机构和教育机构，训练了中级助产、护理等技术人员四百二十二人，初级卫生人员一千五百四十七人，举办了妇幼保健训练班，培养了妇幼保健员四千八百六十七人，成立了妇幼保健站二十三处，训练了急救员八千二百一十五人，成立了急救站一百九十一处，救治了二万八千七百四十四人。

为抗美援朝而组织的国际医防服务大队有七队，共六百六十六人(其中一部分经过短期休息又继续组队的，未计在内)。各队工作时间一般在半年以上（时间长的达一年多)，除第四大队现仍在朝鲜继续服务外，其他都已完成任务胜利归来。国内两个医防服务大队，前后参加工作的人数八百一十二人，分别参加治淮民工保健、海南岛少数民族地区和江西老区的医防工作，江西队和海南岛队仍在原地继续工作，淮河队已去苏北防治地方病。去年我们也组织了救灾医防队，前往东北救助辽东水灾区和云南丽江地震区。

所有各队工作同志，不论在朝鲜战地或国内偏僻村镇，大都表现出刻苦、负责、热情、积极、钻研创造和爱护伤病员的优良作风，涌现不少模范事例：如北京分会门头沟保健站的同志在深夜里跑到七里外的居民家里，抢救了在旧产婆手下险遭死亡的产妇，并耐心地每天去照顾产妇和婴儿。产妇感动地说："若是你们早来的话，我不会一连死掉了四个孩子，只有在毛主席领导下，我们才能人财两旺。" 又昆明分会在一九五一年以半年的时间研究了苏联巴甫洛夫的先进学说，制造了壁虎和蛤蚧组织液，试用至七十万公撮以上，这对肠胃溃疡、神经衰弱等症皆有一定的效果。又如国际医防服务队的同志们在艰苦的环境中，能在工作上想出各种克服困难的办法。他们利用山石、树木、敌机残骸和弹片等做成手术室，制成脚踏式自来水洗手装备、升降手术台、器械台、输液架、蓄水箱等，并利用农具（跳式锄头）作石膏支架等，发挥了集体创造性。他们为了伤病员，曾献出六千五百四十公撮鲜血，救活了不少危急的伤员，避免了截肢与残废。朝鲜伤员感激地说："你们是我们救命的恩人。" 有三十位同志因此而荣获模范工作者的称号，并得到朝鲜民主主义人民共和国的奖章，从而更加强了中朝两国人民的战斗友谊。到海南岛和江西工作的以及原在淮河，现去苏北工作的第一、第二两个医防大队，也都有很多模范事例，限于篇幅不再多举。

第三，维护红十字的人道主义原则，保卫世界和平，加强与苏联及各人民民主国家的兄弟红十字会间的联系，是中国红十字会工作的另一个重要组成部分。

在过去两年中我会代表团曾先后出国四次，出席下列各会议：一九五〇年十月在摩洛哥蒙特卡罗举行的红十字会协会第二十一届理事会，一九五一年五月和十二月在瑞士日内瓦举行的红十字会协会第二十一届理事会第二和第三次执行委员会，今年七月底到八月初在加拿大多伦多举行的第十八届国际红十字大会和红十字会协会第二十二届理事会。在这些会议上，我们向各国红十字会介绍了新中国政治、经济和文化各方面的伟大成就，以及一贯为维护人道主义与保卫世界和平进行坚持不渝的努力。我们屡次谴责美国军队在朝鲜滥施轰炸，屠杀平民、虐待战俘、残害红十字工作者，使用毒气弹和细菌战等严重破坏日内瓦公约的非人道暴行。我们在各次会议上与苏联、波兰等各兄弟国家红十字会合作，提议禁止使用大规模残杀人类的原子武器和细菌武器。我们主张取消红十字国际委员会的特权，使国际红十字会机构符合于民主与平等的原则，并建议红十字会协会应与世界和平理事会建立关系、密切合作，号召各国红十字会会员签名拥护缔结五大国和平公约。此外，我们并号召各国红十字会救济东南亚、中东和北非等地区遭受严重灾荒的人民。上述这些建议与提案，虽有美国侵略者多方操纵阻挠与破坏，但由于我们主张的正义性并符合全世界爱好和平人民的要求，仍有许多是通过了，有些即使未获通过，但这在揭发和打击帝国主义者的罪恶上是有重要意义的。

对于正处于战争灾难中的朝鲜人民，中国红十字会经常寄予无限的关怀和同情。朝鲜战争爆发以来，我们曾向全世界爱好和平人民与各国红十字会会员发出过十四次重要声明，控诉并呼吁立即制止美国侵略者在朝鲜的各种暴行。我们并曾抗议马来西亚英国殖民当局迫害我侨胞的暴行，声援日本“松川事件”无辜被告者。今年五月，我们捐款二十亿元救济印度灾荒地区人民，向印度人民伸出中国人民友谊援助之手。所有这些，都博得了各国爱好和平人民的热忱拥护。

为了吸取苏联和各人民民主国家兄弟红十字会的先进经验，我会代表团相继访问过苏联红十字及红新月联合会与捷克斯洛伐克红十字会，这不仅将增进中国人民和苏联及各人民民主国家人民之间的友谊，也将进一步地加强维护人道主义原则与保卫世界和平的力量。

此外，为了介绍总会及各分会的工作情况，加强对各地红十字会会务与业务的指导，普及社会卫生与保健等方面的宣传教育工作，总会已出版《新中国红十字》月刊十九期，宣传小册与画册十七种，其中以《急救》之发行面为最广。现已出四版共六万册，这为推进急救训练工作创立了有利的条件。各分会及医防大队卫生宣传工作方面也有不少创造，如青浦分会举行小型卫生展览，内江分会介绍电影院播演卫生宣教幻灯，北京、芜湖等分会组织幻灯宣传队，无锡分会在电台定期举行卫生宣传广播，在工厂举行劳保卫生宣传，驻淮河的第一医防大队利用显微镜向民工进行卫生宣传等，都获得了劳苦大众的欢迎。

两年来，总会与分会也都建立了必要的工作制度、人事制度，并在人事方面进行了必要的调整，对各大城市器材库的药品器械等资财也进行了普遍的清查。总起来说，两年中新中国红十字会在各方面共同努力之下是有成绩的。但在工作中迄今也还存在着不少急待（亟待）克服的缺点和困难。其中较突出者如目前干部质量和数量还远赶不上工作需要，中层组织还没有建立起来，发展会员刚在开始。因此，红十字会的群众基础还很薄弱，分会组织还不够普遍，总会对各分会及各大队的具体领导与帮助还不够，社会宣传不够普遍深入，急救训练、妇幼保健和卫生教育做得还赶不上需要，等等。

我们深信，今后新中国红十字会在各级人民政府领导下，在各级卫生部门与卫生干部更积极地支持与指导下，在红十字会本身更善于依靠群众力量与更加努力工作的情况下，定能胜利地担负起作为政府卫生部门得力助手的这一光荣的任务。让我们大家更紧密地团结在一起，为着新红十字会事业、为着更有效地配合新中国的伟大经济建设而共同努力奋斗吧！

（原载于《人民日报》1952年9月8日；另载于《光明日报》1952年9月8日）

武汉市分会急救训练班班主任周瑞和报送第四急救训练班工作总结

（一）组织情况

1. 本班定名：武汉市红十字会急救训练班。

2. 学员来源：原为武汉市江岸区北京街街卫生分会主办的第一届卫生训练班结业的学员所组成（他们是学习了一个半月，除星期日外，每日授课三小时）。

3. 学员人数与成分：本班同学共26人，除了1个生病与1个生产外，其他均参加了结业考试，而且成绩优良；大部分学员为武汉市江岸区北京街街卫生会之卫生组织及干事。

4. 训练的目的及时间：培养一批急救卫生干部，给以基本的卫生常识训练。为了不妨碍学员的工作时间，以每天晚上7时至10时为上课时间。除星期日外，共授课33个小时。

5. 结业考试情况：

（1）外科：除了笔试外，并注重实习。笔试时重点以消毒法的种类、方法与止血带的用法、骨折的处理、休克后如何急救等数题，考试成绩尚佳。

（2）内科：除课本之外，特别重视平时实习，在结业时亦做了笔试，题目为：毒气中毒如何急救与预防、溺水与自缢急救处理的区别、行人工呼吸法应注意的有哪些事项。（各科考试除由班主任及讲师主考外，并请王民朴理事长监考）

（3）绷扎法：共分为两种教授——三角巾和绷带——绷带为一般的外科绷扎法，除笔试外并实习，实习成绩很优良。笔试题目为：绷带有几种形式及用途、绷带包扎法的种类及功用、三角巾做法并说明各部名称及用法、绷带在急救时有何功用（和）使用时注意点。

（4）分数计算方法：采实习与笔试二类分数相加，用二除，即为该科的分数，将所有科成绩相加平均，即为总成绩。（实习分数最高为80分，笔试最高为100分）

（二）结业后的工作情况

本班学员经过了两次卫生急救班的学习后，全部学员担任了北京街卫生防疫工作，如种痘、白喉注射、麻疹防治及卫生宣传等。

（三）学习情况

本班学员之文化程度不一，故在课程接受并不一律。为了使每一个学员的学习一并进展，故组织了一学习小组，由康婉同志负责督促和帮助同学们的学习。每日除上课时间外为2小时，而学员在学习时亦很努力认真，故使每个学员都在业务学习上打了基础。

（四）工作中的收获

优点：在这次训练班中，学员们的学习情绪都很高，在学习时大家都能按时到课，风雨无阻，除特殊情形外，从无缺席。除了正常的学习时间外，他们每日还有小组学习和自学。

缺点：班主任因本身工作关系不能经常督促学习，故有个别学员成绩较差。

（五）经验教训

与当地干部联系不够，故有时结合地方上运动，即行停课，使训练时间延长。

（六）今后工作计划

根据此次经验，对以后急救训练班的方式问题，同现有的缺点加以改正，更进一步地搞好训练工作。

附件：成绩单一份及试卷三份（外科、内科、绷扎法）

班主任：周瑞和

1952 年 12 月 16 日

（注：原档案中未发现成绩单及试卷）

（原载武汉市档案馆馆藏档案，档号：XX000071-WS01-0694）

武汉市分会急救训练班助教江润清报第七急救训练班工作总结

我是中国红十字会武汉市分会主办的急救训练班第四班结业的学员，结业以后被提为急救训练班第七班的小先生。我是第一次参加这个工作，自然也免不了许多缺点。现在，我把这一班成立后的情况写出来，作为这一段工作的总结。

（一）成立日期：1952 年 11 月中旬开始报名，12 月 1 日正式上课。

（二）地点：武昌区彭刘杨路三佛阁寺。

（三）时间（授课）：每周二、四正午 12 时。（因本班学员均在参加生产，为不妨碍生产，故规定此时间学习）

（四）学员来源：本班学员大部分为武昌各寺院之和尚及尼姑庵之尼姑，少数为佛教居士及信徒。

（五）学员人数：全班人数共 52 名。

（六）关于学习组织方面：本班学员多系僧尼，在旧社会里，多因不满现实，或受意外打击而遁入空门，他们来自各种不同的阶层，文化程度相隔悬殊，致教学上产生相当困难。我把他们组织起来，分成几个小组，利用互助互学的方式，以好的带动差的，结果收获尚好。

（七）关于教学方面：本班主任讲师是梅志忠大夫，我是负助教责任。梅大夫是红十字会武昌支会门诊部的主任医师，但他因业务关系，除随时抽空指导外，经常是由我负责讲课。我因为是第一次教学，自知经验很差，所以非常小心仔细，课前充分备课，关于正课以外的补充材料尽量搜集，记上笔记簿；上课时，把重点写在黑板上，让他们抄写下来，帮助学员的记忆。例如，讲包扎法时，实习了 4 次；讲人工呼吸时，实习了 5 次；讲搬运法时（包括徒手担架），实习了 2 次；直到他们个个都能应用为止。讲到大出血，即补充讲血道之组成、循环之功能。因为他们对于生理卫生常识毫无基础，所以对于一切名词，都不易理解，因此影响了他们的学习情绪，所以我就利用图解，不厌其烦地反复加以说明，务必使他们通晓，这样才把他们的兴趣慢慢提高了。

（八）结业考试：为了照顾一般文化程度较低的同学，关于试题，我采用了四类：问答题、填空题、选择题、是非题。分数以百分比计算，问答题占百分率较多，是非题占百分率较少；结果一般成绩都还不错，只有少数几个文化太差的不及格。

（九）结业后学员一般思想情况：结业考试完毕以后，由班长觉明代表全体同学致词，表示感谢人民政府和红会对他们的培养及老师们的教导。他说："我们佛教的宗旨是济世救人、普渡众生，但那是□□原则的。今天，在人民政府和毛主席的领导下，学会了急救的技术，才能真正地结合实际，做些救死扶伤的工作。"他们保证不辜负政府对他们的培植，愿以最高的热情参加急救站的工作。

（十）个人在这一工作中的体会与经验：当我第一次和他们见面的时候，我想和尚、尼姑一向只晓得念经，又是长时期和社会脱节，学习急救，恐怕不感兴趣，同时我又是第一次教课，是否教得好，思想上也有顾虑。但是，又想到是组织上派我来担负这一任务，我必须努力完成。于是，在上课以前，订出计划；在讲课时，尽量做到通俗易懂，多讲实际例子故事，并常常引起他们欢笑，提高他们的兴趣。经过了几次上课，才体会到他们的学习很认真，也能应用技术，他们随时发问，求彻底了解。有时我对问题也不够明确，这样就迫使我不得不在课外找参考资料，所以在教学过程中，自己也得到了一些进步。

（此文结尾，作者未写明具体时间。根据武汉市档案馆藏另一份由周瑞和于 1952 年 12 月 16 日提交给武汉市分会的《急救训练班第四班工作总结》档案（档案号：XX000071－WS01－0694），推测本报告应当完稿于 1952 年年底。）

（原载武汉市档案馆馆藏档案，档号：XX000071－WS01－0694－0006）

中国红十字会武汉市分会一九五二年工作总结

我会根据总会的指示，就原汉口分会基础，于1951年1月8日（连同武昌支会在内），经有关机关团体协商改组成立了武汉市分会，同时产生了新的理事会，开始了我们的新生。在新生以后，即遵照总会指示，以“预防为主”的卫生工作总方针，及动员和组织人民实行“自助救人”的救济方针，结合实际情况，在共同努力下，争取工作逐步地开展。不过，改组□□□□，尤其领导关系□□等环境下，工作的开展和进度是有限制，而做得不够全面和具体的。1952年以来工作的情况分别总结如下。

一、人事

分会在改组前，会务完全停顿；改组后，因为经费□□，会务由医院兼并，是□□建制的。

1951年7月8日，总会颁发行政补助费后，才开始筹建工作，总干事由武汉市救济分会郎勤襄秘书长兼代，鄢曾佑为副总干事。进入“三反”后……为了会务扩展和运动加强进行，经请由民政局同意调局社会科长穆振荣同志暂代总干事职。4月21日，卫生局杨桂生局长兼任我会会长。□月，领导关系明确后，加强了人事制度，成立了人事室，所有人事任免由会集中领导。□月，成立了团支部。8月15日，由卫生局调□戴维天同志为我会专任总干事，副总干事正争取中。我会编制20人，除已有干部12人外，余□因现支会人员编制不明确，致未能补充足额。为了迎接1953年新的任务，仍向人事局、卫生局两局组织力强干部一批，加强会业务工作。

二、医院

自改组后，由于人员□□观点和保守思想阻碍了进步，通过“三反”运动和组织建设后，结合着领导关系明确，即进行机构整顿、制度加强。（1951年）7月28日，由卫生局调派李兴成同志为医院副院长。为了配合业务开展，经依照政府规定门诊300人，病床50张，有□□编制88人，定员定额原则增加。已完成编制后，11月21日卫生局同意聘胡崇道为医院院长，同时增设病床20张。从12月1日起，开始收治住院病人，按增加床位定员定额为23人，现仍然争取医、护、助产人员中。

武昌支会（诊疗所）现有医护人员8人，□加强组织，充实人事中。为了适应地域调整，拟之将诊所迁移（在工厂和贫民区建立）。1953年，拟按门诊部人员编制20人增加，以资扩大服务面。（其诊疗所）产权系因设计不周，无法开展，仅一班制，按1∶8比率，人员限于编制，工作上似有困难。（1952年）8月8日迁（中山大道）1212号后，房屋修竣后，已具备了两班制的规模，正争取1953年春只□一班。现在，分会迁入会□办公，解决了它的人员减少，和一般的困难问题。第一门诊部业经修建完成，拟于（1952年）12月25日开门诊，编制定为20人。

三、会议

我会理事会三个月开会一次，常理会一个月开会一次，设遇重大事项，随时召集会议。“三反”后理事大部调离职，后会议无法进行召开。现正根据总会指示，于卫生部门磋商改组中。为了加强行政效率，建立了半年召开会务会议一次，随时召开所属科室干部会议和会报制度。

四、财务

我会财务根据财政局规定为现金管制账户，每一季度开始时，造就季度计划、每月收支预算计划，经武汉市财委核准后，由银行监督使用。领导关系明确后，建立了财经制度，单位经费由分会代领转发、监督使用。俟整体经费明确，再进一步做到统筹收支的办法。

五、经费

分会1952年因财经关系不明确，业务未能全面开展。财经关系转变后，核定较□，现正按补助□□，抓紧时间，领取经费，及时布置开展中。成立物资清理委员会负责整理全部财产，编具财产目录，加强保管，提高节约力度，避免浪费。

医院经费仍系半自给自足性质。1952年，由卫生局月补病床补助费一部分。总会补助费核定后，除补助其经费不足□□外，并□□计划充实手术设备、修建自有□□两栋房屋，增加病床20张，全部设备以应住院病人的迫切需要。但自响应□□公立医院收费标准后，经济上殊感困难。支会（诊疗所）经费，因未明确编制规定，1952年仅在卫生局预算内诊所“一至四”列入药材补助150万元，“五至十二”列入200万元。为了彻底解决它的经费问题，已并入分会预算内统筹收支。预算核定后，现正健全诊所、充实设备中。

六、产校

1952年经费系由卫生局发给，助学金性质。因系一班制，人员、经费均受限制，而有开支不敷情况。预算核定后，拟先整修校址，补充教学仪器、模型等类。

七、公文处理

根据总会1951年8月修正公文处理暂行办法，结合我会实际情况，制定分期检查制度。领导关系明确后，健全制度，统一了文件收发，彻底做到了单位文件由会□□的制度。

八、在职学习

在“三反”运动胜利的基础上和思想建设后，我会加强了学委会的组织，负责计划布置，每周规定政治学习三天，以政治常识课本为学习材料。会务学习（总会文件）结合着业务学习两天，每周六（做）生活检讨，分组进行学习，文化低的同志则加入市扫盲班，并发动干部加入业余夜校。另外，以工会□权组织和学生会为基干进行业务活动、文娱活动，以期活泼职工身心，提高工作效率。

九、医防服务

1. 援朝医防

我会1951年为了响应总会和抗美援朝总会的号召，主动地与市区联动，组织了我会国际医防队武汉队。我会有杨荣恩等4位同志和动员的20位医务工作者，共计24人，由孔□强同志领队，于1951年2月28日光荣地担起了伟大而英勇的任务。

2. 参加治淮工程

我会1951年为了响应毛主席及总会的号召，经过热烈动员，有周守中等4位同志参加了。他们在工地上为治淮的民工担任医防服务工作，并且光荣地完成了任务。

3. 志愿赴朝医防队

我会医院工作同志36人，热烈地愿以实际行动来制止美国侵略者撒布细菌的滔天罪行，于1952年组织了志愿赴朝防疫队，并经报请中南医务工作者抗美援朝行动委员会登记，指示：“你们的爱国热情，非常（令人）钦佩的，报名参加志愿赴朝医防队，现在给你们登记了，等待实际行动需要的时候，再行正式通知。”

4. 农村医防队

我会为了面向工农，照顾郊区医疗机构的缺乏，防治和解除农民疾病痛苦起见，以武昌为重点扩展区，计□□诊疗581人，现正加强原有组织中。

5. 旅行式农村访问送药队

为了锻炼工作人员面向农村子□，经发动医院□□，轮流以旅行方式下乡与郊区农民□□。经在本市□□马城乡为农民担任防疫保健及卫生宣传，共访问了17000户，治疗内科165人，外科129人，产前检查11人，共诊疗305人。

6. 鄂东北医防队

为了响应总会的突击任务，我会经积极发动，组织了一大队，与湖北省政府卫生厅联系，了解灾区和疾病种类，迅速地于10月12日前往麻城灾区。扑灭疫情工作，计诊疗3097人，产前检查63人，农村访问1269家，并部分（开展）宣传政策，分片讲解，放映幻灯等工作。

7. 妇幼卫生的推进

（1）我会医院于1952年10月12日召开第二届母亲会，到会的母亲50多人，经向她们详尽地讲解新旧接生法的比较，以及人民政府今天对妇幼健康照顾的周到。诊所1952年办理了妊妇检查和免费接生工作。

（2）1952年工作统计：医院：计接生婴儿数580人，产前检查1312人，产后访视1312次，进行卫生教育6083次。（10月底止）诊所：产前检查36人，接生婴儿4人，产后访视43人，儿童体格检查308人。

（3）卫生教育：①我会医院妇产科与保健科配合，于每次做产前检查访问及产后访视时，经常向妊、产妇讲解妇幼卫生知识。②我会医院于1952年接受中南卫生人员训练新助产班学员22人来院实习新法接生。③我会助产学校，经过机构调整、健全制度、加强教学、充实设备，全部学员经过卫生局、教育局联合甄别考试，大部合格，两局深为满意。不及格学生已送□□医院护助训练班学习。迁中山大道1212号后，已具备两班设备，布置了体育和实习地点。

（4）接生员训练班：我会1952年10月就原产校地址，与硚山区政府合办保健员训练班1期，学员40人，训练期为4个月（供给膳食）；由硚山区各派出所卫生联络站保送妇女（兼街道卫生组长）参加，教员由我会医院、卫协、普爱联合医院担任。

（5）无痛分娩法：我会医院已成立无痛分娩法推行委员会，由妇产科副主任张衍蕃同志主讲巴甫洛夫学说，全体护产人员均参加学习。同时，充实了待产室的设备，进行了10个产妇的无痛分娩。除了一、二个产妇失掉效用外，大部分得到完满的成功。我会妇产科主任医师张衍蕃同志已应武汉市无痛分娩法推行委员会聘为委员，负硚口区各院推行责任。在鄂东北灾区医防队的工作中，由杨荣恩同志把无痛分娩法推行到农村，据报称收效甚著。

8. 爱国卫生运动

（1）我会为了响应政府号召，成立防疫分会；医院成立武汉市第二卫生防疫委员会红十字医院分会。武昌支会成立防疫第八分会，均于1952年4月分别成立，配合政府办理防疫宣传教育、环境卫生、预防医疗等事宜。

（2）为了响应李会长号召，我会于1952年2月29日、3月2日、3月17日、3月24日，连续在武汉各报抗议美帝进行细菌战的罪行。

（3）我会产校利用星期假日，化妆街头，结合着卫生宣传运动，宣传美帝使用细菌战毒害人民的罪恶。

（4）我会为了加强爱国卫生教育，于9月7日（星期日）并庆祝总会改组两周年大会同日下午，举行爱国卫生运动游行。参加行列的有武汉卫协、中西医务工作者、医士学校、市立护产学校全体同学等300人，加我会全体150人，共450人。行列中有各种模型、图表、画片等。另组织了宣传队，“分发会务介绍64份，卫生常识传单4000份，街口标语2000份”，分别在各区居民中进行宣传。（9月）8日，《新武汉报》登载了我会的新闻稿和庆祝稿。（我会）在这一运动中，发挥了应有的作用。

（5）防疫接种统计，□年来，我会医院配合政府担任市民防疫保健工作，接种牛痘2797人，白喉疫苗99人，霍乱伤寒联合疫苗注射3785人，四联疫苗注射170人。（9月底止）诊所1951年接种2328人，1952年（10月底止）接种注射6951人。

（6）成立清洁大扫除委员会，单位成立分会，分设小组，做了一次清洁大扫除，并规定每周末进行扫除一次。每次清扫后，并执行检查一次，并注意推行环境卫生工作。

（7）我会正配合政府第三阶段（10—12月）工作计划，推展卫生防疫、清洁灭鼠、防止特种传染病和地方性传染病等工作。

9. 急救训练

（1）这一工作因一系列的大运动未能展开，现已积极筹组，分别联系，重点拟面向武汉市学联、消防队、居民卫生组方面展开。现已在武昌消防队组织三班，汉口女青年会组织一班，汉口北京街组织二班，武昌三佛阁（组织）一班，武昌青年会（组织）一班，合作街卫生所（组织）一班，已分别开班，现正普遍开展中。

（2）急救工作：我会（在）1951年五一劳动节、十一国庆节大游行，成立急救站，专门担任急救工作。（1951年）5月30日，武汉市重划区火灾，我院组织了医疗巡回工作，派医师2人、护士2人，到各灾民区做诊疗工作，计诊治□□53人，住院14人，门诊234人，均系免费。

（3）义务医疗服务：武汉市建委会□□发动全市参加人民义务劳动，修建人民广场，我院即组织救护站，计诊疗1374人。1952年五一劳动节、十一国庆节，组织了救护站，担任急救工作。诊所1952年五一劳动节、十一国庆节均在武昌□□门设站，救护游行人民计1188人。

10. 医疗工作

（1）医疗设备：我会医院设立门诊、住院两部。门诊部分内科、小儿科、外科、五官科、妇产科、保健科、调剂室、X光室、检验室；住院部分病房，现病床46张，产科病房设病床24张，新生儿床20张。门诊部外科室设有小型急救室外，并新建手术室一间、预备室一间；急救室内置备有一般急救应有器械，产科部有一般□产手术应用器械，X光室有中型X光机一具；检验室有显微镜2架，及一般化验应用器械。诊疗所分门诊、产科二部，门诊部设有内科、外科、检验室、调剂室。

（2）治疗统计：1952年（10月底止），我会医院门诊人数23010人，复诊21327人，住院人数男178人、女392人，免费医疗6466人，免费接生105人，免费接种28684人次。诊所1952年门诊各科3019人。

（3）典型事例及创造：我会医院因受人力、物力、财力的限制，在极端困难下，医务人员均能发挥高度为人民服务的热情，克服在工作中所遭遇到的一切困难，做到一切为病员。1952年9月，收到病员朱从□来信表扬住院医师李懋基，以及病房护士。又华东军政委员会建筑工业部武汉工程处亦来信表扬医师郑先声、李懋基，以及病房护士。因对该处送来住院施行手术之病员梁克俊同志认真诊疗，并因病房各护士能殷勤护理，而使病员早日恢复健康，走上建设岗位。11月2日，产妇杜娇莲入院，经检查后，（发现）胎死，实行穿□手术后，由于产妇身体太弱，加之产后子宫不收缩，以致流血过多，患者呈休克的危急状态。她们想如何来挽救这位垂危的患者，最后由张医生主张输血。当即检验患者家属的血型，结果都不适合。在这种奄奄一息的情况下，我会护士陈国樑、助产士刘□□同志见义勇为，自告奋勇地愿意输血。结果，仅陈国樑同志的血型（B型）与她（杜娇莲）的血型相同。（陈国樑）毫不犹豫地输了200CC血（液），接着又注射了1500CC的林格氏液。这样才使这位快要死的产妇转危为安。这种忘我的精神是值得表扬的。

11. 宣传和通讯工作

我会已与《新武汉报》联系，同意优先登载卫生宣传稿件。1952年2月29日、3月2日、3月17日、3月24日，连续登载我会抗议美帝细菌战罪行声明，9月7日刊登了总会改组二周年的庆祝稿和爱国卫生运动的宣传稿。印刷了宣传画12000份，加强了通讯摄影员的组织，结合爱国卫生运动，随时做街头宣传、幻灯放映。

12. “三反”运动

……

我会“三反”“五查”思想建设经过了8个月的时间，在运动进行中，是有缺点的。例如，任务观点、大胆怀疑、缺乏实事求是的精神、证据不足等。但在基本上，取得了相当伟大的成就，尤其是在思想改造上和工作作风上均起了积极的推动作用，均已深刻地认识了“三害”的严重性和“划清资产阶级思想”与“树立无产阶级思想”的重要性。

1952年12月

（武汉市档案馆馆藏档案，档号：XX000071-WS01-0693）

1953年麻城县红十字分会训练会员工作总结

麻城县分会（一九）五二年内发展会员，缺乏组织系统、流于形式，所发展之一股会员，对（于）红会，认为入了会诊病不要钱等不正确的看法，根本对红会没认识。所以我们为了使发展的新会（员）有个组织，对红会有个明确的认识——它是个什么性质的组织，它的方针、任务是什么，一个会员有哪些权利和义务，就在（一九）五二年十一月中开始组织会员会务训练共一班，参加学习（的）会员共五百零五人。

（一）组织经过

1. 因吸收会员时缺乏组织系统，所以召集是比较难的事情。首先由领导订下布置方式，与政府叙述训练会员的重要性：①会员经过学习可以搞好卫生工作。②会员通过学习□可□在各种工作中带头。③□□□们红会员也有个组织系统。④使会员对红会有个认识。

由县厅发出通知各级机关单位负责干部，然后由分会工作干部去取得联系，说明上述学习的重要性，追求某些单位领导下有多少会员具（有）名册，由分会统计数字定出时间开始学习。

2. 组织农村会员事先取得行政介绍信，至区与行政干部接洽，在根本不影响中心工作和不耽误生产的原则下，抽出余息时间内进行学习。

（二）训练时间与步骤

1. 学习时间定为不一，有的五天，有的七天，有的九天，也有的开班与结业典礼各占一天，其每天均由夜晚抽出二小时，每晚为一时的大组报告，一时小组讨论。

2. 进行学习的步骤：①其开学典礼与结业典礼，一天请当地有关机关主要负责人作启发报告，组织由掌握训练同志进行编组与订立学习公约。②每晚作大组报告一次一小时，小组讨论一小时，每小组一个我们的工作干部、理事或当地的工作干部，协助启发和掌握，散会后进行协助小组讨论同志汇报工作情况。

（三）学习课程

1. 学习提纲：①红十字会历史及发起组织人的动机和中国红十字会的历史及经过阶段。②新中国红十字会的组织性质、方针及任务和它的政治基础、思想基础。③关联红十字会的概况。④新旧红十字会的区别点。⑤会员的权利与义务。⑥人民的立场。⑦卫生常识。以上都是主要听讲的提纲，按会员的程度讲解。其时间，示后实际情形分列。尤其是卫生常识，不定时间分列。

2. 学习材料：是将新中国红十字会的工作方向与发展步骤、怎样认识新中国红十字会及新中国红十字会今后发展方向等自行油印成小册子，按会员的文化程度发给每人一份或两人一份。

（四）一般的救护

一般会员未经过学习前对红会根本看法很模糊，其会员看法分列如下：①单纯医务团体，诊病不要钱。②道教部门迷信组织。③认为红十字会是“国际性”（团体），过去入会要九块银元，现在要不了好钱，好机会入了会，可以掌受（握）一些权力。

会员在这不长的时间学习后，对红会有了初步的认识，认识到旧红会是做帝国主义、封建主义、地主官僚资本压迫劳动人民的工具，打着为人民服务的招牌，其实做的事情是冲淡了劳动人民及对帝国主义、封建主义及国民党反动派的情绪，给官僚地主做了爪牙，虽然有部分成绩，（但）是麻木而无立场做的，做了反动派的帮凶，是没想到为劳动人民出发的。对这些情况，在小组会上差不多每一个会员都作了深刻的批判。闹通了新旧红十字会不同的地方，并认识到新中国红十字会是在人民政府领导下的一个人民卫生救护团体，是为了劳动人民着想的，是站在人民的立场组织人民、教育人民，在人民需要的时候切实是做到牺牲流血，本着爱国主义、国际主义和革命人道主义精神，在根据“预防为主”的卫生运动和救护运动做好一切工作，为祖国伟大建设事业奋斗到底。同时会员也明确了当一个会员（的）权利与义务，今后要宣（传）红十字会的宗旨及做好卫生工作。

（五）优缺点

1. 优点：①一般会员的学习热情高并都要求学习时间延长：因一般的会员入会后不懂得红会到底是个什么样组织，都感觉到学习时间太短，得不到太（大）的收获，都愿延长时间。②小组讨论时都大胆发言：在我们办组织训练都是有组织的，党团员干部、民兵积极，所以在小组讨论时都积极发言。③每个会都很好地批判了旧的中国红十字会。虽然在很短的时间内，学习会员都认识了新红会与旧红会的区别点。

2. 缺点：①计划不周密：主要是事先没有准备，如学习地点不及组织，以致有少数会员来两天又不到。②在大组报告时有些凌乱：是由于掌握训练人员程度太差，用时事（先）没有准备，在报告时不够详细，而另外同志补充则会员吸收不了。③无论大组报告小组讨论时间延长或缩短，没有掌握时间。④对参加学习会员照顾不够：如桌椅茶火等方面，没设法给解决困难。

（六）会员的作用

麻城县城关镇开展爱国卫生运动当中，经过学习的会员差不多每个会员家门口都贴着“卫生模范”红纸，在初展开时，每个会员都把自己家内扫得干干净净，并且动员别人要做好卫生工作。如麻城（县）城关镇一联组（剪子卫）会员经过学习的只有每个爱国卫生运动，当中由于工作积极带头搞好了卫生工作而又能宣传动员群众搞好卫生工作，在卫生评模当中，有四个被评为卫生模范干部。

（七）经验教训

1. 展开工作必须与当地行政领导取得密切联系：如我们进行会员组织，采用由行政领导往下布置及介绍等，对于工作易于推展。

2. 掌握干部必须要会务学习及先充分准备，使免在讲话当中有凌乱现象，会员也易于吸收。

3. 掌握学习要用多表扬少批评态度：会员和参加红会，他的信仰不深刻，如（有）表现不好（的）地方，只劝解教育，倘批评过度，则使他不能接受、降低情绪，则对工作难于推动。

（八）会员的希望

1. 在重点会员地区多办救护训练及妇幼训练。

2. 对会员们多讲解卫生防疫常识。

3. 多发给卫生宣传材料。

4. 请早发给正式会员证。

中国红十字会麻城县分会

1953 年 2 月 20 日

（原载麻城市档案馆馆藏档案，档案号：108-1）

中国红十字会两年工作总结报告

（总会副秘书长林士笑同志在一九五二年十二月十五日全国工作会议上的报告）

中国红十字会总会自 1950 年 9 月 8 日在中央人民政府正确的领导下完成改组后，已两年多了。我们是以“为工农兵服务”“团结中西医”与“预防为主”作为我们的总方针而进行工作的。由于中央各级政府的领导，广大群众的响应与支持，总会与分会全体干部的努力，工作是获得了一定的成绩。

工作情况与成绩

（一）抗美援朝、争取与保卫世界和平

红十字会改组后正逢全国抗美援朝运动轰轰烈烈展开的时候。为了反抗侵略、保卫和平，我们曾先后组织了若干个国际医防服务大队。全国各地红十字会的工作人员与广大医务人员都热烈地响应了参队的号召，各队在朝鲜前后方工作时间一般均在半年以上，长的十三四个月。队员在工作中一般都发挥了高度的忘我精神，不避艰险和困难，积极负责地担任战伤救治、军民防疫、反对细菌战等工作，出现了很多模范事迹，如曾利用树木、弹片、敌机残骸等集体创作了手术室的各项用具，建立肢体机能练习室，制造连续性腰髓麻醉器，肠胃减压器等；很多队员自动输血以挽救伤病员的生命，发扬了高度的爱国主义、国际主义和革命人道主义精神，博得朝鲜人民“救命恩人”的称号。三十位模范工作者获得朝鲜人民委员会赠予荣誉的功劳奖章，从而扩大了红十字会影响，加强了中朝人民牢不可破的友谊。

此外，自1950年十月契机，我们曾先后参加了在摩纳哥首都蒙特卡罗举行的红十字会协会第二十一届理事会执行委员会，在瑞士日内瓦举行的红十字会协会执行委员会，加拿大多伦多举行的第十八届国际红十字大会及红十字会协会第二十二届理事会和执行委员会，以及最近在日内瓦举行的红十字会协会执行委员会。在历届会议上，我们向各国红十字会介绍了新中国政治、经济和文化各方面的伟大成就。我们曾屡次谴责美国军队在朝鲜滥施轰炸、荼毒人民、虐杀战俘、残害红十字工作者、使用毒气和细菌战等严重破坏日内瓦公约的非人道暴行；提议各国红十字会救济东南亚、中东和北非地区各国遭受饥荒的人民；提议敦促所有国家缔结禁止使用原子武器的公约，尽速批准一九二五年禁止使用毒气及细菌武器的日内瓦议定书；主张取消国际红十字委员会不合理的特权，使红十字会国际活动符合真正的人道与和平的原则；建议红十字会协会应与世界和平理事会建立合作关系，共同为保卫和平而努力，并号召各国红十字会会员签名拥护缔结五大国和平公约。上述这些提案和建议，虽因美国及其仆从国家红十字会代表的百般阻挠、操纵和破坏，但由于我们主张的正义性和符合全世界爱好和平的善良正直人民的要求，仍然通过了一些基本上符合红十字人道主义精神的提案。有些提案即使未获通过，但在揭发美帝国主义侵略者的阴谋和罪恶上是具有重要意义的。

（二）爱国卫生运动和防疫保健工作

为了粉碎美帝国主义的细菌战争，全国各地热烈地掀起了爱国卫生运动，各地分会医务工作者和会员都积极参加了各地爱国卫生运动的防疫、卫生与宣传教育工作，在“五灭一捕”和通沟、填洼、清除垃圾等工作上做出了一定的成绩。西安、万县、寿县、芜湖、柳州等分会并因此受到当地政府的表扬。如西安、芜湖等分会广泛地进行“三净”“三防”“六面八方”的宣传，并组织中西医，深入检查督导，使广大群众受到爱国卫生的教育，懂得“搞好卫生少害病，身体健康多生产”，达到“人人动手，家家动员”的要求，万县分会除参加本市爱国卫生运动外，还动员产校学生参加附近忠县爱国卫生运动，组织儿童灭蝇队，有两个队在两个多月内捕蝇八十三万六千七百三十个，发挥了儿童在运动中的作用；孝感分会动员家庭妇女组成清洁队，在三天内使鲁家寨的环境卫生焕然一新，证明了妇女确是爱国卫生运动中的一支生力军，我们希望名分会今后能坚持爱国卫生运动，并使之普遍化、经常化与制度化。

防疫注射方面：据部分分会统计，完成牛痘接种一百八十一万一千八百五十五人，霍乱、伤寒、鼠疫等注射一百〇七万七千二百二十六人次。此外，北京、天津、武汉等分会为推行防痨工作做结核菌素试验五万四千六百八十一人，接种卡介苗二万一千九百四十人。为培养防疫工作的骨干，西安、开封、永城等三十个分会训练防疫员、卫生员八千五百一十四人。

各地分会医院诊所并曾协助当地机关团体进行一般的保健工作，如上海、常州、无锡等分会与公私营工厂、企业单位签订工人保健合同，指派专人驻厂负责卫生保健工作，举办工人劳保体格检查等；广州、南京、黄石等分会举办婚前健康检查，这些办法也是可以推广的。

妇幼卫生工作方面：目前北京、天津等十一个分会，共设二十六个妇幼保健站；昆明、江阴等分会组织二十六个接生站。各地分会在“六一”国际儿童节日，并曾举办儿童健康检查，受检查者达十二万八千五百三十二名。天津、安阳、广州、北京等十七个分会利用门诊进行妇幼卫生宣教，举办儿童会、母亲会和孕妇会。推广无痛分娩法，据报告在二百〇三名的实例中，成功地达一百八十四名。

此外，总会并先后组织了两个国内医防服务大队和一个生产救灾医防服务队，参加治淮工程及灾区、江西老根据地和海南岛兄弟民族地区的卫生工作。这种机动性的医防队到处受到欢迎，工作是有成绩的。第一大队在治淮工地保证了民工的健康，对修淮任务的胜利完成起了一定的作用。第二大队海南岛队曾就地训练了种痘员一千一百五十一人、公共卫生员一千零六十九人，为黎、苗兄弟民族地区扑灭天花并对寄生虫病和疟疾进行防治工作。第二大队江西队在老区农村扑灭了急性肺炎的剧烈传染，协助中西医在农村建立了联合诊所，并解决了萍乡矿区多年不得解决的水源困难问题。因此，红十字会医防队所到地区群众都知道是毛主席派来为他们消灭疾病的，都表示感谢毛主席的恩情。江阴、青浦、岳阳等十二个分会曾组织经常性与突击性的小型医防队，从事农村、矿区、荆江分洪、灾区等地的医防工作。医防服务队队员们一般肯干，能吃苦耐劳。

（三）急救训练、医疗与卫生教育工作

由于中央卫生部及中央其他有关部门之建议，一九五一年十一月本会会同中华全国总工会、全国妇联、全国青联、全国学联及中华医学会发出联合通知号召各地开展急救训练。现有临颍等三十一个分会共训练急救员二万九千五百一十五人，建立急救站三百八十八个。其对象三分之二是学生，急救站多分布在学校和居民中。开封分会曾动员当地一百一十五个负责街道保健的责任医师担任组站和训练工作，解决了急救训练的师资问题；常州分会实行小先生制的训练和于各站适中的地方建立中心急救站，以加强技术指导和密切联系等，在展开急救工作中这些办法值得各地参考的。

两年来，医疗工作方面，诊所由四十五个发展到六十八个，医院二十六个，病床共一千五百六十八张。根据五十九个分会的报告：医疗机构现共有工作人员一千九百九十三人。其治疗上的不完全统计：门诊三百八十五万零九百零九人，免费治疗二万六千二百二十五人，住院一万八千六百四十七人，检验二十四万一千一百二十八次，手术五万八千五百九十四次。大部分干部工作积极，对技术愿意钻研，推行苏联先进的医疗技术亦获得一定的成就。

两年来，本会中级助产护士教育机构由三所增到六所，培养了助产士三百三十七人、护士二百零五，现有学生七百零四人。常州、杭州、江阴等分会举办了初级助护人员训练班，培养了五百零一个学生，西安市分会培养了二十一个检验员，广州市分会为当地卫生局训练医士六十人。大部分学生都初步建立了为人民服务的人生观。

（四）分会改组工作

两年来，各地分会根据总会所订《中国红十字会各地分会整理暂行办法》及《中国红十字会分会暂行组织通则》的规定进行了改组工作。自一九五〇年十二月起至目前为止，已有六十三个分会完成改组。分布情况如下：

华北区：北京市、天津市、太原市、宣化市。

中南区：开封市、洛阳市、郏县、夏邑县、固始县、罗山县、临颍县、永城县、安阳市、武汉市、黄石市、孝感县、麻城县、零陵县、岳阳县、广州市、新会县、汕头市、南宁市、梧州市、柳州市、南昌市、赣州市。

华东区：济南市、昌南县、青岛市、济宁市、即墨县、高密县、当涂县、广德县、凤台县、芜湖市、寿县、安庆市、上海市、常州市、无锡市、镇江市、青浦县、江阴县、武进县、杭州市、温州市、福州市。

西南区：重庆市、万县市、垫江县、大竹县、遂宁县、安岳县、泸州市、内江市、渠县、乐山县、邻水县、昆明市。

各地分会的改组，一般均由当地人民政府邀请地方群众团体、民主人士、旧分会理事、职工的代表等共同召开协商会议进行改组的。在协商会议上制定分会组织通则选举理事，组织理事会，由理事会互选会长、副会长及常务理事，产生新的工作机构后，新分会即宣告成立。分会改组后，多数都建立了必要的工作制度与人事制度；并领导所属事业单位进行整顿工作。有些分会由于工作努力已见到成绩，如北京市分会改组时，仅仅剩了一个结核病医院，两年来北京市分会除健全这个医院外，并成立了产科医院、助产学校、诊所等十一个事业单位，扩大了社会影响。此外，如西安、武汉、广州、济南等分会的事业单位，原有基础较好，今后只要进一步加强分会方面的领导与搞好所属事业机构之间、学校与医院之间的团结问题，就有可能做出更多的成绩。还有些分会，因改组工作不彻底，虽多少有点事业基础，成绩仍不大。梧州市分会最近又二次改组，工作就迈进了一步，这说明了彻底改组的重要。还有些分会虽已完成改组，但工作仍处于停顿状态中，这些分会虽有客观的具体困难，但今后在主观上如能做更大的努力，我们相信也许可以搞出一定成绩的。

目前尚未进行改组的，还有十几个分会，其中有的在业务上不够积极，而是等待政府来领导改组；也有个别分会因为当地有关部门和卫生部门对分会改组问题重视不够而影响了改组。我们希望未改组的分会均能抓紧自己未改组关键问题加以解决，争取在不久将来完成改组，希望卫生部门和有关部门尽力帮助未改组的分会实现改组。

（五）发展会员工作

发展会员，建立基层组织，是今后新中国红十字会建设的主要环节，是一项新的工作。为了吸取经验，一年来总会先后选定业务较有基础和具备条件的北京市、福州市、天津市、芜湖市、杭州市等五个分会作为重点试办。目前以福州市、北京市两个分会的成绩较为显著。天津分会因在发展工作中缺少具体组织工作，客观条件不够成熟，因之成绩不大。根据最近的材料统计，一年来总共重点发展会员□□人，建立了基层组织□□个。

根据各分会目前的条件，我们认为明年仍应重点发展会员。凡已发展会员并取得初步成绩的分会，今后应以健全巩固基层组织，多方面发挥会员更大的作用作为主要任务；尚未发展会员的分会，应根据发展会员已有的经验，认真钻研并努力创造发展会员的条件。各分会并应主动地与当地政府取得密切联系，如反映本单位情况，经常报告工作与计划等，这是为发展会员创造条件的一个重要项目。如果各地分会由于工作的努力，对当地人民的需要已有了一定的贡献，在群众中树立了一定的影响和威信；当地也重视红十字会事业及其助手作用，并愿支持发展会员工作；分会现有力量也能担负起领导与掌握发展会员的工作，即可拟订发展会员具体计划，经当地政府同意总会审查批准后，可即进行发展会员工作。至于一年来重点发展会员的经过、成绩、经验、会员作用等详细情形，将另有专题报告（编者按：已发表于本刊一月号）供大家讨论参考。

（六）宣传教育工作

为了指导各地红十字工作者进行宣传教育工作、交流工作经验、介绍苏联及各兄弟国家有关红十字会事业的经验，总会共已出版月刊二十三期，宣传小册、招贴画、挂图等共三十六种。月刊总发行量为七万四千九百册；宣传小册子等总发行量为二十余万份。其中《急救》销行最广，现已出五版共九万册。关于支持抗美援朝、谴责与揭露美国侵略者罪行的声明、抗议以及有关工作情况介绍等方面的新闻发布，两年来共一百七十余件。今年（一九五二年）九月总会并在北京举行了一次展览会。不少分会积极地运用，总会配发的幻灯机卫生挂图、宣传画册等等，宣传工具主动想办法配合业务与卫生工作，如梧州、洛阳等分会担任了市播音站的每周卫生常识讲座，济宁市分会放映幻灯 45 次，观众达 23000 余人，黄石市分会在电影院放映了防疫及卫生宣传的幻灯片；西安市分会组织了宣传队，一面宣传卫生；一面动手清除垃圾，带动了落后户，有力地推动了爱国卫生运动；以及其他分会采用出版墙报、黑板报、放映幻灯、举办各种展览会、组织各种会议、成立阅览室、进行候诊宣传教育、经常供稿给当地报纸等多种多样的方式进行宣传，一般的都已收到一定效果。我们希望今后总会能与各分会共同努力办好《新中国红十字》月刊，使它能真正成为反映与指导新中国红十字活动的有力刊物，并扩大红十字会的社会影响与提高人民卫生文化水平。

工作中的缺点和存在的主要问题

两年来我们做了一些工作，但应严肃地指出：在我们的工作中还存在不少缺点，因此，如何严格地、正直地揭发与克服目前存在的缺点并解决一些主要问题，也是这次全国工作会议的一项重要任务。

（一）方针、性质与任务问题

“面向工农兵”“预防为主”“团结中西医”“卫生工作与群众运动

相结合”，这是中央卫生部工作的四大方针，同时它也应当是中国红十字会及全国红十字工作者所应共同遵守的方针。深刻体会这四大方针，特别是“卫生工作与群众运动相结合”这一方针，对于开展今后新中国红十字事业来说，是具有最实际意义的。一部分分会和一部分红十字工作者由于对上述方针认识模糊，因而对“发扬革命人道主义、组织与训练会员、发动群众做好预防为主的卫生普及与卫生救护工作”认识不足，因而忽视了预防为主的和群众性的卫生防疫工作的重要性。他们仍旧把红十字会当作是单纯的“医务团体”，认为除了办医院、搞诊所或组织医疗队外，便“再也没有什么可做”的了！一部分分会和一部分红十字工作者，由于对本会为“中央人民政府领导下的人民卫生救护团体”这一性质问题认识模糊，因而对于红十字会应紧紧地依靠政府并取得其领导与支持的重要性认识不足，因而有一部分干部对改组后的新理事会的本身使命与作用认识不足，这些理事会也就未能起（到）其应有的作用。我们希望各分会和全国红十字工作者都能认真地学习中国红十字会的方针、性质与任务问题，批判对这方面不正确的认识。今后我们在各级政府的领导下，必须更认真地做好团结社会各界人士，发挥社会各方面的力量，去搞好我们人民的卫生救护工作。

（二）领导问题

两年来总会对分会及医防大队的领导，存在主观主义和事务主义的现象，表现在：对下级工作缺乏经常性的检查、指导、帮助，调查研究做得不够，工作陷于被动，未能多主动地发现问题。有些问题虽发现了，但往往抓不住问题本质，也处理得不及时。总会机构各组之间，工作的配合与联系也不够，有些地方形成脱节现象，各自布置一套，各自检查一套。

在“三反”运动中，对这些缺点，虽曾大力揭发与批判，从而工作得到了改进，但仍应指出：这些有害于工作的、不健康的现象，目前并未完全解决，犹待进一步克服与改进。

在领导问题上，有些干部对红十字会应与政府密切联系并取得其领导与支持这个关键问题的认识还不够明确。可能由于这些同志强调了红十字会的“垂直领导”，也可能由于他们对会章中明确指出的“本会为中央人民政府领导下的人民卫生救护团体”这一条体会得还不够深刻，红十字会的各级组织应在总会与当地政府双重领导下进行工作。分会业务与卫生事业、学习、干部问题等均应在各地卫生部门指导下求得统一解决。其他如宣传、经费等有关问题并应与当地政府关部门取得紧密联系，求得及时解决。

自从改组以来，总会与许多分会均纷纷成立了新的理事会，理事会一般均包括了各个阶层、各民主党派、各人民团体的代表，它是具有极为广泛代表性的红十字会的直接的领导机构。可惜目前有些分会理事会对本身的使命还认识不足，也未能充分发挥其作为理事会的作用，甚至有个别的分会从今年（一九五二年）三月份起没有召开过理事会；有一些分会虽已召开了理事会，但领导作用还不强。在这方面今后亦应加以改进。

（三）合署办公问题

总会为了使分会能加强领导，提高工作效率，曾于本年（一九五二年）七月九日由中央内务部、中央卫生部、红十字会总会发出联合通知，要各地分会与各地政府卫生部门合署办公，根据效果和实施合署办公的分会的反映，证实了这一措施完全是必要的和正确的。合署办公有下列一些好处：

（1）能加强分会的领导力量，遇到困难问题，容易解决，在政府统一领导下，完成各项任务；

（2）避免了分会工作与政府脱节的现象，分会能及时地了解政府的政策，密切配合政府卫生部门，更好地发挥助手作用；

（3）可以精简一些行政杂务的开支，并减少了目前干部缺乏的困难；

（4）在政府学委会的统一领导布置下，加强分会干部的政治学习和思想领导，生活上也能与政府人员打成一片；

（5）由于政府就近加强领导的结果，分会工作日渐开展，才能扭转社会上对红十字会不了解或某些不正确的看法，提高红十字会在群众中的威信。但是合署办公不是合并，合署办公后应更多地发扬红十字会之作为人民团体的作用。

现在实现合署办公的已有广州、青岛、昌南、杭州、济南、当涂、南宁、无锡、赣州、天津、温州等十一个分会；据报短期内即可实现合署办公的有孝感、江阴、镇江等三个分会；当地政府卫生部门房屋缺乏等困难一时尚不能合署办公的，有零陵、岳阳、开封、寿县、安阳、上海、麻城、重庆、广德、渠县、万县、平凉、泸州、芜湖、即墨等十五个分会；因分会干部兼办该地某一医务单位的事务（如会计、挂号等）工作，为了兼顾工作尚不能合署办公的，有内江、大竹、遂宁、洛阳、黄石、杭州等六个分会；其他因个别原因尚未合署办公的有太原、垫江、安岳、永城、郏县、临颍、武进、梧州等八个分会。有些分会没有从思想上认识到合署办公的正确与需要，强调了各种困难或“垂直领导”，也还有个别分会因为看不起当地政府卫生部门不愿合署办公。

另外，福州、武汉两个分会都在当地卫生局统一领导下与中华医学会卫生工作者协会合署办公；北京、西安等分会参加了当地卫生行政部门的负责人会议，分会提交的重要问题列入议事日程，加以讨论解决。这对于一时尚未能全面实现合署办公的分会来说，是值得考虑灵活采用的。

（四）干部问题与学习问题

新中国的建设，需人迫切，干部缺乏是普遍现象，但在红十字会特别表现得严重些。红十字会干部少、质量弱，在干部的配备和使用上，各地分会的一般情况是行政事务人员多于业务人员，总会行政事务人员的比重也较高，有很多分会根本还没有真正搞红十字会业务的干部，现有干部的政治、思想与业务水平不够高，这是我们干部问题上的基本情况。两年来总会也举办过两期分会干部训练，起了一些作用，但缺点很多。

各地分会经过改组后，一般干部的思想都提高了。在轰轰烈烈的土地改革、镇压反革命、抗美援朝三大运动和反贪污、反浪费、反官僚主义运动中，不少分会都因参加学习，收获很大。很多分会在政治学习方面，已争取在当地政府学委会的统一布置领导下走向经常化，这是很好的；但目前也还有些分会，他们对思想建设不加重视，至今还没有建立学习制度，其中一些工作人员旧意识、旧作风很浓厚，政治不开展，工作效率很低。另一种现象是，由当地卫生部门新配备的一部分干部工作不安心，他们存在着“红十字会工作低人一等”的错误思想。另有若干分会的医疗单位的干部存在着“依靠医院诊所的收入来养会”的错误看法，由此他们也就瞧不起医务以外的红十字会其他的工作人员。这不仅影响了干部的团结问题，同时也影响了干部质量的提高。

在干部的选拔上，有些分会的一些领导者不以政治品质和业务能力为根据，而是专以是否属于自己的亲属、朋友与同乡关系为着眼，这也是新社会所不允许的。

我们今后应如何培养、使用与提高干部呢？首先是总会在一九五三年应根据需要的情况和本身的条件，尽力培养业务干部和技术人员，举办干部学校、进修班或短期训练班，替分会解决一部分干部问题。

其次，各地分会应从学习、工作与群众运动中注意选拔与培养积极分子，要认识到做好群众工作就能解决干部问题，干部是从群众中生长出来的。有条件时，可以吸取福州市分会的经验，举办基层干部短期业余训练班，从中培养选拔业务干部。分会要防止完全依赖上级解决干部的思想。

再次，各地分会应与当地政府卫生与人事部门取得密切联系，多向他们报告干部情况，也可以逐步争取解决干部的缺乏问题。事实已证明：这方面做得好的分会，便比较迅速地充实了干部。如芜湖市分会现在已由政府配备九个专任干部；万县市分会已由政府配备八个专任干部；福州市分会不但医务人员得到卫生局统一调配，其他业务干部也得到了卫生局的补充；武汉市分会的总干事、院长、副院长、产校校长都是由政府调拨的。

在干部的使用上，应注意政治品质和业务能力。应尽量缩减不必要的行政事务人员，使之学习业务，在工作中培养，用以充实与补足业务人员之不足。要加强并引导所有干部重视钻研业务、进行红十字会的业务学习，熟悉业务，进而精通业务，学习苏联及其他兄弟国家建设红十字会及红十字活动的经验。总会到分会今后都要从调查研究、总结经验、树立典型等等的工作方法中逐渐培养干部的工作能力，提高干部质量。红十字会的医务工作要与红十字会的其他群众卫生业务工作紧密结合，所有医务人员应该学会如何实事求是地做好群众性的卫生工作，反对单纯的技术观点，反对雇佣观点和临时观点，反对医院等事业单位闹独立性等不良现象。

我们红十字会的医务人员，发动与组织群众的能力应比一般医务人员更强，生活与作风更应群众化与艰苦朴素。非如此，难于紧密联系群众，改进并提高工作。

我们所有干部，均应努力学习政治，以新中国红十字会的爱国主义、国际主义、革命人道主义的指导思想教育和提高自己。各地分会要造成学习政治与钻研业务的浓厚气氛，提高干部的政治与政策思想水平，提高干部的工作积极性、主动性与创造性，发挥高度的为人民服务的精神。

（五）经费问题

红十字会经费，目前主要来源仍靠政府补助。但两年来总会均未能及时解决分会经费问题，使分会感到很大困难，工作也受到了损失，总会是负有一定责任并应自我批评的。

我们很多分会改组后经费未解决或未全部解决，但工作人员仍能以刻苦耐劳的精神坚持工作，这是很好的现象。

关于1953年度分会的经费问题，现已由总会与中央财政部、中央卫生部商定解决办法，并已发出联合通知。各地分会应即根据下发的总会1953年度工作计划提纲，结合地方具体情况和分会本身条件，以实事求是的精神详细制定1953年度业务和所属事业单位的工作计划，先取得当地政府卫生部门批准，然后依照计划分别编造全年度预算（预算关系详后），俟预算核定后，连同经卫生部门批准的工作计划报总会备查。

预算关系决定划分

（1）各地分会的行政费：如已批准的编制人员的工资，机关所需的办公、杂支、旅费、房屋修建及业务费（包括发展会员，添置宣传材料及经常宣传费，"宣传费占业务费百分之十"）按当地政府规定的标准，及会计制度在地方"民主党派及人民团体补助费"项下由分会编造预算连同工作计划径送当地政府财政部门列报。

（2）分会所属事业单位如医院、诊所、医防队、保健站及医药器械设备费，房屋修建费等由分会列入"卫生支出"项下，其医学教育和训练应分别列入"教育支出"及"干训支出"项下编造预算，送请当地政府卫生部门汇列地方卫生事业总预算内，转送财政部门。

各地分会编造预算时，应注意掌握目前国家建设重点在于工业建设这一总的精神，贯彻这个精神。编造预算应从实际出发，实事求是，今天力量还办不到的或条件还不够的就不办或缓解。对于经费的开支，必须掌握厉行节约的精神，反对贪污浪费现象，以及处处"讲阔气""摆大方"的思想，树立简单朴素的新风气，加强爱护人民财产的主人翁观念。

（注：此文后未见"预算关系"）

（原载于《新中国红十字》1953年3月号）

麻城红十字急救员1954年全年工作总结

——在第二次急救员代表会上的报告

自去年本会召开急救员代表会后，接着农村贯彻了总路线的教育，开展群众进行两条道路的对比，限制了农村的资本主义的剥削和斩断了城乡资本主义的联系，我们全县急救员的社会主义的觉悟提高了一步，在各种中心运动中起了骨干作用，农村的社会主义因素发展了，我会急救工作亦随着向前发展。同时，一年来，在急救工作活动上做出了不少的惊天动地的成绩，涌现了不少的模范急救员同志。对（在）开展爱国卫生工作上，急救员亦起到推动作用，协助了当地，取得了不少成绩，获得了许多经验。另一方面，目前各站点工作上也还存在着一些问题需待解决，解决了这些问题，我们的认识才能提高，我们的力量就更大了，我们的成绩才能巩固，我们的工作才能向前推进一步。

一、一年的急救组织工作与训练工作情况

本会今年服从党的指示，先后重点在宋埠、城关、中驿组织急救站8个，共训练急救员242人。

（1）农民群众中建站两个，共98人（包括17名市民与店员），都是从群众中挑选起来的，都是有热情做好急救工作被吸收的。他们都经过学习急救课程阶段的培养，他们在学习中表现特别专心，很少缺席，毕业考试占80%，成绩优良。

（2）学生中建立急救站4个，共78人。这些急救员都是同样经过学习阶段，学校的急救员都是青年、少年（中）最优秀的学生，有着愿意为学校内外服务的精神，从千百个人（中）推选出来的，抽出自己的课外活动时间学习。在学习中，能大胆提问题、大胆实习，加之学校老师的重视，更鼓励了学员们的情绪，如宋埠中心小学校长、主任与四位老师亦参加了学习。

（3）工人中建站4个，共68人。他们都是工人先进队伍中能志愿参加学习的，他们都有着为工人的健康服务精神，抽出自己的休息时间进行学习。

（4）几种不同类型的建站经过：虽然有不同类型的情况的建站，但是他们（的）热情是一样，都是经过学习、成绩优良，被分会批准为够格者，即成为急救员。他们成为了一个光荣的红十字急救员以后，都选出了自己的领导掌握其工作，通过建站，都能订立切合的工作制度。

二、一年来全县急救工作活动情况与成绩

（1）急救员参加工地，为民工身体健康发挥力量，如白果、闵集两站在今年春季担任了大坳渠道工程中民工救护工作，每个（人）巡回27华里长的渠道上的民工救护工作，不但（为）保障民工身体健康做了很多卫生宣传工作，帮助民工打扫卫生，还在渠道指挥部的领导下，协助材料股搞收购器材工作。他们经过70天时间的艰苦工作，取得了很大的成绩，共急救16000余人次。在“五一”节开放水典礼大会，两站参加渠道工作的急救员被邀请参加，指挥部赠各站锦旗一面。

（2）积极参加防洪抢险，为抢险中发生（的）伤患服务，今年我县地方因淫雨连绵，山洪暴发，沿河地区群众的生命财产受洪水威胁，政府发动各界抢险。我会急救员、各站积极响应参加，如织布厂急救站在屡次防洪抢险中都带急救包，打着旗子为抢救防洪战士急救；宋埠农场急救员舍身下河救被水冲流的农民；白果急救站防洪时，在区指挥所的领导下分成三个急救队，分工分段负责。全县共参加防洪工作急救员235人，共急救3900余人次。

（3）在夏秋两季的农民缴送公粮与统购送余粮，各站急救员也都主动地到仓库附近送粮的路线上为农民服务，如中驲站的吴立章与胡隆德两人，在送夏征公粮时，天天到仓库救护伤患，其他很多站参加了这样的送粮的救护工作。

（4）在补修河堤水库、塘堰岸埂的工作中，各站亦主动参加工作，如松合乡站，带着药品到毛家村和红光水库上去做工作。闵集站吴然咏勇主动自带伙食，到平靖乡修河堤上去做急救工作，中驲急救员一个组到王家集修水库，为民工服务。

（5）在日常工作中的作用都起到了小先生的作用。对一般伤患，有急救员的地方能都做到及时的协助，如城关胡向之母亲晕倒，织布厂急救员潘少先马上给她打上救命针救活了，群众非常赞扬，这样类似的情况很多。再如宋埠国营农场站，在未建立急救站以前，每天至少有八个小伤病号请假，到离七里路远的宋埠城内看病，往返一次就是半天工夫，每天要牺牲半个工。建站以来，就节省了此类小伤病号的往返工夫浪费。就（按）八个月计算，节省960个工，每个工以80元计算，计算可抵人民币768万元。此类情况，就城关有关工人中的急救站说来，是有节约很大数字的。

（6）在工作中涌现出的积极分子。如妇女罗文兰打“六人秋”，不慎从秋棵跌下，当时失去知觉（即死去）。一群游人束手无策，急救员宁永忠听到吩咐即到那里，及时做了人工呼吸后，又到急救站拿了急救包，给她打了救心针，把身上多处伤口进行包扎，后愈。该乡送给（宁永忠）“救命英雄”称号（已在《中国红十字月刊》表扬）。施少南急救员上街，（遇）妇女赵单梅脚受伤过甚，他急救后还用板车送她回家，后该妇女割（买）肉感谢（被拒绝）。史正阳夜间大雪，把一个被冻饿发生休克的合作社干部，找一个民兵用竹床夜深抬回家。罗奎英、罗学桂、罗学孝、罗文才、梅玉珍、徐志福、汪甫廷等同志在大坳渠道上坚持数十天的工作。其他各站都涌现不少的积极分子，不可胜数。

(7) 急救员协助各地各单位，开展爱国卫生防疫工作，取得了成绩。如松合乡站宣传，积极、主动地带头，共积肥11900余担。中驲急救员，带头打扫环境、填污水坑，清除渣子3000余担。龟山白果急救员，接受卫生所交给完成部分乡的种痘工作。

三、目前急救站的几种不同类型

虽然，总的说来作用是较为显著，但根据我们了解情况分析比较，发展是不平衡的，作用是极为悬殊的，分述以下几种。

第一种急救站组织健全，作用很大，怎样搞得这样好呢？一是因为领导重视负责，领导在群众中有威信，把急救员紧密地团结在周围，时常分配急救员的工作、任务。二是因站内同志们团结很好，互助友爱精神好，有意见当面提，互相批评、互相鼓励、互相进步，不闹意见。三是制度订立得好，能够贯彻执行。他们是通过民主订立了合适的学习制度，大家一起遵守，不打折扣。四是能够与有关部门取得联系与配合。他们能不分彼此地工作，也不闹意见，不争功劳，最主要的一点是大家对新中国红十字会的性质、任务与发展前途有了认识，所以满怀信心地努力工作，克服了一切困难，积极工作。这类急救站，是学习的榜样，而我们及有关单位就在于大力支持它，使其更加以巩固，发挥更大的作用。

第二种急救站的作用一般化，这类型目前比较是多数。他们也时常工作，本身所负的急救工作也勉强完成，对其他卫生工作做得比较少或没有做。他们也有时学习一下，但不能保持经常化。他们的特点“比上不足，比下有余”，工作一般化，没有突出的成绩与经验。这种类型急救站的领导还算负责的，站员大多数还算好的，少数是挂名的。他们是要再下点功夫，整理一番，则不难提高上升为第一类型了。

第三种急救站组织流于形式，不起作用或很少起作用。当然，这是少数，这主要是无人过问，无人联络，组织有其名无其实，连急救员（也）不知道站长是谁，站长也不了解有多少急救员，急救箱内的东西长了锈，有时也因为距离远或自己的顾虑多、生产忙等原因。这种基本没有什么工作，更谈不上作用了。形成这种身心不健康的根源：第一是因为负责人认为急救只学了几天，能做什么事呢？瞧不起他们，忽视了他们的力量。第二是认为搞这个工作困难太大，没有钱得，反正要赔本，同时认为没有前途。这类急救站通过会议以后，要主动联系领导，订立制度，经常工作，不难于搞好，是能使他们起到应有作用。

四、存在的问题和解决的办法

根据我们所了解的情况，目前存在着领导、工作范围、福利及行政上不重视等主要问题。

（1）领导问题：在这方面都存在着一些具体问题不能解决。这方面，我们做得不够，分会今后应对各站加强联系，以前各站都是形成（平时）无人管，一搞都来了，领导多得很，所以得不到组织的统一，各搞一套，互相脱节，这样当然谈不上什么作用问题。对各站的领导问题，卫生科曾指示：农村归区卫生所领导，工厂、学校归本单位行政领导，此外，各站站长应具体领导安排工作。（这）是搞好急救站工作的一个主要关键，各站存在需待解决的问题，争取站长及有关单位解决。分会将尽到自己的力量，及时解决一些普遍存在的问题。

（2）工作范围问题：总会 1955 年急救训练与组织方案规定："急救站只做急病或遭受意外伤害的人未送医院或医师未到之前，临时的、紧急的、适当的处理。"总会急救课本中关于急救意义中也明确告诉我们："所谓急救，就是救急，是指当时的、现场的处理，是给伤患者第一步生命安全和减少将来治疗上麻烦的、紧急的帮助。因此，所谓'急'，当然就没有从容的时间。没有从容的时间，所以急救的范围也就缩小，所以，详细的诊断和适当的治疗都是医师的事，是到诊所或医院以后的事。"

根据总会的指示，我们急救的范围和急救员的任务已经很明显，具体简单说来"就是当急救员，不是当医师；就是急救，不是治疗"。可是人一天很多，急救员没有闹清楚，导致急救工作或多或少地超出了急救的范围。根据了解，很多还有内科，也接收复诊，应立即纠正这些偏向。我们不能接受复诊的原因是，我们是急救员，不是医师、护士，我们仅仅学了□□□，做了超出急救范围的医疗工作，最后难免要发生医疗事故。这个有关生命安全的责任是非常重大的，应立即注意这个问题，马上纠正。

（3）福利问题与行政不重视问题：在这个问题上，一般来说都存在着很严重，恐怕很多因为无照顾，或多或少地影响一些工作。好多认为搞急救工作没有好处，既耽误生产事，又无一点照顾，加之行政上不重视，所以对工作就缺乏信心。我们针对这些问题作了研究，今后急救员在工作上积极努力、刻苦耐劳，给予照顾。但我们要体会到给人民做了多少工作，人民不给我们多少报酬。今后应积极努力，克服这些不正确的想法，我们要做到"少花钱，多做事"，把钱用到祖国建设中去！

至于行政对急救工作不重视，我们将进行正确建议，要求对我们的工作多协助。同时，去年县府发出通知，强调各有关单位、各乡政府应重视和支持此一工作。另一方面，我们要多努力工作，做出一定的工作成绩，行政上不成问题，一定会重视你们的工作。

同志们，最后，我们今后工作不光是要做好急救，而且必须应该团结在卫生所的周围，做好卫生工作，做好卫生防疫员的教育工作，为建设我们伟大的社会主义贡献出力量！

（原载麻城市档案馆馆藏档案，档案号：108-1）

中国红十字会1956年国内工作计划要点（草案）

本会为了适应国家建设事业及人民群众的需要，根据新的情况，制订了工作方案。（现正报请国务院批准中）工作方案规定本会今后在国内的工作任务主要是动员和组织广大群众参加业余卫生活动，普及卫生知识，提高人民健康水平，加强卫生国防和在军事行动及自然灾害时实行自救助人。为了完成上列任务，本会将进行下列工作：

（1）在广大人民群众中发展红十字会会员，建立基层组织；

（2）吸引会员及群众参加“卫生卫国”训练，组织不脱产的卫生站及卫生队，建立广泛的群众性的基层卫生工作网；

（3）协助卫生机关进行经常性卫生监督和保健防疫工作，并对会员和人民群众进行卫生宣传教育，积极推动爱国卫生运动经常化；

（4）协助卫生机关对人民群众进行输血意义宣传和自愿输血的组织工作。

为了实施上述规定，现制订一九五六年工作计划要点如下。

一、整顿和成立地方组织，大力发展会员，建立基层组织。

本会原有地方组织，计一个省办事处及四十四个市分会和三十六个县分会（名单见附件一），这些组织，大部分是处在任务不明确、组织不健全的状态。为了承担起新的任务，今年除需对上述原有地方组织依照工作方案规定进行整顿以外，并在河北、河南将现有河南办事处改组成立。山东、山西、辽宁、吉林、黑龙江、江苏、浙江、江西、安徽、湖北、湖南、广东、广西、福建、四川、云南、陕西等十九个省成立省红十字会，并拟在各省省会所在地和工业地区、沿海国防地区及交通要冲成立九十一个市红十字会（包括一个矿区）及十个县红十字会（名单见附件二），发展会员建立基层组织。上述在今年整顿及成立的省、市、县红十字会，初步计算共需编制员以一千二百人（见附件三），除已由中央编委会核准 806 人外，尚缺 394 人，拟续请中央批准。

发展会员，今年在全国以一百五十万人至二百万人为目标，具体分配数字（见附件四），拟在举行工作会议时商量确定。

二、吸收会员参加“卫生卫国”训练，组织不脱产的卫生站及卫生队，建立群众性的基层卫生工作网。

为了使红十字会会员具有一定的卫生知识及救护技术，以便在群众卫生运动中能够起积极带头作用，并在必要时能够进行自救助人的救护活动，各市、县红十字会在发展会员建立基层组织以后，即应有计划、有步骤地对会员进行 24 小时的“卫生卫国”训练。根据以往的经验和目前的需要与可能，今年拟在全国（有红十字会组织的地方）训练会员三十万至四十万人（占今年拟发展会员人数百分之二十），训练工作由各市、县红十字会在卫生部门领导和规划下组织进行，训练教材范本由总会编印。

训练以后，将百分之五十的人（全国十五万至二十万人）按基层生产单位和街道组成不脱产的卫生站及卫生队，约计可组织九九九一个卫生站，在沿海地区重点试建二九七个卫生队。卫生站的任务一般的是协助医务工作者进行卫生宣传；执行卫生监督、检查与疫情报告；培养个人卫生习惯，改善公共卫生状况并保持环境清洁；必要时进行外伤和急病的急救。卫生队按企业、学校、农业生产合作社和街道办事处的范围由各卫生站成员中自愿而合条件的分子组成，任务是机动地进行临时性的卫生防疫和救护工作，主要是担任发生自然或人为灾害（火灾、风灾、水灾、空袭等）时的救护工作。

上述四十万人“卫生卫国”训练费共需 34 万元，及 9991 个卫生站共需建站装备费 249775 元，297 个卫生队共需建队装备费 61182 元，总计 650957 元（见附件四），请由中华人民共和国卫生部统筹解决。以后根据本会发展情况逐步由会员会费收入中开支。

三、对会员及群众进行经常的卫生知识宣传教育。

为了普及卫生知识，推动爱国卫生运动经常化，在对部分会员进行“卫生卫国”训练的同时，还必须对会员及广大群众进行经常的卫生知识宣传教育工作。这是红十字会组织一项很重要的任务。各地红十字会组织应与当地卫生防疫机构及卫生教育机构密切配合，结合爱国卫生运动，通过红十字会小组活动、会员串连访问及利用黑板报、大字报、招贴书及幻灯等方式向会员及群众进行卫生知识宣传教育，帮助群众提高卫生文化水平、改进卫生状况。

四、通过会员基层组织发动会员和群众积极参加除“四害”和防治血吸虫病等为害最大的疾病。中共中央政治局提出的全国农业发展纲要草案中规定：从一九五六年开始，分别在五年、七年，或者十二年内，在一切可能的地方，基本上消灭老鼠、麻雀、苍蝇、蚊子和危害人民最大的疾病。这是我国人民保证国家社会主义建设、向自然灾害作斗争的一项光荣的政治任务，这是当前乃至今后若干年内卫生工作也是红十字会工作的重要内容。各地红十字会组织应在党和政府的统一领导下，根据卫生部门和有关部门的统一布置，指导基层组织，积极鼓动会员、组织会员和带动群众，创造各种有效的方法经常地开展除“四害”的运动和参加防治血吸虫病等危害人民最大的疾病的各种活动。

为了完成上述工作计划，除由总会在计划批准之后即邀请各省及直辖市卫生厅、局和本会原有各市、县分会各派负责干部一人来北京举行工作会议一次（如方案能批准，就开代表会议），根据上述计划布置工作并商定整顿和成立组织、发展会员、训练会员、建立卫生站卫生队及进行卫生知识宣传教育等的详细办法以外，并应采取下列措施：

（一）各级红十字会组织，必须紧紧依靠各级党组织及政府（特别是卫生部门）的领导，经常向党及政府请示和报告工作，取得党和政府对红十字会工作经常的指示，并与有关部门特别是卫生医疗机构取得密切联系；使红十字会工作与卫生部门工作能够在统筹规划下密切配合。

（二）各级红十字会工作人员应加强马克思列宁主义的理论学习，提高政治水平，结合整顿组织及讨论和制订工作计划，检查和批判脱离政治、忽视群众力量以及表现工作各方面的右倾保守思想，坚决克服右倾保守思想，使工作按照又多、又快、又好、又省的方针胜利地进行。

（三）各级红十字会组织的主要工作是会员组织工作和卫生宣传教育工作，因此，卫生部门协助整顿建立机构和挑选配备的干部时，须注意适应这样的要求。总会及省、市、县红十字会均应按照这样要求成立和整顿工作机构，商请政府卫生部门人事部门调整或调配工作干部，以加强工作效率。

（四）为了给发展组织创造有利条件，各级红十字会组织应大力开展社会宣传工作，使广大人民群众首先是机关团体工作人逐渐都能明了红十字会的性质及工作任务。为此，总会将自今年四月起恢复《中国红十字》月刊的出版，将有系统的编辑——阐释红十字会性质、任务、发展会的意义和组织及训练的经验等宣传资料，各省市红十字会应根据这些数据并结合实际工作情况编写一些宣传材料，通过报纸、电台及宣传员向社会和会员进行宣传。

（五）今年是红十字会普遍发展会员建立组织的开始，工作生疏，经验缺乏。因此，各级红十字会组织应注意培植重点，及时总结有关成立地方组织、发展会员、建立基层组织及进行“卫生卫国”训练、建立卫生站卫生队和开展卫生宣传教育等各方面的典型经验，并及时上报和交流，以便全面推广。

（六）为使地方组织熟悉红十字会工作，总会拟于今年举办干部训练两次（以会议方式进行），由各省及大城市选派干部参加。各省、市、县红十字会亦可采取适当形式，对地方组织的干部及基层组织的干部进行短期的训练，使他们熟悉工作，提高工作。

附件：（详见“统计图表”栏目，第308、309、311页）

一、中国红十字会原有地方组织名单

二、中国红十字会拟成立的地方组织名单

三、中国红十字会地方组织一九五六年干部人员编制及发展会员人数分配表

四、中国红十字会一九五六年“卫生卫国”训练数字分配表

（原载湖北省档案馆馆藏档案，档号：SZ115-02-0160）

湖北省红十字会一年来工作总结报告
（1956年4月—1957年4月）

一、工作概况

本省五个市和七十一个县，只有武汉、黄石二市和孝感、麻城二县有地方红十字会机构。这四个市、县红十字会先后于1951年1952年进

行过改组。几年来主要力量放在举办医院、诊所和助产学校这一类附属机构的医疗和教育的业务上，开展过一些群众卫生训练，在工厂、街道、学校试建了一些卫生站，参加过防汛救火的医疗卫生工作。此外，武汉市进行了一些有关的国际性活动。但在1956年以前，没有发展会员、建立基层组织和开展业余卫生活动。

各级党政机关的广大干部和各阶层社会人士对红十字会的性质、任务都不了解，有的认为红十字会是国际组织，有的认为是慈善机关，甚至有的认为是反动会道门。有的说："参加红十字会的人一点立场也没有，打起仗来两面好。"又有的说："基层卫生组织很多，有保健站，有三员（即卫生员、保健员、接生员），有医院，还有联合诊所，不要红十字会就不行吗?"总之，认为红十会这一组织是可有可无的，而我省有些市、县卫生行政部门也过于相信行政力量的作用，对红十字会工作不多过问，加之原有红十字会的工作人员，存在一些过左过右的缺点，原有四个市、县红十字会不是与市、县卫生行政部门的关系不够融洽，就是红十字会组织本身名存实亡。

根据以上情况，为了贯彻1956年4月工作会议的精神，我们先后进行了下面一些活动。

五月份，在卫生厅厅务扩大会议上（有省直属各单位负责人列席）传达了全国会议的精神，并向省人委写了有关成立省红十字会和三个市（宜昌、沙市、襄樊）红十字会的报告和请求批准下达省红十字会1956年工作计划的报告。

七月份结合全省卫生行政会议，召开了全省第一次红十字会工作会议。

这次会议进行了下述几项活动：

(1) 在全省卫生科、局长和原有红十字会的市、县代表共八十余人出席的大会上，作了全国会议的传达，并向大会散发了红十字会章程、林秘书长的报告等文件。

(2) 组织原有红十字会的市、县代表们对上述传达和省红十字会1956年工作计划共进行了三天的讨论。

(3) 利用卫生行政会议的晚间间隙由卫生厅孙光珠副厅长主持召集原有红十字会组织和按总会决定，即将成立新的红十字会组织的市、县卫生科、局长与红十字会代表的座谈会，进一步阐明了红十字会工作的重要性，并由武汉市等红十字会的同志介绍了有关开展红十字会工作的经验。

（4）与上述有关市、县的卫生科、局长分途个别地交换意见，具体布置了有关开展红十字会的工作。

通过这次会议，红十字会这一新的事业，在全省范围内开始引起了各地卫生行政部门的重视和兴趣。

此外，还抓住省委召开文教部长会议的机会和各有关市、县文教部长进行个别联系和交谈，取得了有关市、县党委部门的支持。宜昌、沙市、襄樊三地直到今天没有专职干部，而对红十字会工作，仍能坚持下来，这完全是由于这些地方党和政府及卫生行政部门的重视与支持的结果。

通过这些会议活动，也使原有红十字会工作人员，明确了红十字会的性质、任务和它的发展前途，对自己的工作树立了信心。

七月工作会议之后，我们即着重向省委、省人委和省级其他有关部门去直接进行联系解决人员编制、经费开支及筹备成立省红十字会等问题。

十月间召开了各有关机关团体的负责人士出席的代表会议筹备会。

十一月间召开了全省代表会议，通过了省红十字会组织规程和 1957 年的工作计划。至于 12 年远景规划，因党政领导方面的指示，为了慎重考虑，暂未交大会讨论。

这次会议，出席代表约一百二十人，主要成员是省及武汉市党、政、人民团体负责人和社会各方面高级人士。会议的主要收获是扩大了社会宣传和在更大的范围内增进了红十字会的社会影响。会议正式产生了执监委领导机构，为今后开展红十字会工作起了动员和号召的作用。

紧接着全省红十字会代表会议之后，又开了第二次工作会议（二天）各市、县（包括新建的宜昌市、沙市市、襄樊市及在大会上坚决提出要求建立地方组织的浠水县）红十字会代表们就代表大会的决议和通过的文件再做细致的研究和具体的布置。

在各、市、县方面，截至 12 月底，所有老机构，除武汉市外，均已按照新的章程改选了委员会；所有新机构，除浠水县尚在进行筹备外（现亦已正式成立）均已召开了代表会议，选出了委员会。在新的委员会领导下，全省据不完全统计，共发展了红十字会员 26428 名，确立了基层组织 202 个，已有卫生员 7335 人，卫生站 427 个和学校卫生组 7 个（以上卫生员、卫生站、卫生组多数是在 1956 年以前训练确立的），这些会员和这些组织已经开始在各地群众卫生工作中起推动作用或正在逐步地发挥它的作用。

二、几点体会

(1) 中国红十字会章程所规定的性质、任务是非常适合我们国家和人民的迫切需要的。我们在发展会员工作开始前，很多工作人员都感觉到群众不愿意入会。事实恰恰相反，凡是我们开展工作的地区，群众都纷纷要求入会，有些市、县不少工厂单位全体职工入会，有个学校八百多学生就有七百多人申请入会。武汉市红十字会在各电影院放映了有关红十字会性质、任务的幻灯宣传后，在一个多月内就有个别的或集体的写信给市红十字会要求入会，结果零星地吸收了三百多名会员。浠水县原无红十字会机构，也有50多个医务工作者联名造册向省要求加入为会员。有的没有被吸收就纷纷提出意见，例如：汉口交易街居民看到召开会员大会成立基层红十字会时，质问说："你们发展红十字会员，为什么先不告诉我们?"沙市一个十六岁的小学生，因未到成年，又不在学校，没有被吸收为会员，很不满意地说："你们现在不要我入会，要让我还等两年吗?"后来经过我们说明道理，他就积极参加红十字会所领导的活动，表示争取早日入会。襄樊市派出所的同志也埋怨说："难道我们连一个红十字会都入不上，这有什么搞头啊?"

入了会就迫切要求学习卫生知识和开展卫生运动。在训练期间，他们都认真地学习，如孝感城关镇一个青年妇女，我们问她听不听讲，她说："我巴不得多长一只耳朵听才好呢!"有一个六十多岁的老爹爹在学习时不但自己用心听，而且主动帮别人，大家选他为辅导员，他就利用白天的空间，把小组人员集合到他家里进行复习。

在脑膜炎流行期间，会员就向我们提出要赶快组织他们学习，让他们好带动群众进行预防，在开展卫生活动上，只要我们一提出，会员就动起来。孝感城关镇送肥下乡，红十字会员都组织击突队，带着红十字佩章赶在前头，武昌实验中学在脑膜炎流行期间，校医提出宣传防治的问题。该校红十字少年就在当天（星期六）夜晚把一切宣传工作都做好了准备，第二天就在校内外开展宣传，同时发动同学们用药水漱口，外出戴上口罩。又如沙市过去居民中发生意外伤病，大家都等着居委会主任来处理。可是该市崇文街红十字会员们领了会员证的当天晚上，有一个握香烟盒的孤老夜里外出解小便，发生中风，附近会员们便很快地赶来照应，护送到医院去，后来这个人死了，他们又自动来替他料理善后。有些地方发展了组织，但没有及时开展活动，群众就责备我们说："你们不要像以前中苏友协和像兵役登记一阵风就过去了。"本来因无编制，有个别地区想把红十字会工作停顿一个时期，但由于会员群众的要求，也就不能不重新抓起来。

在省代表会议上，到会代表讨论了林秘书长报告之后，一致认为红十字会是一种非常好的群众组织，“不仅平时起作用，战时也起作用，也不仅在国内起作用，而且在国际也能起作用”。科普的负责同志并在大会公开表示态度，要求红十字会与科普互相参加为团体会员。

同时，也由于红十字会的性质、任务的鼓舞，我们所有参加红十字工作的同志不管他是专职也好，除极个别的外，绝大多数都是热爱红十字会的工作的，他们一致认为像红十字会这样的团体，将来一定会在全国范围内广泛开展起来，因此，虽然在工作中遇到了不少的困难，如个别地方的领导对红十字会工作重视不够和人员编制长期未能得到解决，以及上级党和政府始终没有文件指示，工作抻（编者注：“抻”疑为“插”）不进去（这些问题现在也都基本解决了）等等。但他们始终积极工作，主动与各方面联系争取开展工作。

（2）为了更好地开展红十字会的工作，从中央起对红十字会工作的统一合理的安排是十分重要的，我们有一段工作会经未能得到我省党和政府的应有的支持，这并不是他们不重视我们的工作，而是因为他们没有得到党中央任何文件指示，所以使得他们也感到工作为难。不支持吧，群众要求迫切，支持吧，中央没有指示，结果，他们就决定本省红十字会的工作，暂时只限于在湖北几个大中城市和原来有红十字会基础的两个县（麻城、孝感）开展工作，这就使我们的工作受到了限制。另外，一般市、县的党政领导也反映了同样的问题，如宜昌市红十字会原系由担负文教工作的副市长刑郑民同志兼主席，工作抓得很紧，后来该市文教工作改由新到任的陈副市长担任，刑副市长改负领导别的战线工作。因为没有省的指示，主席职务要移交陈副市长又无根据。刑副市长自己继续担任也觉不便。先前，刑副市长也提过：“没有上级的指示，我担任主席会不会犯错误？”他还对红十字会的兼职干部说过：“上级没有指示，只是你们找上门了，我不能不管。”中共孝感县委组织部长程文元同志（兼红会主席）对红十字会工作很关心支持，但也说过：“别人做工作省委都要他汇报，我做工作连个汇报的地方都没有。”这确是一个必须解决的问题。

（3）在与有关部门的配合与合作方面，除了要紧紧地依靠卫生行政部门总的领导的重视与支持外，防疫、“爱运”、科普、人防等部门与我们的关系更密切，我省红十字会成立后，首先主动来与我们联系工作的是他们，宜昌市红会不到两个月的时间，其所以能发展7070名会员，主要是依靠防疫站的同志去进行的。黄石市黄石港区的工作主要是依靠"爱运"方面的干部担任的，正如宜昌市卫生科杨实舜副科长（兼红会副主席）说："有了红十字会，防疫站就长了翅膀，有防疫站的支持，红十字会就不愁没有干部了。"科普在中小城镇卫生科学知识的普及教育占着较大的分量，宜昌市科普会员中40%是医药卫生人员，科普办讲座，红会组织听众，结合起来，相得益彰，宜昌市已在订立这种业务合所计划。其他市、县红十字会也是主要地和这些方面结合进行工作的，今后为了更好地开展红十字会工作，更进一步与上述方面紧密地配合起来，是非常必要的。

（4）在争取当地党和政府对红十字会工作重视与支持方面，通过我们的实践，证明了林士笑秘书长所指示的要积极搞好工作，主动地向当地党和政府领导机关请示和汇报工作的精神，及省委文教部长孟夫唐同志所指示的不仅要向群众宣传而且还要向领导宣传的精神，是完全正确的。我们的人员编制和经费开支，其所以能够得到适当的解决，主要是由于我们的工作人员及时向各级党政领导传达了总会1956年4月工作会议精神和反复说明红十字会的性质、任务，如说"卫生机构很多，再搞一个红十字会是不是多了"的问题，我们就说："要使爱国卫生运动经常化，必须广泛地把群众组织起来。"又如，说"开展群众卫生工作，固然需要组织群众，但是何必要用红十字会的名义"的问题，我们就说："用任何名义都可组织群众，发动群众，开展卫生工作，但是用任何名义都不能如红十字会这样工作范围广泛，都不如用红十字会来进行这些工作方便。"又如，说"群众生产很忙，开展红十字会工作会不会增加群众的负担"的问题，我们就说明红十字会是开展业余卫生活动和发动群众自救助人等为生产服务决不影响生产的道理。同时，我们也向我们的工作人员反复强调，我们只能为生产服务，决不能影响生产，而且由于我们同志们的努力，积极争取召开了代表会议，改选了原理事会为委员会和新成立了红十字会，发展了会员，开展了活动，取得了一定成绩，确实做出了有利于生产，也就使得各地党政领导机关对我们的工作更加重视起来了。

三、过去工作中出现的缺点和目前尚存在的问题

在省红十字会方面：由于干部未能及时配备齐全，长期由少数人坚持工作，对下面情况了解和掌握不够，对工作的指示也不够及时，工作上发生的偏差，也未能及时予以纠正，以致出现了各地在发展工作中的

混乱现象和个别地方的浪费现象。另外，虽然我们1956年工作计划所规定的工作方针和工作方法，一般是切合实际的，但由于各市、县工作同志大多缺乏群众工作经验，不能很好体会其精神，我们又没有更多地深入到下面去与他们具体研究，使得1956年省红十字会工作计划发挥作用不大。再则，对个别单位的干部在工作作风上、思想方法上和思想意识上存在一些问题，我们给予帮助和教育不够，也没有根据总会精神，及时请求领导作适当的调整，因而也影响了他们地区工作的开展。

在各市、县方面，正由于省红十字会工作上存在以上的缺点和新建红十字会的编制到目前才下达，以致目前他们还存在以下一些不好的现象。

第一，只习惯于工作，不习惯于计划、总结和宣传。虽然省红十字会在1956年11月间即制订了1957年的工作计划，召开了工作会议。但到目前为止，还有半数市、县红十字会未制订年度计划，至于季度计划则只有个别地方制订了；年度总结向省红十字会报告较迟，甚至有个别地区到现在，还未向省红十字会报送工作总结，即交来的总结一般也很草率，缺乏实际内容，至于平时能经常注意总结工作的就更少。据我们到各地初步了解的结果，1956年工作和开展业余卫生活动等方面，会员中出现了不少的生动事迹，但很少在报刊上看到他们发表文章，也很少听到他们向省红十字会反映，这就很难使党政领导和社会各界了解我们的工作。

第二，有不少地区存在着不敢放手发展的思想。他们看到要求入会的人太多，1956年发展工作会出现过混乱现象，省红十字会1957年工作计划方针上规定要重点发展、稳步前进，于是他们就产生了一种慢慢来的松劲思想，并且个别单位的个别负责同志在他工作的地区，才发展百把名会员，就提说："不能再发展了，要进行巩固呀！"他们搞重点也不采取点面结合的方法，而是固守一隅地孤立进行，老在一点上打圈圈，这样的做法，如果不及时纠正，哪怕1957年他们的任务不大，也可能完成不了。产生这种思想的原因，主要是由于他们没有认真地联系群众，认真地研究文件和认真地讨论工作方法，甚至个别同志认为自己在红十字会工作时间长、经验多，不愿意虚心学习。

第三，老的市、县红十字会除个别地区外一般都与政府卫生部门的关系不够密切，有一种单搞一套的思想偏向，显然这些市、县的卫生行政部门在这点上是有一定的缺点的。因此，省红十字会在1957年元月卫生厅所召开的卫生行政会议上专门为此作了发言，但这仅是问题的一方面；另一方面我们认为这些市、县红十字会同志在工作上也有缺点，这主要由于他们对总会1956年四月会议要主动搞好与卫生行政部门的关系的精神认识不够，因而他们与卫生部门的联系不主动，没有想出更多的方法来争取卫生行政部门的支持，基至有个别地区在思想上还不愿与卫生行政部门合作，这就大大地影响了工作的开展。

四、今后的做法

（1）省红十字会办公室从1957年起以绝大部分精力放在帮助市、县开展工作，并且除由少数同志留守机关、照顾全面联系外，其余大部分干部（包括负责干部在内）经常分赴各市、县了解情况和协助他们解决工作中存在的一些具体问题。

（2）主要的大力开展业余卫生活动，发挥红十字会的组织作用。做好卫生部门的助手，争取与卫生行政部门的关系更加密切，和争取各级党政领导对红十字会的工作更加重视与支持，为1958年的大发展创造有利条件。

（3）抓工作计划、总结汇报，检查铺张浪费，使1957年的工作做得“又多、又快、又好、又省”，克服左右摇摆不定和追求形式而不注意节省开支的不良倾向。

（原载湖北省档案馆馆藏档案，档案号SZ115-01-0194）

麻城县红十字会发展会员工作（工人第一批试点）总结报告

（56）卫厅鄂字第25号

（注：该报告原为《1956年湖北省红十字会关于开展红十字会工作的通报》的附件，此处单独列出）

通过七月份省红十字工作会议后，明确了红十字会员的发展是动员和组织广大人民群众参加业余卫生活动，根据麻城实际情况，议订了我会的今年的发展会员工作计划和训练计划（这个计划未经委员会通过，尚未上报。暂时按照该计划进行工作）。在党、政领导的重视和有关单位的密切配合和支持下，在这段工作上是取得了预期效果和成绩的，吸收了一批新会员，建立了各工厂、工场的基层委员会，以及会员小组。

一、开展宣传，贯彻红十字会的性质、任务、宗旨、苏联红十字会介绍、为什么要发展会员、建立基层组织以及怎样入会等。

(1) 召集了一次全城关镇的工人动员大会，到会有建筑公司、电灯厂、织布厂、砖瓦厂、印刷厂、农场、鱼种场、养蜂场和城关卫协会等单位计700多人。会上除介绍新中国红十字会的性质、任务和怎样入会外，还说明了新中国红十字会与旧中国红十字会（的）不同，到会的工人对红十字会有一个正确的认识。会后各工厂、工场等单位都进行传达和讨论，使广大工人群众懂得红十字会的性质、任务。如农试站站长王邦丙同志，亲自召开全体职工大会传达。同时，动员职工积极行动起来，把个人卫生及公共卫生做好，争取加入红十字会为一个光荣的会员。

(2) 印制宣传材料进行宣传。在工作未进行前，对宣传工作也做了较充分的准备，印制了“中国红十字会的性质、任务”“苏联红十字会介绍”“为什么要发展会员建立基层组织等”“怎样入会”“中国红十字会几年来工作简况”以及“会员的权利与义务”等宣传材料，散发至各工厂、工场、建筑工地，供各处学习。同时这些材料亦发至县直各机关、企业等单位，使机关干部对红十字会工作有一般的了解。因此，在很多方面机关干部还能向群众解释红十字会的性质、任务、宗旨。

(3) 会议宣传、个别漫谈等方面的宣传贯彻，根据各处工人的要求，我会派员深入各单位结合各种会议进行宣传贯彻，如城关小学学区教工会议，我们贯彻了学校红十字工作办法后，一百名教职员申请入会，并表示要把学校红十字工作搞好。共大小会宣传了十三次。个别漫谈等方式方面也做得很好，在进行每个单位接洽工作时都能详尽进行交待所要进行工作的目的和红十字工作的作用介绍。如在印刷厂印制材料时，与排字工作人员进行宣传，使他们进一步地了解做一个红十字会员的光荣任务。又如农具厂，利用吃饭时进行宣传。其他诸如此类等。

二、在宣传贯彻、提高群众对红十字会有一个正确认识的基础上采取了以下步骤。

第一，做好调查研究摸底工作。在每个单位进行发展前，都与党、政、工、团组织负责同志取得密切联系，由这些组织的负责同志根据群众对红十字会认识，研究哪些人第一批可以入会和哪些积极分子可以担任干部，如建筑公司三个经理和突击队的两个队长研究了实际情况：根据工程队员认识程度，第一次发表时只发给那些可以入会的填写申请，同时建立基层组织，选举委员和主席等干部，也都经过党支部大会讨论研究。我们批准会员都是根据单位领导意见。

第二，职工申请入会的同时，必须在本单位开展卫生工作。在这段工作中一般的都采取了这个办法。申请入会的职工都能踊跃地参加卫生扫除工作。如建筑公司工人，星期天休息也要搞环境卫生，填污坑□。带动全体职工为自己体育活动做了一个很广阔的操场。往日宿舍不叠被子的现象也没有了，并且经常洗换。

第三，批准新会员建立基层委员会。每个基层委员会的建立，和批准第一批新会员时，都举行了本单位的全体职工大会，会议由单位负责人主持。我会派员参加并批准新会员，发给会员证。紧接着选举基层委员会，一般基层委员会内分工是：主席、副主席、组织委员、宣教委员、卫生委员。在成立会上除明确指示红十字会员的任务外，并指出基层委员的责任，一般的工作是这样分担的：主席、副主席负责全面工作；组织委员掌握发展会员，办理会员转移手续，收会费，掌握会员小组动态；宣教委员负责开展会员的学习，向会员介绍红十字会会务和卫生知识；卫生委员掌握卫生站的工作，领导各会员小组开展卫生工作，组织会员进行卫生检查和监督工作。

第四，组织训练、开展小组订立卫生工作计划。这两个工作□□召集了一个各基层委员会负责人会议，这个会议也是一个健全基层会议，抽调会员参加“卫生卫国”训练，开展小组卫生活动的决定性的会议。

会上各基层委员（大都是各单位负责人）讨论了会员在每星期活动的时间，农具厂、砖瓦厂都表示每星期必须有一次会员生活，不定期；其他单位都□定时间活动，如织布厂，逢一日、十五日（举办）一次会员生活，结合开展卫生扫除。小组订立计划都提出要有一定的目的，现正在开展当中。同时，在这此会议上研究了会员参加“卫生卫国”训练办法和参加人数。

第五，开始“卫生卫国”训练。目前已开始了一般的上课训练，教材是《中国红十字会“卫生卫国”训练教程纲要》。时间为每日晚7时至9时，共分为24小时讲完。下期定为9月16日开始，共分两个班，这期的时间初步拟订为每星期日上课一整天（这是根据基层委员会议上决定的）。结业赶齐头一班的训练，并亦将于9月15日开办小型的短期的师资训练，并已筹备妥当。（通知已发出）

三、这段工作主要成绩。

(1) 做到了边发展、边组织、边训练的原则。三者没有偏废，三套工作做法是紧凑的，没有脱节，同时无论发展组织、训练工作都有一定的准备。不是“无的放矢”，都经过研究，为今后工作打下基础。

(2) 取得了党政领导的重视，对我会的工作做了适当的安排和布置。同时取得了各单位的党支部、行政领导、工会、青年团支持与帮助。由于依靠了这些组织，所以取得了工作上的顺利。如城关小学要求先在教工中发展会员，高校长和罗主任主动到会联系工作，并提出他们对这方面的工作计划。这次训练，县委安排把工人的文化学习放下来，参加训练。

(3) 结合了中心工作。我们进行工作时，恰遇肃反学习，接着就是工资改革。我们亦结合作进行宣传，动员会员在运动中积极工作，努力学习政策。

(4) 在短短不一个月的时间共吸收会员 459 人，建立基层委员会 7 个，一个红十字会。开始了一班 50 人的训练和即将开始 120 人训练。总之，发展工作在城关造成了声势。

(5) 改变了各单位的卫生状态，并且初步议订出制度，如织布厂有了会员以后，订立卫生制度，以前一个葺草的大院，现在成了职工活动场所。

四、存在问题。

(1) 有一小部分会员的入会目的尚不够明确。有认为大家入会，我也要入的一些盲目倾向。虽然在目前情况来看，会员的热潮较高，如不继续加强教育工作，这种热潮会成为暂时性的。

(2) 训练工作在时间上是不够充分的。在安排的时间以外，就再没时间学习，因为学员要依例去学文化。

(3) 缺乏辅导会员小组学习的材料和辅导会员小组活动的工作办法。

(4) 县红十字会委员会需待调整，以加强工作上的领导，和各个部门的支持。在八月上旬县委决定调整，因中心任务，直到现在尚未调整。

1956 年 9 月 25 日

(原载湖北省档案馆馆藏档案，档号：SZ115-02-0160)

省红十字会关于本会成立经过及新产生的执监委员会名单报请察核的报告

（56）鄂会字第54号

中国红十字会总会、湖北省人民委员会：

湖北省红十字会第一次代表会议于本月20日至22日在水口湖洪山大礼堂召开，我会经于会前即本月12日以（56）鄂会字第39号报请湖北省人民委员会备查并获电话批复同意，现会议已如期胜利闭幕，除会议情况在11月30日《湖北日报》（第三版）刊登外，特根据《中国红十字会地方各级组织试行通则》（草案）第十一条的规定，将本会成立经过及新产生的执、监委员会名单等列名报请审核并批示以便进行工作。

（一）成立经过：自今年中国红十字会总会四月全国工作会议后即由本省党政领导机关指定姚克方、卢镜澄、孙冰、毛景芳等组成湖北省红十字会的临时办事机关，并陆续增添几个工作人员，一面与本省原有红十字地方组织取得联系，帮助其整顿组织并先后在没有红十字地方组织的宜昌、沙市、襄樊三市帮助其建立新的地方领导机关，7月份开过一次工作会议，按四月全国工作会议指示的精神开始发展红十字会会员和建立基层组织，进行卫生强国训练和建立卫生站，开展群众卫生宣传和卫生服务活动，一面在省委和省人委的直接领导和指示下，与本省及武汉市有关机关、民主党派、人民团体、宗教界等协商推派代表举行全省红十字会代表会议，并特邀一部分高级医学技术专家和社会有影响的人士为代表，参加代表会议，至本月初代表名单、会议日期及地点，均经协商确定，计省属及武汉市代表共92人，各市县代表共21人（由各地红十字会组织确定人选），列席代表10人（主要为省卫生厅各科科长）乃于本月9日发函通知邀请代表准时出席。

本月十八、十九两日代表陆续报到，20日八时前代表们从四面八方赶到了离城十多华里的郊区洪山大礼堂赴会。直到22日会议结束始终保持出席人数达80人以上（最多时95人）。各被邀代表对会议是很重视的，我们这次邀请的代表在省属及武汉市单位的92人之中均为处长级以上的负责干部、高级民主人士和技术专家。他们的社会职务和业务是很繁忙的，像代表中的十九个厅长干部就有很多人因公下乡或到北京的，有很多代表原是省、市人民代表，也正参加人民代表访问团出发各地，还有一些代表因参加武汉市民主青年代表大会及其他重要会议与我们的代表会议时间相冲突。这些因公的代表除个别的我们还不了解外，大多数都事先来信请假，并表示愿支持会议的决议，有的则派别人来代替他出席；有的来信要求将大会文件及有关决议送给他，并表示今后需要他做什么就做什么。如：因为主持湖北省第一届全省戏曲观摩会演而不能来出席会议的省文联秘书长黄力丁同志，（其）托代替他出席的人转告大会说明不能亲自参加会议的原因，表示歉意；武汉市民主促进会在协商推派代表时，对我们说，该会组织曾进行研究认为由该会中央委员、中南艺术专科学校校长阳太阳出席红十字会的代表为宜，他们说，阳太阳所联系的社会面较广，但目前他本人还在海南岛就□赶不回来开会，我们建议：可否改推别人，该会负责人说：在我们看来，开会是一回事，工作又是一回事，而重要的还是将来工作的问题，如果阳太阳来不及参加开会，就派别人代替他出席。为了照顾代表工作忙或年龄大的特点，在会议报到前，我们曾发出补充通知：告诉代表们说：如果自己不能来报到，可托别人代报。但代表们一般均按通知规定的地点亲自报到，此中有一个七十八岁带病的代表，省文史馆馆长沈肇年老先生却亲自乘公共汽车到水口湖去，因为我们事先未做好路标，致使他走了好多弯路才找到大会秘书处，我们感觉他精神疲乏，但他却很热情地鼓励我们。天主教襄樊教区主教易宣化在接到开会通知时，正在武汉医学院第一附属医院住院治疗，开幕那天上午正值医院对他进行 X 光及其他检查，他就来信请假说："我被邀请为红十字会议代表，感到非常光荣，无奈医师检查日期已定不能更改，请准假半天……"当天下午他果然从汉口过来出席会议，并在大会上代表宗教界作了发言。

大会进行中代表分成三组进行讨论，事先我们对代表们的情绪，估计有些过低，认为他们不要一定都会参加，但结果他们不仅参加讨论而且都非常认真，阅读文件、热烈发言，并批判自己过去由于对红十字会不了解而造成的错误认识，还批评省红十字会 1957 年工作计划保守，同时还请各市、县红十字会组织的代表介绍实际情况和经验。

会议进行选举是经过充分协商酝酿的。我们事先曾将初步拟执、监委候选人名单提请省委统战部、文教部进行了几次审核，事后由于代表们协商推选结果而又有该表时也已报送统战部及文教部复核，在小组讨论中我们将执、监委员候选人名单印发大案酝酿提出修正意见，在选举前由将经过修正地候选人名单第二次印发各位代表审议。选举时以无记名方式进行投票，会务秩序整然气氛严肃，代表们排成队一个个将选票投入选票箱中，参加选举的正式代表69人，选举结果，执、监委选票一般均为满票，最少为64票。

在孟夫唐副省长讲话和姚克方同志致词后，大会宣布圆满落幕。

湖北省红十字会执行委员会和监察委员会就在大会闭幕后召开第一次联席会议，选出了执行委员会主席、副主席、常务委员会及监察委员会的主任、副主任，并通过任命办公室主任、副主任。

湖北省红十字会的领导机关于是正式组成。

（二）下面是领导机关成员的名单：

执行委员会：

主　　席　姚克方（省卫生厅厅长）

副 主 席　刘劲（省民政厅副厅长）

卢镜澄（湖北医院内科主任）

常务委员　王作臣（省工会联合会生产部长）

刘劲（省民政厅副厅长）

卢镜澄（湖北医院内科主任）

胡伊然（省教育厅副厅长）

姚克方（省卫生厅厅长）

张敏（团省委书记）

张天翼（省、市科普副主席）

张有典（省委文教部科学卫生处处长）

孙光珠（省卫生厅副厅长）

杨桂生（武汉市卫生局局长）

董燕梁（省妇联副主任）

执行委员　于幼民（省回民文化协会主席）

方保章（省体委主任委员）

王一蛟（省农业厅副厅长）

王作臣（省工会联合会生产部长）

王际清（武汉市民主建国会副主任委员）

庄志（省卫生厅厅长）

刘劲（省民政厅副厅长）

刘南山（武汉市结核病院院长）

朱裕璧（湖北医学院院长）

李博仁（武汉市卫生工作者协会副主席）

吴传一（省宗教事务处处长）
周杰（省政协副主席）
易宣化（天主教襄樊区主教）
卢镜澄（湖北医院内科主任）
胡伊然（省教育厅副厅长）
姚克方（省卫生厅厅长）
涂登榜（武汉市九三学社、武汉区医学院附属第一医院院长）
唐哲（武汉医学院院长）
陶述曾（省科联主席）
陈克非（起义将领）
陈昌雄（归国华侨）
陈新乾（工业厅副厅长）
陆继韩（武汉市中医研究会）
阳太阳（民主促进会中央委员）
黄力丁（省文联秘书长）
张敏（团省委书记）
张天翼（省、市科普副主席）
张有典（中共省委文教部科学卫生处处长）
张海松（基督教爱国运动委员会会长）
张国良（黄石市卫生局副局长）
张苍祥（湖北医院院长）
曹水清（中华医学会武汉分会理事长）
孙冰（省红十字会总干事）
孙光珠（省卫生厅副厅长）
孙家齐（武汉市卫生局副局长）
弥宝（省佛教联合会方丈）
董燕梁（省妇联副主任）
杨桂生（武汉市卫生局局长）
杨实舜（宜昌市红十字会副主席）
韩高超（道教道长）
戴维天（武汉市红十字会总干事）

监察委员会：

主　任　唐午国（武汉市农工民主党主委）

副主任　熊子民（省监察厅副厅长）
委　员　沈肇年（省文史馆馆长）
袁茂青（省财政厅副厅长）
周苍柏（省工商联主任委员）
唐午园（武汉市农工民主党主委）
秦芳斋（省公安厅第三处处长）
蒋树人（省参事室参事、名中医）
熊子民（省监察厅副厅长）

湖北省红十字会办公室主任、副主任名单：

主　任　孙冰
副主任　毛景芳

湖北省红十字会

主　席　姚克方
副主席　刘劲、卢镜澄

1956年11月30日

抄送：省文教部、统战部、省卫生厅、人事局

（原载湖北省档案馆馆藏档案，档号：SZ115-01-0128）

咸宁县人民委员会卫生科关于我县卫生工作的报告

主送：湖北省卫生科、省血防办公室、地委血防办公室、专署卫生科

一、情况

我县是与蒲圻、加鱼、武昌、大冶、通山等县连界的。除武昌县以外，均系血吸虫病疫区，我县已叫疫区包围。再从水系方面来看，与蒲圻、加鱼、武昌等县均系陆水流域的系统。（东西两湖，与大冶县只有一港之隔，与通山没有水系相通。）根据这样的情况，经过四五次的调查，没有发现钉螺是难以令人相信的。根据地委和专署卫生科的指示，于5月7日到6月23日重新组织了力量，在靠近东西湖的甘棠、尧咀、张公，以及与大冶、通山连界的担山、双溪、高桥、柏墩等七个乡进行调查，这次调查的结果是：

（1）与蒲圻、神山和加鱼、西湖乡连界的甘棠乡，没有发现钉螺，

但加鱼的西湖乡检查却有10名的血吸虫病人。

（2）与武昌和加鱼西湖乡相连的尧咀乡、共生社二队，金家塘湖已发现了钉螺。经省鉴定为湖北钉螺。这个湖区的面积，（长）约有60公尺、宽约40公尺。地势很凹，杂草丛生、土壤肥沃、湿润多水。如遇山洪暴发，易被水淹。钉螺的密度每平方公尺为20～50个，这个湖区与尧咀乡相距1000多公尺，尧咀又是一个渔民码头，经常有议川、改阳、加鱼等疫区县的渔民船只往来停泊。同时尧咀乡的两个渔业合作社，社员与靠近湖的群众经常的下湖打湖草、打鱼、放鸭子、洗衣服、洗菜等等，都与疫区水的接触的机会多，就有感染的风险。从水系上分析，该湖区与东西湖相通，就直接威胁着尧咀、张公、资胜、城关、甘棠、汀泗等六个乡群众。（不是全部，有的不靠湖）

（3）在与大冶县连界的担山乡，只有一小港之隔。这个小港有一分议，这个分议一边通大冶县，一端通我县的担山乡。大冶已在这个湖议里发现了钉螺。我们去调查时，因水涨未落，故没有进行调查。

（4）在调查钉螺的同时，在汀泗、尧咀、张公、双溪、马桥等乡，发现了可疑的血吸虫病人16例，其中有8例进行粪检，均未发现虫卵。但这16例病人，均有轻度、不同程度的腹水症状。

根据以上的情况，血吸虫病流行三个条件已经具备了，既有可疑的病人，也有钉螺，同时这些地区的群众接触疫水的机会也比较多，感染性也比较大。

二、措施

根据以上的情况，我们认为进一步认真地、细致地调查钉螺的分布情况，重点地进行粪便检查，和了解历年来有关发病的资料，分析其流行因素是十分必要的，因此，我们采取的措施是：

（1）建立组织。在县委的直接领导下，以卫生科为主的、以防疫股为基础，抽调卫生所4个干部，共8个人组成了钉螺调查小组（组长暂由防疫股长兼），以便有步骤地进行防治工作。

（2）第四季度的具体任务和要求。

第一，集中力量，调查钉螺。从10月10日起，调查组的八个干部全部下乡，进行调查摸底工作。在方法上，首先集中在已发现钉螺的尧咀乡，对各个有怀疑的湖议、港溪进行细致的调查和具体分析研究，用一个半月的时间，也就是到11月底，将该乡可疑的地区调查完毕，做出逐步的总结。重点完成以后（也就是12月份），调查组分成两个小组，分别到蒲圻、加鱼、大冶等县交界的甘棠、汀泗、担山等乡，进行调查钉螺。

第二，重点地进行粪检与调查钉螺的同时，根据我们现有的力量，首先将尧咀乡发现钉螺的地区，春联、二华两个渔业合作社及共生农业社靠湖的村庄进行800人的粪便检查（除去了不能下水的儿童）通过这样的调查摸底，到年终做出总结，作为我们分析研究和制定防治措施的依据。

三、困难和问题

这些怀疑地区，我们不止一次地进行过调查，由于我们干部下水（只有三个中级人员，其余的均是初级人员）单独鉴别钉螺和虫卵的技术不熟练，可是同时也缺乏具体情况和分析能力和实防的工作经验。因此过去虽进行过反复调查，但作不出较为正确的结论，工作中不但有着盲目性，干部也觉得很苦恼，所以我们要求卫生厅和省血防办公室共同研究，能否派一个工作组来我县协同我们做一个时期的调查研究工作。通过实际工作，把我们的干部水平提高一步，帮助我们解决一些有关技术方面的困难问题。通过各种具体情况和分析研究，做出比较正确的结论，以便我们判定今后的防治措施，克服我们工作中的盲目现象，这是我们迫切要求，是否适当，请指示。

咸宁县人民委员会

1957年10月8日

抄送：县委办公室、人委办公室、县委文教部

（原载湖北省档案馆馆藏档案，档号：SZ115-02-0162）

湖北省红十字会1958年工作计划（草案）报告

同志们：

请允许我代表省红十字向各位委员做1958年工作计划的报告，这个报告一般是根据今年的工作情况和客观发展的需要而拟订的，但省会自七月份以后，全部同志都参加反右和最近阶段的整风运动，对下面的情况掌握不够，因此，计划的内容很难用事例说明，只限于数字上的要求，同时所要求的数字也可能有不适当的地方。等到将来计划正式批准后，在下达时拟增加补充说明和对执行计划的要求，届时再以书面送给各位，以下我就报告计划内容。

湖北省红十字会自1956年冬建立组织以来，发展工作基本上是做到了“稳”，但某些市县在积极创造条件，以稳步又前进的态度来对待

发展工作是做得不够，总会指示我们："我们既要反对不顾主客观条件盲目发展，也反对单纯的等待条件而不努力创造条件。"这是很对的，因为我们的发展工作是刚刚开始，在最短时期里建立各地方组织发展会员，还是我们的基本目标。

我会1958年的工作仍以"重点发展，稳步前进，保证质量，打好基础"为方针，而"大力开展业余卫生活动，发挥卫生部门的助手作用"为其基本任务。

根据上述方针、任务，特制订1958年工作计划，数字如下：

（一）关于发展工作

1. 发展新地方组织12县，根据交通情况以专区分配县数如下：

孝感专区：3县

荆州专区：3县

襄阳专区：2县

黄冈专区：2县。

宜昌专区：2县

2. 发展会员37000～48000人，按原有八个县市以及新发展的十二个县分配人数如下：

武汉市　10000～11000人

黄石市　3500～4000人

沙市市　2500～3000人

宜昌市　500～1000人

襄樊市　1500～2000人

孝感县　5000～6000人

麻城县　1000～1500人

浠水县　1000～1500人

新发展12个县：12000～18000人（按每县1000～1500人）

以上的会员发展人数，基本上是根据各地主客观条件所订的，但也不能完全适合，希望各地红会应根据本身条件，在既稳步又前进的原则下考虑，并提出理由，经呈报批准后可以适当地提高与缩减。

发展会员的指标，对原有几个县市，主要将比重放在推广面的部分（新发展的基层），并要适当地照原来力量较弱的老基层组织。

（二）关于"卫生卫国训练"工作

"卫生卫国训练"是会员活动的源泉，是建立卫生站的基础，也是每个会员基本权利，训练工作的质与量都直接关系着组织的巩固与作用，因此，要求各市县红会1958年的任务应在保证质量的前提下予以完成。

训练人数，仍按发展数的20%计标，其分配数字如下：

武汉市：2000人

黄石市：700人

沙市市：500人

宜昌市：300人

襄樊市：200人

孝感县：1000人

麻城县：200人

浠水县：200人

12个新发展县：2400人（每一县200人）

（三）关于建队、建站工作

1. 建立卫生队：建队工作根据1957年的情况看，有很多县市没有按计划完成，当然有客观原因，但主要对建队的认识有问题，以为卫生队是战时的组织，目前没有现实意义，因此影响了建队的积极性。这是不全面，应该考虑对平时的一般灾害的救护工作，卫生队有一定的积极作用，同时如果不进行平时的实际锻炼，也会降低卫生队在战时的作用。1958年决定在武汉、黄石两市共建立6队，分配队数如下：

武汉市：4队

黄石市：2队

2. 建立卫生站，仍按受训人数的50%，以每站四个卫生员计标，分配站数如下：

武汉市：250个

黄石市：85个

沙市市：60个

宜昌市：35个

襄樊市：25个

孝感县：125个

麻城县：25个

浠水县：25个

12个新发展县：300个（每县25个）

（四）关于经费预算和编制

1. 编制：根据中央精简原则和发展的需要，除省会和部分原有组织给以适当的增加外，新发展的十二个县按每县一个编制。共计24人其分配如下：

省会4～6人

武汉市2人

沙市市1人

宜昌市1人

襄樊市1人

孝感县1人

新发展县12人（每县1人）

以上编制除省会由省人委直接调配外，其余市县编制，经省编委同意后，主要由各地方自已设法调配。

2. 经费预算：1958年经费仍是党费与卫生事业费两方面来源，总预算分配如下：

	党群费部分	卫生事业费部分
省会	5000元	5000元
武汉市	3000元	10000元
黄石市	500元	4000元
宜昌市	500元	3000元
沙市市	500元	3000元
襄樊市	500元	3000元
孝感县	500元	4500元
麻城县	300元	3000元
浠水县	300元	3000元
利川中学	——	200元
12个新发展县	——	24000元（每县2000元）
合计	11100元	62700元

湖北省红十字会

1958年1月

（原载湖北省档案馆馆藏档案，档号：SZ115-02-0268）

湖北省红十字会1958年工作纲要（草案）

我省八个市、县（武汉、黄石、沙市、宜昌、襄樊五市和孝感、麻城、浠水三县，以下同）红十字会1957年的工作一般基本上符合我会“稳步前进、保证质量”的方针，扭转了1956年个别地区追求数字、忽视质量的偏向，因此1957年吸收的会员与1956年相比，一般认识较高，所建立的基层组织，一般也比1956年基础巩固；而1956年发展工作上遗留的结尾工作，一般在1957年春季都进行了补课。1957年的发展工作，一般都在7月底以前就告一段落，7月以后均结合开展卫生业余活动，和进行卫生知识与会务知识的宣传教育工作，对所建立的基层组织（包括1956年在内）都进行了巩固，同时经过这一年以来的业余卫生活动，也确实发挥了卫生部门的助手作用，为国家建设和人民生产贡献了一定的力量，因而也就进一步地取得了当地党政领导机关和卫生部门的重视，进一步地受到了群众的热爱和支持，而要求开展红十字工作的地区和单位也不断地在增加。

这些事实都说明了红十字会作为一个人民志愿组织的社会互助的卫生救护团体，在我省广大社会各界人士的心目中已经建立了良好的影响，而在开展工作的地区，已经是开始生根立足了。同时，从事红十字工作的干部，经过这一年多的实践锻炼，也都取得了初步的经验，这些都为我省今后开展红十字工作奠定了良好的基础。

一年多来的事实告诉我们，红十字工作不仅适合于在城市的街道、学校、机关团体中开展，而且亦适合在乡村的农业合作社开展，因为在农业合作社开展红十字会工作有以下两个重要条件。

（一）农业合作化后，农民的生活不断地改善，特别是党的三中全会提出了在优先发展重工业的基础上，实行发展工业与发展农业同时并举的方针后，农民的生产情绪更是空前的高涨，因此农民要求讲卫生也就比以往任何时期都更加迫切。但农村缺医少药的情况，至今还仍然存在，因此红十字会这一自救助人的群众卫生救护团体在农村中也就特别为农民热爱。

（二）在农村开展爱国卫生运动与生产积肥相结合，对农民群众有双重的利益，一方面可以搞好卫生、预防疾病，另一面可以增加生产，改善生活。因此在农村开展爱国卫生运动更是广大农民群众的迫切需要，而红十字会的工作，也就更容易为农村的党政领导所重视。

根据以上说明，我们认为：红十字会的工作，不仅需要积极地在城市开展，而且应该大力地在农村开展。

同时，一年多来，我们还体会到红十字会这一群众团体与其他群众团体不同。其他群众团体有的是学术性的，它们主要通过学术性的活动提高科学技术水平，为国家建设服务；有的是政治性的，它们主要是通过政治思想活动，提高社会主义觉悟，为国家建设服务。而红十字会一方面要培养会员舍己救人的革命人道主义精神；另一方面，又要培养会员自救助人的卫生知识和救护技术，否则，它就不能符合它的章程所规定的性质和担当起章程上所规定的任务。因此，要想红十字会的工作真正做到"群众的事群众办"，就必须坚苦深入地做群众思想工作和组织工作。因此，盲目冒进情绪是必须防止的。但红十字会的工作是一种社会互助的卫生救护活动，如果不大力开展，则又不能适应广大人民的需要，因此右倾保守思想也是必须克服的。

根据中央农业发展纲要修正草案和省的第二个五年计划的精神，以及中国红十字会总会所规定的"有计划、有重点、稳步前进"的发展方针，我省红十字会在国家第二个五年计划建设时期的工作方针，确定："在搞好城市工作的同时，面向农村，城乡并举"，根据上述方针和情况，我省红十字会 1958 年的工作：应该是在保证巩固原有组织的基础上，做适当的较大的发展，既要保证搞好乡村工作，也要保证搞好城市工作。同时为了使红十字会工作，在我省广大城乡范围内，能迅速而健康地开展，我们要求 1958 年新发展的县红十字会，除搞好这些县的城关镇的试点工作外，还可选择一个乡做重点，搞好其中之一个农业社或几个农业社，至多不超过一个乡的试点工作，来取得经验，做出榜样，为来年的开展工作，树立一面鲜明的旗职。对原来八市、县红十字会，我们要求他们根据自己地区的实际情况，尽可能在比较大的范围内多进行一些小规模的重点培养工作，让更多的人进行试办，取得经验。为将来的普及创造条件，这样由点到面，逐步发展，稳扎稳打，步步为营的方法，我们认为既可避免大哄大嗡，也可避免畏缩不前，既能适应群众的迫切需要，又能符合红十字会这一群众团体的特殊规律。根据我们一年的体会，我们认为红十字的工作规律：既是群众运动，又是经常工作；既要稳步前进，又要大力开展。这一特殊规律，一方面决定了我们要做细致、复杂的思想工作和组织工作；另一方面也给我们以边工作边学习的锻炼机会。希望我们所有从事这一工作的同志们，共同努力，克服困难，创造更多的经验，为我省全面开展红十字工作，做好向导和先锋。根据以上所述，特制订1958年工作计划如下。

一、发展会员，建立和健全基层组织

（一）成立专区级红十字会组织1个，即荆州专区红十字工作指导委员会。成立县红十字会13个，即宜专（专署简称，以下同）的长阳、宜都；荆专的天门、沔阳、江陵、松滋；襄专的谷城；孝专的大悟、英山、通城；黄专的阳新、罗田；恩专的利川等13个县。成立区（地段或片）红十字会37个，即武汉市的武昌、江汉、青山等三个区；孝感县12个区，麻城县10个片，浠水县12地段。成立乡（街）红十字会79个：武汉市12个（新发展的区每区以三个计算），孝感县12个，浠水县12个，麻城县30个（以上三个县的各区成立一个乡红十字会）；新发展的13个县，各成立一个乡红十字会。成立镇红十字会13个，即新发展的县各成立一个县城关镇红十字会。

（二）发展会员71500名，其数字分配如下：

武汉市	15000名	浠水县	4000名	英山县	1500名
黄石市	5000名	江陵县	1500名	大悟县	1500名
沙市市	5000名	天门县	1500名	长阳县	1500名
襄樊市	5000名	沔阳县	1500名	宜都县	1500名
宜昌市	2000名	松滋县	1500名	阳新县	1500名
麻城县	8000名	谷城县	1500名	罗田县	1500名
孝感县	8000名	通城县	1500名	利川县	1500名

二、整顿巩固基层组织

我省52000多名会员，绝大多数在开展群众卫生工作中都能起模范带头作用，甚至在其他各种中心工作中，也能协助有关部门进行宣传和动员。经验证明，红十字会不仅是卫生部门的助手，而且是党和政府联系群众的桥梁。但由于我们开始缺乏经验，在发展会员时，对红十字会的性质、任务和会员的权利、义务等宣传得不够深、不够透，有个别会员入会的动机是为了看电影或看病不花钱。入会后，我们和他们联系、帮助他们进行会务知识和卫生知识的学习都很不够，因此有个别会员认识很差，甚至有退会的思想；有的满怀热情想把红十字工作搞好，但感到力量单薄，不能如意地把工作推动起来。有的基层委员会、卫生站和小组，由于人事变动，存在残缺不全和无人负责的现象，如果任其存在下去，势必使红十字会处于涣散状态，不能发挥它应有的作用，因此，各市、县红十字会今后除结合发展打好巩固组织的基础外，还必须经常注意基层组织的整顿和巩固工作，要使它经常保持是与疾病作斗争的一支坚强战斗力量。如何整顿巩固基层组织，各地根据自己地区的具体情况切实进行，但一般均应结合开展业余卫生活动，进行以下工作。

（一）大力进行会务知识和卫生知识的教育，特别加强爱国主义、国际主义和革命人道主义的教育，以提高会员的社会主义觉悟，培养会员革命人道主义精神和为群众服务的光荣感与责任感，并帮助基层组织建立切实可行的会务知识和卫生知识的学习制度，使他们有计划地经常进行学习。今后在进行基层工作评比时，应把会员学习成绩列为评比的一项重要内容之一。对原有卫生员按当地需要普遍进行一次培训提高，此外还必须训练一批新的卫生员，充实现有的卫生站和卫生小组的力量。

（二）发展和培养新的积极分子，充实基层各级领导力量。

（三）对认识差，经过反复教育后仍要求退会的，可以举行退会手续让其退会。对个人主义较严重，不愿积极为公益事业服务、在会内会外影响不好的，经过教育后，可说服退会或保留会籍，在会外进行教育后，待确有转变时，恢复会员小组生活。对混入我会，造成我会在群众中影响极坏的坏分子，可通过适当形式公开开除会籍。

（四）对会员会籍进行处理时，均需经过小组或会员大会进行讨论，基层红十字会审查，乡（街）红十字会批准，报市、县红十字会备案。基层干部工作变动，须经基层红十字会讨论，乡（街）红十字会批准。

（五）整顿组织工作，我们更缺乏经验，因此必须采取严肃慎重的方针，开始可选择一个基层进行重点试行，取得经验然后推广。各市、县红十字会，首先要同街（大市的区）、乡、镇红十字会认真研究，制定计划和办法，报省会和当地党政领导批准后进行。要做到人人有事做，人人能做事。

三、做好会员的教育和训练工作

对会员加强教育和训练，是提高会员和巩固基层组织的根本措施，也是普及卫生知识，改变不卫生的习惯的根本措施，因此，要求凡是已经建立起红十字会组织的地区，把教育和训练会员当作主要的会务活动去经常进行。各级红十字会在向上级红十字会组织和当地党、政领导报告工作时，必须把教育和训练会员列为一项重要的内容。

（一）会务知识和卫生知识教育：在开始进行发展时，要对红十字会的性质、任务、权利、义务，怎样做一个会员和为什么讲卫生等等，采取各式各样的方法，进行一次声势浩大的既全面又深入的宣传。会员入会和建立组织以后，普遍进行一次四至六小时的入会教育，以求进一步提高会员认识和初步打好巩固基层组织的基础。这种教育应安排一定时间（如建立基层和小组后的第一个星期内），分二至三次进行。为了不断提高会员思想认识和卫生知识，除采用读报、讲座、座谈、文娱晚会等各种形式对会员进行教育外，主要的还必须有计划、有制度地经常学习会务知识和卫生知识，这种学习每月二次，每次1~2小时。

（二）卫生救护训练：各地参照“卫生卫国”训练课本和红十字会员卫生常识等，对新发展会员进行24小时的训练。凡过去训练不足24小时的，应补足24小时，凡卫生员对在讲授中不了解的问题，应组织复习辅导，尽量使之完全了解。在训练人数的比例上，应根据不同情况有所区别。厂矿、工地等方面，一般按发展会员人数的30%~60%进行训练；学校应达到发展人数的20%~80%以上；街道、行业、职工家属和农业社，一般要求达到发展人数的20%~30%。

（三）业余红十字护理员和其他专业训练：业余红十字护理员训练，一般可根据地区、季节发病情况的需要抽调具有高小文化程度的会员和卫生员，以（镇）为单位分期进行训练。每次讲授当地当时必需的护理知识，时间不求过长，内容不求过多，逐步达到总会所提出的标准，有条件的市、县可选择一个基层，按总会要求进行试办，对现有的卫生员应根据各所在基层需要举办进修班，抽调其中优秀的进行提高，适当扩大业务范围。

四、组织会员活动

（一）积极开展以除四害为中心（的）爱国卫生运动。各级红十字会应积极配合爱国卫生运动委员会进行工作，基层红十字会应根据爱国卫生运动委员会的布置，在地区和单位党、政的统一领导下，积极发动会员以身作则带动群众，向四害大进军。争取凡是有红十字会组织的地区，都能做到“四无”，并结合生产积肥，消灭蚊蝇孳生场所，清除垃圾疏通沟道，管理粪便等，增积肥料，提高肥效，保证提高单位面积产量和降低发病率。

（二）大力开展节制生育的宣传工作，要求凡是建立红十字会的地方都能做到男女青壮年都懂得节制生育的意义和自觉自愿地进行计划生育。农业社的红十字会，必须办好农忙托儿所，尽量减少妇女负担，提高出勤率，支持农业生产，其他如新法接生、新法育儿、产前检查、妇女劳动保护，特别是经期、孕期、产后期的照顾等亦应积极宣传和推广。

（三）积极配合卫生防疫和医疗预防机构（包括所有公私机构和人员）进行防疫消毒、预防接种、疫情报告、家庭护理等工作。特别要搞好厂、矿、工地、水利工程和田边、车间的外伤疾病急救工作，大力支持工农业生产大跃进。

五、开展红十字少年工作

开展红十字少年工作，可以从小就培养中、小学生的良好卫生习惯和爱国主义、国际主义、革命人道主义精神，打好移风易俗、改造国家的基础。同时还可运用他们真诚、热情的服务态度，帮助学校经常进行卫生宣传、卫生检查、外伤救护和协助医务室开展各项防疫保健工作，和组织他们在假期（包括星期天）中进行宣传除“四害”、讲卫生和劝止随地吐痰及参加除“四害”等工作。这也是一支很大的力量。同时，因为中、小学生有文化、接受新事物敏感，在学校开展红十字少年工作，是花力小收效大。凡是申请开展红十字会的学校，都应积极支持，协助开展，对已经开展了的，应选择典型进行培养提高，作为巩固学校工作的示范。同时，在学校开展红十字少年不仅要搞好卫生而且要帮助学校教学，特别要保证学生搞好学习。因此，开始在某一学校开展工作，首先要注意吸收品学兼优的学生参加，尽量做到把所有较优秀的学生都吸收为红十字少年，通过红十字会的组织形式，把学生中的积极分子组织起来，协助学校搞好卫生工作和教学工作。但是条件不宜过严，要做到有质有量；注意量不注意质，那是形式主义，光注意质不注意量，那是关门主义。两者做法虽有不同，但结果都不能发挥红十字会的群众组织作用。因此要求每一班最少要有十名以上的红十字少年，这样才能形成一个力量，也才可避免少数积极分子负担过重，影响学习或健康。红十字少年除进行前面所述的活动外，还应根据总会要求，为了加强与各国（主要为社会主义国家和亚非国家）红十字少年的友好往来，红十字工作有基础的地区，可以适当地组织红十字少年制作一些纪念册等送与上述各国红十字少年。此外，希望加强同国内各兄弟省市县各学校间互相往来，交换学习和工作活动，借以互相推动进步。

六、加强对红十字会的领导

（一）在各级党、政统一领导下，由卫生行政部门统一规划、全面安排，集中力量，有计划有重点把红十字会工作抓起来，发挥每个人最大的积极性，力求避免各搞一套互相牵制，影响工作的开展。如卫生防疫、妇幼保健、医疗预防等业务机构的人员和红十字会的工作人员共同组织工作组，在科（局）长领导下，或者按需要成立各种工作组和工作委员会，在市、县红十字会的领导下，采取划片包干，分段、分行业、分部门（如工厂、学校等）负责的办法，一起动手组织和发动群众，开展除“四害”、讲卫生、消灭疾病的工作。在这个基础上，根据需要考虑适当配备力量，如浠水县从1956年到现在尚无专职干部，可请求该县县委和人委酌情配备1~2名专职干部，宜昌、沙市、襄樊原来只有一名专职干部，也可请示市委和人委在可能条件下再增加一名，以便有专人经管红十字会的有关会务工作。

（二）变省红十字会办公室为工作组，深入孝感、麻城，采取种试验田的办法，重点摸索疫区和非疫区开展红十字工作（的）规律和经验。留守机关的同志，也采取同样办法，协助武汉市深入街道和学校，开展武昌区的红十字工作。办公室所有同志1958年下基层的时间，最少的不少于六个月，最多的可达八个月。

（三）省委、省人委及卫生厅分别指示各市、县党委、人委及卫生科（局），和各市、县红十字会应主动请求党委和人委及卫生行政部门加强对红十字会的领导，特别要求市、县在召开党的干部会议上对各级党委进行动员和指示，以便各级党委进一步地重视红十字会的工作。

（四）省红十字会除召开两次现场会议进行参观评比外，还准备抽各市、县参加红十字会工作的同志，由办公室同志分别带到各市、县交互参观检查和评比，必要时集中到一、二个地区实地实习，互相支援、互相学习。并要求各市、县红十字会与省红十字会加强联系，加强统计表报工作，以便掌握情况，发现问题和解决问题。

（五）建立和健全制度，如定期召开委员会，总结和讨论工作，发挥集体领导作用，定期参观、检查、评比，及时进行表扬先进、推广先进，掀起学习先进、赶上先进、超过先进的社会主义大竞赛。

（六）为了鼓励各级红十字干部和会员们的革命干劲，保证1958年工作规划的实现，省红十字会今年第四季度举行先进工作者代表会议，奖励先进工作者个人和单位。代表比例：以县为单位。除“四害”、讲卫生结合生产积肥有显著成绩，在一个乡或一个镇的范围内为最突出者，占出席人数的60%；妇幼卫生工作，特别是节制生育工作在一乡一镇范围内有显著成绩者，占出席人数的10%；外伤疾病急救在一乡一镇范围内有显著成绩者，占出席人数的10%（农村占有20%）；不但自己学习卫生知识和会务知识而且帮助别人学习，在一乡一镇范围内成绩突出者，占出席人数的20%（农村占有20%）。上述各类先进事迹，基层每月评比记录一次，乡或相当于乡的红十字会每季举行一次评比记录。市、县每半年进行检查和总结一次，以做查时心中有数。

（原载湖北省档案馆馆藏档案，档号：SZ115-02-0268）

武汉市红十字会医院十年来工作总结

简介

我院解放前在药帮巷内，交通很不方便，房屋仅只一栋，光线很暗，空气亦不好，并非医院建筑。一般医疗设备都十分简陋，连一个起码的手术室都没有。一般中小手术均无法开展，在产科方面只能接平产，破腹产都不能做，因而病人不愿前来就诊，工作人员亦不安心工作。全院仅有工作人员31人，其中医师4人，门诊仅有内、外、产三科，每天平均门诊工作量约100人次左右，混合病床50张。病床使用率很低，床位经常空着。自从1952年由市卫生局接管以后，在党的领导下，我院各方面的工作，都有飞跃式的发展。政府大量投资，寻找新的院址，进行了基本建设的工程，新建门诊部病房大楼，以及其他附属建筑物约10000平方公尺。全院有高压蒸汽消毒设备。在党的重视下，配备了一定数量的医务和行政干部，并分别送干部到上海等处，培养了高级、中级、初级医务干部，接收了江汉区门诊部，中医药力量加强了。设有中医内科、正骨科、针灸科等，目前全院共有职工342人，比解放前增加了11倍，经常有医学院、产校、护校以及外县和卫生院的同学和干部100人左右在院实习，另外我院并附设了助产学校分部，每年有学生100多人的教学工作。贯彻了医院办学校的方针，现有正式病床200张，简易病床40张，比解放前约增加了五倍。每人平均门诊工作量约2300人次，高的时候达到2500人次，比解放前增加23倍。在业务的开展、技术水平提高方面，除现正积极筹备开放皮花科外，其他各科均设有诊科室，检验工作除三大常规外，并开展了生化、细菌、血清工作。这些工作，都是使用超微量方法进行的。X光线工作除普通透视拍片外，并开展了各种造形检查，其次外科开展了脾肾静脉吻合术、食道癌切除术、肺叶切除术和二尖瓣交界分离术，以及其他较大的外科和妇产科手术。当然在业务水平（方面）的提高，（是）与武汉医学院友谊支援分不开的，并将详细情况分别总结如下。

任务指标的完成

（1）各科病床发展情况：解放前妇产科病床20张，内外科共30张，现在内科60张，外科65张，小儿科35张，妇产科40张，简易病床40张，共240张。

（2）住院病人增长情况。解放前全年入院人数475人，1953年入院人数1737人，1958年入院人数为2756人，1958年住院人数为6880人，1959年上半年住院人数为3313人，住院人数比解放前增长14.5倍。

（3）门诊工作量增长情况：解放前全年工作量41210人次，1959年7月份为64416人次，比解放前一个月要增长18倍多。

（4）主要医疗设备的情况：解放前一般医疗器械设备，还不如一个小型联合诊所，主要医疗设备更谈不上，仅有X光机一个、显微镜一台。解放后在党的领导下，为了适应工作需要，解决病员痛苦，除一般小型医疗设备外，添置了各种大型医疗设备。X光机有五部，理疗设备有紫外线、红外线超短波辐射热平流感应器等，显微镜6台、万能手术室3间、大型照明灯2个、万能病床等主要设备。

（5）病床使用率以及治疗率、好转率、死亡率情况：解放前50张床位使用率很低，最高达到50%。1956年床位利用率达到87%，目前平均利用率达到92%，有的科室达到99%，经常发生有病人无床位、住不上院的现象。解放前治疗率60%，死亡率1.6%，然而所收病人都是轻微病人，对于复杂一点的病人，却都推出去，完全是疗养性质，因而死亡机会少一些。1953年治疗率达到77%，死亡率1.6%。1958年治疗率：内科49%，外科59.8%，妇产科82%，小儿科71%，全年平均治疗率为64%。死亡率：内科7.7%，外科0.7%，妇产科0.6%，儿科3.8%，全年平均死亡率为2.9%。

医疗质量的提高

（1）技术革新的成就：通过1958年破除迷信，大闹技术革新以后，各科室□□□是很大成绩的。技术革新的成就，如雨后春笋般涌现出来，1958年成功了的技术革新有90种，其中，内科14种，外科9种，妇产科14种，儿科6种，检验科□种，放射科3种，药房15种，口腔科11种，麻醉室□种。达到国际水平的，有自制银汞合金、燔针蚀药疗法、强脊椎麻醉法、脐带夹、用可乐静治疗先兆子痫乃子口大法，以及人工流产法。1959 年在以大闹技术革命为中心开展增产节约之后，技术革新的落实有中药人工流产、中药治疗、针灸治疗小儿麻痹症、中药治疗百日咳，黄连素胶丸与□合剂，耳针治疗扁桃腺炎。其中，中药针灸治疗阑尾炎达到国际水平，龋齿及牙周病调查统计完成 2100 多例，取得很大成绩。在提高医疗质量方面，我院发展的面很大很快，解放前在外科最起码的阑尾、疝气以及产科破腹产都不能做。现在我们能做外科和妇产科较大的手术，现在门诊除内科、妇产儿科外，增设了眼科、耳鼻喉科、口腔科、中医科、针灸科、肺病科以及辅助科室放射科、理疗室、中药房、检验室、消毒供给室、病人营养室以及病员工作室。解放前对以上各科的一般病人都无法医治，现在都能解决一般病人的问题。1953 年全年手术次数 367 次，1954 年 466 次，1956 年 612 次，1958 年 1454 次。

（2）医疗事故差错的减少：1957 年上半年大差错有 19 件，小差错 27 件，共 46 件；1958 年上半年大差错 8 件，小差错 24 件，共 32 件，比较减少 32%。1959 年上半年情况是，医疗事故差错共 9 件，其中一般事故 2 件，大差错 4 件，小差错 3 件。

（3）科学研究工作所取得的成绩：1959 年度，主要研究项目有 12 项，协作项目 20 项，其中落实有 8 项，均已写总结。妇产科 1 项，中药人工流产疗效达 80% 以上，龋齿及牙周病的调查统计完成 2100 多例。针灸科 1 项，治疗小儿麻痹症共 300 多例，疗效达 80% 以上。中医科 2 项：中药治疗百日咳 17 例，疗效良好。黄连素胶丸与痢疾合剂 17 例，疗效良好。耳鼻喉科 1 项，针灸治疗扁桃体炎 60 例，效果达 90% 以上。共完成论文 8 篇。

（4）服务态度的改善。十年来，我院全体职工同志，在党的教育下，经过各项政治运动的锻炼，提高了阶级觉悟，普遍树立了为人民服务的观点。各种非无产阶级的错误思想都得到了批判，特别是通过全民整风运动和大办钢铁运动，更提高了一步，从阶级感情上把病人当亲人。在本年三月间，全院开展了“苦战一月，实现无痛医院”的工作。在一切为病人的指导思想下，达到了无痛医院，医务人员和病人关系大大改善，表扬信件、大字报每天都有，每科都有。由于工作人员服务态度的改善，把病人当亲人，激励住院病人向党表示态度，回到自己单位，积极工作，报答党的关怀。例如中医陈伯英同志，凡在他手上看过病和接触过的人，都会被他那种工作细致认真、亲切和蔼的态度有所感动，不论工作多么紧张，他一贯是这样，从来对病人不是马马虎虎，因此取得了病人的信任。凡来我们看中医，多半是要找他看的。同时他还担任着病房的任务，这更促使了他对工作的责任感，正如他说的："病人越多，我越要负责。"他有一次半夜亲自替病人在家里煎药，煎好后送给病人。如有会诊，无论是白天黑夜，都是随叫随到。他那种高度的工作热情和认真负责、亲切和蔼的态度是融合在一起的，也深深地印在群众的心坎中。

科学管理与制度的改进

解放十年来，提高了医院管理水平，为了适应病人需要，改进了很多工作制度，大大地方便了病人。实行门诊24小时一贯制，取消了急诊制度，随来随看，减轻了病人经济负担。为了解决不识字的病源痛苦，实行门诊象形标记，方便病人就诊。在此基础上，门诊中设巡回服务员，帮助门诊病人就诊，门诊记账划价，搬到药房一起，便利病人。有一段时期，实行过就地划价发药，为了改进服务态度，接受群众监督，实行工作服印代号制度，实行过病例自带的办法、送药上门制、全日开放病员家属探亲制度、病房医□大协作，取消婴儿室，职工食堂和营养室合并，病人伙食改为食堂制，进行现□□员，精简机构，便于管理。事务室、财务室合并成立总务室。总之，十年来提高了管理水平，改进很多适应病人的制度，做到把方便给病人。

一、中医工作方面

（1）中西医合作所取得的成绩：主要的有内科方面，有X性肾炎、黄疸病，外科方面有针灸治疗阑尾炎、枯痔丁治疗内痔，妇产科方面中药人工流产，儿科针灸治疗小儿麻痹症，中药治疗百日咳，眼科黄柏水治疗急性结膜炎，化铁丹治疗沙眼，口腔科消炎合剂治疗面颌炎症，耳鼻喉科耳针治疗扁桃体炎。

（2）全院学习针灸的情况：在贯彻执行"系统学习，全面掌握，整理提高"的方针指导下，开展了西医学习中医的群众运动，针灸应用于临床，在全院普遍地开展。如外科使用针灸治疗阑尾炎，儿科使用针灸治疗小儿麻痹症，耳鼻喉科使用耳针治疗扁桃体炎，总之针灸在我院开花结果了。

二、贯彻预防为主、为工农业生产服务的情况

我院除经常派员支援工业建设和农村人民合作社，为工农业服务外，并在特约户中选择铸造工厂、联华钉丝厂、驳运合作社等工厂，每周定期下工厂车间，医疗预防、卫生宣传同时进行，为工人服务，增加

工人出勤率，改善了工厂安全卫生设备，很受工人同志们欢迎。我院为了搞好城乡协作，发展共产主义风格，对全区九个街人民医院、武昌县卫生院，进行了业务技术挂钩。高级医务人员，每周定期深入街道人民医院，不定期赴武昌县卫生院帮助其解决疑难问题，并接受各街道医院、县卫生院各级技术人员进修培养工作，协助其提高技术水平。我院在民族街长沙居民委员会设家庭病床 50 张，每周有 2 ~ 3 次医务人员深入家庭病房查房，解决病人问题，很受欢迎。

三、勤俭办医院方面

十年来我院在厉行节约、勤俭办医院是采取了很多措施，取得了很大成绩，具体表现在我院业务是年年增大扩大，相反的在上级拨款逐渐减少。如 1957 年，全年上级拨款为 97879 元，而 1958 年没有向上级伸手，同时开展了减轻病人经济负担工作，降低收费标准。1957 年，门诊每人平均每次 1. 88 元，而 1958 年为 1. 26 元，降低收费标准 32. 98%，比解放初期降低很多。一些不必要的化验透视减少了，在行政管理费上压缩开支。本年下半年 6 个月不要办公费，节约行政费的开支，对可买不可买的一律不买，这样大大地压缩我院经费的开支。其次，积极劝收欠费，加强公费医疗的管理，都采取一系列措施，如公费医疗每月贴花，杜绝本区调走却仍在本区医疗的流弊，对本院职工采取处方超过 1 元以上者由院长签字办法，因而公费医疗经费超支逐年下降，减轻了国家经济负担，防止了在公费医疗上部分浪费现象。

四、人事工作方面

（1）工作人员发展壮大的情况：解放前全院仅有工作人员 31 人，其中医师 4 人，护士 3 人，其他卫生技术人员 6 人，行政人员 5 人，勤杂及其他人员 13 人。1959 年 7 月份，有人数为 321 人（另有 21 人下乡锻炼，未列入内），其中医师 39 人，医士 8 人，中医师 19 人，技师 3 人，护士 98 人。其他卫生技术人员 52 人，行政勤杂人员 102 人。

（2）历年来通过各项政治运动，在干部中变化情况：经过历年来各项政治运动的教育，在我院干部队伍中变化很大，特别是经过“整风”“反右”以后，领导与群众都得到锻炼，纯洁了我们革命队伍，揪出了右派分子和坏分子，提高了群众的阶级觉悟。领导上，检查和批判了过去的“三风五气”，实行“三同三化”，因而改善了领导与群众之间的关系。由于领导工作上的改变，亲自参加劳动，以及下科室种试验田，鼓舞了群众的干劲。“整风”以后，精简机构，干部下放，我院共下放 41 名。同时（虽然）治疗任务增加了，群众从未叫苦，相反的工作比以往积极了一些，政治空气比以前高涨，提高了社会主义觉悟，加强了革命观点。通过“反右”“反坏”及“双反”以后，在全院干部中扩大了先进面，缩小了后进面，揪出了15个右派分子，一个坏分子。在防风、大办钢铁等各项运动中涌现出很多积极分子，其中有劳动模范1人，功臣27人，先进工作者19人。

（3）关于培养提拔干部的情况：我们工作人员于解放前比较发展，壮大了十一倍多。在培养提高干部方面，我们是采取了一系列措施的，可以说，是由无到有、由小到大，逐步发展起来的。几年来，为了提高我院技术水平，在事多人少的困难情况下，我们还是抽调各级医务人员26人，先后到外埠或本市医学院校进修学习。其中，有科主任、主治医师、住院医师、检验技师、检验士、麻醉医师、护士、助产士等通过进修提高技术水平。另（一）方面，是在院内采取带徒弟的方式进行培养，边学习理论、边实际工作，提高其技术水平。这个办法多适用于初级技术人员。其次，对行政干部的提拔培养，十年来提拔基层领导干部4人，由工友提拔为干部3人。

（4）接受医学院校和其他单位医务人员实习进修情况：我院以往对这方面工作做得比较差，主要原因乃是主观条件不够，无法接受实习进修任务。自从搬到新建医院以后，各方面条件有了改善，技术水平有很大的提高。在上级党委和市卫生局的领导下，在本年上半年接受本区各街道医院前来进修人员8人，武汉医学院实习生77人，武昌医专3人，武汉军区后勤部卫生处进修6人，邻县郊区5人，兄弟医院10人，共接受109人前来我院进修实习。

（5）贯彻党的中医政策方面：我院从1956年在门诊开放了针灸科和中医科，随后并开放中医床位50张。接受（收）第二门诊部以后，有中医内科、正骨科、针灸科，全院共吸收中医19名参加我院工作。组织全院工作人员学习针灸，并举办中医学习班，每天下午由中医师轮流讲课，在院内遇到疑难病症，经常中西医面诊合作治疗，收效很好，并实行拜老师带徒弟的办法来学习中医工作，如我院内科有一个西医由领导派到中医科，每天上午跟着中医老师进行学习，下午自学中医书籍。这样理论联系实践、科学分析与中医经验相结合，效果很好。

1959年8月12日

（原载武汉市档案馆馆藏档案，档号：XX000071－WS01－0988－0011）

武汉市红十字会医院1959年至1962年干部培养教育计划

一、基本情况

（1）几年来，特别是整风运动以来，我院干部工作有很大的成绩，干部队伍有很大的发展，干部的社会主义觉悟有了显著的提高，作风有了很大的转变，基本上纯洁了干部队伍。但是党的事业向前发展了，干部工作也要相应地跟上去，社会主义建设事业需要大批又红又专的干部，而我院干部还不能说政治思想水平高、技术业务很熟练、工作方法很好，这是当前的一个矛盾。解决这个矛盾，主要的途径是培养提高干部，另外加上每年干部下乡劳动锻炼和参加基层卫生技术工作以及我院担任全区的医疗及保健工作，同时又担任着人民医院及武昌人民医院的技术领导。故此，感到各级技术人员力量的不足，如我院内科、产科、儿科均无主治医师，小儿科仅三个低年的住院医师担任着门诊及病房工作，门诊肺科只有半个医师（还是右派），眼科只有一个医师，住院医师一级的有七个是右派，中医师有二个右派，在六十九名护理人员内有右派二人，有心脏病的就占10%左右，在院高、初级人员的质量差。

（2）我院是江汉区中心医院，担任着全区30万人民（的）治疗和预防工作。根据形势的发展和上级的指示准备，从一九五九年起至一九六二年止，把床位扩大到四百张，门诊□□人次，根据现有人数，□科主任一人、住院医师十人、护士长一人、医士一人、外科主任一人、主治医师五人、助产士长一人，儿科住院医师三人、护士长一人、医士二人，中医针灸科中医师十八人，口腔科住院医师二人、技□二人，耳鼻喉科住院医师一人、医士二人、技士二人、医士一人，药局药剂师一人、药剂士十人、药剂员六人，手术□□师一人、护士长一人，供应室护士长一人，保健科住院医师一人，护理部护理干事一人。门诊部只有一个护士长，全院各科护士、助产士计九十一人，护理人员十八人，检验人员四人，中药人员二十三人。到一九六二年止，以四百张床位和四千个门诊人次计算，还缺少内科主治医师三人，住院医士二人。

（3）技术质量的情况：我院技术质量的情况是各科室几年来略有提高，但根据客观要求，还有一定的距离。例如，我院外科虽然开展了较大的外科和妇产科手术，但因技术力量不够，主要是高级技术人员太少，这些的手术开展得不够，在现有的水平再提高的一步，就有困难。因为人员少、工作任务重，无法协调进修学习。我院技术特点是高级医务人员少、未受系统学习的住院医师人数比重不少、这就说明我院现有技术质量并不高，不能适应群众对中心医院的要求，其他内科、小儿科和□助科室，均是技术力量少，技术水平不高，反映到工作中就只能解决一般问题，遇到比较复杂病症，就去请求兄弟医院会诊或者转院，这点群众意见较多，因而增加技术力量，提高我院技术水平是迫不及待的大事情。

二、准备提拔对象培养（略）

三、培养方式及采取措施

（1）由住院医师提为主治医师。1960 年，去北京学习（的），有黄福伟、禹鲁民；在武汉医学院口腔科学习（的），（有）黄逸民。1961 年，送武汉医学院进修的，（有）胡仰期。

（2）由护士提为住院医师。在 1959 年至 1960 年时间内，把高淑志、任爱建、杨桂华、金□□等同志能处理一般住院医师工作，并在 1960 年送高淑志、任爱建、杨桂华，1961 年送金燕□别在武汉医学院附属一、二院或市一、二医院进修。

（3）由药剂士提为药剂师。从 1958 年送市举办的业余大学药剂师班学习。

（4）X 光技士提为技师。在 1959 年下半年起，在本院担任住院医师工作，1961 年送武汉医学院进修。

（5）医士提为住院医师。从 1959 年下半年起，调本院门诊部五官科担任住院医师工作。

（6）护士提为护士长。从 1960 年起，提任护士长工作，1961 年分别到武汉医学院附属一、二院进修。

（7）药剂员提为药剂士，助理护士提为护士。分别从 1959 年下半年起，担任护士和药剂士工作，并保送江汉区业余大学附属中级人员训练班学习。

（8）以师傅带徒弟的方式把培养对象。从 1959 年至 1967 年止，在师傅的领导指示下，分别担任高级、中级技术人员的工作。

（9）为了更进一步地提高技术和理论水平，规定的时间内送去进修。

（10）加强党的政治思想工作。为了更好地贯彻党的各项方针政策，培养又红又专（的医生），使他们成为既有共产主义的世界观和人生观，又具有专门业务的工人阶级知识分子，防止他们学纯技术观点的产生，必须加强政治思想教育工作。①经常不断地组织他们参加马克思主义的学习，以推动他们的自我改造；②组织他们参加各种社会活动和中心工作去考查和锻炼他；③为了使他们成为能文能武、又红又专的工人阶级知识分子，经常组织他们参加各种体力劳动，从实际中体会到劳动的光荣和伟大。

（11）为了以上规划的实现，由党政负责同志组织一定的机构，定期举行业务和政治测验以达到计划落实。

武汉市红十字会医院

1959 年 9 月 1 日

（原载武汉市档案馆馆藏档案，档号：XX000071 - WS01 - 0233 - 0030）

湖北省红十字会 1960 年工作纲要（草案）

随着工农业生产继续跃进，1959 年我省红十字会工作是一个继续跃进的形势。特别是在党的八届八中全会的伟大号召鼓舞下，通过反右倾、鼓干劲，我省红十字组织的地区出现了一个新的跃进局面，取得了很大的成绩。为此，1960 年的红十字工作，应在 1959 年取得成绩的基础上继续组织跃进，更好地、更全面地为工农业生产和人民健康服务。根据我省具体情况，特制订 1960 年红十字工作规划。

一、组织领导

各级红十字会组织，是在各级党委和爱委会等卫生部门统一指导下开展活动，但是各级红会（是）有专人兼办红会的工作，为实现卫生工作的共同任务而努力的。

二、任务

有红十会组织的市（以武汉市为重点），在整顿、巩固的基础上，根据工矿、街道、学校等单位的需要，适当地发展红会。市、县的工作活动方面，应以开展爱国卫生运动为中心内容。结合进行卫生积极分子训练、卫生知识的宣传、急救、家庭护理、输血等项工作为红十字组织和会员的基本工作任务。

三、组织发展工作的具体要求

要注意政治质量，以防坏分子混入组织内，红十字会组织和会员应在1959年的整顿、巩固、提高为主的基础上进行适当发展，重点放在大、中城市。具体要求是：□□市1960年的发展工作，在1959年所有会员总数的基础上，再发展20%，要求所有会员，应有80%的会员达到一般的卫生知识的训练。市区内要求做到所有大、中、小厂，中小学校，厂□校□街□、巷□有红十字卫生站；按可能的条件设立保健箱，由红十字卫生员担任急救护理工作。□□、沙市、宜昌、襄樊市，根据需要与可能，进行适当的发展和训练要求，达到能够懂得除四害、讲卫生、消灭疾病的基本知识，并结合民兵训练，掌握一般劳动保护知识，使他们成为宣传卫生知识、开展（群）众性除害灭病工作的骨干。

四、关于训练与要求

大中城市进行训练工作有以下内容要求：农村红十字组织应因地制宜地开展训练活动，在训练时除进行红十字会的性质、任务，一般卫生常识教育以外，还要求把除“五害”、讲卫生、卫生防疫、防治地方病等应列为训练内容，各级红十字会组织大力开展培训工作，具体要求如下：

（一）红十字卫生员：训练对象是红十字卫生站站长和干事、卫生积极分子。学习内容为急救、疾病预防、安全卫生等。

（二）除害灭病□□□：（训练）对象是卫生积极分子、除害能手。学习内容为消灭“五害”的方法、个人卫生、环境卫生等。

（三）安□卫生宣传员：（训练）对象是爱好文娱活动的积极分子及卫生站的干事，内容是各种卫生常识和宣传方法。

（四）疫情报告员：（训练）对象是红十字会员及卫生站长、干事，内容为传染病的种类、预防管理、隔离消毒等方面的常识。

（五）家庭护理员：（训练）对象是职工家属、家庭主妇，内容为一般护理、妇幼卫生，并结合医院开展家庭病床等。

（六）炊事员：（训练）对象是公共食堂的炊事员和饮食行业的服务人员，内容为营养常识、食品卫生及食品卫生管理等工作。

（七）保育员：对象是托儿所、幼儿园的保教人员，内容为儿童保健和托儿所、幼儿园的卫生管理。

以上仅是纲要，希各地结合本地区具体情况，因地制宜地做出具体规划，以便开展活动。

（按，此档案页下另有：参观、改选放缓一些时间再考虑，改选最好的总会改选，修改会章及根据总会精神，我们再研究开会。拟在武汉市开小型现场会议，应先和武汉市商量一下，□现场工作较好□，再研究会议召开地点、时间、会议□□的要求。）

1960年3月23日

（原载湖北省档案馆馆藏档案，档号：SZ115-02-0367）

武汉市红十字会医院关于“大医院带小医院”的工作汇报

我院为了更好地开展以预防为主的医疗保健工作，同时进一步发挥医院工作的潜在力量，我院曾于1958年“大跃进”的基础上开展了“大医院带小医院”的业务活动。这一工作在党的领导下，曾经取得一些成绩，但由于缺乏经验和主观努力不够，以致在这项工作上没有达到预期的效果和令人满意的收获。根据前一阶段的工作体会，我认为：要搞好这一工作，除了党的绝对领导外，在大、小医院的双方还必须通力合作，相互截长补短，达到共同提高的目的。

我院开展这一工作是于1958年秋季开始的，选定的对象为武昌县卫生院。该院设有病床30张，工作人员20~30人，地址在武昌纸坊，此地虽有火车可达，但因属于乡镇小站，火车一般不停，因此就交通来说，可谓不甚方便。再以该院业务情况来看，设备十分简陋，一般在该院就诊者还不算多，究其原因：一般重病患者，由于距离武汉市较近，大多数直接到市内各院就诊；在纸坊附近的厂矿都有自己的职工医院，例如距该地不远的石□，就有一所较大的职工医院，除此之外，该院的就诊对象为其他机关职工和当地农民。

我院自此与该（院）接触后，曾主动地向其联系，例如我院书记及院长曾先后访问过五六次之多，他们医院的王院长也曾来过我院二次。因我院曾按市卫生局指示精神，将协议提交对方，但该院未曾签字，也未提出异议，虽然如此，我院也未放弃协作，并不断地派员与其接触，先后做技术联系的有我院外科、妇产科、检验科、口腔科以及麻醉室等。之后，由于该院业务清淡，工作人员去时，常常碰不到领导同志，经（常）在县医院的医务工作人员也不多，鉴于这一情况，我们就改为不定期访问，并与其联系□□，凡遇急事可用电话通知，我院则随即派人协助。通过这一联系方式，曾给予解决一些疑难杂症，也曾取得一定成绩，例如我院妇产科主任、住院医师，接到电话后，亲自为该院做过宫外孕手术；同时并□该院垂危病人为一子宫体癌患者带回我院进行手术；还有一次，该院给一□肿病人进行手术，腹部切开后，找不到□肿，情况非常危急，当即送来我院，手术后，均转危为安，其他如外科、口腔科、检验科、麻醉科等也都做了不同程度的支援，在药物（方面）我们也给予他们无私的援助。总之，他们对我院有什么要求，都给了相应的解决。

在“大带小”的工作中，我们也曾考虑到人员的培养问题，虽然我院除主任医师外，仅有主治医师一人，在本身业务水平来说，受到（一）定限制，但我们仍然愿意发挥我们自己的最大努力，愿意代他们培养人材，因此曾向该院提出，可否派员来我院进修，但由于他们抽不出人来，而我们也无法派人下去，因而在这点上也未达到目的。不过该地豹子澥人民公社等医疗机构，曾通过武昌县卫生院与我院的联系，曾先后派检验人员、护士、助产士等四人来我院进修，我们也给予精心培养，一般反映，均甚满意。

总之，除了上述客观情况外，而我院在主观努力也做得不够，虽然他们未在协议上签字，但我们也放松了催促，也未想尽一切办法，克服许多存在的困难，因而在前一阶段中取得的成绩不大。但是我们有信心在总路线的光辉照耀下，通过反右倾、鼓足干劲的社会主义思想教育鼓舞下，一定要奋起直追，更好地把这一工作开展起来。

1959 年 11 月 27 日

（原载湖北省档案馆馆藏档案，档号：SZ115-01-0269-0009）

武汉市红十字会十年工作总结

武汉市红十字会于 1951 年在党和人民政府的领导下，通过改组协商会议，将旧有的汉口、武昌两个分会合并改组成立，选出了具有广泛代表性的新的领导机构，公布了新会章，决定了以“预防为主”“动员和组织人民实行自救助人”为工作方针，从此武汉市红十字会即走上了为人民健康服务、为和平事业奋斗的道路。

本会改组后，根据先做好业务而后发展会员的原则，在前三年的阶段集中力量发展业务，同时也协助政府卫生部门有重点地开展了急救训练及预防保健等方面的卫生宣传教育等工作。为了适应社会主义建设事业快速发展的需要，根据中央卫生部和中国红十字会总会的决定，于1955年将我会事业单位（一个红十字医院、三个门诊部、一个助产学校）均交由武汉市卫生部统一领导与管理，并于1956年10月在本市开始了发展红十字会员、建立红十字基层组织的工作。几年来，我会在党的正确领导下，主要是根据中国红十字会的性质与任务开展工作的，这个名副其实的群众性卫生救护团体，在我国建设事业发展的各个阶段中，协助政府卫生部门动员和组织广大人民开展群众性的业余卫生运动，提高人民健康水平，加强国防卫生和遇各种灾害时实行自救助人，以及促进各国红十字会及人民之间的友好与合作，维护世界和平的工作中做了不少工作，并取得了一定的成就。

一、在开展医疗服务方面

（1）1951年改组后即首先将旧有在汉口的一个医院和在武昌的一个诊所加以整顿扩充，随后在汉口又添设了两个门诊部。在1951年重新建立红十字助产学校一所，医院设备由病床59张扩充到132张，助产学校由一班扩充至七班。三个门诊部也都增添了人员、设备，医院和学校并已先后由政府筹款，完成了新建院校的任务。这些事业单位给国家卫生医疗机构分担了一部分医疗任务，挽救了不少人的生命。仅以门诊工作量为例，由1951年至1953年，门诊总人数共248048人，治疗率一般达百分之七十以上，助产学校也陆续为医务单位输送了140余名正规助产人员。

（2）1951年夏季我会响应抗美援朝号召，曾组织了国际医防服务队两队，出动医护人员22人到朝鲜前线工作。当年11月间胜利完成任务归国，有的同志并在朝鲜立了功。1951年5月，组织医务工作者四人，参加了治淮工程的医防工作。1951年和1952年又在武昌组织郊区医防队，为郊区人民巡回服务。1952年冬，因湖北麻城县疫情严重，我会组织了农村医防队一队共19人，冒着雪到麻城重灾区担任扑灭疫情的工作。自10月12日至11月24日共治疗2097人，产前检查63人，农村访问129户。1954年6月组织五个抗涝救灾队，抽调医师3人，医士4人，护士5人，红十字急救员11人，出发东湖、南湖、福城郊区工作。自6月17日起至11月中旬结束，共治疗灾民19689人次。1954年7月下旬又组织防汛医疗队两队，共医士6人，护理人员14人，药剂员2人出发防汛前线工作。1954年9月上旬又组织了13个卫生防疫队，分赴惠济、福城、东湖、南湖等郊区工作，共出动红十字急救员72人，我会干部数人。自9月份至11月止，防疫队在各乡共种痘3592人，白喉注射11928人，疟疾服药4956人。在这一伟大的防汛救灾开幕中，红十字工作者表现得特别坚强、勇敢，在全市卫生系统中涌现出功臣37名，集体立功单位4个。1955年3月组织临时医疗队一队，共抽调医师1人，医士1人，护理人员4人，为本市转业军人服务两月。

二、在推行卫生急救训练、培养卫生积极分子、开展业余卫生活动方面

我会根据国家经济建设的要求和“预防为主”“卫生工作与群众运动相结合”的卫生工作方针，决定以提高广大人民的卫生知识水平，增进群众健康，为促进生产不断发展而服务。从1951年11月起，我会在本市党和政府及红十字总会的正确领导下，学习苏联红十字会的先进经验，开始推行初级卫生急救训练，教育和组织人民群众实行自救助人、开展群众性卫生工作。八年来在工厂、工地、企业、农村、学校、街道共举办250个训练班，训练红十字卫生员近两万人，建立694个红十字卫生站（不包括工厂车间站及工地分设的站），这些经过初级卫生知识训练的红十字卫生员们，在不同的岗位上，除了随时随地抢救和处理意外伤害外，并协助卫生防疫注射和保健工作以及接受各方面的临时救护任务，对保障人民健康、提高出勤率，推动生产和学习都起了一定的作用。以下就分别（就）不同类型的红十字卫生站，重点举例说明红十字卫生员在工作上的表现。

（1）以工厂为例，全市武钢和14个大型工厂及80多个中小型工厂已建立了红十字卫生站组织。其中如国营武汉第一棉纺织厂的车间红十字卫生站，在1953年9月份一个月内就诊治420人次，由于节省了到卫生所治疗的时间，仅一个月的工作就间接为国家增产二十支细纱4200磅。武昌久安制药厂红十字卫生员们在1954年1月份处理51次急救事件，节省的医疗时间可增产药片1434375片，等于增产一个工人的24天生产量。武汉动力机厂自1955年第三季度开始至1956年第三季度止，共急救处理大小外伤、烫伤、一氧化碳中毒达3450人次，有力地保证了安全生产。武汉钢铁公司的红十字卫生员在生产中进行外伤急救，仅在1958年八个月的统计就处理189720人次，不仅便利了临时发生伤病的职工和救护及时，如果每次以节省往返保健站就诊时间平均按50分钟计算，卫生员的这一活动就可为国家增产19762个工作日。1959年上半年又急救处理外伤305853人次，又为国家增产15293个工作日，间接促进了生产率的提高。

（2）以工地为例，为适应基本建设需要，全市有六个基建单位在工

地上建立了红十字卫生站。如1955年在建设长江大桥宏伟的工程中，工地上的红十字卫生员也起了很大作用。武汉大桥第一桥×队是担任汉阳桥头工程任务的，在没有训练红十字卫生员前常常发生事故，自从有了红十字卫生员建立工地红十字卫生站以后，把安全卫生的教育形成了经常化、制度化，大大地减少了工伤事故，仅七月份痢疾发病率较1954年同月就降低了73.65%。大桥红十字卫生员在外伤急救方面，仅以1956年9月、10月、11月的统计，共急救2123人次。工人由工地到卫生所看病，就诊时间来往平均至少需二小时，以此计算，三个月就节省6246小时，等于增加了780个工作天。武建道路公司在1956年开始设立红十字卫生站，当时工地上只有三个红十字卫生员，就担负了路面队600个工人的外伤急救和简易治疗。仅九月份一个月内就处理4129人次，为国家节省了773个工作日。武汉市国营第三采矿的工地上每天都容易发生外伤事故，工地离医务所远，自1956年设立红十字卫生站后，为工人们解决了很多问题。在夏天，红十字卫生员随身带着许多暑药到工地巡回，遇到病人随时给他们服用或进行冷敷，并且供给工人的清凉饮料，找办法消灭工棚里的臭虫，使工人得到安眠。冬天来了，红十字卫生员帮助保健站发冻伤药教给工人使用，宣传预防冻伤的方法。他们通常利用晚上休息时间给伤病者换药，使工地上发病率大大降低。

（3）以交通运输企业部门为例，武汉邮电工会系统的红十字卫生员们在1953年的七个月中共处理7000次伤病，可节约生产工作时间1750天，保证了职工的出勤率。武汉市三轮车客运合作社工人分布很广，流动性也比较大，由于工作性质关系，最易发生意外伤害。该社工会为了保证工人身体健康，提高运输量，1953年在武昌、汉口位于交通要道人烟稠密的三轮车站处设立了红十字卫生站，这些三轮车工人红十字卫生员，不仅能为本单位的职工解决些小伤小病，而且也及时地抢救了许多发生临时伤病的来往行人。水上161名红十字卫生员，他（她）们在船上，在码头上已成为开展卫生运动的骨干及单位医疗部门的主要力量。

（4）以农村为例，1956年随着农村合作化高潮的出现，我会先后在青山、洪山、汉桥等区农业合作社中训练了红十字卫生员，按生产队建立了红十字卫生站，对开展农村卫生工作收到很好的效果。农业合作社里的红十字卫生员们经常带动群众消灭四害，扑捉麻雀，利用田间休息时间挖蛹、捞蛆，并对农民做急救和简易治疗，协助防治。卫生站做绦虫病、血吸虫病的检查，受到农民群众的爱戴。

（5）以学校为例，从 1954 年开始，我会先后在本市 23 个中小学青少年中开展了红十字卫生员训练，并建立学校红十字卫生站。各学校的红十字卫生员通过训练和经常在学校站点进行业务学习，绝大多数都掌握了一般外科药品用法，医治沙眼以及皮下注射。也有不少红十字卫生员学会了静脉注射、检验、测量体温、量血压、内科□□□等。他（她）们协助校医担任急救、简易治疗、预防保健以及检查学校环境卫生、寝室卫生、教室卫生、个人卫生等多方面的工作，是学校医务室的有力助手，同时也培养学生具备了基本的卫生知识、良好的卫生习惯和社会主义的人道主义情怀。1957 年本市发生了一次较大的流行性感冒，湖北省武昌实验中学为了早期发现病人控制流行，在各班发有体温表，一直交给红十字卫生员，负责随时进行检查，发现病人及时隔离治疗，因之该校没有发生大流行现象。

（6）以街道为例，我会从 1952 年开始，首先在居民中开展卫生急救训练，计有红十字卫生站的街道共有 18 个（按 1959 年街道合并后的统计），大部分红十字卫生员在不脱离生产和自觉自愿的原则下，参加了街道红十字卫生站服务。街道红十字卫生员绝大多数是家庭妇女，也是居民中的积极分子，他们对爱国卫生运动所发挥的力量，对环境卫生、家庭卫生所起的作用，就有许多地方不是工厂、工地忙于生产的红十字卫生员所能做到的。1955 年五月中旬武昌后街，有七个儿童在池塘里划船嬉戏，因不慎将划子打翻了，七个孩子都落在水中，当时附近居民就喊，堤街红十字卫生站的卫生员将孩子们挽救出来，进行溺水处理，并注射强心针，救活了七个孩子的生命，得到公安同志和孩子家长们的表扬和感谢。1954 年，武昌区在街道进行预防接种工作中，仅武昌四个街道红十字卫生站就完成了 5871 人的接种工作。江汉区的街道红十字卫生员每年都要担任全区的预防注射任务，1958 年单以完成全区 15 条街儿童的大脑炎预防注射任务即达 84000 人次。硚口区宝庆街六个红十字卫生站在 1958 年就急救处理外伤 3000 多人次。1959 年上半年，江岸区在灭病工作中组织各街红十字卫生员担任宣传普查、给患者送药等工作，有力地推动了这一工作的顺利进行。为了贯彻以医院为中心指导地方和工矿的卫生预防工作的方针，1959 年上半年我会以街道红十字卫生站为中心，紧密地配合了市、区、街医疗机构，以江岸区先锋人民公社、江汉区东方红人民公社、武昌区粮道街、就河街、硚口区利济街为基点，建立了医疗预防组织。在这些街道红十字卫生站里，建立了预防保健卡及各种除害灭病和疫情登记册，红十字卫生员们成了地段医生的有力助手，真正做到小病不出门，医药护理送上门，减少了群众疾苦，也减轻了医院负担。此外，街道红十字卫生员们还经常深入到餐馆、食堂、副食品商店等单位进行饮食卫生检查，深入到幼儿园、托儿所、学校等集体单位检查卫生状况，有时还脱产临时担任工厂、工地、机关的卫生宣传和医疗保健方面的工作。

这里特别提出的是1958年在全党全民大办工业、大办钢铁时，各个战线上的红十字卫生员也紧密地团结这一中心，为保护职工及钢铁战士的身体健康，促进生产更大跃进，在医务人员照顾不及的情况下，也发挥了一定的力量。本市两百项重点建设和大冶采矿的过程中，我会曾抽调76名工作成绩较优的红十字卫生员，进一步按护理水平培训及输送到这些建设单位。大办钢铁时，各个战线上的红十字卫生员都是一面参加大炼钢铁，一面从事钢铁工地上的卫生工作，在炉□工地建立了急救站，成立了巡回医疗队。

三、在发展红十字会员，建立基层组织后，对推动爱国卫生运动经常化方面

1956年4月，中国红十字总会决定在全国范围内发展红十字会员、建立基层组织。我会遵照总会这一决定，根据湖北省红十字会指示，从十月份开始采取“重点发展，全面普及”的方针。两年多来，随着社会主义各项建设事业的突飞猛进，在党和市卫生局及上级红十字会的正确领导下，发展会员和建立基层组织的工作，有了很大的进展。现在，全市成立有武昌、青山、江岸、江汉四个区红十字会及硚口、汉阳、水上、郭区四个区红十字卫生总站，建立了43个基层红十字组织（仅包括街一级，较大工程企业及学校等单位的基层红十字会，不包括红十字会员小组），发展红十字会员2万余人，这些基层红十字组织在发动会员及卫生员配合爱国卫生运动及除害灭病等方面，所取得的许多显著成绩，已体现出红十字会是推动爱国卫生运动和除害灭病的基本力量。分布在不同岗位上的红十字会员们，由于经常受到卫生知识和会务知识教育，因此不论在什么时候，在车间、在工地、在农村合作社、在街道、在教室里都能为群众服务，积极带头除“四害”讲卫生，还能帮助人民搞好卫生。如武汉钢铁公司的几千名红十字会员，1958年在见证高炉出铁的同时，和全体职工一道进行了六次卫生大突击，填平塘坑34577立方，扑鼠6168只，灭蚊蝇734斤。1959年仅在三个月中就清除垃圾10600担，积肥83343担，灭鼠69707只，灭雀1072只，整理污水塘30个。武汉市四十中学高二（六）班，全班都是红十字青少年会员，学校

里不论搞任何卫生活动，全班总是带头打前锋。1959 年上半年，在消灭蚊子方面，仅三天就打捞孑孓 160 斤。街道红十字会员们在改善居住环境卫生、带动群众消灭四害、培养群众卫生习惯方面起到了很大作用。1958 年全市大张旗鼓开展除四害讲卫生运动，全市街道红十字会员全部响应了各区、街“除五害”指挥部发出的号召，带头投入战斗，全体红十字会员在各级党委及街红十字会亲自教导下，组织了各种突击队，担任宣传、扑鼠、挖蛹、消毒、消灭死角以及环境卫生的调查统计等工作，会员们夜以继日、废寝忘食地挨户侦查鼠迹，替群众买鼠药，亲自背着喷雾机，拿着扫帚帮助群众消毒、打扫卫生。特别是哪里最艰巨，他们就到哪里突击。在贯彻卫生工作的制度化和经常化方面，大部分街道红十字会员们都能运用不同方式，采取了按门牌、地段包干负责的办法，经常对地段内的居民、工厂、学校、饮食行业进行监督检查，有力地推动了爱国卫生运动的深入开展。

四、在开展卫生宣传教育方面

我会除了联合和配合有关单位开展这一工作，并根据本身条件制作资料和展品，供给和协助基建单位及工厂、企业、学校、街道开展宣传活动外，主要是普及卫生知识训练，动员和组织广大红十字会员和卫生员积极参加各种宣传活动，帮助群众提高卫生知识。活动方式有图片模型展览、放映电影幻灯、候诊宣教、讲座、橱窗展览，结合季节印装宣传画册、拍摄和放大红十字会员及卫生员活动照片、出版《工人卫生》及《武汉红十字》刊物，并配合卫生中心，由我会统一组织街道红十字卫生员及学校红十字青少年组织较大型的宣传队。此外，在经常性的宣传活动方面，各系统的红十字基层组织都能随时随地配合中心和按季节发动会员和卫生员，采用大字报、黑板报、串门访问、街头演唱、逢会插一脚等方式向广大职工群众进行卫生知识的宣传教育，这些活动颇受群众欢迎。

五、在国际活动方面

（1）自 1954 年起至目前止，我会曾先后多次协助政府办理遣送日侨 3900 余人归国。1955 年 7 月与本市外宾接待委员会联系，办理了护送前联合国军美籍战俘回国的过境工作。1956 年 9 月与本市公安、民政等部门将前在中国死亡日本战犯的骨灰十罐，送至广州交日本代表团携带回国。此外，还协助在中国与中国人结婚的日本妇女回日本探亲，以及经常答复外侨来信等工作。

（2）几年来曾接待了捷克斯洛伐克、波兰、民主德国红十字代表团及朝鲜红十字会会长，并组织学校红十字青少年与苏联、捷克斯洛伐克、匈牙利、波兰、荷兰等国的红十字少年和小朋友互赠礼物，建立了友谊通讯，增进了各国人民之间的友谊。

在总结成就、迎接建国十周年的前夕，武汉市红十字会看到自己在伟大的中国共产党和政府卫生部门的正确领导下，随着我国卫生事业的不断跃进，本市红十字会的各级组织正日益巩固和壮大，在同疾病斗争和开展除四害讲卫生运动中显示了群众性卫生救护团体的助手力量。今后在党和政府领导下，在总路线的光辉照耀下，武汉市红十字会将满怀信心，继续鼓足更大干劲，在新的十年内，更积极地在人民的卫生保健事业中充分发挥应有的作用。

（原载武汉市档案馆馆藏档案，档号：XX000071-WS01-0987）

湖北省部分市县红十字会工作座谈会的小结
（提纲草稿）

1958 年是我省红十字会工作的高潮，那时仅武汉市就有会员 30 多万，基层组织 680 个，工厂学校都有组织、有活动。沙市、宜昌、黄石、襄樊以及各县的红十字会组织都很庞大，活动都很频繁，在群众中的影响也很大。但自 1959 年以来，红会工作有所放松，除武汉、沙市、麻城、浠水等地红会还在活动外，其外各地的红会工作，基本上已经停顿。

（一）组织情况

据武汉、麻城、浠水的不完全统计，现有会员 42000 余人，有红十字卫生站 2160 个（其中武汉市有会员 40000 余人，红十字卫生站 2100 个；麻城有会员 2000 余人，卫生站 65 个；浠水有会员 805 人，卫生站 5 个）。在武汉有 6 个分会，在麻城和浠水各有 3 个基层红十字会。此外在武汉和沙市，有几千名红十字青少年，他们成了学校卫生保健工作的得力助手。

（二）工作情况

今年春天省会接到了卫生部和总会《关于迅速安排红十字会工作的通知》，□□对红会工作给予了较多的注意，并做一些工作：重新审查和登记老会员，并发展了一批新会员；训练了许多卫生员、炊事员，有的地方还举办了讲座（浠水）、展览（汉口）。特别是武汉市江岸区分会以及麻城县红会在配合有关方面开展群众性卫生宣传活动和除“四害”、讲卫生方面做出了很好的成绩。红会会员们不仅自己以身作则，而且督促检查，分片包干，成了街道卫生工作的骨干。红十字卫生站还为群众做小伤小病的治疗、做疫情报告。会员们深入群众家里，帮老人洗衣被、治疾病；送产妇进医院，端茶递水，发扬了高度的革命人道主义精神，出现了许多感人的事迹。

（三）开会的收获

首先，与会的同志们对红十字的性质、任务的认识更加清楚了。红十字会是群众性的卫生救护团体，它不是政府机关，它不能靠行政命令做工作。它不是职业团体而是业余的群众组织，参加红会并不是就业。它的宗旨是自觉自愿地执行救死扶伤的革命的人道主义。它的具体任务是组织业余的卫生救护训练；开展群众性的卫生宣传和卫生工作；参加国防救护训练和活动，等等。同志们明确了这些东西，以后的工作就会更加顺利。

经过几天的参观访问和座谈，大家对开展红会工作的意义（它的重要性）的认识也更深刻了。红会工作不是可有可无的，更不是行政部门的额外负担。红会工作做好了，不仅直接有利于预防保健工作，而且可以减轻卫生行政部门的负担，减轻医院门诊的压力。

应该认识到红会工作直接有利于工农业生产。汉口大智街大光明五金电器生产合作社的事实，雄辩地说明了这一点。去年他们社每月开支医药费500余元，工人为小病上医院，缺勤率也很高。今年建立了红十字卫生站，卫生工作搞好了，生病的少了，小伤小病自己治，出勤率提高了，医药费由500余元下降为200余元，整个企业由亏本转为盈余。正因为这样，所以他们社里的全体党员都带头参加了红会。

红会工作在改善城镇环境卫生方面有重要作用。街道上的红会会员成为爱国卫生运动的骨干，卫生工作的规模和声势就更大了，这对经常性的卫生工作也非常有利。汉口大智街的群众反映：“过去抓卫生工作是卫生主任的‘独角戏’，现有红会建立起来了，大家都出来了。”

红会工作在服务行业（方面）也大有可为。汉口同和旅社建立红十字卫生站以后，有些旅客称它为“第三医院”，是“病员之家”。由于他们提高了服务质量，旅客接踵而来，淡季生意不淡，超额完成上交利润。红会在学校可以帮助青少年健康地成长，是贯彻教育方针的重要因素之一。总之，红会工作在各方面的开展，都有利于人民的保健事业，有利于我国的社会主义建设。

第三，经过开会讨论和参观访问，也学到了一些工作方法和经验教训。如大智街整顿组织的工作从武装骨干开始，然后调整登记，建站建制。这一套工作方法，我们认为是比较好的。实验中学的经验告诉我们，红会会员必须有工作做，这样才能加强会员的责任感和光荣感，反之，如果会员经常无事可做，红会就会垮台。这是值得我们今后特别注意的。

红会工作必须配合中心，不能被中心挤掉，必须争取党政领导的支持和有关部门的配合，不能消极地等待。红会工作计划也要纳（入）卫生局（科）的工作计划。

（四）今后工作

这次会议以后，大家回去要向领导汇报，要尽快做出自己的工作计划，把红十字会的工作在城镇有重点地开展起来。领导思想上必须把红会工作看成是经常性的群众工作，要扎实地做，不能一阵风刮起来了，轰轰烈烈；一阵风刮过了，又冷冷清清。

1. 整顿组织

整顿组织包括两个方面：首先是建立领导机构，并让领导成员学习红十字会的有关文件，统一思想，然后开始审查、登记老会员。什么样的老会员可以登记，什么样的老会员不予登记，应按照彭炎秘书长在“部分城市红十字工作座谈会的总结”报告中的指示办理。在着手登记老会员的同时，还应大力宣传会务知识。

经过这次登记，应把红十字会的花名册造好。花名册上，应有领导机构、红十字卫生站、站长、会员小组、会员，每个会员应有姓名、性别、年龄、职业、在会内担任何种工作、受过何种训练。这样，红十字会的组织，才能一目了解（然）。

在城镇居民中，可视需要与可能发展部分新会员，但不要大发展。发展的对象和手续，都必须按总会规定办理。

在沙市、黄石市、宜昌、襄樊市、麻城、浠水和孝感等市县，可在第一中学里，在十八岁以下的学生中发展一批红十字青少年。如何开展工作，可以学习武昌实验中学的经验。

会员在街道上的比例五户到十户一人，学校中每班不超过百分之十。发展了会员以后，组织工作和宣传教育工作都应该跟上去，不能形成一个“空架子”。

在今年之有条件的地方，在总结的基础上，把明年工作安排好。

2. 建立规章制度

红十字会各级组织建立起来以后，要逐步建立各级组织的规章制度，如市、县红十字会的工作制度，红十字卫生站的工作制度，会员小组的工作和分工。这方面现在还没有成功的经验，要靠大家在实践中摸索拟定，然后在实践中反复修改，最后总结出一套较为成熟的经验。

（在）开始工作时，武汉市大智街的办法可以供各地参考（但不要看成是尽善尽美的）。

3. 培训和宣传

明年，各地红十字会应该根据各地需要，大力开展培养训练和群众宣传工作，这包括急救常识、环境卫生、个人卫生、家庭卫生、饮食卫生、计划生育、防痨、防止视力减退、预防传染病，等等。在扩大群众宣传方面，各地可根据自己的条件，采用黑板、大字报的形式，可以放幻灯、画连环画……

在培训会员时，要注意卫生知识、会务知识、思想教育三者的结合，不可偏废。要挑选会员中的积极分子，使其将来能担任更多的工作，还要坚持业余自愿原则。

所有这些工作，都和人民群众有密切联系，只要我们做得好，是会得到群众的积极支持的。

（五）几个问题的解答

（1）发展会员问题：适当地发展，（注意把握）对象。

（2）编制问题：请示上级。

（3）经费问题：原则（上）依靠群众、会员，可以补助一点业务费用，（但是要）专款专用，（由）我们通知。

（4）会费：（注：原档案中没有展开介绍）

（5）工作中怎样配合和分工：（注：原档案中没有展开介绍）

（6）诊所：精神与总会不符，不撤，（但是要）自给自足、自负盈亏。受（卫生）局领导，为红会做工作。

（7）□□医疗机构：药费（保健箱）可参照成本收费，机关、学校、工厂可以自己出钱。

1963 年 8 月

（原载湖北省档案馆馆藏档案，档号 SZ115-02-0588）

湖北省红十字会一九六三年工作总结

红十字总会、中华人民共和国卫生部：

除武汉、麻城和浠水县外，其他有红十字会的市、县，从1959年起，停止了活动，省红会也没有开展什么工作。今年接到卫生部和中国红十字会总会的联合通知以后，省及有红会的市、县都作了一些工作。

（一）组织情况

湖北省红十字会委员会是1956年改选的，有红十字委员会和执行委员会的市、县，其成员多是党、政、卫生部门和群众团体的负责人，除武汉市的机构较健全外，其他都是"空架子"。

目前，全省红十字会有12个编制：省会2个，武汉市7个，黄石市1个，麻城县2个。其他红会都无编制。

今年下半年，我省红会开始整顿。到目前为止，整顿工作还在继续进行，其结果还没有汇总上报。据武汉市五个区和浠水、麻城两县的不完全统计，现在有会员11354人（其中红十字青少年1750人），有红十字卫生站629个。（名称没有完全统一，有的地方叫基层红十字会）

（二）经费

我省红十字会专职干部，多半属于事业编制和党派团体编制。今年，在卫生事业费内给武汉市红会拨了10000员业务活动经费。这笔钱，市红会已将其大部拨给各区红会，凡是今年没有用完的，不必上缴，明年可以继续用。省红会的活动经费，也是在卫生事业费中开支的。

（三）今年的工作

（1）省会的工作。为了贯彻总会精神，把红会工作开展起来，10月6日—10月10日，我们在武汉召开了全省红十字会工作座谈会，出席的有武汉市、黄石市、沙市、宜昌、襄樊市、麻城、孝感、浠水县红十字会的专职干部和兼职干部。各地红会汇报了情况，交流了经验，参观了武汉市红会工作做得好的街道、工厂、学校、旅馆，学习了李德全会长1961年10月23日在全国代表会议上的报告和彭炎秘书长1963年3月23日在部分城市红十字会工作座谈会上的总结。最后，姚克方副会长作了总结发言，布置了工作。

10月下旬和12月上旬，我们组织了两次检查，到过黄石市、浠水、麻城、孝感、沙市、宜昌、襄樊等地。除了了解情况以外，主要是想起点促进作用。所到之处，除了听取当地红会的汇报，参观基层，还向当地卫生行政领导宣传过红会的性质、任务和在爱国卫生运动中所能起的作用。

为了迅速开展红十字卫生站的活动，我们购买了六百多元的常用药品，又从卫生厅仓库中拿出了一部分药，充实了三十个保健箱。（原有的保健箱不在此数内）

为了在学校中做好红会工作，我们印发了武昌实验中学红会工作经验。

（2）组织整顿工作。今年各地红会，都进行了组织整顿工作。武汉市的有些区是在今年6月开始的，其他各地多是在10月以后开始的，整顿工作一般都是从武装骨干思想、端正骨干认识着手的，如武汉市江岸区大智街红会的领导干部就是街办事处的文教卫生主任，他们成立了学习领导小组（参加的有卫生干事、总站卫生员、派出所治安民警和地段医院院长），先进行了学习，然后又用了四个半天的时间召集居委会主任、卫生主任，以及红会卫生站的骨干进行学习。除了学总会指示外，还学了外地经验，讨论了红会宗旨、性质、任务，以及本街红十字会组织为什么不能巩固，今后该怎么办等问题。经过学习，提高了大家的认识，端正了思想，增强了信心。骨干回去后，就开始宣传、摸底（摸清老会员名单）、审查、登记、编组、建站和建立必要的制度的工作。经过三四个月的努力，红会组织已经建立起来。这个街重新登记和新发展的会员共458人，建立了16个卫生站，开展了许多经常性活动。

组织整顿工作的发展是不平衡的，武汉市江岸区的工作做得比较好；武昌区、青山区、水上区就比较差，区红会没有专人负责，监管的人工作太忙，无暇兼顾，或者对红会认识不足，没有给予必要的重视。黄石市在十月座谈会后，至今没有行动。三个专辖市中最近只有沙市成立了红十字委员会，开始在动；宜昌、襄樊两市当我们检查组于12月上旬到达时还没有情况可谈。麻城、浠水两县的红十字会工作，一直没有间断，有一定成绩，但缺乏系统的总结，没有必要的文字材料。孝感县正在行动中。

（3）基层的活动。我省红会在前四年放松领导的情况下，许多地方的基层会员仍在单个地起作用。今年以来，由于加强了领导，基层的活动就更为活跃一些。在学校的红会，一般都做了简易治疗、卫生检查、体格检查、卫生宣传。街道上主要是搞爱国卫生运动，有许多会员成了除“四害”、讲卫生的模范。工厂卫生站为生产服务，做预防工作和简易治疗，在减少工厂药费开支、提高出勤率等方面起了显著作用。有的旅馆办起了红十字卫生站，改善了服务态度，提高了服务质量，接送患病旅客，为他们换药、洗澡、喂水、喂药、联系医院，背进背出，深得旅客好评。街道上的会员发扬革命人道主义精神，为老、幼、病、孕洗衣服、端茶水、治疾病、办好事的模范事迹举不胜举。特别值得提到的是麻城县铁门岗孤儿院院长、红会会员张珍善（63岁），她和另外四个人办一个收容38人的孤儿院，自己开荒种地养猪羊。孩子的生活费每月只有4~5元，但安排得很好，餐餐有干有稀，旬旬加餐加肉，孩子们穿的衣服鞋袜，都是她们劳动得来。她热爱孤儿，以院为家，把自己的家具都搬到院内，给公家使用。1959年，有些孤儿进院时，干瘦得像猴子，张珍善为他们端屎端尿、喂水喂药，细心照料，长年如一日，现在一个个长得又白又胖，有12个孩子上学念书了，大的已在读五年级。

麻城县红会有一个诊所，浠水有一个红十字医院，原来都是国家办的，随着精简机构都转为集体了。这两个医疗机构中都有党的组织，干部都是国家派出的，他们经营得很好，特别是在服务态度方面比人民医院好，在群众中威信很高，对许多困难患者，实行了免费医疗。浠水红十字医院还抽出两个干部专门做县红会的工作和城关的卫生防疫工作，工资仍由他们集体负担，风格是很高的。我们认为不能长此下去，集体的医疗机构有义务做防疫工作，但对他们的人力、物力占用太多是不行的，院内群众已经有些意见。今后这类医院该怎么办（当地政府和群众都主张办下去，并且继续使用红十字的名义），上级红会能否给点补贴，请总会研究指示。

湖北省红十字会

1964年1月11日

（原载湖北省档案馆馆藏档案，档号：SZ115-01-0399）

省红十字会湖北省武昌实验中学红十字会工作经验介绍

（63）红姚字第27号

武汉、黄石市、沙市、宜昌、襄樊市、麻城、浠水、孝感县红十字会：

武昌实验中学红十字会成立于1953年，十年来，在党和上级红十字会正确领导下，做了许多工作，取得了很大的成绩。到目前为止，共发展会员 920 人（大部分为红十字青少年），现在在校的为 318 人，成了学校卫生宣传活动中的骨干和预防保健工作上的得力助手，他们的经验主要有以下几个方面。

（一）健全组织，明确分工

实验中学红十字委员会由九人组成，主席一人（校长兼），副主席一人（校医兼），组织委员、宣传委员、卫生委员正副各一人，秘书一人，都由学生担任，每部门还可视需要增聘干事一至三人。组织工作主要是巩固组织、发展会员、转会员关系、组织学习、掌握会员思想状况、深入班级听取意见。宣传工作主要负责会务知识、卫生知识宣传和会员思想教育。卫生工作主要是发动群众，搞好经常性和突击性的学校卫生，组织检查、评比，提供评比材料。

校长任主席，不是挂名，而是真正参加一些活动，这可以引起全校师生对红十字会的重视，增强红十字青少年的荣誉感。红十字会的实际领导工作是由校医担任的，校医根据多年的切身体会，也已经把红十字青少年看成是自己的得力助手，而不是"包袱"；红十字会工作开展之后，校医在工作上不是增加了麻烦，而是减轻了负担。对这一点，实验中学的校医体会很深，这是十年来工作一直做得很出色的重要原因之一。

（二）抓好思想教育

今年实验中学开展了一个学习雷锋的热潮，这期间，红十字会也教育青少年像雷锋那样处处为人民服务，贯彻助人为乐的思想作风，做一个雷锋似的红十字青少年。

实验中学红十字会在做思想工作的时候，强调为人民服务，同时也注意青少年的特点。青少年求知欲强，对新鲜事物敏感，特别喜欢搞一些课外的服务性劳动。他们力求红十字会的活动在许多方面能与青少年的这些特点结合。他们的经验是"既要照顾兴趣，又不能全凭兴趣"。

实验中学每学期召开红十字会员大会一次。会上总结、布置工作，表扬先进人物，开展批评与自我批评；会上邀请兄弟学校红十字会、武汉市红十字会的代表参加，并在会上致词；会上还邀有已毕业的考进了医学院的同学，介绍自己在母校是怎样当红十字会员的。平常红十字会把优秀学员推荐到学校评选活动中去，使其受到表扬和鼓励，所有这些工作，都起了很好的作用。

实验中学保留了历年来红十字会活动的资料和照片（如捷克代表参观该校红十字会、《人民画报》刊登该校红十字会的活动、街头宣传和游园的照片，还有夏令营的照片等等）因此他们已经有条件用自己的经历向会员进行思想教育，培养他们的荣誉感和责任感。

（三）如何训练

实验中学红十字会在训练红十字青少年时，主要采取两种方法：

（1）上大课，讲会务知识和卫生知识。时间多安排在文娱活动和有学生自由支配的时间之内。有些活动是由红十字会提出要求，由学校统一安排的。

（2）每天派人到医务室值班，从事实际锻炼。他们在医生的指导下，学习检查身体、急救、外伤包扎、种痘、预防注射等。

学生们每学期都要到人民公社劳动，一千多人分散在许多个生产队里，一个校医照顾不了这许多生产队，所以出发前就组织红十字卫生员集中反复地学习简易治疗与药物使用等方法，特别着重学习对外伤、中暑的处理。出发时，每班配一个保健箱，由红十字卫生员掌握。这些经过训练的卫生员发挥了很大的作用，他们不仅为自己的同学治伤治病，还为附近的农民作简易治疗，深受农民的欢迎和赞扬。

（四）如何开展经常性的工作

实验中学红十字青少年组织了一支卫生检查队伍（学校也把这方面的工作交给他们去做），他们经常深入各班寝室、教室、厨房检查卫生，并将检查结果，填表上报保健室。每周大扫除，红十字青少年挂着袖章，全校巡视。时间久了，同学们养成了习惯，都能认真地接受他们的检查。

红十字青少年编卫生黑板报，每学期达20余期，撰稿人也多是红十字青少年。黑板报的内容做到了有的放矢，比如国庆节、中秋节临近了，就以防止食物中毒为主；热天下乡劳动前夕，就刊登中暑的预防和急救的常识。

初中一、二年级的红十字青少年，兴趣广泛，又特别喜爱服务性活动，功课也比较轻，实验中学给了他们较多的工作。高年级学生所担任的工作，适当减少一些。这种做法也可供各地参考。

实验中学红十字会能积极争取党政领导的重视与支持，主动与有关部门（如青年团、学生会）密切联系和配合，这是他们能做出成绩的主要原因之一。他们还注意了使红十字会活动的内容丰富多彩，使青少年经常有事做，又能引起他们的兴趣；同时还注意了经常表扬好人好事。

这些都是十分重要的。

湖北省红十字会

1963年11月6日

（原载湖北省档案馆馆藏档案，档号：SZ115-01-0399-0001）

麻城县红十字会一九六三年工作总结及一九六四年工作打算

我县1963年的红十字工作，随着工农业生产的发展，为保护广大人民身体健康，支援社会主义建设，在县委、人委的正确领导下，紧密结合党的中心，把支援农业放在首要地位。全年工作的开展，是遵照省红十字会的指示精神，围绕县卫生工作总的安排，结合我县实际情况进行的。主要是集中精力，巩固重点，提高质量，积极开展城关、宋埠、白果三镇的会员活动，由于紧紧地依靠了当地党政和卫生部门的支持指导，一年来，在组织训练、宣传活动上取得了不少成绩。但由于形势的发展，我会力量薄弱，在开展正常活动中，还存在一些实际问题，有待今后去逐步改进，为了总结经验，明确问题，进一步去做好六四年的工作，特做总结向上级汇报。

一、基本情况

从我县红十字工作活动情况看，数年来，随着形势的变化，生产的不断发展，工作开展也就有所变动，自1956—1958年，先后在全县发展了一万多名会员，其中培训了300多个卫生人员，转入了农业战线，因此，大部分的基层组织也就随之而散了。原有四个会务干部，经过几次精简，现在只有二人（会长黄克开、干事蔡慎修）在卫生科编制之内，合署办公兼管这一工作。红十字会诊所，原有15人，现减为13人，专搞门诊业务，已转为集体，完全实行自给自足。兼之近年来会员流动性大，因此，前段工作抓得不够全面，原有较好的基层组织多已涣散。由于以上情况，我们遵照上级指示精神，从1962年起就把工作转到重点城镇，在有条件的厂、社、学校等集体单位，继续恢复原有组织。特别是在今年十月份，省会召开了工作座谈会，姚厅长对今后工作的开展作了明确的指示，我们将这一会议精神向县委宣传部和吴伯厚主席（副县长）作了汇报，并由宣传部周光□副部长具体指示。将工作重新做了计划，遵循着省会精神，在三镇部分单位进行了调查摸底，目前登记会员有1952名、40多个基层。为了继续加强这一工作，做好卫生部门的助手，根据这些实际情况，只有紧密配合县防疫站、妇幼保健所，在卫生科的计划统一安排下，既抓重点，全面工作也要照顾。

二、全年工作开展情况

（1）加强组织训练，提高技术力量，这样保证了会员质量，丰富了活动内容，做到把卫生知识普及到群众中去，为开展爱国卫生运动培养骨干，先后在三镇组织了8个班的训练，计340余人次（其中有50余人担任了计划生育的宣传技术指导员），包括小学、饮食行业、厕所管理员在内，训练内容：会员是以“卫生卫国”课本为基础教材，其他则是根据季节讲授怎样预防流行病、常见疾病以及除四害讲卫生等知识，对有保健箱的红十字基层单位的卫生员，使其懂得处理一般小伤小病、打针用药等，由浅入深，逐步提高。

（2）红十字会是群众性的业余组织，在时间上是采取业余活动，利用工休或晚上，每次学习不超过三小时，对师资的解决，我们是依靠当地卫生部门，派医生或防疫员担任培训的骨干，也是他们开展卫生活动的助手，白果、宋埠就是这样做的。城关开展训练是以红会诊所或防疫站派医生担任，今年共发了“卫生卫国”课本120本、炊事员手册100本、预防传染病手册90本，免费配了1个个保健箱的急救药品和简易器械，建立了8个卫生站的重点（包括城厢、宋小两个学校）。

（3）普及卫生知识，大搞宣传活动。由于培训了卫生骨干，在宣传活动中有了动力，围绕生产中心，结合季节和节日，利用各种形式向广大群众进行卫生知识的宣传，三镇开展了六次爱国卫生运动。冬春是以积肥为中心，夏秋是以消灭四害、预防肠胃传染病为中心，各镇都建有“安全卫生竞赛图”，定每季度大检查一次，评比分类型挂牌，采取表扬先进、带动落后的办法。如白果镇6月份在全镇开展了一次为期20天的卫生突击月，通过突击，根本改变了全镇的卫生面貌，积了四万多担肥，有力地支援了农业生产。以红十字会员为主的组织了拖拉机1台、板车20部，协助填平了两个污水坑，疏通阴沟28条，基本上消灭了蚊蝇孳生地，对厕所和水井也训练了专人管理，做到每天清扫、三天打药一次。为了消灭成蚊，全镇统一进行了三次“烟海战”，还普遍喷洒了“二三乳剂”四次，由红十字会员组织分头检查。为了消灭老鼠和家蝇，还配制了磷化锌“敌百虫”43斤，发给各单位，灭蝇效果很好，共灭家蝇25斤，足有一箩筐，灭老鼠3000余只。

宣传是根据季节和运动开展的，针对群众思想进行现实教育，使运动在三镇顺利开展。我们通过防疫卫生小报宣传卫生知识、表扬好人好事、互通运动情况，前后出刊了11期，计3000多份，出黑板报25期、灯光报5期、广播10次，通过电影放幻灯片宣传20余次，发各种宣传画材料1000多份（发至全县卫生院所、各基层单位），并配合保健所在三镇搞了“计划生育”展览宣传三次，画了连环画、宣传画50多幅，观众达一万多人次。

（4）通过运动的开展，及时总结了经验，涌现出不少积极分子和模范人物，如白果的鲍家英、宋埠的龚静斋、铁门的张珍善、城厢小学的董桂娟等（模范事迹已专题总结报省）。她们在运动中发扬了高度的革命人道主义精神，不畏艰苦、克服困难，出色地完成了任务，深得广大群众的好评。

（5）结合党的中心，参加各项运动：我县今年在农村开展社会主义教育重点，我会两名干部先后参加了东木、铁门两个区的社会主义教育工作，为时四个多月，并配合县文化馆，深入重点搜集材料，编词绘制连环画100多幅，在东木、城关、宋埠、铁门等重点区进行巡回展览。夏季在白果区配合防疫站、保健所进行预防农药中毒、防暑降温的组织训练和宣传讲座，为了加强对农村的劳动保护，结合进行“五病”调查，协助绘图建账，使农村对妇幼保健和防疫卫生与城镇一样，也能根据季节配合生产开展宣传，做到生产讲卫生、卫生为生产。

三、存在问题

（1）我会干部仅二人，还是占卫生科的编制，县中心向（来）运动多，经常抽调搞其他工作，这样对抓好基层组织、巩固经常性活动有所影响，甚至打乱计划，不能按期完成任务。

（2）会务工作除了宣传外，主要是组织会员搞好训练，会务上没有专门医生，对急救训练上不能做到及时，因此很感困难，要求在编制上增添一名医生，或调换一名干部，既担任干事又能搞会务，医生担任训练工作。

（3）对开展工作方面，我们对其他工作结合多，而其他部门对红会工作结合少，有时使工作失去主动，形成抓一下动一下，使工作不能抓根放手，要求上级有关部门对红十字会工作加强重视和领导。

四、一九六四年工作打算

（一九）六四年的工作，我们遵照（一九）六三年十月份省座谈会姚厅长报告的精神，仍以整顿基层组织为主，继续进行老会员登记，有些基层虽然摸了底，也有不少老会员因为时间和力量关系，没有重新改选组，建立制度，在训练活动上，还没有很好地开展起来。另外，县级各有关单位的主要干部，大部分抽去搞社会主义教育工作，对召开县红十字会委员会的改选工作也未进行。这项工作打算在二月份再报请县委批准进行。根据目前实际情况，我们初步打算：

（1）继续抓好三镇的 8 个重点基层，协助改选卫生站的组织，进一步开展以计划生育为主的宣传和防疫卫生保健等知识的训练，使其真正做好政府卫生部门的助手。

（2）结合迎接春节，在三镇开展一次以积肥为中心的爱国卫生运动，组织会员，利用各种形式，本着节约原则，开展会务宣传活动，进一步加强他们的光荣感和责任感，启发会员扶老护幼，助人为乐，发扬救死扶伤的革命人道主义精神，使他们在群众中起模范带头作用。

（3）夏季准备在三镇组织一次以红十字工作为主的卫生检查评比竞赛，通过检查，互相交流经验，树立先进，推动工作。

（4）为了加强学校的红十字工作，计划秋季在麻一、二、三中和白果小学，以集体方式发展一批新会员，定 500 人。恢复原有组织，普及青少年的卫生保健知识，培养他们共产主义思想的道德品质。

（5）加强有关单位联系，发展卫生人员为红十字会员（去年曾做过这工作，但未扎实），便于结合全县卫生工作的开展。因为我县是 12 个区、一个龟山茶场、100 多个公社，共有 1000 多个医药卫生人员，其中也有不少的红十字会员。通过这批力量，做到互相配合，开展经常性的会员活动是个有利条件，我们去年在白果、宋埠、铁门这样做，取得良好效果，今年计划在中驿、福田两个区，恢复和发展一批会员，定 200 人。

（6）根据我县实际情况，计划编印一批宣传材料（包括标语式的宣传画），达到更深入广泛地向群众宣传会务知识和卫生知识，以进一步扩大红十字会在群众中的影响。

1964 年 1 月 14 日

（原载麻城市档案馆馆藏档案，档案号：108-1）

在全省红十字会工作座谈会议上的报告
（1964年5月）

湖北省红十字会自1956年改选以来，做了不少工作，取得一定成绩。以后，由于国内形势的变化，领导工作没有跟上去，除武汉市外，大部分地区工作一度停顿。1962年，贯彻了红十字会全国代表会议精神之后，进行了整顿，恢复了工作，明确了红十字会国内工作方向，扭转了停顿局面。1963年，我们进一步贯彻“调整、巩固、充实、提高”的方针，由于各级党、政领导的重视，和有关部门的大力支持，以及广大会员的积极努力，武汉、黄石、沙市、宜昌、襄樊等市和麻城、孝感、浠水等县红十字会都开展了工作，在健全领导机构，整顿基层组织的基础上，全体会员均积极参加了爱国卫生运动，组织了卫生救护训练、卫生宣传，并在防疫、急救、计划生育的宣传和避孕方法指导等方面均取得了一些成绩，发挥了红十字会组织在群众性除害灭病工作中的助手作用。

一、1963年的工作概况

（一）省会工作

实践证明，总会提出的“有计划、有重点，根据需要与可能，适当发展”的工作方针是正确的。实行这个方针，红十字会的国内工作就能稳步推进，扎扎实实地开展起来。

为了深入贯彻总会精神，省会于1963年10月召开了全省红十字会工作座谈会，各地红会汇报了情况，交流了经验，学习了李德全会长于1961年10月23日在全国代表会议上的报告和彭炎秘书长1963年3月23日在部分城市红十字会工作座谈会上的总结，最后由省会姚克方会长做了总结发言，布置了工作。

1963年10月和12月，省会先后组织了两次工作检查，到武汉、黄石、浠水、麻城、孝感、沙市、宜昌、襄樊等地，首先听取各地分会汇报，参观了基层，并向当地卫生行政领导宣传红会的性质、任务和在爱国卫生运动中所能起的作用。

为了迅速开展红十字卫生站的活动，省会购买了600多元的常用药品，又从卫生厅仓库中拨出了部分的药物，充实了30个保健箱（原有的保健箱不在此数内），分发各新建及恢复的卫生站应用。

为了在学校中做好红会工作，省会印发了武昌实验中学红会工作的经验。

（二）整顿组织

1963年，各地红会都进行了整顿组织工作，武汉市是在六月开始的，其他各地多是在10月以后先后进行的。各地红会结合开展爱国卫生运动，本着“整顿一批、巩固一批、提高一批”的原则和“边宣传、边检查、边整顿”的工作方法，经过整顿后的红十字卫生站，工作普遍活跃起来，成为群众性卫生工作的一支骨干力量。如，武汉市江岸区大智街红会的领导干部就是街办事处的文教卫生主任。他们首先从武装骨干思想、端正骨干认识入手，成立了学习领导小组（参加的有卫生干事、总站卫生员、派出所治安民警和地段医院院长），学习了总会有关指示，讨论了红会宗旨、性质、任务，（并）联系本街红十字会组织存在的问题反复务虚。然后，又用了四个半天的时间，召集了居委会主任、卫生主任和红会卫生站的骨干深入进行学习，从而提高了认识，端正了思想，增强了信心。骨干回去后，就积极开展了宣传、摸底、审查、登记、编组、建站等工作。经过三四个月的努力，这个街道重新登记和新发展的会员共707人，建立了16个卫生站，开展了许多经常性的活动。

（三）基层工作

经过整顿工作，由于健全了组织，加强了领导，基层的活动就更为活跃一些，并能保持经常。学校的红会，一般都做了些简易治疗、卫生检查、体格检查和卫生宣传工作；街道红会主要是搞爱国卫生运动，开展了预防工作和简易治疗，在减少药费开支、提高出勤率方面起了显著作用；有的旅馆办起了红十字卫生站，改善了服务态度，提高了服务质量，接送患病旅客，背进背出，联系医院，为他们换药、洗澡，深得旅客好评，成了医院辅助病房，解决了病人暂时不能住院的困难。各地红会的会员，救死扶伤，发扬革命的人道主义，为老、幼、病、孕、残洗衣服、端茶水、治疾病，办好事的模范层出不穷，举不胜举。

麻城县红会有一个诊所，浠水县有一个红十字医院，原来都是国家办的，随着精简机构，都转为集体。这两个医疗机构中都有党的组织，干部都是国家派去的，他们在经营管理、服务态度方面都比县医院好，在群众中威信很高，对许多困难患者，实行了免费医疗。浠水县红十字医院还抽出两个干部，做县红会的工作和城关的卫生防疫工作，工资仍由集体负担，风格是很高的。

（四）几点体会

1. 结合三大运动，树立三个观点

红会工作要为无产阶级政治服务、为生产服务、为保障人民健康服务，就必须与阶级斗争、生产斗争和科学实验三大革命运动紧密结合，在各项活动中，贯彻阶级观点、群众观点和生产观点。这是办好红会的思想基础。

经验证明了，各级红会必须在当地党委的统一领导下，根据国防形势和防治疾病的要求，紧密结合阶级斗争、生产斗争和科学实验，配合爱国卫生运动，大力开展国防卫生救护训练和卫生知识的教育，在各项会务和业务活动中，贯彻阶级观点、群众观点和生产观点，才能正确地解决中心工作和部门工作的关系，才能紧紧抓住中心工作带动全面工作的方法，搞好红会工作。否则，皮之不存，毛将焉附？离开了三大革命运动，离开了中心工作，无视三个观点，红会活动是无能为力的。

2. 民主办会，勤俭办会

红十字会的组织原则是民主集中制，特别是红会这样的群众团体，做工作不能用行政命令，只能民主协商，只能用说服教育的方法，办好红会，必须体现民主精神，必须调动全体会员的自觉性、积极性，就是群众的事情群众来办。

勤俭办会的精神，应该贯彻在红十字会举办的各项活动中。比如，红十字卫生站的保健箱，只能以常用急救药品为主，以免造成浪费和医疗事故。

3. 全面规划，检查评比

主席指示我们要“全面规划，加强领导”，这是一个极其重要的指导方法。红会工作有了规划，就能争取各级党、政领导和各级卫生行政部门把红会工作纳入议事日程。此外，还有三大好处：一是明确目标，统一意志。有了规划，红会干部、红会会员就知道干什么，如何干，上下左右统一起来。二是组织群众，有条不紊。有了规划，就能起指导广大群众行动的作用，就不会做了这条，丢了那条，顾此失彼。三是便于检查，便于评比。有了规划，按规划办事，便于检查、评比，斗争就不会松懈，工作就不会自流。

4. 有点有面，又抓又推

任何工作都要抓点，抓点是为了带面。怎么使点发挥作用呢？要在点上抓紧做好当前的一两件事情，创造出经验加以推广，叫做“抓紧做好，马上推广”。省会总结了武昌实验中学的经验，武汉市红会总结推广了江岸区的经验，这对推动学校和街道的红会工作，都起到了一定的作用。

二、1964 年工作安排

（一）健全和建立各级组织

1. 健全和建立市、县红十字组织

已经恢复工作的原有的市、县红十字会，其委员会在 1961 年中国红十字全国代表会议后没有改选的，必须召开代表大会或代表会议，进行改选。没有红十字会的市、县是否建立红十字会，应报省决定；原则是，确有必要而且编制干部问题能在当地解决，才能成立。

2. 健全和建立市、县红十字会以下的组织系统

有红十字会组织的市，其区、街、公社直到基层的红十字会组织，都要按红十字会的组织原则，逐步健全和建立起来，以便于领导和开展工作。有红十字会组织的县，也要健全和建立城镇红十字会组织。

3. 健全和建立基层组织

各市、县红十字会，都要有计划、有步骤、分期分批地继续恢复和建立红十字卫生站。要求工作较好的市、县红十字会，能在市、县范围内，逐步普遍建立起街道、厂矿、中小学校红十字卫生站；新开展和刚恢复红十字会工作的地区，建立工作必须先搞试点，然后逐步推开，已经建立的红十字卫生站，必须进一步按组织、人员、任务、制度四落实的要求，加以整顿、健全、巩固、提高。

（二）开展卫生业务工作

各市、县红十字会的卫生业务活动项目，应根据当地实际情况和章程规定，加以研究确定，并且要突出重点，抓紧、抓好，做出成绩。1964 年要着重做好以下几项工作：

（1）在防病工作方面，主要是协助卫生防疫部门和医疗部门，做好季节性传染病、职业病的预防宣传、接种、消毒、隔离工作。在红十字会组织较健全的地区，争取以红十字卫生站为基础，建立起疫情报告网。

（2）在爱国卫生运动方面，要求会员积极参加，带头搞好卫生突击活动；要求会员的个人卫生、家庭卫生和环境卫生，做到经常化；要求会员积极进行除“四害”、讲卫生的宣传。

（3）广泛开展会员的卫生知识教育和卫生救护训练。从 1964 年开始，要求首先在会员中逐步普及卫生知识教育。在 1964 年内，接受卫生救护训练的会员（包括过去训练的），要求至少达到每个厂矿、学校、

街道会员人数的40%。

（4）国防救护的训练和组织工作，在大厂矿可以结合民兵工作继续进行。红十字卫生队应与民兵组织结合，暂时不必强调都要装备，但要有救护演习，并须参加本单位红十字卫生站的活动。

（5）积极配合有关部门，进行计划生育的宣传、调查，避孕方法指导和代卖避孕工具等工作，并要注意方式。要把这项工作列为红十字卫生站的重要任务之一。

（6）已开展输血工作的地方红十字会，必须继续把输血的宣传、组织工作做好。有条件的红十字会，可试办群众输血站，同输血机构和医院联系，宣传和协助组织输血工作。

（7）在会员中，大力提倡友爱互助，发扬救死扶伤的革命人道主义精神，在卫生救护方面，积极为群众办好事。

（三）开展会务活动

（1）登记老会员和发展新会员。从改组到工作停顿前发展的会员，通过宣传，自愿继续当会员的，应予以登记，不能对这些老会员置之不理。发展新会员，要根据需要和可能，有计划地发展。各基层组织，按中国红十字会关于会员工作的意见提出的指标，凡是不足的，应继续发展，达到指标数字；超过了的，在1964年内除个别需要的人吸收为会员外，应暂时停止发展会员，着重组织、训练、巩固、提高工作。

（2）1964年会员工作的中心任务是会员教育。除了开展卫生知识普及教育，要大力进行会务知识和思想教育。各市、县红十字会，必须在六月中旬以前，将在试点中收集到的对《中国红十字会会务知识》（试用本）的意见寄给省会，以便及时报总会修改、定稿，作为普遍进行会务知识教育的课本。各市、县红十字会，要搜集会员先进事迹，在市县范围内，向会员广泛宣传，进行学习，有特别突出的，要及时汇报省会。会员思想教育工作，必须注意抓好"活教材"，不能只是念课本、讲道理。会员教育工作的步骤，是首先抓好会员骨干（包括红十字卫生站的干部和积极分子）的教育，然后推广到全体会员。每个红十字卫生站，要教育培养出10个左右的骨干会员。

（3）开展"五好"会员、"五好"干部、"五好"单位的评比竞赛活动。通过这个活动，奖励先进，推动工作，以优秀成绩迎接建国十五周年，迎接中国红十字会成立六十周年和改组十四周年。（办法另拟）

（4）培养和树立标兵。每个市、县选择一两个区、镇红十字会，作为标兵对象进行培养，争取在一两年内，把区、镇红十字会的标兵树立起来，并且必须在1964年内，树立起几个标兵红十字卫生站。

（5）如何发挥团体会员的作用，要进一步总结经验。在没有总结出经验的地区，只能做发展团体会员的试点工作，不要一下子发展太多。

（6）加强社会宣传。注意及时搜集材料，编写文章，摄制图片，充分利用当地报刊和广播电台（广播站），加强红十字会会务和卫生业务活动的社会宣传工作。

（四）加强各级红十字会的领导工作

（1）各级红十字会，在健全组织机构的基础上，必须加强对下级红十字会组织的领导。要深入了解和全面掌握下级红十字会组织的情况，进行调查研究，帮助解决问题。及时做好工作总结和工作计划，使各级红十字会的工作有计划地开展起来。

（2）各级红十字会组织，要充分发挥委员会的作用，定期召开委员会议，有事经常商量，争取委员们的协助和支持，以达到加强和有关部门协作配合，集思广益，更好地做好领导工作。

（原载湖北省档案馆馆藏档案，档号：SZ115-02-0685）

关于省红会第二届会员代表会议暨先进单位、先进工作者代表会议情况的报告

一、简单经过

湖北省红十字会是在1956年改组的。改组后的红十字会与旧社会的红十字会有本质的区别。1956年—1958年，武汉市、沙市市、宜昌市、黄石市、襄樊市、麻城县、浠水县、孝感县发展了大批会员，开展了群众性的卫生救护活动。从1959年起，从总会到各市、县都紧缩了机构，裁减了干部，放松了领导，我省部分红会组织也瘫痪了。1962年，总会又开始重视国内工作，开过几次会。接着，北京、上海、东北各城市红会工作又重新活跃起来了，并在群众性的爱国卫生运动中做出了很好的成绩。我省红会工作虽然也抓了一下，但远远落后于先进的兄弟省、市。今年三月，总会召集了国内工作会议，会上批评了湖北省。我们这次会议就是在总会的督促下召开的。

这次会议的任务是：第一，进一步贯彻总会三月会议的精神；第二，检阅成绩，交流经验，开展“比、学、赶、帮”运动；第三，改选

省红十字会委员会。

出席这次会议的有：先进单位代表34人，先进工作者代表17人，会员代表41人。

会议一共开了六天，听了上届委员会的工作报告，安排了一天半时间的分组讨论及大会发言（主要是各单位介绍工作经验），参观了武汉地区红会的先进基层组织和爱国卫生运动的先进单位，组织了认真的讨论。

二、会议的收获

1. 对红会的性质、任务认识得更加清楚了

近几年来，由于省会放松了领导，放松了对会员的会务知识教育，不仅人民群众，就是红会会员和红会的干部，对红会的性质和任务都不明确。有个别同志把红会当成政府机关，又反映了群众中把红会当成宗教团体或反动会道门。最近，在重新登记会员当中，有的会员还担心参加红会成了历史污点。总之，各种糊涂认识都有。会议上，经过学习、讨论、传达总会精神，大家一致明确了：红会是一个群众性的卫生救护团体，它的宗旨是实行救死扶伤的革命人道主义。会上还明确了“三个需要，两个助手”。所谓“三个需要”就是：国际活动需要，国防需要，群众卫生工作需要。所谓“两个助手”就是：在国际活动方面，它是外交部的助手（我国有很多外交活动是通过红十字会来进行的）；在国内卫生运动中，它是卫生部的助手。

2. 交流先进经验

我省红会比起兄弟省、市来，虽然是落后的，但也有一些先进的地区和先进的单位，只是先进面没有别人那样宽罢了。如武汉市的江岸区、麻城县、浠水县，这些地方的红会工作一直坚持下来了。汉口江岸区大智街红会工作做得好，街道上的会员每半月过一次组织生活，学习政治，学习卫生业务，在群众中有一定的威信。他们实行“六包”，每个会员包五个门牌的卫生工作，疫情报告、计划生育、家庭护理都由会员包下来。由于会员自己以身作则，经常帮助别人，督促检查，就使卫生工作落实下来了，就能够经常持久地开展。宜昌市三轮车合作社的红十字卫生站协助党政领导开展计划生育……红会会员有工人，有家属，有男有女，有老有少，他们住在群众中，自己又是群众中的一份子，许多工作由他们去做，比我们干部更合适。特别是计划生育，会员们可以男对男、女对女、串门子、谈家常，可以谈得很深很细，而这一点，是我们干部难于办到的。

这次会上，有“武钢”介绍了他们的文明生产的经验，卫生站为生产服务，取得了很大成绩。有浠水县三店公社红星大队介绍了他们的卫生工作怎样与农业生产结合的经验，他们的卫生站除了急救、简易治疗，还推行了分塘用水和饮水消毒，实行了粪便统管，取消了私厕，大大降低了“四害”密度和发病率，成了农村卫生运动的一面“红旗”。他们不仅卫生好，生产也搞得很好。会上，还有宜昌一中、沙市新沙路小学、武昌实验中学的红十字会介绍了开展学校卫生的经验。他们在注意学生营养，保护视力，体育锻炼，劳逸结合，治疗蛔虫、头癣等方面都有一些好办法。这些学校不仅学生的卫生习惯、健康状况比较好，而且功课、品德也都比较好，红十字青少年组织在全面贯彻教育方针方面，起了显著作用。

3. 交流了先进思想

我国红十字会是在毛泽东思想指导下进行活动的，它实行革命的人道主义，以助人为乐、以助人为荣。广大会员，由于经常受到会务知识的教育，不断提高觉悟，他们为人民办了许多好事，涌现了许多先进人物。宜昌三轮车站工人经常送产妇进医院，有时半夜上车，没到医院，孩子就生了，工人就帮助接生，脱下自己的衣服包婴儿。三轮（车）工人李万胜（红会会员）送农民下乡，三轮车不能爬山涉水，就下来先背病人过去，后推三轮车上坡或过河。在武汉市的大智街、浠水县城关沿河街，红会会员经常帮五保户、烈军属洗衣被、搞卫生，有的长年为老人倒马桶，不讲条件，不要报酬，专门利人，毫不利己。许多红会工作开展得好的地方，都形成了社会主义新风尚。许多群众都赞扬新社会，赞扬新社会培养了好会员。这些好人好事在大会上做了介绍，对大家鼓舞很大。

三、贯彻了总会精神，布置了今后工作

今年，总会提出了“有计划、有重点，根据需要和可能，适当加以发展”的方针。依照总会的方针，我们希望五市、三县紧密结合“社教”“五反”，对原有的红会组织进一步加以整顿，纯洁内部，同时根据需要与可能，在五个市、三个县地区适当发展一批新会员，以适应国内形势的需要。

根据总会要求，我们还布置了今后工作，今后主要是做好三项工作：

（1）会务工作：除了整顿组织，发展一批新会员，还要加强对会员的政治思想教育和会务知识的教育。

（2）进一步开展群众卫生和救护活动：办理会员的卫生和救护知识

教育，进行意外伤害的急救，参加自然灾害等临时性卫生救护工作和战时军民伤病人员的医疗救护活动；积极参加爱国卫生运动，带头除“四害”，讲卫生；协助卫生部门进行预防传染病的宣传、接种、消毒、隔离、疫情报告和家庭护理；配合有关部门，进行计划生育的宣传和避孕方法的指导，供应避孕用具；协助卫生部门整顿输血组织，进行输血意义的宣传，鼓励自愿输血；结合民兵训练，开展“三防”（防毒、防细菌、防原子弹）教育和国防卫生救护训练。

（3）协助总会，进行国际活动。

以上就是这次会议的大致情况。

这次会（议）有一个很大的缺点，就是有些先进单位，虽然工作很先进，但卫生站成立不久（或恢复不久），省会抓红会工作是从去年重新开始的，老一些的卫生站，也只经过了一年多的考验，而有些新站一成立就作为先进单位出席了这次会议。我们之所以这样做：第一，是考虑到他们在建站以前，已经在爱国卫生运动中经受了多年考验，是各地的卫生先进单位；建站以后，又能继续保持下去。第二，让他们参加了先进会议，对今后的红会工作，必能起促进作用。（但不管怎么说，红会成立不久就当了先进单位，这毕竟是个缺点）

出席这次会议的代表，有家庭妇女，有工人，有县长，有卫生局长，有中小学校长，有武汉市各区的区长，有防疫站、爱国卫生运动委员会和红十字会的负责人和专职干部。他们来自五市、三县，代表性还是十分广泛的。武汉市的江岸区、武昌区及其他市县，已经尝到了红会工作的“甜头”。武汉市的两位区长生动地介绍了他们的切身体会和思想认识过程，对代表们启发很大。大家纷纷表示决心，回去要好好向领导汇报、宣传，争取把红会工作摆在一个适当位置，纳入党政工作的议事日程。我们相信，经过这次会议以后，湖北省红十字会的组织将会有较大的发展，红十字会的工作将进入一个新的阶段，更好地为社会主义建设服务。

（原载湖北省档案馆馆藏档案，档号：SZ115-02-0685-0001）

武汉市红十字会一九六五年工作总结

一九六五年武汉市红十字会工作。在各级党政正确领导下，随着社会主义革命、社会主义建设和城市医疗卫生工作革命化的大好形势，各级红会组织以革命精神，突出政治，高举毛泽东思想伟大红旗。坚持以阶级斗争为纲，抓备战，促生产（工作），鼓干劲，抓落实，从而使红会工作出现一个新的局面，主要反映在以下几方面：

突出政治，高举毛泽东思想伟大红旗，促进红会工作革命化。

在这一年内，各级红会组织都认识到红会工作和党的其他任何工作一样，首先必须突出政治。毛主席教导我们说："政治是统帅，是灵魂，是一切工作的生命线。"实践证明，凡是把政治工作摆在首位，用毛泽东思想指导工作，按毛主席指示办事，工作就必然搞得有声有色，就能取得成绩，人的精神面貌也就大大振奋。根据这一精神，我们突出的抓了以下工作。

解决市红会机关工作革命化。根据市卫生局党委指示精神，下决心抽出二名干部。配合有关部门长期下到基层蹲点，留二人照顾面上工作。定期深入基层扭转了过去习惯坐办公室指导工作的作风。通过一年来的蹲点和深入下去后，与基层红会干部和广大会员建立了深厚的感情，了解到他们的生活和工作情况。特别是看到不少会员舍已为人，不计报酬，热心为群众服务的精神，使我们受到极大的鼓舞和教育。更重要的是，我们认识到过去在工作中的某些主观片面和脱离群众的工作方法，使工作受到一些影响。通过蹲点，提高了思想，转变了作风，促进了工作，对实现机关工作革命化提供了有利的条件。

一、组织会员学习毛主席著作，抓活思想（略）

二、结合"四清运动"，加强基层组织和建设工作

在（一九）六五年，各区、街道，单位结合"四清运动"，对站的领导干部进行了必要的调整……逐步进行。根据 12 个区不完全统计，共有会员 36873 人。红十字卫生站 1302 个，另汉桥区公社生产队建有保健箱 148 个。这些站和会员，大都是经过整顿和充实，有的是在运动中发展和组织起来的，因此比较巩固。

三、突出政治，结合备战开展了国防救护训练工作

各级红会组织，结合战备形势教育，大力宣传国防救护训练的重要意义，使训练工作得到各单位领导的重视和支持。在训练的过程中，始终贯穿政治思想工作，开班前作形势报告，组织学员反复学习战略战术思想，学习《愚公移山》《为人民服务》《纪念白求恩》《丢掉幻想，准备斗争》等文章……扛上操场，来武装思想，因此提高了学员的政治思想觉悟，认识到为革命而学，带着阶级感情学，带着敌情观念去操练，树立了不怕艰苦，排除万难，学过硬本领的信心。汉桥区每次培训公社

卫生员时……引导学员新旧社会对比，忆苦思甜。提高学员阶级觉悟，启发他们学习热情，加强卫生员为贫下中农服务的观点。因此，各地区举办训练班的效果很好。通过学习，一般都能解决在战场上能迅速处理伤病员各部位的包扎、止血、骨折固定、搬运四大技术，学会了在炮火下抢救伤员，利用地形地物匍匐前进，把伤员搬到隐蔽地进行抢救，如武钢许多红十字会员在民兵中担任了卫生兵，有的人能在一分钟内爬上四楼抢救伤员，对顶竿上楼、挂钩上楼、爬管上楼、水上抢救等技术，已基本过硬。有些街道的会员，他们也都能克服学习上的重重困难，勤学苦练，掌握了战伤救护及小伤小病的简易治疗等技术，为了巩固提高训练的成……（注：原文此处部分缺失）

四、红十字会员在各项卫生活动中的作用

（1）卫生站处理小伤小病和急救活动，受到广大群众的欢迎，对保护人民身体健康，促进生产（工作）起到了很大作用。（缺）

（2）协助地段医务人员开展防疫工作。

……（缺）

（汉桥区）1965年肠道传染病预防注射率，全区达84.7%。江汉区也曾组织315名会员参加了肠道传染病预防注射工作。

（3）在配合计划生育工作方面，卫生站发动组织会员，深入到户。从关心群众生活出发，采用串门子、谈家常等方式。了解情况，掌握对象，耐心地进行宣传和动员计划生育。如汉阳集家街通过会员做了许多工作后，使1965年出生率比1964年下降一倍。又如水上区、武运五社是一个木帆船运输合作社，夫妻船多，大多系多子女，有些船员过去认为生儿育女是命中注定，加之长年在水上生活，小孩风险大；有的觉得船小，一家人都在一起，避孕不方便；也有人对节育有顾虑。因此在全社192个有生育能力的职工中，有小孩278名……汉桥区的红十字卫生员都是女青年，她们除了积极宣传计划生育的好处外，并带头晚婚。

（4）在爱国卫生运动中，会员更是以身作则，带头响应号召，积极投入运动，成为运动中的一支骨干力量。如江岸区四维街寿星居委会环境卫生较差，沟道破损多，加之有很多人不注意公共卫生，形成“五多”现象（乱倒垃圾多、泼污水多、随地大小便多、鸡鸭屎多、破损沟道多）。有很多家庭卫生状况也不够好，1965年该居委会红十字卫生站，在街办事处和街红十字会的领导下，配合居委会，发动会员，带头改善家庭卫生和环境卫生，取得了很大成绩。从家庭卫生看，过去卫生好的户只占百分之十左右，后来上升到百分之七十左右，出现了不少卫生之家，其中会员占很大比例。环境卫生也得到根本改善，五多基本上消灭了。江汉区在1965年7月，全区进行大面积灭蚊时，根据区爱委会要求，每个居民小组要2~3名骨干掌握敌敌畏烟剂量和使用方法，统计全区需要三千余人，经过各街红十字会的布置，参加这项工作的会员达一千五百余人，推动了灭蚊工作的进行。

五、几点体会

（1）……坚持经常学、带着问题学，要把学用结合起来，就可以充分调动每个会员的积极因素，树立全心全意为人民服务的思想。一年来，由于各街红会组织突出了政治，狠抓活思想，加强了政治思想教育，使红会工作向前迈进一步，在广大干部和会员中出现了不少好人好事、助人为乐的新风尚。

（2）争取领导重视、支持。一年来，红会工作之所以取得很大成绩，这是与领导重视分不开的。市卫生局领导在局召开的有关会议上强调了红会工作。红会的有关工作计划安排，也纳入到整个卫生工作的一部分。由于市卫生局领导对红会工作的重视和支持，各区卫生部门也加强了对红会工作的领导，并采取一些改进工作的措施，把红会真正变成卫生部门得力的助手。市人委熊副市长（市红会会长）亲自主持召开了市红会委员扩大会议，并多次出席参观了市、区和有关单位所举办的国防救护现场演习，在演习结束时作了指示。对同志们的鼓舞很大，对以后开展这项工作起到了促进作用。

（3）紧密结合中心工作，密切与有关部门配合，发挥红十字会在群众中的组织作用。

红会工作和各有关部门的工作是有着紧密联系的，它涉及面广，只有紧密结合各个不同时期的中心任务，如当前的战备工作、开展国防救护训练和城市医疗工作革命化的防病治病工作，才能充实基层组织的活动内容，也才能充分发挥它在群众中的组织作用。

……

其次是点面结合不够。通过蹲点，摸索了一些经验，取得一些成绩，但未及时总结经验，指导全面工作。在组织落实方面也存在一些问题，兼职干部活动频繁，有的还形成空白点，对推动工作受到一定影响；再次是某些具体问题上，如会员的评比奖励、居委会卫生站的活动经费以及巩固提高等问题，目前尚未提出一套较完善的办法。

这些问题，我们有决心在今后工作中努力改进……树立全心全意为人民服务的思想，加强调查研究，转变工作作风，切实面向生产、面向基层、面向群众，使红会工作在革命化的道路上进一步提高。

单位	会员	卫生站	国防救护训练人员	备注
江岸	7632	219	——	
江汉	5022	274	712	
硚口	3273	80	721	
武昌	6745	274	1248	
汉阳	1023	61	658	
青山	2044	149	486	
洪山	1075	165	736	
汉桥	578	——	——	148 个保健箱
水上	810	49	68	
武钢	8385	21	397	
武建	286	10	350	
共计	36873	1302	5403	

武汉市红十字会

1966 年 5 月 20 日

（原载武汉市档案馆馆藏档案，档号：XX000071-WS01-0715-0001）

公牍选载

原为教会医院、红十字医院及私人医院诊所如何课税由

卫生部：

奉中央财经委员会交下：贵部（50）卫医字第68号抄呈及附件，敬悉。兹并后如次：

一、政务院新颁立工商业税暂行条例，对于教会及红十字会医院并无免征营业税之规定。中央财经委员会发出免税电示，想在新条例颁布之前，已失其免税依据，至附件所称东北免税□区，现一律废止。

二、工商业税系营业税与所得税之统称，并非仅以纯工商业为征课之对象，医院或诊所，皆有独立营业行为，自应照章征税。惟依新条例精神，不问教会、红十字会或私营寺院诊所，其施诊部分只收药费而不超过成本者，可以免征。至于社会卫生事业应加照顾一节，条例内之计算分业税率及减征行业范围表内已另有规定。

三、附件称武汉各私立医院及诊所，在解放前，对于支前、义诊、防疫、扑灭瘟疫，及拥军优属、送诊、送药等运动，踊跃捐输人力、物力，此是光荣贡献，值得表扬；此亦为我人民应尽之责，似不宜引为免税理由。根据以上各点，汉口市公济医院等所请免税一节，我部不便同意即请。查找并转知，为荷。

部长：薄一波

抄呈：副部长戎子和、财经委员会王绍鏊

抄送：中南区税务管理局

中央人民政府财政部

1950年4月8日

（原载武汉市档案馆馆藏档案，档号：XX000074-WS01-0574-0059）

中国人民救济总会致武汉分会关于协助协商改组的函

武汉分会、杭州分会，上海、西安、天津筹委会：

中国红十字会总会在中央卫生部、内务部及本会的协助下，已于本年8月3日完成改组，但其散布各地之分会亦须进行整理工作，故望我分会，如当地红十字分、支会及其附属机构改组时，与当地卫生、民政部门配合，予以协助进行，并给人力配备。兹将改组后之《中国红十字总会会章》一份寄上，希查照办理为要。

此致武汉分会。

中国人民救济总会

1950年9月25日

（原载武汉市档案馆馆藏档案，档号：XX000134-WS01-0088-0001）

邀请武汉市救济分会派员商讨汉口分会改组事宜的函

武汉市救济分会：

中国红十字会总会在中央政府领导之下，业经协商改组完成。各地分会均须调整充实。兹为商讨汉口分会改组事宜，特订于本月二十七日（星期三）下午二时在中南军政委员会卫生部召开座谈会协商进行。届时，即请出席参加为荷。

中南军政委员会卫生部　姚克方

中国红十字会汉口分会　宋如海

1950年12月25日

（原载武汉市档案馆馆藏档案，档号：XX000134-WS01-0088-0002）

推派刘静等为出席红十字会武汉分会协商会议代表函

中国红十字会武汉市分会协商会议筹备处：

顷接来函，嘱推派代表出席贵会协商会议。兹决定推派本会常务委员刘静同志、常委兼秘书长蒋铭同志代表本会出席参加，敬希查照为荷。

中国人民救济总会武汉市分会

1951 年 1 月 4 日

（原载武汉市档案馆馆藏档案，档号：XX000134-WS01-0088-0004）

同意鄢曾佑、李懋基、刘铁良三人参加干训由

中国红十字会总会：

1951 年（51）京组字第 3698 号通知获悉。我会遴选参加受训人员，经送请武汉市人民政府卫生局（51）卫医字第 3793 号通知："接你会（编者注：即中国红十字会总会）之业字第 105 号、107 号两电及保送总会受训学员复送总会审核为要。"除于中有电话报到外，请将本会鄢曾佑等三同志登记表三份，呈审核。另祷中国红十字会武汉市分会□□□。

中国红十字会武汉市分会

1951 年 9 月 27 日

（原载武汉市档案馆馆藏档案，档号：XX000071-WS01-0698-0007）

为中南卫生部及市卫生局拟就红十字分会医院合办妇幼院可否报请示由

查中国红十字会武汉市分会医院成立年久，医务发达，□□□□，现因中南卫生部及武汉市卫生局拟在武汉市合办一个妇幼院，欲以红十

字分会医院房屋为院址。红十字分会，因为经费困难，于是□□同意，逐渐停诊。但该医院房屋，原来本□，既感不敷支配，且红十字会属于社会团体，如□其将房屋让给办理妇幼院，于将来救济收诊医疗业务，有碍开展。本会意见，拟另行设法解决红十字会分会医院经费问题，并协助其发展医务。对于（中南）卫生部、（武汉市）卫生局在该会合办妇幼院，甚不同意。是否有当仍请，□□核示为祷□呈。

中国人民救济总会

1951年10月5日

（原载武汉市档案馆馆藏档案，档号：XX000134-WS01-0088-0010）

总会关于武汉市分会理事选补问题的通知

中国红十字会武汉市分会：

（一）（52）企业字第393号电悉。

（二）你会理事出缺选补问题，可以当地政府卫生部门磋商决定：邀请当地有关机关团体代表参加，或仍由原机构改派代表选补。

（三）希即进行，并盼于人选确定后报会，以□加聘。

中国红十字会总会

1952年10月24日

（原载武汉市档案馆馆藏档案，档号：XX000071-WS01-0701-0018）

为转发中南核定黄冈等地救济分会、红十字会1952年度预算由

（52）财文字第3034号

黄冈专署、孝感专署、黄石市：

前奉中南财政部规定，各地救济分会、红十字会经费，在预算未核定前，由各财政部门暂借开支。现此项预算，业经中南核定，计分配你专（市）救济分会、红十字会经费（照表）元，由财政科通知各该地救

济分会办理预算和计算报销手续，向各该级财政部门洽领。各地财政部门根据中南规定之人数标准核定。其前暂借部分应扣回归垫。

上述预算作为追加你专（市）1952 年度预算，在接到预算后，并希将执行情况从何月份起借款若干，到 12 月底还需经费若干，反映本厅，以便拨款。

附：预算表一份

（原档案中未见预算表）

湖北省人民政府财政厅

1952 年 10 月 29 日）

为电送武汉分会助产学校教职员评薪表请予核定由

武汉市人民政府教育局：

据我会产校 10 月 28 日报告："关于我校据教育局评薪，第一次因小组联系了解情况不够，发生了没有掌握原则的偏向。经过了教育局专业教育科喻同志的动员报告会，端正了评薪意义，即做了第二次评薪。"兹送上评薪表 8 份，请予以分别存转。

（原档案中未见评薪表）

中国红十字会武汉市分会

1952 年 10 月 30 日

（原载武汉市档案馆馆藏档案，档号：XX000071-WS01-0694）

总会关于武汉市分会工作人员享受公费医疗预防等问题的通知

中国红十字会武汉市分会：

一、关于本会各地分会工作人员享受公费医疗预防的问题，业经中央人民政府卫生部以（52）卫医字第 1000 号通知，批准本会各地会务人员得按照《国家工作人员公费医疗预防实施办法》第二条第一项之规定予以处理，至各地分会尚未改组亦未开展业务者，可俟其改组后再行办理。并已通知各大行政区军政委员会卫生部和华北五省二市卫生厅、局在卷。兹特函知你会遵照核准编制名额实有人数，向当地卫生部门洽办。

二、1952 年度业务人员因未确定编制，业务人员公费医疗未获批准，其公费医疗可按中央人民政府卫生部批准标准，暂在各地分会事业经费内自行解决。至 1953 年度业务人员编制确定后，再行呈请中央人民政府卫生部核批。希速将你会各事业机构人员编制报会备核为荷。

（此件抄致武汉市人民政府卫生局、科，抄呈中央人民政府卫生部、中央人民政府财政部）

中国红十字会总会

1952 年 11 月 27 日

（原载武汉市档案馆馆藏档案，档号：XX000071-WS01-0701-0020）

武汉市分会通知蔡叔和等三人核对工资由

中国红十字会武汉市分会产校：

接武汉市人民政府卫生局（52）卫人字第 5426 号批复“兹核定蔡叔和同志工资为 210 分，事务员宋□琛保□□薪 180 分，陈蕙珍同志工资 190 分，希查照办理”等由。希即查照，分别衔接清补为荷。

中国红十字会武汉市分会

1952 年 11 月 29 日

（原载武汉市档案馆馆藏档案，档号：XX000071-WS01-0700-0015）

武汉市分会关于工作人员公费医疗及编制情况的报告

中国红十字会总会：

（52）京总卫字第 1185 号通知收悉。

一、我会工作人员公费医疗已获批准，业于 11 月 1 日起实施。

二、根据现有业务，制定我会事业机构人员编制表三份，报请鉴核。

（注：原档案中未见该会事业机构人员编制表）

中国红十字会武汉市分会
1952年12月15日

（原载武汉市档案馆馆藏档案，档号：XX000071-WS01-0701-0020）

为编具武汉市分会及支会工作人员编制表特请核批由

中国红十字会总会：

查我会1953年业务人员编制，经于12月15日以（52）会业字第655号代电附表，送达在案。我会以（本）会业务日渐开展，现编制人员不够分配，且受支会编制不明确影响，现人员更感不敷。为了1953年（本）会业务扩展，特根据我会工作情况，特详细编（具）我会及武昌支会工作人员编制表一份，特请核批。

附件：中国红十字会武汉市分会人员编制表

中国红十字会武汉市分会
1952年12月26日

附件：

中国红十字会武汉市分会人员编制表

组别			总务组		会务组		业务组		宣传组				
职别	总干事	副总干事	组长	干事	组长	干事	组长	干事	组长	干事	通讯员	工友	会计
数目	1	1	1	6	1	10	1	6	1	2	2	2	24

注：总务干事包括文书、□□、会计、出纳、事务、人事。）

中国红十字会武汉市分会武昌支会人员编制表

组别				
职别	总干事	干事	工友	会计
数目	1	4	1	6

（原载武汉市档案馆馆藏档案，档号：XX000071-WS01-0701-0019）

总会致武汉市分会关于人员编制问题的通知

中国红十字会武汉市分会：

一、(53) 会业字第692号代电及附件均悉。

二、□□1953年人员编制似犹庞大，本会因限于制度，无法予以批准。希仍按原编制造报。

三、编制表内，总务方面人员应与卫生业务方面的人员统一起来，业务组的人员□由院内人员兼任，以紧缩编制，解决干部问题。

四、支会编制一般均在发展会员成立支会后，酌量配备。关于你会支会编制问题，俟发展相当数量会员后，再行考虑。

中国红十字会总会

1953年1月5日

(原载武汉市档案馆馆藏档案，档号：XX000071-WS01-0701-0019)

为电请明确武昌支会编制以资开展会务由

中国红十字会总会：

(53) 京总组字第13号、(53) 京总组字第874号函均获悉。

一、遵照附件格式，造具行政人员调查表一份。

二、我会武昌支会原系武昌分会，于1951年1月8日协商改组并入。在编制未明确前，除□□部分补助外，□□。分会编制明确后，为了该会会务推展和照顾职工生活起见，故在我会编制内列支。

三、支会编制不能确定，对我会人员加强、会务的拓展，似均受限制。除遵照 (53) 京总组字第13号指示二、三点办理外，关于武昌支会的情况特殊，谨电请鉴核予以提前明确，以资开展。

武汉市分会

1953年1月12日

(原载武汉市档案馆馆藏档案，档号：XX000071-WS01-0701-0019)

武汉市分会医院关于调派刘贵清担任妇产科助理住院医师的请示

中国红十字会武汉市分会：

查我院于上年9月29日，以我院助产主任刘贵清人助产工作已有二十五年之久，其工作经验、技术能力，对医师职务均能胜任，曾报请原级提升为妇产科助理医师。又本年1月2日，为调整我院现在工作的实际需要起见，拟调该助产主任刘贵清同志担任妇产科第一年助理住院医师，并将原有医师李懋基同志调任妇产科第三年助理住院医师。曾报请核转卫生局各在卷。今均未能收到指示。特再报请查核，迅予指示为荷。

院长：胡崇道　副院长：李兴成

中国红十字会武汉市分会医院

1953年1月13日

（原载武汉市档案馆馆藏档案，档号：XX000071-WS01-0702-0006）

武汉市卫生局同意调刘贵清为住院医师由

中国红十字会武汉市分会：

1月5日（53）会业字第729号函悉。关于你会因工作需要，拟调助产主任刘贵清同志担任妇产科第一年助产住院医师，原有医师李懋基担任妇产科第三年助理医院医师，请予核示一节，经本局研究，同意你院意见，予以照准。特函复，查照为荷。

武汉市卫生局

1953年1月21日

（原载武汉市档案馆馆藏档案，档号：XX000071-WS01-0702-0006）

总会对武汉市分会武昌支会人员编制等问题的通知

一、(53) 会业字第750号收悉。

二、你会支会编制，因限于制度，无法予以批准。希仍照（53）京总组字第13号指示办理。

三、调查表内通讯员似嫌过多，希考虑紧缩，以解决干部问题。

四、根据规定，兼职干部不应兼薪，调查表内又未注明兼任何职，所列薪金一项有等级不等薪参差现象，希来函说明情况。

中国红十字会总会

1953年1月23日

（原载武汉市档案馆馆藏档案，档号：XX000071-WS01-0701-0019）

呈报急训第十一班开课与结业情形由

中国红十字会总会：

我会为推展急训，在武汉市卫生局、教育局合办的“学校卫生保健指导训练班”中，加入急救课程12小时。因该班学员系武汉市公私立中小学保健教员，已有一定卫生理论基础，且结业后分回六十余个学校岗位，且能起广泛的推广作用，故授课时，我会总干事戴维天、我会医院院长胡崇道亲自主讲，并派我会干部康婉、罗立民及急训第四班结业优秀学员辅导实习，一般的接受理解力都很好。现训练已于本月三日结束，主办部门另有总结，后分会补报。该班班次列为我会急训第十一班。兹将该班开课与结业情形等□□，报请备查。

中国红十字会武汉市分会

1953年2月4日

（原载武汉市档案馆馆藏档案，档号：XX000071-WS01-0694-0008）

武汉市分会补报急训第十一班学员人数由

中国红十字会总会：

1953 年 2 月 4 日（53）会业字第 810 号，呈报我会急训第十一班开课与结业情形，文中漏列学员人数。该班学员共计 71 人，特此补报。

中国红十字会武汉市分会

1953 年 2 月 6 日

（原载武汉市档案馆馆藏档案，档号：XX000071-WS01-0694-0008）

武汉市分会第一门诊部关于调拨事务人员的请示

中国红十字会武汉市分会：

我部业务日渐开展，行政人员按编制应有 6 个，而现在只有 4 个，似此行政事务搞不过来。请钧会拨事务人员一名，来我部办公。事不宜迟，请速调拨为荷。

中国红十字会武汉市分会第一门诊部

1953 年 2 月 10 日

（原载武汉市档案馆馆藏档案，档号：XX000071-WS01-0702-0005）

特转总会（53）京总组字第 99 号指示希即知照由

中国红十字会武汉市分会武昌支会：

奉总会（53）京总组字第 99 号指示，录原文（一）至（四）等由，即希知照为荷。

（一）（53）会业第 798 号呈悉。

（二）你会诊疗所及产校所列编制内已设有勤杂人员，不应将分会行政人员编制随意挪移，致削弱会务工作力量。关于支会诊所人员编制，经中央卫生部审核为10名。行政人员编制，因限于中央人事部的制度问题，本会暂无法批准。你会支会因无具体工作，无备脱产干部的需要。

（三）关于支会的修缮及购屋费，可与当地有关部门协商办理。

中国红十字会武汉市分会

1953年2月12日

（原载武汉市档案馆馆藏档案，档号：XX000071-WS01-0701-0019）

武汉市分会关于派王民朴主持购房订约事宜的通知

中国红十字会武汉市分会武昌支会：

为函告确定日期时间以便派王民朴同志前往主持订约由。

2月26日函悉。关于购买武昌得胜桥267号房屋，请我会派员前来主持一节，兹派我会会务组长王民朴同志前来主持订约事宜，并希确定日期时间报会，以便前往为荷。

中国红十字会武汉市分会

1953年2月26日

（原载武汉市档案馆馆藏档案，档号：XX000071-WS01-0703-0013）

武汉市分会武昌支会关于派员主持购房订约仪式的请示

中国红十字会武汉市分会：

关于购买得胜桥267号房屋一事，武昌区房管处交易所早已接到住房调整委员会通知同意，并据交易所负责同志陈毅五嘱希双方克日前来订约。兹为慎重起见，请派人前来主持为荷。

中国红十字会武汉市分会武昌支会

1953年2月26日

（原载武汉市档案馆馆藏档案，档号：XX000071-WS01-0703-0013）

总会为复武昌支会编制人员由

中国红十字会武汉市分会：

1953年2月24日（53）会业字第849号代电悉。关于武昌支会业务人员编制问题，业经（53）京总秘计字第64号联合通知在卷。该通知内，列入武汉市分会诊所2所，编制28人。其中，□□武昌支会诊所1所，人员编制10人；武汉市诊所1所，人员编制18人。希知照照理。

中国红十字会总会

1953年3月2日

（原载武汉市档案馆馆藏档案，档号：XX000071-WS01-0701-0019）

同意武汉市分会购得得胜桥267号房屋由

中国红十字会武汉市分会：

据（53）会计字第854号报告，为你会所属武昌诊所请购房屋一案，我会同意购买，但不得超过26250000元，在我局分配全年补助费内调剂。希编入四月份预算内，请查照为荷。

武汉市人民政府卫生局

1953年3月3日

（原载武汉市档案馆馆藏档案，档号：XX000071-WS01-0703-0013）

武汉市分会武昌诊所请准购买情况暨提前核准武汉市分会预算支出由

武汉市卫生局医疗预防科：

查我会在武昌原诊所，过去均有成绩表现，但现在因地处偏僻，人烟日渐稀少，业务前途□□。为了响应政府号召改变方针，面向广大劳动人民，结合武昌方面实际，经在□□购武昌得胜桥 267 号房屋。在办理此项交涉前，首先得到武昌区卫生科的协助，并获得武汉市住房调整委员会的破格照顾。10 月 22 日，以（52）调字第 712 号函复“关于你会请准购买武昌得胜桥 267 号房屋做门诊部议一案，本会同意购买。有关购买手续，请迳与武昌房地产交易所洽为”等情况。我会复将办理情形 10 月 31 日以会计字〔1952〕798 号报告总会，□□（53）京总组字 99 号函：“你会武昌诊所人员编制，经中央卫生部审核为十名，并于修缮费及购屋费，可与当地有关部门协商办理。”

兹将我会武昌诊所办理经过报请鉴核，提前核定我会送呈今年卫生支出预算，以资开展为荷。

中国红十字会武汉市分会

1953 年□月□日

（原载武汉市档案馆馆藏档案，档号：XX000071-WS01-0703-0013）

武汉市卫生局商调俞永根的通知

中国红十字会武汉市分会：

兹调你院俞永根同志来局另行分配工作。希速通知该员办理移交手续，做好鉴定，并携带供给介绍信来局报到为荷。

武汉市人民政府卫生局

1953 年 3 月 18 日

（原载武汉市档案馆馆藏档案，档号：XX000071-WS01-0701-0013）

武汉市分会关于基本建设委员会办公室人事安排的通知

一、派盛龙轩同志兼本会基本建设委员会办公室秘书及工务股股长，邓幼陔同志兼任基本建设委员会办公室财务股股长。

二、派汪士延同志兼本会基本建设委员会办公室文书干事。

三、派汤润久、赵柎华、杨森权、江润清等四同志兼本会基本建设委员会办公室工务股干事。

四、派晏景文、戴才贞、白德畅等三同志兼任本会基本建设委员会财务股干事。

本会基本建设委员会办公室定于3月20日成立，并开始工作，特此通知查照。

中国红十字会武汉市分会

1953年3月25日

（原载武汉市档案馆馆藏档案，档号：XX000071-WS01-0712-0002）

为拟调产校通讯员秦永乐同志为三等办事员调第一门诊部工作由

市卫生局人事科：

查我会产校通讯员秦永乐同志工作积极负责，能吃苦耐劳，有钻研精神。为培养和提升干部，及工作需要，我会拟提升（其）为三等办事员，调第一门诊部服务，特函查核定，见复为荷。

中国红十字会武汉市分会

1953年4月1日

（原载武汉市档案馆馆藏档案，档号：XX000071-WS01-0702-0005）

转卫生局同意提升秦永乐、周利玉由

中国红十字会武汉市分会：

你会会业字第955号函悉。关于拟提升秦永乐同志为三等办事员，业经本局审查，同意你会意见，予以提升，并希今后加强对该员教育为荷。

武汉市人民政府卫生局

1953年4月7日

（原载武汉市档案馆馆藏档案，档号：XX000071-WS01-0702-0005）

武汉市分会关于郑莉云试用期满考察结果的报告

武汉市卫生局人事科：

查我会出纳员郑莉云同志系 1953 年 1 月 23 日到会工作，现已试用三月期满。经查，该同志工作热心肯干，能完成任务。兹检附□薪记录表二份，敬祈查□核定，见复为荷。

（原档案中未见记录表）

中国红十字会武汉市分会

1953 年 4 月 27 日

（原载武汉市档案馆馆藏档案，档号：XX000071-WS01-0701-0013）

武汉市分会调派郑莉云至武汉市分会医院门诊部工作由

中国红十字会武汉市分会医院门诊部：

兹调派我会出纳郑莉云同志至你部工作，已着克日到职。该员月薪 170 分，支至 5 月份上半月止，自 5 月 16 日起，由你部衔接支给。

特此通知。

中国红十字会武汉市分会

1953 年 5 月 16 日

（原载武汉市档案馆馆藏档案，档号：XX000071-WS01-0701-0013）

转发一九五三年红十字分会及科普分支会编制员额

主送机关：六省二市编委会

抄致：中南财政局、六省二市财政厅（局）

一九五三年中国红十字总会及中华全国科学技术普及协会等所属中南区各地分、支会编制员额业经全国编制委员会审核确定，兹将分配数目分别转发如下，希查照执行。

一、中国红十字总会中南各地分会会务人员共编制二二二人，计：

武汉市、广州市、河南省三分会各编制二〇人；

南宁市、郑州市、南昌市三分会各编制一四人；

梧州市、赣州市、开封市三分会各编制一〇人；

洛阳市、汕头市、柳州市三分会各编制六人；

漯河市、黄石市、郏县、夏邑、临颍、罗山、孝感、零陵、岳阳、江门、固始、嵩县、息县、会同、麻城、安仁、新会、永城等十八个县（市）分会各编制四人。

二、中华全国科学技术普及协会中南地方各分会编制共六五人，计：武汉市、湖南省、广东省科普各编制一二人，湖北省、江西省、河南省科普各编制八人，广西省科普编制五人。

一九五三年五月八日

（原载湖北省档案馆馆藏档案，档号：SZ049-001-0025-0011）

关于武昌路街成立四个急救站的指示

中国红十字会武汉市分会武昌支会：

（53）武□字第198号函收悉。武昌路街成立四个急救站，定于10月10日下午2时召开组站大会一节，应准举行。

（一）兹派盛龙轩同志代表分会出席大会指示。

（二）急救站暂缓□□。

（三）站牌□□，做急救箱四个。

中国红十字会武汉市分会

1953年7月10日

（原载武汉市档案馆馆藏档案，档号：XX000071-WS01-0706-0011）

为函请了解吴纯华历史情况组织由

重庆市教育局人事科：

据我会红十字急救站义务职站长吴纯华报告，略称该员材料现存重庆市教育局。兹为我会欲了解该员情况，准备录用为正式干部。敬希你局将该员材料及鉴定等提交我会，俾后审核是否可以录用，函□公谊。

中国红十字会武汉市分会

1953 年 7 月 30 日

（原载武汉市档案馆馆藏档案，档号：XX000071-WS01-0701-0023）

关于中国人民救济总会及中国红十字会全国各地分会编制的通知

主送机关：六省二市财政厅（局）人事厅（局）

抄送机关：中南财政部、民政部、卫生部、中央人事部

中国人民救济总会及中国红十字总会所属全国各地分会之编制，业经中央人事部审查确定。兹将编制数字公布如下：

一、救济总会：中南区八个分会编制为一七五人。内包括：武汉市二五人、广州市三〇人、江西省二〇人、广东省二五人、广西省二〇人、开封市一五人、长沙市二〇人、中南办事处一〇人，其余一〇人为机动名额。

二、红十字总会：中南区分会编制一百八十八人。计：

甲级：武汉市分会二〇人、广州市分会二〇人

乙级：南宁市分会一四人、梧州市分会一〇人、南昌市分会一四人、赣州市分会一〇人、开封市分会一〇人。

丙级：洛阳市分会六人、柳州市分会六人、汕头市分会六人

丁级：漯河市分会四人、郏县分会四人、夏邑县分会四人、临颍县分会四人、罗山县分会四人、黄石市分会四人、孝感县分会四人、零陵县分会四人、岳阳县分会四人、江门县分会四人、固始县分会四人、嵩县分会四人、息县分会四人、会同县分会四人、麻城县分会四人、安仁县分会四人、新会县分会四人、永城县分会四人（分会名称上附有“下划线”记号者系尚未改组的分会）

上列编制人数由各省、市编制委员会掌握，并可于核定数内，根据当地具体情况，自行调整，并将调剂情况汇报中南编委会。

中南军政委员会整编委员会

1953 年 8 月 26 日

（原载湖北省档案馆馆藏档案，档号：SZ049-001-0025）

武汉市分会致武汉市大智街派出所关于了解吴纯华历史情况的函

大智街派出所：

我会红十字急救员吴纯华，住大智街中山大道警示□内，他现担任我会岳飞街红十字急救站长（义务职）。为（53）函密字第180号函："照录□函"等由，为进一步了解吴纯华历史情况，特函请你所代为了解，并希见复为荷。

中国红十字会武汉市分会

1953年8月31日

（原载武汉市档案馆馆藏档案，档号：XX000071-WS01-0701-0023）

武汉市分会武昌支会关于发给徐家棚等急救站站员证件等的请示

中国红十字会武汉市分会：

武昌区徐家棚组织（即堤街，徐家棚第二、三站），业经于本月13日下午在徐家棚第十九小学成立。兹将该三站急救员名册一份及相片共36张，除已交王总干事送会，拟再将各站正副站长姓名电告外，专呈钧会□给各急救站员证件，以利进行急救工作。

（原档案中未见名册及相片）

中国红十字会武汉市分会武昌支会

1953年8月21日

（原载武汉市档案馆馆藏档案，档号：XX000071-WS01-0706-0011）

武汉市分会致总会关于分会医院更名情况的函

中国红十字总会：

1953年8月18日（53）会业字第1355号代电悉，关于本会各分会医院名称仍沿用原有名称，暂不更改。特此函复。

中国红十字会武汉市分会
1953年8月28日

（原载武汉市档案馆馆藏档案，档号：XX000071-WS01-0701）

武汉市分会助产学校为基本建筑问题呈请批示由

中国红十字会武汉市分会：

顷接设计公司电话催促，略谓“你校基本建筑问题迟未解决，已成悬案。希即解决，否则即作罢论”等语。查我校基本建设问题承您会协助交涉已有头绪，是否加紧完成，否则即有跨年度或上缴之虑。且我校饭厅及示范教室亦亟待解决，是否有当理合呈请批示。

中国红十字会武汉市分会助产学校
1953年9月10日

（原载武汉市档案馆馆藏档案，档号：XX000071-WS01-0712）

武汉市分会函复武汉市分会助产学校基本建筑问题由

中国红十字会武汉市分会助产学校：

9月10日（53）□字第360号呈悉。关于你校基本建筑问题，我会正在与业主方面积极交涉中，现在谈判条件已趋接近，可望于最近解决立约。特复查照。

中国红十字会武汉市分会
1953年9月15日

（原载武汉市档案馆馆藏档案，档号：XX000071-WS01-0712）

第二门诊部垫发工资数目由

中国红十字会武汉市分会第二门诊部：

据我会第二门诊部9月17日（53）武门业字第39号报告“照抄报告”等请，查上项垫付工资，我会落实，你部可查明办理为荷。

中国红十字会武汉市分会

1953年9月25日

附件：

第二门诊部关于垫发我部医务人员工资的报告

中国红十字会武汉市分会：

本年春季由第一门诊部垫发我部医务人员之工资。拟请钧会查照数目，告知我部，以便敕归还而清手续。

中国红十字会武汉市分会第二门诊部

1953年9月17日

（原载武汉市档案馆馆藏档案，档号：XX000071-WS01-0703-0007）

武汉红十字助产学校呈报启用新印日期并将旧印缴销

武汉市卫生局：

你局（53）卫教字第727号通知及新校印已并收到，我校定于11月10日启用新印，除将旧印截角缴销外，并呈上新印模一纸，请予查为荷。

武汉红十字助产学校

1953年11月9日

（原载武汉市档案馆馆藏档案，档号：XX000071-WS01-0054-0040）

关于武汉市红十字助产学校启用新印等的通知

武汉红十字助产学校：

顷接中央卫生部及中国红十字会总会卫教联学第□□号联合通知：以中国红十字会各分会所（属）各中级医药学校名称已按照卫生部指示修订，本市产校定名为“武汉红十字助产学校”。新校印应由当地领导机关卫生局统一制发，将印模分报备查。（据）文制发你校新校印一颗，希即查收启用，将印模分报中央卫生部、红会总会，及本局备查，并将旧校印截角缴销为荷。

武汉市卫生局

1953 年 11 月 13 日

（原载武汉市档案馆馆藏档案，档号：XX000070-WS01-0221-0002）

武汉市分会助产学校 1954 年基本建筑经费确定请拨地皮由

查我校 1954 年基本建设经费已由中央通过预算拨下，经研究为 22 亿（元），特将我校 1954 年及四年内发展计划，及我校对地皮之要求列□：

一、我校现有情况

我校现在校舍为向青年会租用中山大道 1212 号房屋一栋，因房产狭小，由卫生局拨鄱阳街房屋两层楼作为宿舍。有师生员工共不足 200 人，教学设备、□俱均全。

二、1954 年计划与任务

1954 年，中南（行政委员会）已决定我校招收新生 100 名。就此次中央拨款，拟在新地皮建筑教室大楼一大栋或两小栋（容纳四个班学生上课），操场一个，厨房、厕所各一（个）。新生基建费拨下后，再行建筑宿舍。

三、四年内发展计划

（1）五年计划之内容报呈中央时，已在卫生局通过，发展到 800 多人之学校。

（2）创办师资训练班。

（3）为使基础教学与临床教学合一，计划在校旁建筑完全之教学实习产院，可容产妇200人左右。

四、我校对地皮的要求

（1）希望能拨给足够四年内发展之地皮，估计约两万平方米左右。

（2）地点在人民法院附近。因为我校必须建筑教学产院，地点适中方能有足够之教学产妇。在产院未建筑前，以红十字会医院、市一院为实习医院，故必须接近该地。

（3）要求将原拨医士学校建筑之地皮（人民法院后面），改拨我校做建筑及发展基地。

中国红十字会武汉市分会助产学校

1953年11月21日

（原载武汉市档案馆馆藏档案，档号：XX000071-WS01-0712）

关于分会领导关系问题的通知

武汉市卫生局，武汉市分会医院、医院门诊部、第一门诊部、第二门诊部、武昌支会、助产学校：

关于我会系统的领导关系问题，顷奉总会1953年11月27日（53）京总组字第428号函，文内指示：“至于分会的领导关系，系接受总会及当地卫生部门的双重直接领导，而分会所属业务单位，系接受当地卫生部门及分会的双重直接领导。其目的是为了更好地配合卫生部门进行工作，但并不等于是卫生部门的附属机构。”

除分陈卫生局查照外，特通知我会所属各单位。除告知我会所属各单位外，特函呈你局备查。

中国红十字会武汉市分会

1953年12月8日

（原载武汉市档案馆馆藏档案，档号：XX000071-WS01-0701-0017）

关于武汉市分会组织及领导关系问题的通知

中国红十字会武汉市分会：

你们两次来函均收到。所提问题，经研究，从表面上看，是对分会的组织及领导关系不明白，实质上是对职级、待遇、地位有些意见，对此问题，提出如下意见和看法。

如来信所说，“分会是全市性的人民团体，应和其他人民团体一样”，我们不知道分会与其他团体不一样的在什么地方。从分会的名义（门口挂的牌子和图记）和实际情况都是武汉市分会，并没有用其他什么名称。其所以成为问题，显然是对职级待遇的评定不了解或存在地位观念所致。如说“卫生局某同志说总干事科长级，医院院长也是科长级”，这就发生了你会的领导系统与领导关系问题，分会医院与卫生局领导下的医院的关系又如何，其他人民团体与市府各局长地位相等，正如总会与卫生部关系一样相等。从上述看法，就充分表现出你们的思想情况，确受从形式看问题的方法及比待遇和地位的不正确思想所影响。我们觉得，这一问题，应根据他的德才和为人们贡献之大小等各方面情况予以统一评比。是否等于正科、副科长或低于科长级，应以市的评定（为准）；医院院长可根据卫生局对医疗单位干部的统一评比办法评定。一方面，应看到，中国如此之大，不可能从形式上强求一致，而应从工作上去努力求得各方关怀与支持。关于分会领导系统和领导关系发生问题的看法，应把分会看作是一个组织，总干事承受会长之命，处理分会和医院的一切问题，有什么不可呢？总会与卫生部的关系也不例外。

关于分会应协同中央人事部门统一规定红会各级编制与职级问题，目前还有困难。因各分会所处情况、起的作用不一样，改组先后不一，干部也未经过适当调整，故不可能也没必要规定出统一的职级来，所以要分会根据当地统一评级办法，根据每个人的德才资历、为人民贡献之大小，协同当地卫生部门予以评定。有些地方根据这样一个办法，不但评好了级，而且达到了提高工作、教育干部的目的。

你们对总路线的学习怎样？希望能够加强这方面的学习，在总路线的照耀下做好你们的工作是盼。

中国红十字会总会

1953 年 12 月 8 日

（原载武汉市档案馆馆藏档案，档号：XX000071-WS01-0701）

武汉市分会呈报医院和产校基本建设任务书

中南行政委员会财政经济委员会基本建设处：

接你会12月4日（53）财经基检字第21号通知获悉。亦根据指示，报送我会医院新建门诊部计划书一份，助产学校基本建筑计划任务书一份，并请鉴核备案。

（原档案未见计划书）

中国红十字会武汉市分会

1953年12月9日

（原载武汉市档案馆馆藏档案，档号：XX000071-WS01-0712-0018）

呈送急救站工作制度通则及请答复武汉市分会工作人员职级问题由

中国红十字会总会：

（一）为了巩固各急救站的组织，特拟定急救站工作制度通则，兹随文呈送一份，报请核示。

（二）关于分会的社会地位及工作人员的职级地位问题，曾于11月26日以会业字第1574号第二次详细叙述，请示您会会务组与人事室解答在案。因您会（53）京总组字第428号，答复我会第一次请示尚不够详尽，敬希根据第二次报告，再予批复。

附件：急救站工作制度通则（原文不在此档案中）

中国红十字会武汉市分会

1953年12月11日

（原载武汉市档案馆馆藏档案，档号：XX000071-WS01-0701-0017）

武汉市分会为报实际情况增加武汉市分会人员编制由

武汉市卫生局人事科：

我会人员编制，原经总会规定为20人，现在名额已满，而事实上干部确不够分配，原因是我会较其他大城市分会情况特殊：武昌、汉阳有一江一河之隔，不得不在武昌设立支会。目前，我会举办急救训练已训练了35（个）班，成立了58个急救站，分布地点：汉口方面，上自硚口，下至刘家庙；武昌东自徐家棚，西至八铺街，地区辽阔，即就工作而言，已感人手不敷会务分配。为配合训练作□建设，训练及组站工作，□□□□。武昌支会的工作日渐繁重，而迄今尚无编制，系从本分会编制内抽调人员，长住武昌负责（现已调去4人），因而就削弱了分会本身的力量，影响到武、阳、汉三地的卫生训练工作和本会所属各单位的工作情况。不但不能全面照顾，而且也无法经常深入了解，不能很好地按计划办事。这是目前存在的一个比较严重的问题。为了进一步完成国家过渡时期总路线和总任务，敬希你局根据实际需要情况，增加我会编制5至6人（包括会务干部与□人），以利工作的开展和推行。

中国红十字会武汉市分会

1953年12月24日

附件：

中国红十字会武汉市分会原有人员编制及请求增加编制：补充副总干事、业务组组长、人事干事、业务组干事、缮写并收发、会务干事各一人，共计6人。

（原载武汉市档案馆馆藏档案，档号：XX000071-WS01-0701）

为举办初级护理人员训练班请转报由

中国红十字会武汉市分会：

我院为了提高护理员及卫生员业务水平，特举办初级护理人员训练班，由正副院长担任正副班主任。定于本月11日开学，兹将该班学员名单及第一批□课程表附呈，请予转报市卫生局备案为请。

附件：名单二份（原档案中未见）、课程表二份

院长：胡崇道　副院长：李兴成

中国红十字会武汉市分会医院

1954年1月11日

附件：

武汉市红十字医院初级护理人员训练班课程表

星期	时间	课目	担任教员
一	下午1—5时	政治课	陈惠珍
二	下午1—5时	绷带学	熊素丽
三	下午1—5时	护理学	王崇碧
四	下午1—5时	急救学	傅忠宁
五	下午1—5时	护理学	王崇碧

（原载武汉市档案馆馆藏档案，档号：XX000071-WS01-0710-0011）

武汉市分会医院为设计费另行拨款原因请核示由

我院经上级批准，建立容纳500人门诊部一座，原由城市建设委员会1953年8月2日以（53）城地字第1444号函，批准拨六水分源土地为建设基地，并嘱与硚口区政府联系计划基地内棚户拆迁办法。经该会研究考虑划拨土地同意后，经用去拆迁费六千三百□元。并于本年1月进行设计使用地形图，设计费为2640元。本年后，该会2月1日（53）城地字第2439号函称，原来拨给我院六水分源建筑门诊部基地，因新规划的设计干线，不能在该处建造，另改□重划区，并须建筑三层楼。我院接到通知后，即请设计公司停止设计，但该公司已经完成设计70%。按照合同规定，应付70%设计费，一千八百□□元，连同拆迁费损失八千一百□□元。我院认为，城市建设委员会划拨土地时，事前未考虑周到，事后即应停止六水分源基地建筑，又未能及时通知我院，以致造成经济上的损失。现在改变基地，关于建筑需另行设计。我院基建经费有限，如果在此项经费内开支设计费，则影响建设之进行。因之，前次损失之八千一百□□元，拟请本分会、卫生局转市财委会另行□□，以便能够完成我院门诊部建设任务。除分别呈报外，并请示为祷。

院长：胡崇道　副院长：李兴成

中国红十字会武汉市分会医院

1954年3月2日

（原载武汉市档案馆馆藏档案，档号：XX000071-WS01-0712-0013）

武汉市分会基建会正式成立通报通知由

本会医院，本会第一、第二门诊部，本会医院门诊部，本会产校，武昌支会：

我会基本建设委员会已于3月4日正式组建成立，自即日起开始办公，并启用新图记。除分别呈报总会、市卫生局有关机关备查外，兹抄□会议记录7份，印模一纸，通报会属各单位知照。

（原档案中未见会议记录）

中国红十字会武汉市分会

1954年3月9日

（原载武汉市档案馆馆藏档案，档号：XX000071-WS01-0712）

武汉市分会成立基建委员会报请备查

中国红十字会总会、武汉市卫生局：

我会医院及产校本年均奉准新建院校，为了集中力量，搞好基建工作，特由我会统一组织基建委员会，抽调各单位干部脱产服务。现我会基本建设委员会已于3月4日正式组建成立，共选出委员11人，并公推戴维天为主任委员，胡崇道为副主任委员。委员会下设办公室，□□执行具体工作。除报请当地卫生部门备案，并报告会属各单位及有关机关外，兹将会议记录及印模一纸，报请钧会、您局备查。

（原档案中未见会议记录及印模）

中国红十字会武汉市分会

1954年3月9日

（原载武汉市档案馆馆藏档案，档号：XX000071-WS01-0712）

总干事王同报告愿自五月份起停薪、义务服务由

中国红十字会武汉市分会：

我自在红十字会工作以来，认识到红十字会工作的重要性并感到了

兴趣，唯因在各方面担任工作较多，未能以整个时间投入红会工作，甚以为歉。拟自5月份起，自愿停止支薪，但仍在现有岗位上义务服务。所请是实，敬请备查。

王　同

1954年4月20日

（原载武汉市档案馆馆藏档案，档号：XX000071-WS01-0710-0005）

为同意支会总干事王同自五月份起全薪由武昌青年会支给由

武昌支会、王同：

你支会1954年4月27日以（54）武□字第321号转来你的报告已阅悉。深感你自□□红会工作以来，由于你的努力，克服了一些困难，在武昌方面做出了很多成绩，很顺利地完成了上级交给你的工作任务，使红会事业较前有了很大发展。对你这种热爱红会事业的精神，令人钦佩。至于你提出的自5月份起全薪由武昌青年会支取问题，为了你的工作需要，经研究后，同意你的意见。除通知财务室办理手续外，特此批复，查照为荷。

中国红十字会武汉市分会

1954年4月24日

（原载武汉市档案馆馆藏档案，档号：XX000071-WS01-0710-0005）

关于范文忠房屋问题调查处理情况由

中国红十字会总会：

（54）京总组字第239号函件抄件敬悉。关于我会干部王若珍、蔡□和租住范文忠私人房屋及欠租问题，经了解，当时王、蔡租用该屋，系事先取得了其爱人周忠恕（我会第一门诊部主任）的同意。迁入后，曾付租金两个月。后因门诊部地块狭窄，需用该屋，王、蔡当即愿意迁让，但因武汉房荒严重，觅屋困难，故稽延时日，并非有意霸占。现时，王若珍已经迁出，蔡□和正多方觅屋搬迁。同时，因该屋所收租金较一般昂贵，截至目前，王、蔡欠租有□个月。均承认在最近先设法偿还两个月，交由周忠恕代收□实。范信中所提及的杨森□，系该部会计，此事根本与杨无关。惟由于范与其爱人因家庭纠纷、感情恶劣，去年亦曾为该部租用此房屋向总会控诉，因而怀疑他人。所谓伪冒名义，惘骗民房等语，全非事实。除通知王、蔡二同志，先设法陆陆续续偿还其欠租外，特将调查处理情形报告备查。

中国红十字会武汉市分会

1954 年 5 月 4 日

（原载武汉市档案馆馆藏档案，档号：XX000071-WS01-0710-0005）

武汉市整治市容开展爱国卫生运动委员会关于商调康文芳同志协助工作函

中国红十字会武汉市分会：

根据市委、市政府决定，整治市容开展爱国卫生运动已列为中心各区的第二季度中心工作。为做好宣传教育工作，前曾请你会转知所属急救站予以协助。兹因工作需要，并健全全市办公室的宣传机构，拟借调你会康文芳同志来会协助宣传工作。你会如因目前工作较忙，□以半天脱产来会工作，一俟康文芳同志会内工作告一段落，再全部脱产。特请予以协助为荷。

武汉市整治市容开展爱国卫生运动委员会

1954 年 5 月 18 日

（原载武汉市档案馆馆藏档案，档号：XX000071-WS01-0710-0003）

复武汉市整治市容开展爱国卫生运动委员会关于康文芳同志半天脱产工作函

武汉市整治市容开展爱国卫生运动委员会：

你会（54）市整字第 133 号函收悉。关于借调我会康文芳同志来你会协助工作一节，兹为兼顾我会工作实际情况，决定半天脱产参加工作。除转知康文芳同志外，特复请谅察为荷。

中国红十字会武汉市分会
1954 年 5 月 19 日

（原载武汉市档案馆馆藏档案，档号：XX000071-WS01-0710-0003）

决议将武昌支会改为武昌办事处附件王同主任聘书一件、图记两颗由

武昌支会：

因本会目前尚未发展会员，不合设立支会的规定，经于 4 月 2 日第十七次常务理事会议通过，将武昌支会改为武昌办事处，设主任一人，干事及助理干事若干人。兹特通知你会，自文到之日起，更改名称，并聘请我会理事王同同志兼任武昌办事处主任，附件聘书一份，图记两颗。希即查收，呈报启用日报，并将旧有图记截角，报会销毁。

中国红十字会武汉市分会
1954 年 7 月 21 日

附件：

聘　书

兹聘请王同同志为本会武昌办事处主任，此聘。

会长：杨□□　总干事：戴维天

中国红十字会武汉市分会
1954 年 7 月 21 日

（原载武汉市档案馆馆藏档案，档号：XX000071-WS01-0710-0005）

证明刻用武昌办事处图章二枚由

根据我会第十七次常务理事会议通过，将我会武昌支会改为武昌办

事处，须改刻图章两枚（式样附后），特此证明。

中国红十字会武汉市分会
1954 年 7 月 21 日

（原载武汉市档案馆馆藏档案，档号：XX000071-WS01-0710-0005）

武汉市分会武昌办事处关于缴销旧有图记的报告

中国红十字会武汉市分会：

你会（54）会字第 178 号函□□武昌支会改为办事处，并须□□图记两颗。除遵命改为办事处并将旧有图记截角缴销外，新图记自 7 月 21 日开始启用，随文附新印模，报请备查。

中国红十字会武汉市分会武昌办事处
1954 年 7 月 21 日

（原载武汉市档案馆馆藏档案，档号：XX000071-WS01-0710-0005）

何文泽申请开具曾在前私立汉口红十字会高级助产职业学校学习证明的报告

中国红十字会武汉市分会：

我曾于 1933 年秋季入前红十字会助产学校学习，直至 1935 年春季。距临结业期三月时，因生小孩请假离校，后因家中小孩无人哺育，兼受旧礼教束缚，是以未能回校继续学习。追溯往事，旧社会误人之深，令人痛恨。自解放后，通过各种运动，对我帮助很大，并使我深刻认识到只有自己劳动并将我之所学贡献于人民，以感谢领导解放我们全国人民的共产党及毛主席。

特报请贵会赐予肄业证明，以便全心全意为人民服务。

1954 年 7 月 30 日

（原载武汉市档案馆馆藏档案，档号：XX000071-WS01-0710-0003）

为明确中国红十字会武汉市分会对所属单位领导关系卫生局通知请查由

武汉市卫生局为了更好地推进红会分会所属单位的工作，使红会医院及产校不受公文转达影响，□□卫生局与分会对红会所属单位领导分工问题，前由卫生局杨副局长（并会长）召集有关方面举行座谈会和交换意见，最后做出决定：由卫生局于7月28日以明文通知红会及所属单位，遵照实行。兹抄附卫生局通知于后，报请总会备查。谨呈总会。

中国红十字会武汉市分会
1954年8月3日

（原载武汉市档案馆馆藏档案，档号：XX000071-WS01-0710-0006）

武汉市红十字助产学校关于启用新校名和新校印的函

我校奉市卫生局（55）卫教字第6329号通知，转省卫生所（55）卫所教字第3162号函，略谓："为统一省内各类医药学校名称，特将武汉市红十字助产学校改为湖北省汉口助产学校。"复接省卫生所发给铜质木把圆形新印（印模附后）一颗，原有旧印送卫生局缴销，自本月十日起，更名为湖北省汉口助产学校，并启用新印，特函达查照。

武汉市红十字助产学校
1955年10月8日

（原载武汉市档案馆馆藏档案，档号：XX000071-WS01-0058-0051）

中国红十字会总会复麻城县分会工作规划草案函

（56）京总会第174号

麻城县分会：

1956年2月14日（56）麻红字第5号暨工作规划（草案）报告均

收到。经研究意见如下：

一、同意你会自1956年起发展会员、建立基层组织。1956年发展会员2000人基本上同意，但规划中提到“1957年发展会员达九万人，至1962年发展到占全县人口的百分之八十”，我们不了解你县全县人口共有多少？1958年以后到1962年这五年怎样发展，步骤、进度、对象怎样规划的？百分之八十的数字，是怎样计算法？最后将发展到多少人？希再研究，我们认为百分之八十的数字，如果是指的全县包括男女老幼在内总人口的比例数，是过多了的。

二、对会员进行了卫生救护训练是对的。总会的全面规划，初步认为会员训练数字以占发展会员数字的百分之二十至百分之廿五为宜，你会规划中将会员训练与急救保健员、接生员、家庭护理员训练分开是不好的。事实证明，对会员实施卫生训练是提高会员卫生常识和巩固会员工作的必要措施，也是会员能发挥作用的一项重要工作。会员的卫生训练应该就是急救保健员、接生员、家庭护理员的训练，不必分开去做。但训练会员时，同时也可以吸收非会员的群众参加，过去受过各项卫生训练的人员和爱国卫生运动中的卫生积极分子，可以在自愿的基础上发展他们为会员。

三、发展会员的目的，是组织和教育训练会员，开展群众性的业余活动，提高人民健康水平。因此，要注意发展会员时立即就把会员组织起来，成立基层组织。同时，根据当地群众的实际需要，有计划地对会员进行各种卫生宣传、卫生训练，组织由不脱产的人员自愿组成的卫生站、卫生队，以此为核心对广大人民群众进行卫生宣教，把爱国卫生运动推向经常化。因此，会员工作必须是善于组织和依靠群众自己的力量，去搞好群众自己的卫生，这是我们红十字会的工作方法。你会规划中提出1956年建立区支会四个，每个支会设专职脱产干部二人，去管理会员工作，这是不可能的，总会的规划中没有此项干部编制，希望注意用改进做群众工作（的）方法来解决这个问题。

四、红十字会的医药事业单位，包括医院诊所、保健站等，原则上应一律交由当地政府卫生部门统一领导与管理。已于1955年7月总会《对各分会1955年工作的意见》中明确规定，仍应照此规定办理。你会提出扩充医疗事业单位的规划，不符合红十字会的发展方向，此项规划应由当地卫生部门去做，分会的规划中不必列入。

以上意见，系根据总会工作方案的精神提出，供你会在修正工作规划时的参考。关于总会的方案，现正呈请国务院批示中，批准后，将有统一的布置。

中国红十字会总会
1956年3月1日
（原载麻城市档案馆馆藏档案，档案号：108-1）

为请示解决在我省、市、县成立红十字会组织人员编制的报告

中国红十字会总会为了适应国家建设以及人民群众的需要，根据新的情况，制定了工作方案（现正被国务院批准中）。工作方案规定该会会□在国内的工作任务主要是动员和组织广大群众参加业余卫生活动，普及卫生知识，提高人民健康水平，加强卫生国防，和在军事活动及自然灾害时自救助人。为了完成上列任务，中华人民共和国卫生部和中国红十字会总会（发出）关于1956年发展红十字会组织的联合通知。

根据中国红十字会1956年国内工作计划要点草案中规定，除我省原有的四个分会外（武汉市分会、黄石市分会、孝感县分会、麻城县分会）本年我省应建立湖北省红十字会，并在省辖市（宜昌市、沙市市、襄樊市）建立分会。以上原有组织经整顿，涉及转建组织的辖部人员编制人数分配为：新建省会一个计七人，宜昌市分会四人，沙市市分会、襄樊市分会各三人。原有武汉市分会中央规定转编制为廿人（现有十人，缺十人），黄石市分会中央规定转编制为四人（现有一人，缺三人），孝感县中央规定转编制为二人（现有四人，多二人），麻城县分会中央规定转编制为二人（现有四人，多二人）。以上现有新建及原有组织，根据中央规定□编制共需人员45人，除现有19人外，尚缺26人。

中国红十字会系群众团体，我省原有四个分会的人员编制，均是国家编制，已列入党群系统编制之内，因此，本年在我省转发展的省会及省辖市各分会以及原来我省各分会，按照新编制的缺额人员应请党群编制内予以解决。

又按中华人民共和国卫生部中国红十字会总会（56）卫防省字第

248 号（56）京总会第 254 号联合通知，略谓：……为了进一步研究开展红十字会工作的具体办法，并给你们培养一二名熟悉红十字会性质、任务和工作方法的干部，作为推动红十字会工作的骨干，中国红十字会总会定于四月十六在北京举行一次工作会议，指定我省派两人出席，并要求在 4 月 14 日前往报到。因此，我省红十字会急待成立，其人员编制亦急待解决。特一并报请核示。

湖北省红十字会
1956 年 4 月 7 日

（原载湖北省档案馆馆藏档案，档号：SZ115-02-0160）

1956 年湖北省红十字会关于开展红十字会工作的通报

（56）卫厅鄂会字第 25 号

武汉、黄石、沙市、襄樊、宜昌市人民委员会、卫生局（科）红十字会，麻城、孝感县人民委员会、卫生科、红十字会：

麻城县红十字会，在当地党和政府的大力支持下，对开展红会工作已在城关造成声势，经我们研究，认为他们这一段工作除对争取卫生部门领导和广大医务群众的配合不够以及今后应更进一步地联系群众，并把群众的卫生热情变为经常的行动外，基本上是健康的。他们不但紧紧地依靠了当地党、政的领导，而且还结合了中心工作，这为今后开展红会工作创造了有益的经验，特将他们的工作总结报告转发给你们，以供参考。

抄送：中国红十字会，中共湖北省委文教部，湖北省人民委员会、统战部，湖北省卫生厅、防疫站、民政厅、教育厅、公安厅、农业厅、工业厅、劳动局、总工会、建筑工会，省青委、省妇联、省政协、省科普，爱国卫生运动委员会，省卫生工作者协会，中华医学会武汉分会，武汉市防疫站，中华药学会武汉分会。

（注：原档案缺工作总结）

（原载麻城市档案馆馆藏档案，档案号：108-1）

关于本省1956年开展红十字会工作的报告（草稿）

一、将北京红十字会议精神及贯彻这一会议精神的意见报告，□□红十字的性质、方针、任务和作用的看法

中国红十字会是中国人民自愿组织的群众性的卫生救助团体。红十字会以“预防为主”和“动员组织人民实行自助助人”的工作方针，以人道主义为活动原则。在国内以“动员和组织广大群众参加业余卫生活动，普及卫生知识，提高人民健康水平，加强群众性卫生预防和在军事行动及自然灾害时实行自救助人为基本任务。并通过与各国红十字会和人民间□友好、互助与合作，维护世界和平。它在国内工作中□□群众中的固定卫生组织，是爱国卫生运动的基层组织力量，并对政府卫生部门起着有力的助手作用。

二、中国红十字会1956年国内工作计划要点（略）

三、我省今年开展红十字工作的任务

1. 成立本省省红十字会和沙市、宜昌、襄樊等三个市的市红十字会，并整顿现存武汉、黄石市两市红十字会。其编制人数省（会）为7人，武汉市为28人；黄石市、宜昌市各为4人；沙市、襄樊各为3人；麻城、孝感两县各为2人。以上共需编制人数为45人。

2. 发展会员72000～103000人，训练人数144000～200000人，红十字卫生站300个；组队10个。以上所训练费需17514元，组站12500元，组队费2060元，共需经费32074元。为了实现今年的任务，总会指示各地应采取以下措施，我省红十字会也应遵照执行。总会指示各地应采取如下措施：

（1）各级红十字会组织必须紧紧依靠各级党和政府（特别是卫生部门）的领导，经常请示和报告工作，并应与有关部门特别是卫生医疗机构的密切联系，使红十字会的工作与卫生部门的工作能在统筹规划下密切配合。

（2）各级红十字会的工作人员，应加强对马克思列宁主义的学习，提高政治水平，结合工作，检查和抵制□□政治、忽视群众力量及右倾保守思想，使工作能又多、又快、又好、又省地胜利进行。

（3）各级红十字会主要工作是会员组织工作和卫生宣传教育工作。

因此，卫生部门协助整顿、建立机构和挑选配备干部时，须注意适应这样的要求。总会及各省市县红十字会均应按照这样的要求，成立和整顿工作机构，商请政府卫生部门、人事部门调整和调配工作干部，以加强工作教育。

（4）为了□发展组织制造有利条件，各级红十字会应大力开展社会宣传工作，使广大人民群众以及机关团体工作人员都能□□了解红十字会的性质及其任务。为此，总会今年 4 月□□系统地编写一些有关红十字会性质、任务、发展会员、组织及训练等经验的宣传材料。各省市红十字会应根据这些材料，结合实际工作情况，编写一些宣传材料，并通过报纸、电台及宣传员向社会进行宣传。

（5）今年是红十字会普遍发展、建立组织的开始，工作生疏、经验缺乏。因此，各级红十字组织应注意培植重点，及时总结有关成立地方组织、发展会员、建立基层组织及进行卫生训练、建立卫生站卫生队和开展卫生宣传教育等各方面的典型经验，并及时上报和交流，以便推广。

（6）为使地方红十字组织熟悉红十字会的工作，总会拟于今年训练干部两次（以会议方式进行），由各省及各大城市选派干部参加。各省市县红十字会也可采取适当形式，训练地方干部，使他们熟悉工作、提高工作。

四、对我省开展 1956 年红十字工作的意见

1. 为了红十字工作能有效地开展，必须有领导、有计划地进行。我们认为，除了应将红十字工作纳入本省卫生工作规划之中和目前对红十字工作应迅速做出决定之外，还必须加强对它的领导。为此，我的意见，由姚克方同志兼任本省红十字会的主席，孙□□同志任省红十字会的总干事。

2. 为了能早日成立□□本省红十字会的领导和办事机构，以便早日开展工作，请就中国红十字会总会规定我省 45 人的编制人数，尽早批□下来，以便进行调整和调配。

3. 按红十字会会章（草案）规定：省、自治区红十字会可以与所在地的市红十字会合署办公，设立一套办事机构。我省武汉市，不仅是国家重点建设的大城市之一，而且是全国地点最适中、交通最发达的大城市之一。国际友人只要是来到中国，几乎必须来看武汉。我们建议我省红十字会可以与武汉市红十字会合署办公，成立一套办事机构。这样不仅可以节省人力、物力，又能有重点地搞好武汉市的红十字工作，而

且可以把房子设备条件搞好一点，以壮国家往来观瞻，裨能在国际上扩大□影响。

4. 根据中国红十字会总会“重点培植”和“全面展开、均衡普及、坚持一贯”地开展红十字工作的原则精神，我省红十字会应根据我省具体情况和工作需要，有重点地平衡普及发展，以便做出成绩、取得经验，并在群众中树立威信，为会务普遍发展创造条件。为此，同时还必须利用各种宣传工具和形式，向社会广大群众进行关于红十字会的性质、任务及发展红十字组织的□□等□□的大力的宣传工作。

以上意见，是否得当，请给以指示。

湖北省卫生厅

1956 年 5 月 19 日

（原载湖北省档案馆馆藏档案，档号：SZ115-02-0160）

湖北省卫生厅关于请国务院下达省红十字会编制的函

（56）卫厅医特字第 346 号

中国红十字会总会：

关于总会给予我省红十字会 45 名编制，因业务总会尚未下达。现经我省人委批示：“红十字会编制在中□增拨□□，仍按过去的编制数，不增不减，适当调整。□会 4 人（孝感、麻城分会各抽 2 人），孝感分会 2 人，麻城分会 2 人，黄石市分会 4 人，计 12 人，均□在各级总编□□。”根据这一批示，省人委不能增加编制，我省红十字会的工作实在难于开展。希□□□，我省红十字会的编制早日下达，以便省人委能按总会□□，给予我省编制人数批准为谢。

湖北省卫生厅

1956 年 7 月 2 日

（原载湖北省档案馆馆藏档案，档号：SZ115-01-0128）

关于请求省人民委员会指示各有关市县人民委员会重视红十字会工作的报告

（56）卫厅会特字第465号

湖北省人民委员会：

根据苏联先进经验，红十字会确实是国家经济、国防建设和人民生产、生活中不可缺少的组织。由于旧中国的红十字会不是真正的广大群众的组织，给人们遗留下许多不好的印象。新中国成立后，对它虽然经过改组，几年来也确实做了不少的工作，对国家经济和国防建设也起了不少的作用，但由于此项工作还未能广泛地开展，因而广大社会人士仍对它缺乏正确的认识。加之发展会员、建立基层组织是一项新的工作，究竟对生产建设是否起到作用，大家尚缺乏理解。这就造成在开展这一工作时，使不少同志心存疑虑。但根据武汉市、麻城县等地红十字会近年来的急救训练和组织卫生站等工作活动来看，证明红十字会确实保障健康、发展生产并为群众□□的组织，如武汉市各厂矿、工地的行政领导，原来是拒绝红十字会去开展工作，现在是要求红十字会去开展工作。市防疫站的领导还怪红十字会工作开展太慢；麻城县由于党政领导对红十字会工作的重视，召开干部和群众积极分子会议时，县长亲临指示。此后，在发展会员时，很快就形成高潮。不少工厂领导直接来红十字会去接洽，群众也纷纷地自觉要求参加。□□印刷厂的职工，由于印制红十字会的宣传文件时，对红十字会有所认识，全体职工要求入会。从卫生行政部门来看，通过卫生厅召开专、市、县卫生科（局）长卫生工作会议，传达了红十字总会四月会议精神，一般情绪很高，如宜昌、沙市、襄樊的卫生行政干部，那时虽然未确定他们的人员编制，但他们愿意抽人兼办；回去后，他们也确实开始新起来了；今年还准备成立红十字会的地方，也有打听什么时候到他们那里去开展工作。

从以上情况看，凡是对新中国红十字有所了解的，对它无不表示欢迎，因为在目前大力开展红十字会工作确实到了□□。为了使红十字工作能顺利展开，我们请求省人民委员会，在省红十字会组织即将成立的时候，指示有关市、县人民委员会重视红十字会的工作，并把它纳入到当地整体卫生工作规划中去，有计划、有步骤地统一布置进行。特此报告，请指示。

湖北省卫生厅

1956 年 9 月 3 日

（原载湖北省档案馆馆藏档案，档号：SZ115-02-0160）

关于协助发展红十字会会员工作的联合通知

接武汉市卫生局和武汉市红十字会 10 月 8 日叶（业）字第 049 号的联合通知抄件说：“根据中华人民共和国卫生部、中国红十字会总会指示，现在武汉市发展红十字会会员工作计划，已经市人民委员会批准。我们认为，在本市卫生系统内，应当首先支持这项工作，根据自愿的原则，正踊跃参加红十字会，并请多单位领导尽量给予便利和协助，使能充分地发挥红十字会会员和组织的力量，为实现祖国卫生事业的远景规划而共同奋斗。”

从苏联先进经验和中国红十字会部分地方组织和基层组织几年来的工作实践证明：红十字会组织和训练工作是国家卫生部门开展群众卫生工作的有力助手；红十字会的会员和卫生组织是爱国运动的基本力量和基层组织。因此，中国红十字会计划从今年开始在全国范围内广泛发展会员，建立基层组织和地方组织，开展卫生、救护、训练、宣传等活动。

本省红十字会已经设置办事机构，即将召开全省代表会议正式成立，逐步开展并领导本省红十字会的工作。现在武汉市红十字会已经布置的有关红十字会活动，希望本市的厅直各单位加以为重视，大力协助支持为要。

武汉市卫生局

武汉市红十字会

1956 年 10 月 20 日

（原载湖北省档案馆馆藏档案，档号：SZ115-02-0160）

总会关于“附送会员纳税标准及会费使用办法实行规定”（草案）的通知

各省、自治区、直辖市红十字会：

关于本会会员纳费标准及会费使用办法暂行规定，自实施以来，经各地反映会费标准较高，会费使用办法不够具体。经我们研究，现重新制定了《关于会员纳征标准及会费使用试行规定》，送请你们自1957年起参照试行，并转发所属单位。在试行中注意发现问题即时反映我们，以便再行考虑修订。

中国红十字会总会

1956年12月27日

附件：如文

抄致：各省、自治区、直辖市卫生厅局

中国红十字会关于会员纳费标准及会费使用办法试行规定

（草案）

为了适应各级红十字会组织会务发展的需要，并照顾到会员群众目前经济情况和在会费开支上有个明确范围，以便做到合理收缴和使用会费起见，特将本会以前关于会员纳费标准和会员使用办法暂行规定，修订如下：

一、会员纳费标准

（1）工人、职员、机关干部会员每年缴纳会费人民币4角；

（2）大、中城市居民会员每年缴纳会费人民币3角；

（3）农民会员每年缴纳会费人民币2角；

（4）学生会员（红十字少年）每年缴纳会费人民币1角，

上述会员入会时应缴会员证工本费，但最多不得超过2角。

个别会员如因经济特殊困难，不能缴会费时，由基层委员会根据实际情况减免。

二、会费使用原则

各级红十字会应根据“取之于会员、用之于会员”的基本原则，主要部分用于基层的精神，采取统一掌握，分级使用的办法，以适应会务开展和会员活动的需要。

三、会费使用范围

（一）乡、镇、街红十字会和基层红十字会

（1）红十字卫生站急救箱补充常用药品所必需的费用（这项费用限于街道卫生站急救箱补充常用药品，至工矿、企业、机关、团体、学校、合作社卫生站急救箱的药品补充费用，原则上由本单位行政或卫生事业费内开支。如十分必要时也可在会费内开支）；

（2）组织宣传和展览以及订购有关红十字刊物所必需的费用；

（3）举办各种会务活动（包括会员代表大会和会员大会）所必需的租场（费）、照明费、茶水费及配合活动所必需的文娱联欢费用；

（4）因工作需要的办公文具、纸张，邮费及交通费用。

（二）市、县、市辖区红十字会

（1）举办全市、全县、全区性的会员代表大会，基层干部讲座、经验交流会、参观观摩以及宣传鼓动、会务卫生教育所必需的费用；

（2）对会员进行奖励所必需的奖励费；

（3）因会务工作需要而必须的其他补助费用。

注意事项：

（1）会费缴领及使用手续、各级组织使用会费的比例和开支项目的比重。（附北京市红十字会给各区红十字会关于会员会费使用暂行规定的通知和广州市红十字会给广东省红十字会关于会员会费使用暂行规定的报告，供给参考）

各市县红十字会应根据会费使用原则，结合本市县具体情况，在上述使用范围内研究规定，报省、自治区红十字会备案。各地红十字会所收会员会费，目前暂不上缴总会，全部留各级地方组织和基层组织使用。至于省、自治区、直辖市红十字会留用会费问题，由各省、自治区、直辖市红十字会视具体情况自行规定。

（2）工矿、企业、机关、团体、基层组织所收会费除按省、市、县红十字会规定的使用会费的比例，应上缴部分上缴外，留用部分应根据上一级红十字会批准的工作计划和会费使用范围，自行掌握使用。学校基层组织所收会费暂全部由学校基层组织留用，按开支项目比重，自行掌握使用。街道基层组织所收会费，除按使用会员的比例，逐级上缴外，留用部分，原则上归区级红十字会统一掌握（没有设区级红十字会的地方，由市、县级红十字会统一掌握），大中城市如设有街一级红十字会的，亦可由街红十字会统一掌握。在会费报领关系上，应建立简单适当的报领手续。

（3）全年会费收缴次数，原则上既要照顾会员收入情况又要避免手续过繁浪费人力和时间，一般的，工人、职员、机关干部会员可以要求一次缴纳。

城市居民、农民和学生会员可分两次缴纳。

附件：

1. 北京市关于会员会费暂行通知（略）

2. 广州市关于会费使用暂行规定（略）

（原载湖北省档案馆馆藏档案，档号：SZ115-02-0160）

关于汇拨红十字会辅助专款的通知

兹检发红十字会补助专款预示表一份，请按照执行。表列各项作专款性质，由本厅直接汇拨，收到后在会计事务上交作专款处理，年度终了编制收支对照表报厅，如有结余，一并上缴。

一九五六年秋季市、县红十字会补助专款预示表

县市别	合计	红十字会会员训练			红十字会卫生站			红十字会卫生队		
		任务	标准	预示	任务	标准	预示	任务	标准	预示
合计	17180	11880 人；198 班	每班 50	9900	250	25	6250	5	203	1030
麻城	1225	960 人；16 班	每班 50	800	17	25	425			
孝感	1281	840 人；14 班	每班 50	700	15	25	375	1		206
武汉市	11118	7200 人；120 班	每班 50	6000	180	25	4500	3	203	618
黄石市	1906	1440 人；24 班	每班 50	1200	20	25	500	1	203	206
宜昌市	550	480 人；8 班	每班 50	400	6	25	150			

（续表）

县市别	合计	红十字会会员训练			红十字会卫生站			红十字会卫生队		
		任务	标准	预示	任务	标准	预示	任务	标准	预示
沙市市	550	480人；8班	每班50	400	6	25	150			
襄樊市	550	480人；8班	每班50	400	6	25	150			

备注：

1. 训练费作（为）教员酬劳、交通费、课本费、教材、挂图、灯油、茶水、文具等开支；

2. 卫生站系补助装备急救箱一个、站牌一个。

3. 卫生队每队分五组，每组配备担架一副、急救箱一个、臂章五个、队旗一面。

1956年8月8日

（原载湖北省档案馆馆藏档案，档号：SZ115-02-0137）

湖北省红十字会关于召开全省红十字会代表会议的报告

（56）鄂会字第39号

湖北省人民委员会：

我会为了红十字会工作的顺利开展，经卫生厅厅长会议决定，于本月20日至22日召开全省红十字会代表会议，选举执、监委员会，正式成立省红十字会。经过长期筹备和多方面的协商，一切准备工作大致完结，特此报告，请予指示。

湖北省红十字会

1956年11月12日

抄送：省委文教部、省卫生厅

附：湖北省第一次红十字会代表会议议程（注：原档案中未见）

（原载湖北省档案馆馆藏档案，档号：SZ115-01-0128）

湖北省编制委员会关于红十字会编制问题的批复

（57）编办字第32号

省卫生厅、红十字会：

你厅、会（57）鄂会字第1号联合报告收悉。现复后：

（一）红十字会的编制非垂直划拨和管理，各级根据省批准建会指示和各地需要情况与可能拨给一定的编额，因而不能缩减武汉市红十字会编制来拨到宜昌市去。

（二）省编委前文批准省红十字会的编制是6名，如少用2名，从6名中拨给宜昌市2名也是可行的。

（三）现在需要在其他重点市、县建立红十字会，而根据全省编制情况，可能马上建会者，可以以省卫生厅和红十字会的名义下达联合通知，委任有关部门监管此项工作。

（四）有关经费问题，请直接与省财政部门协商解决。

湖北省编制委员会

1957年1月16日

抄送：省委文教部

（原载湖北省档案馆馆藏档案，档号：SZ115-02-0162）

湖北省编制委员会关于市县红十字会编制问题的函

（57）编办字第074号

省卫生厅、红十字会：

（57）鄂会字第10号联合报告悉，关于市县红十字会编制问题，经研究同意你们意见：凡已有编制的各市、县，由各地根据需要与可能自行掌握。至于能发展会员的宜昌、沙市、襄樊三市要求配备编制问题，我们意见可以告各市请示各级编委考虑。省红十字会编制暂按1956年编额执行。

湖北省编制委员会

1957年2月12日

抄送：省委文教部、省人委文教办公室

（原载湖北省档案馆馆藏档案，档号：SZ115-02-0162）

关于各专市县工业科各市红十字会与各县科普协会的编制问题

（57）编办字第22号

专、市、县编制委员会：

（一）据了解各专、市、县工业科（局）人员编制经费目前仍有一部分在地方工业企业成本费中开支，这是不合理的。工业科（局）是企业行政管理机构，应由行政经费开支，本委前与省财政厅于1956年7月10日曾以（56）编字第587号函通知各专县，应视可能尽量逐步纳入行政编制。现经研究确定各专市县应自1957年元月份起将工业科（局）人员编制纳入行政编制。

（二）据省卫生厅及红十字会商请：我省部分市、县已发展了很多红十字会员，需要建立机构，以便开展该会工作。经研究，我们认为除原已有机构编制的武汉、黄石两市和孝感、麻城两县外，暂可先在宜昌、沙市、襄樊市设立机构，其编制均暂定为1人。宜昌、沙市、襄樊三市编制委员会在该市文教系统的现行编制中，调整一个编额给该会。如无法调整可暂从编制人员中调整一名在编外报销，待1957年编制定案后再统一解决。

（三）各县对科学技术普及协会，目前大部分都未分配给编制员额，为便于开展该项工作，现确定各县应在文教系统的现行编制中调整一个编额给该会。如无法调整，可暂在编余人员中调整一名在编外报销，待1957年编制案后再统一解决。

湖北省编制委员会

1957年3月22日

抄送：省人民委员会工业办公室、（省）文教办公室，省财政厅、（省）工业厅，省科普协会、省红十字会，省委国营工业部、（省）地方工业部、文教部

（原载湖北省档案馆馆藏档案，档号：SZ115-02-0162）

为调整总口农场血防站改为三个血防组的通知（潜江县）

为加强省对各专县的血防技术指导，确定在省成立血防实验站（暂名），因此决定撤销你专潜江县总口农场血防站，并转为省站。

据我的了解，在总口农场建站作用不大，今年四月份虽与潜江县血防站合并，但仍有名无实，因而决定撤销潜江县的一县两站制。为防潜江县人力物力方面有困难，可留下该站的人员与医疗器械改为成立三个小组（包括总口农场现有的一个组）。

自今年10月1日起，将该站的经费改为三个组的经费下拨，希接通知后立即执行。

湖北省卫生厅

1957年9月26日

（原载湖北省档案馆馆藏档案，档号：SZ115-02-0162）

湖北省红十字会关于1957年工作的意见

一、关于工作重点问题

我省红十字会1957年工作计划规定：以“重点发展，稳步前进，保证质量，打好基础”为基本方针，而以“积极地大力地开展工作，搞好业余卫生活动，做好政府卫生部门的助手”为基本任务。这个规定我们认为是正确的，应大力予以贯彻。

为了保证实现上述的方针任务，我们认为大力地开展业余卫生活动是其最重要的中心环节，而积极地开展会务知识和卫生知识的宣传教育工作，又是推动开展业余卫生活动的有力武器，因此我省红十字会1957

年的工作重点，应该是大力开展业余卫生活动和积极开展宣传工作，以充分发挥红十字会这一群众卫生救护团体的组织作用，在广大社会人士的心目中树立良好的影响，争取党和政府对红十字会工作更加重视与支持，为今后工作的发展打下坚实的基础。

同时为了保证质量，打好基础，我们除了积极地开展宣传工作外，并采取以下几项措施：

第一，关于发展工作与巩固工作的安排问题：

（1）武汉、黄石、沙市、襄樊等市及孝感、麻城、浠水等县，以发展与巩固相结合进行；

（2）宜昌市以巩固为主，有条件的可以个别发展。

第二，发展与巩固工作，均必须有人专门负责，如力量不能兼顾，就首先搞好巩固工作，然后再去进行发展。

第三，各市县在今年第二季度末或至迟在七月底以前，不论发展任务能否完成均可告一段落，以便保证有充分时间来开展业余卫生活动和进行巩固工作。第三、四季度如某些市县条件具备，经过省会批准，也可以作适当的发展。但我们希望各县市于上半年能在保证质量的前提下来完成今年的发展任务，如果不可能完成，就不要勉强追求数字，以免使发展工作流于形式。

第四，无论是发展工作或者是巩固工作，均必须在开展业余卫生活动的基础上去进行，不能单纯为发展而发展，或为巩固而巩固，以免缺乏生动的内容，而不能显示出红十字会的组织作用。

第五，开展业余卫生活动，主要以“除四害”和消灭危害人类最大的疾病为中心，根据当地卫生部门的工作计划，按地区、季节、对象等不同的条件和要求因地制宜地灵活进行。特别应动员会员首先要经常搞好个人卫生和环境卫生来影响群众，起着模范带头作用。

第六，关于卫生站问题，卫生箱设置在适中地点，由专人负责监督，卫生员一般不采用值班制，试行分片负责制，以减少卫生员的负担，并使他能成为基层红十字会联系群众开展群众性卫生工作的核心力量。

第七，关于参观问题，本年内除由省会组织一次省外参观活动外，各市县可多进行省内市与市和县与县或县与市之间的参观活动。这样不仅可以节省开支，而且将收效更大。

第八，省红十字会办公室的工作人员，本年以绝大部分力量放在协助市县进行工作，主任一年不少于三个月，干事不少于四个月的时间下市县工作。

二、对以下几个具体工作的意见

（一）关于发展工作方面

1. 发展工作的范围

我们认为发展工作应包括发展、组织、训练建站等方面。不能单纯将发展会员的工作视为发展工作，而把建立组织和训练建站等工作视为巩固工作，这样就会使工作阶段不明，步骤混乱，从而影响工作的顺利进行。

2. 发展前的准备工作

首先召开有关方面参加的代表会议，成立市辖区（或街道）县辖乡的红十字会临时机构作为发展工作的领导机关，在进行这一工作的同时应准备有关资料，包括：

（1）组织工作方面的入会申请表，会员名册，会员证等；

（2）宣传工作方面的基本知识，如传单等资料：

（3）训练工作方面的教材、课本、师资等；

（4）学习方面的有关文件，如中国红十字会的会章（草案）、林士笑秘书长的报告、省红十字会的 1957 年工作计划以及各级地方红会本身的工作计划。

其次将卫生、防疫和红会等方面的干部，组织成为一（个）临时工作组进行上述有关文件的学习和制订具体发展工作计划，并吸收有关方面如街（乡）负责人员等参加。

3. 发展工作的步骤

发展工作的步骤可分两种办法进行：第一种是从发展着手，第二种是从训练着手。

以上两种步骤一般都可采用，特别在厂矿、工地和农业合作社中进行发展工作时，后者较前者好处多。兹分述如下，以供各地参考：

（1）从训练建站着手，可紧紧地与开展卫生救护活动结合起来，这样就能更具体地显示出红十字会的组织特性，使群众更容易接受关于它的性质与任务的宣传教育。

（2）通过训练中所吸收会员去发展其他会员，不仅容易接近群众，而且对这些会员也是一个锻炼，同时对卫生站的工作也可以巩固和提高，这就可以避免训练工作和卫生站工作脱离基层红十字会的领导，也可以避免卫生员脱离群众监督，而卫生站也就会很自然地成为基层红十字会开展群众卫生工作的核心力量。

（3）无论城市或农村，一般是上半年空隙时间较多，同时发展工作中最大的工作是训练工作，如能抓着时间，完成了训练工作，即等于完成了发展工作的一大半；而且群众迫切要求开展疾病和外伤的急救护理工作，如果能提早将卫生站建立起来，则对国家对人民都将更为有利。

4. 发展工作不论是先“发展”还是先“训练”，均可分为以下三个阶段进行

（1）组织动员阶段包括：召开城市的街或农村的乡以及居委、社委和卫生人员等干部会议，学习有关文件，讨论修改计划，成立街（乡）红十字会临时委员会和基层红十字会临时委员会，分别召开小组范围内的卫生人员及卫生积极分子，以小组为单位成立临时小组，并讨论布置发展和训练等有关问题。

（2）训练建站阶段包括：训练与建站两部分，在训练工作上不仅要讲授卫生救护知识，而且必须要有会务知识的内容，同时也要讨论和布置发展工作。

（3）发展组织阶段包话：调查摸底宣传动员（红会性质与任务等）在发展会员与建立组织的同时，要结合开展爱国卫生运动以及卫生救护等宣传工作。

5. 要做好发展工作（不论是先“训练”或者是先“发展”）必须做好以下几点工作

（1）要开好三级会议：即红十字会临时工作组的工作会议，街（乡）居委（社委）和卫生工作人员等干部会议，以及居民卫生积极分子的会议。

（2）街（乡）居委（社委）以至小组等各级红十字会的临时性组织必须首先建立，以使层层有人负责，因此无论到哪里去进行发展工作，在开好三级会议的基础上，均须自上而下地搭好各级组织的架子（有三名会员即可成立临时小组，作为发展工作的核心），这是决定发展工作能否顺利进行的关键。

（3）发展组织训练宣传等工作从街（乡）到小组必须层层有专人分工掌握，特别是填写申请表、会员证等具体工作应该交小组去办，汇总层层上交，其具体手续是：小组填写基层审查，街（乡）批准，市（县）盖章。

（4）要广泛深入地做好关于红十字会性质任务的宣传教育工作，使入会者完全出于自愿。

（二）关于巩固工作方面

以“除害灭疾”为中心大力开展业余卫生活动是巩固工作的中心环

节，为了抓住这一中心环节，必须解决以下几个问题：

（1）要有专人负责，今年巩固工作的好坏是决定明年能不能继续发展的关键，因此要求各市县在进行分工的时候，必须调强有力的干部去担任这一工作；

（2）对会员（包括卫生员）加强社会主义的人道主义原则教育的同时，必须经常注意解决在工作中存在的一些不合理问题，要做到会员与群众自愿互助、互利的精神；

（3）有计划、有制度地经常对会员、卫生员进行卫生知识和救护技术的教育，不断地提高他们的卫生知识水平，这不仅使他们感到入会以后的好处，而且可增加他们为群众服务的资本，同时还可为卫生站培养新生的后备力量；

（4）对不适宜担任工作的基层干部（如兼职过多等）要经常注意调整，对卫生站的缺额要随时进行补充。

（三）关于宣传工作

以报导会务活动，交流经验，表扬好人好事和卫生宣传为主，来推动工作，宣传方式应分别对像以文字或口头等少花钱或不花钱的形式为主（如报纸、大字报、黑板报、广播、歌曲、快板等），以戏剧、电影等文娱方法为辅，特别是宣传画等花钱多而又带欣赏性的一些东西，更须少搞。

在宣传分工方面提出以下的意见：

（1）省红十字会预备出版《湖北红十字》（八开报月刊），宣传对象主要是红十字会各级干部和广大会员，另外编印不定期的简报，向各地介绍我省市、县红十字会有推广价值的专题经验。如条件可能，本年内出版一二期宣传画，每期不超过五千份；

（2）市、县红十字会目前一般不出刊物和正规报纸，如有内容丰富的材料，可临时出油印快报，以补《湖北红十字》省报的不足，此外其他宣传方式各地可因地制宜地灵活进行，但必须以少花钱或不花钱为原则。

各地举办卫生展览，今后应以“易办、易讲、易懂”为原则。在小范围内小规模地巡回展出，城镇以居民区或较大的居民小组为单位，乡村以合作社或较大的生产队为单位，由基层红十字会或会员小组具体负责，一次展出一个或二个内容。

第四，关于红十字会与地方卫生行政单位的关系问题：主要以积极执行卫生部门的工作计划中与红十字会有关的部分，来争取他们相信红十字会这一群众组织的作用，从而愿意把红十字会的工作纳入当地全面卫生工作规划中去，但在工作中必须注意做到以下几点：

（1）凡事要与卫生部门商量，主动地配合他们的中心工作，并且在业务上多向他们请示汇报；

（2）卫生行政部门的领导同志，如果兼任红十字会的领导职务者，我们要尊重他们对红十字会的领导；

（3）向上级党和政府请示汇报工作时，一律用卫生部门和红十字会的联合名义。向党委报告时，有党组织的地方，请求用党组织的名义；无党组织的地方则由卫生行政部门和红十字会的负责党员联合出名。这样来争取搞好团结，而不要强调红十字会的独立性。

三、对几个问题的研究

第一，关于党政领导机关是否重视红十字会工作的问题，从现在来看，我们认为各地党政领导机关都是重视的，其重视的程度，往往是根据我们工作成绩的大小而有所不同，因此要想党政领导机关今后对红会的工作更加重视与支持，关键在于我们是否已经下决心要把自己所担任的工作做出成绩来，否则如果不搞好工作，而先要求领导重视那是很困难的。

第二，关于在发展工作上有的同志认为“慢”就是好，还有同志认为“多”就是好的问题，我们认为要在好、省的前提下来求“快”求“多”才是好，否则不管“快”或“慢”都不会好。

现在各地各方面的工作都安排很紧，如果不抓住时间迅速地将发展工作告一段落，以便迅速地开展业余卫生活动，就容易被其他中心工作所挤掉，就不可能发挥我们红十字会的作用。

我们发展会员的目的是为了开展群众性卫生工作，如果我们只注意“多”不注意“好”就会使我们所发展的会员质量不高，而不能起应有的作用，这不仅不能对促进人民健康事业做出贡献，而且在人力财力上是一种很大的浪费。

第三，关于在中国能否开展红十字会工作的问题，我们认为只要世界上一天还有帝国主义存在，人类就一天还存在着战争和疾病的威胁，因此不论任何国家，都需要开展红十字会的工作。特别是和平民主的社会主义国家，更需要开展这种工作，因为我们要建设，就要防御疾病与战争对我们的侵袭。

第四，关于过分强调要人要钱的问题，我们认为完全没有人和没有钱是不能进行工作的，但从人和钱方面去考虑问题就未必能做好工作。

经验证明去年那些钱多人多的地方，工作不一定做得好些，那些钱少人少的地方，工作不一定做得差些，问题是在于我们是否走群众路线，是否发挥群众智慧和力量，是否积极地钻研业务，是否主动地在想办法。

第五，关于不安心工作的问题，对待这一问题我们认为首先应考虑以下几点：

（1）我们是人民的勤务员，应该全心全意为人民服务；

（2）调动工作是组织的事情，不是我们个人所能决定的；

（3）作好岗位工作不仅对国家对人民有利，同时对我们个人也是有利；

（4）就是调动工作，新岗位也未必就很适合我们的理想。

根据以上四点，我们建议这些同志，当组织还没有决定给你调换工作之前，你一定要做好现在工作。

第六，为了纠正以上这些倾向，我们希望各地创造以下经验：

（1）根据街道、农村、工矿、学校等不同类型的单位创造不同的工作方法的经验；

（2）创造结合生产，不影响生产而工作做得又多、又快、又好的经验；

（3）创造少用人少花钱做好工作的经验；

（4）创造会员与群众自愿互助互利的经验；

（5）创造基层红十字会以卫生站为核心开展业余卫生活动的经验。

四、省红十字会本年度工作安排及干部的分工

（一）分工

根据干部编制情况，目前办公室的组织形式，还不可能铺开，但如果没有一定的职责范围，将会造成混乱，从而影响正常工作的开展，因此在各负专责、互相帮助、关心整体的原则下，将现有干部分工如下：

主任：孙冰、毛景芳。负责全面（孙主任有四分之一时间下市县指导工作，毛主任主要负责机关）。

秘书：张家樾。负责处理机关日常工作（在主任领导下，将抽出一部分时间协助武汉市红十字会工作）。

干事：杨祖坤、熊瑛、孔宪齐等同志。担任组织、宣传等业务工作，并由杨祖坤同志负责。

干事：孔宪齐同志。担任组织训练，秉管人事及有关的事务性工作。

干事：熊瑛同志。担任宣传工作及有关的事务工作。

（二）工作安排

1. 第一季度

（1）整风学习；

（2）研究安排全年工作；

（3）建立机关工作制度——文书、财务、会议；

（4）分头出发八个市、县了解工作；

（5）总结全省发展工作和开展经常业余活动的经验；

（6）协助解决各市、县红十字会急待解决的问题——编制、财务、预算等问题；

（7）筹刊《湖北省红十字》月刊。

2. 第二季度

（1）派员参加总会召开的工作会议；

（2）召开第二次执监委联席会议；

（3）《湖北省红十字》出刊；

（4）召开第三次工作会议；

（5）组织一次省外参观南京、河南；

（6）配合卫生防疫单位进行一次爱国卫生运动。

3. 第三季度

（1）有重点分头下市、县协助工作；

（2）在中秋节前后配合各地卫生防疫机关进行爱国卫生运动；

（3）将全省各市、县一年来发展工作进行一次全面总结；

（4）组织一次省内参观；

（5）组织红十字少年的暑期活动（武汉市为主）。

4. 第四季度

（1）到重点市、县检查工作（包括附点市县）；

（2）召开第四次工作会议，总结一年工作，并草拟 1958 年工作计划；

（3）组织一次本省市、县间的互相观摩学习；

（4）全面总结不同类型单位的巩固（即经常活动）经验；

（5）向党政领导和总会写报告。

（原载湖北省档案馆馆藏档案，档案号 SZ115-01-0194）

国务院关于加强红十字会国内工作的指示（草稿）

我国红十字会成立于1904年。在1950年改组后，在国内外都做了一些工作。在国际工作上，对于维护世界和平和人道主义，以及促进各国人民之间的友好方面，有一定的贡献。在国内工作上，最近几年在办理卫生救护训练和建立会员基层组织方面，也取得了初步经验。经验证明，它是协助政府开展群众性卫生工作、贯彻预防为主的方针的一种有效的组织形式。几年来，爱国卫生运动在改善环境卫生、减少疾病方面起了重大作用，但爱国卫生运动经常处于突击状态，运动中涌现出来的大批积极分子，还没有一种适当的组织形式把它们组织起来进行经常的卫生教育，加以培养和提高，并使他们得以参加其他预防疾病的活动，因而爱国卫生运动至今尚没有形成经常推动群众卫生工作的基层力量。红十字会是以会员为基础的基层组织，正可以补救这些缺点。同时，红十字会可以开展群众性的卫生救护训练工作，这一工作平时可以为人民健康及生产建设服务；在人民遭受意外灾害时，也可以组织广大群众进行救护活动。为此，特对红十字会国内工作做如下的指示：

一、中国红十字会是由人民志愿组织的社会互助的卫生救护团体。它以会员为基础组成。它的基本任务是：动员和组织广大群众学习卫生知识，参加业余卫生活动，为预防疾病，提高人民健康水平而斗争；在人们遭受意外灾难痛苦时，则实行自救助人，救死扶伤，发扬革命人道主义精神；在国际上，则促进各国红十字会和人民间的友好、合作，维护世界和平。

为完成上述任务，它应进行下列几项工作：

（1）根据国家卫生工作的方针，对人民群众进行经常的卫生宣传教育，组织会员和群众积极参加爱国卫生活动，并养成良好的卫生习惯；

（2）吸引会员和群众参加卫生救护训练，组织不脱产的红十字卫生站和卫生队，建立群众性的卫生工作网，协助国家卫生基层组织，进行一般的卫生、急救、防疫和家庭护理工作；

（3）参加临时性灾害的救济、救护和社会服务活动；

（4）参加国际红十字组织，加强各国红十字会的联系，从事国际性的救济、救护、医疗和社会服务活动；

（5）从事适合于红十字会基本任务的其他有关工作。

二、红十字会在进行上述工作的时候，应按照自己特性，采取说服教育的方式，发动会员和群众自觉自愿地参加。在设有红十字会组织的地区，红十字会组织应该大力配合当地的爱国卫生运动委员会的工作，使红十字会的基层组织实际上成为爱国卫生运动的一种基层力量，使爱国卫生运动更加深入和经常化；红十字会的训练工作，应该同卫生部门的各种群众卫生训练结合进行，性质相似的训练应该统一起来，能由红十字会办理的都由它办理，卫生部门和有关部门给以人力和经费的支持，红十字会对会员和群众的卫生宣传教育，应该同卫生部门和科学普及协会的群众卫生宣传业务结合起来，分工合作。此外，红十字会基层组织应该同所在单位（或地区）的有关组织，例如工会、妇联、青年团、学生会和居民委员会等在群众卫生工作上结合起来，避免群众中卫生工作多头重复现象。

三、红十字会的发展工作，应该根据需要和可能，采取有重点、有计划、稳步前进的方针。分期分批地把各省（自治区、直辖市）红十字会建立和健全起来，并以工业城市、沿海及边防地带、交通要冲和地方病较为严重地区的城市为重点，同时可在农村和少数民族地区进行试点工作，在工作有了成绩取得经验后，逐步推广。

红十字会员的活动，平时应该在不妨碍生产和生活的前提下，以身作则，带动群众，学习卫生知识和救护技术，搞好个人和公共卫生。在特殊情况下，应担任防疫和防空救护工作。

四、中国红十字会是全国性的人民团体。总会的有关卫生业务工作，由卫生部负责指导，省、自治区、直辖市以下各级红十字会的有关卫生业务工作，由同级卫生部负责指导。民政、教育、公安、国防等部门和工会、青年团、妇联、中华医学会、中医学会、中华护士学会等团体，对红十字会工作应该加以积极支持。

五、红十字会主要依靠会员群众的力量进行工作。组织机构要力求精干，专职干部应尽量减少。红十字会可以收取会费和接受社会捐款作为活动经费，政府也应视其需要给以适当补助。

1957 年 7 月

（原载湖北省档案馆馆藏档案，档号：SZ008-001-0008-0007）

对国务院关于加强红十字会国内工作的指示的意见

我们对国务院关于加强红十字会国内工作的指示进行了研究，并表示拥护。根据我们试点的工作经验表明，红十字会这一人民志愿组织的社会互助的卫生救护团体，一方面它可组织群众学习卫生知识，培养卫生习惯，一方面它可以发动群众搞好个人卫生和环境卫生，预防疾病，确实是协助政府发展群众卫生工作，贯彻卫生为主的方针的一种有效的组织形式和爱国卫生运动的基层力量。为了更好开展这一工作，特提出以下的建议和意见：

一、关于领导关系方面：希望进一步地明确红十字会的有关国内工作，除由总会系统的领导而外，还必须受当地各级党和政府的领导，以便统一地开展工作。

二、为了使各级党委加强对红十字会的领导，除国务院指示外，我们建议党中央对全国各级党委也发出统一指示较好，便于各级党委更好地领导这一工作。

三、红十字会工作的开展，主要体现在它的爱国主义、国际主义和革命人道主义精神，是依靠每个会员的社会主义觉悟，但会员因为急救或参与其他公益服务，而影响的一部分生产，应得到适当的合理解决。

四、建议国务院对各级红十字会的人员编制做出明文规定，以便有所遵循。

湖北省卫生厅

1957 年 8 月 15 日

（原载湖北省档案馆馆藏档案，档号：SZ115-02-0160）

荆州专员公署卫生科为关于红十字会工作的几个问题的请示

（57）荆专卫防字第 704 号

湖北省卫生厅、湖北省红十字会：

过去几年来，我区的卫生防疫工作，在爱国卫生运动委员会的领导下，做出了很大的成绩，在防治疾病上起了积极作用，但由于基层组织建立不够稳固，以致在卫生防疫工作中难以保持经常。

通过这次省红会举办的参观工作会议后，明确了红十字会工作方向、性质和任务。

再（者）我区环境特殊，地方病亦甚严重，在防治上都需要一定卫生基层力量，所以红十字会的组织与发展在我区确属必要。为此，特请示几个具体问题，请示如下：

（一）为了取得领导上的重视和支持，红十字会的组织建立需要有一正式文件下达，以作（为）健全组织的依据，并请明确各专、县、区应统一为何种组织名称。

（二）根据我区的需要与发展的可能，在 1957 年底，应给 1958 年的组织发展训练工作，做哪些准备，要求到什么程？

（三）为了在卫生部门中有专人掌握红十字会工作，并保持一定程度的独立性，专、县的专职干部应如何配备，各项经费如何解决？

（四）我科研究试点工作方面，拟以江陵、天门、城关镇及沔阳城关镇和防治疾病重点乡，请作指示。

以上请示的几个问题，请在一定时间内答复，以便好在 9 月 10 日我区召开各卫生科、院长及保健、防疫股长会议中做初步贯彻。

荆州专署卫生科

1957 年 8 月 15 日

（原载孝感市档案馆馆藏档案，档号：4-1-158-024）

湖北省卫生厅、红十字会关于荆州专署发展江陵等三县红十字会工作的指示

荆州专署卫生科：

接你科（57）荆专卫防字第 704 号函关于在 1958 年建立江陵、沔阳、天门三县红会组织，请示组织形式、人员编制、经费预算以及准备工作和要求等问题。经厅务会议研究，同意你们关于组织红会的意见，特将有关问题指示如下：

（一）同意你科建立江陵等三县的红会组织，并列入省红十字会 1958 年工作计划以内，但在这三个县中应选择一县为你区重点，三县的

范围内亦应根据“重点发展，稳步前进”的基本精神进行，从目前条件来看不能太大，只能选择城关镇和另一个防疫重点乡进行，在两个试点当中，也还要先从一条街或一个农业社（甚至一个生产队）开始，摸索经验并逐步推广。

（二）红十字会组织形式，除县一级应遵照会章（草案）办理外，省以下的专（区）和县以下的区，根据省红十字会1957年工作会议的精神，可以设立红十字会指导委员会。至于组织规程（草案），我们尚在研究，本年内可以下达。

（三）经费编制问题，在省红十字会工作计划确定后，由省红会报请省委统一解决，专职干部在成立第一年可能不配置，就是有也只能个把。因此，希望各县卫生科要大力支持，主要的要依靠防疫部门把这一工作担负起来（因为红十字会工作与防疫科工作关系密切）。

（四）你区的三个县，希望能在本年底前做好准备，再将组织架子搭起来（即成立各级红十字委员会）。这就可以在今冬明春的农闲时期里，来进行发展组织和训练工作，等到农忙时就能及时地将会员工作跟上去，配合生产来进行巩固。

（五）你区以及三县的卫生科长和将来具体搞红会工作的同志们，希望在党委直接领导下，首先进行有关文件的学习，充分做好思想准备，根据文件精神，结合本区具体情况，来进一步研究和摸底（如酝酿委员名单、试点选择、发展对象和指标以及向领导宣传汇报等），并提出1958年各县初步工作计划纲要，报省红会参考。

（六）党中央关于红十字会工作的方案，业经征求省委意见，估计正式文件很快地通过党委下达。

湖北省卫生厅、湖北省红十字会

1957年9月30日

（原载孝感市档案馆馆藏档案，档号：4-1-158-024）

同意在长阳、宜都两县发展红十字会组织的函

你科10月15日（57）卫阶字第27号报告，关于要求在你区长阳、宜都两县发展红十字会组织问题，经我们研究同意你科的要求。除将原报告先附发外，兹作如下的指示：

（一）同意发展长阳、宜都两县的红十字会组织，并列入湖北省红十字会 1958 年工作计划。有关组织问题，可遵照中国红十字会会章（草案）规定办理，必要时与宜昌市红十字会联系。

（二）希望在今年年底前将两县红十字会组织建立，以便争取在今年冬季和明年春季的农闲时期里进行发展会员和训练工作，使大农忙时能及时地组织会员活动，来配合生产做好巩固工作。

（三）发展工作应根据"重点发展，稳步前进"的基本精神进行，选择城关镇和另一个乡试行。在两个试点中也还要先从一条街或一个农业社（甚至一个生产队）开始摸索，然后再逐步扩展。发展会员工作应事先做好会务宣传，在先有认识先发展的基础上来保证质量。

（四）编制和经费问题。在编制方面应由该两县根据中央体制会议精神和勤俭建会原则统一解决，但在成立第一年，建议暂由该两县现有的防疫人员（包括爱委会的同志在内）兼任具体工作。经费方面俟省红十字会工作计划确定后，统一由省会解决。

（五）在筹备时期，两县的党政领导下，由主管防疫的卫生科长（即将来的红十字会长副主席）和将来具体搞红十字会工作的同志（包括试点的镇、乡干部）先进行有关文件的学习［文件附发（原档案中未见）］，在充分作好思想准备的基础上召开代表会议，成立红十字会，选举主席，通过计划纲要、发展规模、步骤等，并拟定 1958 年工作计划纲要，报省红十字会审核。

（六）你科根据以上指示，派员下两县布置，并将情况报厅备查。

（原载湖北省档案馆馆藏档案，档号：SZ008-001-0008-0007）

关于卫生行政部门加强红十字会工作的决议（第十七次厅务会议通过）

中国红十字会是以开展人道主义事务为基础的卫生救护团体，它的成员非常广泛，组织形式也非常健全，国内工作是以开展救护活动普及卫生知识为主，是群众性的卫生基层组织。如果经过一定的培养和训练，也是开展卫生防疫工作的民兵队伍。它的这些特性，正是我们推进卫生工作中最薄弱的环节。因此，本厅及已开展红十字会地区的各级卫生行政部门，必须对红十字会工作给以应有的重视和支持，使之顺利而健康地发展，真正起到卫生部门的助手作用。目前尚未开展红十字会工作地区的各级卫生行政部门，也应做好思想准备，为将来发展红十字会工作创造有利条件。为了全面贯彻国家“预防为主和卫生工作与群众相结合”的基本方针，特对各级卫生行政部门关于加强红十字会工作，作如下的决议：

（一）红十字会工作与卫生行政部门所属于各个业务单位的工作关系非常密切，其中与防疫部门关系更不可分割。为了统一行动，共同向危害人民最大的疾病进行斗争，从而维护人民的身体健康，保证国家的社会主义建设。各级卫生行政部门要将红十字工作纳入卫生行政职责范围以内，厅、局（科）长要具体负责，尤其是负责防疫工作的领导同志应将爱委会、红会、防疫以及卫协等工作，作为一个工作的几个方面来考虑。无论在人员使用方面，或工作安排方面，能够统一的就把它统一起来，在可能范围内尽量作合署办公。

（二）各地的“三员”如已经参加红十字会为会员者，先将其中“卫生员”与“保健员”统改为红十字卫生员，在当地卫生行政部门的统一安排下，由红十字会基层组织具体领导，以免造成多头重叠、多搞一套等混乱现象。至于“接生员”，一般地区暂不改为红十字卫生员，先由孝感县车站乡进行重点试行，经取得经验后再行批准。

（三）凡已开展红十字会的地区一般群众性的卫生组织工作及训练工作，统一由红十字会负责。卫生宣传工作理论上应结合起来，必要时可联合进行。必须集中力量，搞好卫生宣教工作。

1957年12月17日

（原载湖北省档案馆馆藏档案，档号：SZ115-01-0133）

关于成立血吸虫病防治所等的决定

为了加强血防工作的业务领导，提高工作效率、保证技术质量、掀起大防大治运动，决定在荆州、孝感、黄冈三区成立血吸虫病防治所（荆州专区血防站改所），宜昌专区成立血吸虫病技术指导组，省成立血吸虫病实验站。原一县两站的□川、阳新、沔阳各撤销一个防治站，增加三个防治组，自一九五八年一月一日起实行。

编制：新建站所，概按30人编制。技术指导组为7人编制，力量配备，根据各专区可能和需要，自行调配，暂不作具体规定。

经费：基建费按标执行。经常费采取全额供给，设备费包括基建费由超支者自行解决。

任务：省血吸虫病实验站主要任务：做好实验区研究工作，全面推广并总结各地经验，指导全省技术措施，掌握全省血吸虫病流行情况。专区血吸虫病防治所技术指导组主要任务：掌握血吸虫病流行情况与防治工作情况；常规检查消灭血吸虫病各个环节的质量与操作规程，深入各地检查工作、指导工作，有计划地培养干部，并收容部分病人作为临床研究和必要的科学研究工作，定期作出报告。

领导问题：省血吸虫病实验站业务外政由省寄生虫病研究所统一领导。

专区血吸虫病防治所及技术指导组外政业务由各专区卫生科直接领导，在技术措施上应由省寄生虫病研究所来领导。

湖北省卫生厅

1957 年 12 月 20 日

（原载湖北省档案馆馆藏档案，档号：SZ115-02-0162）

关于 1958 年红十字会经费预算的联合通知

武汉、黄石、沙市、宜昌、襄樊五市，麻城、孝感、浠水三县财政科（局）、卫生科（局）、红十字会：

自 1958 年财政体制改变后，接不少县、市红十字会来函反映红十字会机构经费，特别是业务费，有些县、市未列入地方预算之内。为了不影响业务及工作活动的正常开展，对红十字会经费特作如下规定：

一、原有红十字会所需经费，均已包括市、县之内。

二、关于经费开支范围的划分依据，前中央人民政府财政部、卫生部、中国红十字会总会（52）京总组字第 723 号联合通知规定。

（1）各地红十字会的行政费，如已批准之编制人员工资，机关所属的办公、杂支、旅费、房屋修建及业务费［包括发展会员费和添置宣传材料及经常宣传用的宣传费（宣传费占业务费的百分之十）］，按当地政府规定的标准及会计制度，在地方“民主党派及人民团体补足（助）费”项下，由红十字会编造预算连同工作计划，迳（径）送当地政府财政部门列报。

（2）各地红十字会所属事业单位如医院、诊所、医防队、妇婴保健站及医药器械设备及房屋修建费等由红十字会列入“卫生支出”项下，其医学教育和训练应分别列入“教育支出”及“干训支出”项下编造预算，送请当地政府卫生部门汇列地方卫生事业总预算内，转送财政部门。

三、希即遵照办理。

湖北省财政厅　湖北省卫生厅　湖北省红十字会

1958 年 2 月 14 日

（原载武汉市档案馆馆藏档案，档号：XX000073-WS01-1225-0007）

同意出版《武汉红十字》简报

中国红十字会武汉市分会：

同意出版《武汉红十字》简报，刊期为月刊，四开，每期发行控制数为一千五百份。

武汉市委宣传部

1958 年 2 月 26 日

（原载武汉市档案馆馆藏档案，档号：XX000069-WS01-0552-0002）

关于报送湖北省红十字会人员编制情况的电报

湖北省红十字会：

你省的省、市、县红十字会现有编制数和实有人数，其中的党派团体编制数和卫生行政事业编制数，盼分别按省和某市、某县各多少（限4 月 3 日前），如实电复总会。

中国红十字会总会

1963 年 3 月 28 日

（原载湖北省档案馆馆藏档案，档号：SZ115-02-0686）

湖北省红十字会发给中国红十字会总会关于人员编制情况的电报

中国红十字会总会：

全省红十字会现有编制11人，有1人是卫生行政事业编制；武汉市6人，均是党派团体编制；麻城2人，1人为党派团体编制，1人为县红会诊所收入开支；黄石市1人，卫生行政事业开支；宜昌市1人，党派团体编制，其他市县现无编制。

湖北省红十字会

1963年3月29日

（原载湖北省档案馆馆藏档案，档号：SZ115-02-0686-0004）

中国红十字会总会关于地方红十字会编制问题的通知

各省、市、自治区红十字会，四川、湖南、甘肃省卫生厅：

一、地方红十字会的编制，已由国务院编制委员会批准，下达各省、市、自治区编制委员会（批准给你省、市、区的编制数附后）。这项编制属党派团体系统。在批准给予这项编制的地方红十字会，现有编制属卫生行政或卫生事业的，均应改为党派团体编制。

二、根据红十字会工作开展的情况，国务院编制委员会批准下达的编制，尚不能满足实际需要。因此，凡国务院编制委员会没有下达编制的地方红十字会，现有人员属卫生行政或卫生事业编制的，应予保留，仍属卫生民政或卫生事业编制，其机构和人员，不得撤销。今后各省、市、自治区考虑决定必须恢复工作的市、县红十字会，其编制也在卫生行政编制中解决，或由卫生行政人员兼职。对此，中华人民共和国卫生部即将另有通知发给各省、市、自治区卫生厅、局。

三、以上两项，特此通知，请即与有关部门联系，从速确定安排你省、市、区的编制和人员，以利工作的开展。

中国红十字会总会

1963年4月27日

附：

国务院编制委员会批准下达的编制数：湖北省 14 人，其中省 2 人，武汉 10 人，麻城县 1 人，宜昌市 1 人。

（原载湖北省档案馆馆藏档案，档号：SZ115-01-0397-0002）

关于从省卫生厅事业编制中调剂解决省红十字会等单位人员编制问题的请示

省编委：

我省红十字会在 1957 年以前有七个人的编制，以后逐年减少，从 1960 年以来，长期没有专人管理，很多工作陷于停顿状态。今年 4 月 27 日，中国红十字会总会《关于地方红十字会编制问题的通知》中说，国务院编制委员会批准下达湖北省红十字会的编制数为 14 人，但迄今没有落实。省计划生育办公室设在厅内办公，任务很重，但无编制，实际工作无法开展。根据中央血防九人小组的指示，我们着手准备在天门县进行血防试点工作，但人员编制无法解决。

根据上述情况，为了更好地开展工作，在你委没有解决上述编制以前，我们拟从我厅事业编制中暂行调剂解决省红十字会 2 人、省计划生育办公室 2 人，血防试点 1 人，共 5 个人的编制问题，其工资由卫生事业费开支。

以上报告，请予批复。

湖北省卫生厅

1963 年 7 月 1 日

（原载湖北省档案馆馆藏档案，档号：SZ115-01-0397-0002）

湖北省编制委员会关于湖北省红十字会等单位编制问题的批复

（63）鄂编办字第 37 号

省卫生厅：

你厅（63）卫办杨字第 1019 号“关于从厅事业编制中调剂解决省红十字会、计划生育办公室和血防试点的人员编制问题的请示报告”收悉，经研究同意从你厅事业编制中，调剂解决省红十字会2人、省计划生育办公室2人、血防试点1人的编制。其工资由卫生事业费的工资项目内开支，特复。

湖北省编制委员会

1963年7月17日

（原载湖北省档案馆馆藏档案，SZ115-01-0397-0002）

关于召开全省红十字会工作座谈会的请示报告

湖北省人民委员会：

近几年来，由于省红十字会机构、编制撤销，全省红会工作处于半停顿状态。现有的武汉市、黄石市、沙市、宜昌市、襄樊市、麻城（县）、浠水（县）、孝感县红会中，除武汉市、麻城做了一些工作外，大多数红会没有开展工作，组织机构不健全，没有专人负责，有的只保留红十字会的名义（包括省会在内），基层组织也很薄弱，原有的会员没有重新组织起来，不能发挥会员在卫生运动中的作用。

根据中国红十字会总会指示精神，必须加强红会国内工作，整顿组织，充实人员。为此，我们拟在今年9月中旬召开全省红十字会工作座谈会。会议的主要内容是：

（1）总结交流经验；

（2）讨论和研究当前存在的问题和今后的工作。会期5~7天，出席会议者共计10人。

以上报告当否，请批示。

湖北省卫生厅

1963年8月20日

（原载湖北省档案馆馆藏档案，档号：SZ115-02-0588）

湖北省红十字会工作座谈会安排计划（草案）

一、会议的目的

（1）总结并交流工作经验。

（2）讨论研究当前存在的问题和今后的工作。

二、会议主要内容

1. 学习文件

(1) 中国红十字会彭炎秘书长关于部分城市红十字会工作座谈会的总结。

(2) 中国红十字会李德全会长关于中国红十字会的工作情况和对今后工作的意见（在中国红十字会全国代表会议上的报告）。

2. 交流经验

(1) 武汉市红会介绍工作情况。

(2) 武汉市实验中学、满春路小学的红十字少年工作经验介绍。(未与武汉市商量，暂定)

(3) 沙市市红会工作介绍。

(4) 参观武汉市红十字会工作。

3. 着重讨论几个问题

(1) 组织机构形式问题（由省—基层），研究卫生站的组织形式、工作任务、制度、经费来源、人员配备，与基层医疗单位、居民委员会的关系。

(2) 会员会籍的清理、登记、发展，会务活动，会费等问题。

(3) 红会卫生员的训练问题：

①“三防”救护训练（只限武汉市）；

②一般卫生救护的训练。

讨论：训练的组织领导、内容、对象、条件、时间、方法、训练□的活动，知识巩固。

(4) 红会如何配合爱国卫生运动委员会防疫站进行卫生工作。

三、出席对象

武汉2人外，黄石、沙市、襄樊、宜昌市、孝感、浠水、麻城红十字会各派1（名）负责同志参加，共计10人。

四、时间

九月中旬，5~7天。

五、地点

武昌首义路省人委招待科

附件：

在红会座谈会上需了解的基本情况

一、组织机构

(1) 红会专职干部、兼职干部名单。

（2）红会委员会名单。

（3）红十字卫生站：个数、人数（其中脱产多少、会员多少）、经费来源。

二、会员情况

会员人数，何时进行重新登记。

其中：红十字卫生员多少，红十字青少年多少，进行了哪些卫生训练，时间，内容，人数?

三、今年经费开支情况（编者注：原档中后文内容缺失）

1963 年 8 月 20 日

（原载湖北省档案馆馆藏档案，档号：SZ115-02-0588）

湖北省红十字会关于汇报 1963 年上半年工作情况的通知

武汉、黄石市红十字会，沙市、宜昌、襄樊市、孝感、麻城、浠水县红十字会：

接中国红十字会总会通知，要求各地汇报 1963 年上半年红十字会工作，其内容包括组织工作和业务工作的一般情况，红会的组织机构情况以及存在的问题等。武汉市红会在总结中还应包括对总会召开的部分城市红十字工作座谈会的反映：关于会员、红十字卫生站和训练方面的若干问题，哪些是符合实际的、切实可行的，哪些是不符合实际，实行有困难的等。

各地在接通知后，应立即进行总结，于七月二十五日前报送我会，以便汇总上报。

湖北省红十字会

1963 年 7 月 12 日

（原载湖北省档案馆馆藏档案，档号：SZ115-02-0588）

湖北省卫生厅、湖北省红十字会关于1964年红十字会工作的意见

武汉市、黄石市、沙市、宜昌、襄樊市、麻城、浠水、孝感县卫生局、红十字会：

我省有红十字会的各市县卫生局（科）在1964年应将红十字会切实领导起来，将其工作纳入计划。有编制的地方应将干部配齐，让他们在1964年能以全部精力从事红会工作。没有编制的地方，应该指定专人代管，要求代管的人至少要有二分之一的时间做红会工作。原属红会的设备能归还的尽量归还。红会的经费，不准随意挪用。

我省红会工作，1964年上半年仍以整顿组织为主。各地应以总会颁布的“组织通则”和彭炎秘书长“在部分城市红会座谈会上的总结”为依据，进行老会员的清理登记。已登记的会员要编成小组，定期过组织生活。有了两个以上的会员小组就可以建立红十字卫生站，卫生站应选举站务委员会，设正、副站长，订几条切实可行的制度，开展经常性的活动。卫生站最好能与居委会的卫生组织结合起来，在工厂、学校最好能与保健室、医务室结合起来。各地应将街红十字会和城关红十字会迅速分别建立起来，以便领导卫生站的工作。街红会和城关红会最好设在街办事处和城关卫生院（有的地方是城关联合诊所），医务人员和防疫人员应该把红十字会工作看成是贯彻预防为主、开展群众性卫生运动的一个有力助手，在整顿组织的同时，必须加强对会员的会务知识教育。要摸清红十字会的组织情况，填好会员登记表和总会发下的各种统计报表。

如果需要，各地可以酌情发展少数新会员，但不要大发展，更不要超过总会提出的五至十户一名会员、学校中每班不超过百分之十的控制数。在发展会员中必须注意对象的阶级成分，防止坏人混入篡夺领导权。

除武汉市外，各市、县至少应该建20个卫生站，每一个站都应有经过了训练的卫生员负责，并配一个保健箱。各市、县红会都办一至两个重点卫生站，以便取得经验，指导全面。

1964年，各地红会应大力开展以下几项工作：

（一）发动会员积极投入爱国卫生运动，在群众中起带头作用和骨干作用，成为“除四害、讲卫生”的模范。学校红十字会除了做好学校卫生工作以外，应着重宣传卫生知识，培养青少年的卫生习惯。同时，每个街道卫生站应成为当地的义务防疫报告组织。

（二）大力开展计划生育宣传教育工作。红十字会要采取各种形式（如讲座、展览、演唱、黑板报等）宣传计划生育的好处、意义和方法。会员除了自己实行计划生育以外，还要帮助群众解除顾虑和困难，都来实行计划生育。红十字青少年可不必参加这项工作。

（三）各市、县红十字会根据需要和可能，有计划地对会员进行以下一些训练：急救、传染病、计划生育、防痨、环境卫生、饮食卫生、简易治疗、家庭护理，等等。武汉市应在民兵中进行三防训练（在进行这项工作时要与人民武装部门联系）。暑假期间，武汉市和专辖市可以举办中学红十字青少年夏令营，并在夏令营中进行防伤、防毒和急救常识的教育，以及群众性的活动。

（四）各地红会要发扬革命人道主义精神，在会员中培养“扶老携幼”“救死扶伤”“助人为乐”和“舍己为人”的美德（但要注意阶级路线，我们提倡工农群众间的阶级友爱，不包括阶级敌人），起到移风易俗的作用。

省会将在明年上半年和下半年，组织两次工作检查。

省会拟于明年秋召开一次代表大会，总结工作，交流经验，改选省红会委员会，讨论下半年和1965年工作计划。

湖北省卫生厅　湖北省红十字会

1963年12月29日

（原载湖北省档案馆馆藏档案，档号：SZ115-02-0686）

总会关于1964年地方红十字会卫生业务活动指标的通知（发湖北省）

各省、市、自治区卫生厅（局）、红十字会：

1964年2月8日，中华人民共和国财政部、卫生部、国家编制委员会和中国红十字会总会联合发出了《关于中国红十字会人员编制和经费问题的几项规定》，其中第三项规定，卫生事业活动费，包括红十字会举办和领导的群众卫生宣传，会员卫生知识教育，卫生救护训练，红十字卫生站、医院、诊所的补助费可包干使用。地方分地区补助费指标由卫生部和红十字总会会商后另行下达。此项补助指标，均已包括在1964年分配给地方卫生支出预算指标之内，不另追加。

据决定，你省红十字会1964年卫生业务活动费指标为30000元，希即分配下达给各市、县红十字会。分配指标时，应首先保证全国重点市、县红十字会卫生业务活动的开展。

中央卫生部　中国红十字会总会

1964 年 3 月 3 日

（原载武汉市档案馆馆藏档案，档号：XX000073-WS01-0548-0009）

湖北省红十字会关于 1964 年上半年工作情况汇报的通知

武汉、黄石、宜昌、沙市、襄樊市红会，麻城、孝感、浠水县红十字会：

在全省红十字会工作会议以后，各地卫生行政部门均加强了对红会的业务领导，各地红会也陆续拟定了计划，恢复了活动，加强了工作，总的情况是领导指示，安排比较落实。尤其是武汉市部署紧、行动快，做到了层层传达、层层贯彻。全省红会工作，开始出现一片欣欣向荣的新气象，为今后进一步开展工作奠定了良好的基础。希望各地红会，借此大好形势，扎扎实实地把工作抓起来，而且抓好。

为了全面掌握各级红会的工作情况，根据总会的通知要求，结合我省情况，提出上半年工作情况汇报内容。请各市、县红会务于六月底以前，向省会做一次专门书面报告。

一、工作方面

（1）各市、县红十字会贯彻总会、省会会议的情况；对省会提出的 1964 年工作安排，哪些可以落实？哪些还有困难？在传达省会会议精神以后，各级卫生部门、各级红会组织和红会会员的反映和动态。

（2）各市、县红十字会，在哪几个方面（街道、厂矿、学校、服务行业、城镇、公社等）已经开展工作？哪几个方面工作比较突出？

（3）各市、县红十字会开展卫生业务活动的情况，重点是什么？存在什么问题？

（4）如对外开放的市县红十字会，原来有哪些可供外宾参观的点，今后打算增加几个？并说明这些单位的简要情况。

二、组织情况

（1）各市、县红十字会的领导机构，在 1961 年中国红十字会全国代表会议后，哪些是经过改造的，哪些还未正式改造？并请将领导机构成员名单（包括姓名、性别、年龄、行政职务、红会职务、级别、政治面貌）抄报给省会。

（2）各市、县红十字会是单独办公，还是合署办公？怎样合署？有什么经验？存在什么问题？

（3）各市、县红十字会现有专、兼职干部多少？属哪种编制？并请将专、兼职干部名单（包括姓名、性别、年龄、职别、级别、政治面貌、何时参加红会工作等）抄报给省会。

（4）哪些市、县红十字会以红十字会名义举办了医疗保健机构？归谁管理？是全民所有，还是集体所有性质的？规模多大（有哪些科室、多少工作人员和床位、门诊人次等）？收支情况如何？存在什么问题？

三、典型材料

请武汉市以通讯报导形式全面总结硚口区同和旅社红十字卫生站的活动，要求文词简洁、生动，内容真实可靠，最好能附成套的照片，随同上半年工作情况汇报，寄给我们一式二份。

各市、县红十字会接到通知后，根据上述要求，再次检查一下工作，力争在汇报时，按照通知要求，逐条写好，力求准确，并按时上报。

湖北省红十字会

1964 年 5 月 27 日

（原载湖北省档案馆馆藏档案，档号：SZ115-02-0686）

关于召开省红会第一次会员代表会议暨先进单位、先进工作者代表会议的报告

湖北省人民委员会：

红十字会在国际上作为外交部门的助手，是进行国际阶级斗争的工具；在国内作为卫生部门的助手，是开展卫生工作的群众队伍。根据中央卫生部和中国红十字会总会的指示："由于我国国际威望日益增强，红十字会的国际活动也日益频繁，而开展国际活动，又必须有扎实的国内工作为基础，为此希望各地党政领导重视红会工作，摆在适当位置；尤其是各级卫生行政部门必须加强（对）红十字会工作的领导。"

中国红十字会 1964 年国内工作会议决定："1961 年全国代表会议以后未经改选的各省、市红十字会，必须在今年召开会员代表大会或会员

代表会议，进行改选。”又据总会开展“五好”基层组织和“五好”会员评比竞赛办法第九条规定：“评选‘五好’基层组织和‘五好’会员，每年进行一次”，而我省红会委员会长期以来没有选举产生，极需健全领导机构。同时，去年全国评选优秀会员时，我省未能及时评选，因而受到中央卫生部和总会的批评。据此，召开红十字会会员代表会议暨先进单位、先进工作者代表会议，关系到全国红会统一行动，势在必行。

为了节省人力、物力，我们初步意见是两个会议一次召开，力争规模小一些、时间短一些，有意识地评选“五好”单位和“五好”会员为会员代表，会期一周，与会代表80人。名额分配：武汉市40人（包括武钢、武建），黄石市8人，宜昌、沙市、襄樊三市各6人，麻城、孝感、浠水三县各4人，机动名额2人，代表对象主要是上述市、县城镇居民中的会员积极分子和卫生系统基层干部。会议主要内容是：

（1）选举省红会委员会；

（2）奖励先进、交流经验。

为使省会改选情况和我省五市、三县红会“五好”单位、“五好”会员评选结果能于年底以前上报总会，会议时间最好能安排在9月下旬或10月上旬。

以上意见，如果认为可行，请及时批示，以便通知各地积极准备，借以促进和加强各地红会工作。

附件：省红会委员会候选人名单初步意见

湖北省卫生厅　湖北省红十字会

1964年7月15日

附件：

省红十字会委员会候选人名单

（参照各兄弟红会委员会组织情况和红会工作特点，提出以下人员组成省红会委员会，当否，请省人委考虑）

名誉会长：孟副省长

会长：卫生厅姚克方厅长

副会长：省人委刘天民副秘书长

委员：人委外办一人

公安厅副厅长或办公室主任一人

民政厅副厅长或办公室主任一人
教育厅副厅长或办公室主任一人
文化局副局长或办公室主任一人
省妇联一人
团省委书记处书记一人
武汉市卫生局陈毅副局长

（原载湖北省档案馆馆藏档案，档号：SZ115-02-0686）

关于召开全省红十字会先进单位和先进工作者代表会议的通知

武汉、黄石、宜昌、沙市、襄樊市卫生局、红十字会，麻城、孝感、浠水县卫生局、红十字会：

为了加强红会工作，交流经验，奖励先进，并改造省红会委员会，经报请省人委批准，决定于9、10月间召开全省红十字会会员代表会议暨先进单位、先进工作者代表会议，现将有关事项通知如下。

一、评选条件

（一）“五好”红十字卫生站

组织健全好：站委员会健全，委员分工明确，站务经常有人负责，会员小组健全。认真执行民主集中制，有切实可行的制度，并能坚持执行。

会员教育好：经常对会员进行思想教育、会务教育、卫生和救护知识教育，大多数会员学了能用。

开展活动好：大多数会员积极参加站的活动，在急救、护理、防病防伤、卫生宣传等方面有成绩，获得群众好评。

团结互助好：干部发扬民主，会员积极性高，大家动手，共同努力，办好红十字卫生站。

勤俭办站好：一切开支按制度办事，不浪费财物，厉行节约。

（二）“五好”基层红十字会

组织健全好：委员会健全，发挥作用，工作经常有人负责。

贯彻政策好：能及时传达党和国家关于群众卫生工作的方针政策、上级红十字会的工作计划，并认真贯彻执行。

领导工作好：深入实际，了解情况，及时布置，任务落实。

联系协作好：主动与有关部门联系协作，上下左右关系好。

勤俭办会好：严格财务收支、管理，厉行节约。

（三）“五好”会员

思想好：爱党爱国，爱护人民，救危扶伤，热心救人，不怕辛苦，不讲报酬。

工作好：遵守章程，执行制度，积极主动，完成任务；自己做好，带动别人。

学习好：学习政治，联系思想，钻研业务，练好本领；坚持学习，学了能用。

团结好：联系群众，搞好关系，诚□助人，对人和气。

卫生好：注意防病，保护健康，爱护卫生，做到经常。

计算时间：评选先进单位和先进个人，一般可从 1963 年下半年起至评选时止，适当参照前几年情况，历来一贯先进者应优先当选。

二、名额分配（据档案原件整理）

地区名称	会员代表（专兼干部）	先进单位、先进个人（同时是会员代表）	机动
武汉市	20	28	
黄石市	2	8	
宜昌市	2	4	1
沙市市	2	4	1
襄樊市	2	3	
麻城县	2	3	
浠水县	2	3	
孝感县	2	3	
合计	34	56	2

武汉市会员代表 20 人，包括市红会会长 1 人，副会长 1 人，办公室主任 1 人；各区和“武钢”“武建”会长或副会长 1 人，专兼职干部 1 人。其他四市、三县会员代表，是会长或副会长 1 人，专兼职干部 1 人。机动名额 2 人，省红会会长姚克方，由宜昌市提名为会员代表；省红会李启德同志，由沙市提名为会员代表。

三、评选办法

先进单位的评选，依照“五好”红十字卫生站、“五好”基层红十字会的评选条件，在“比、学、赶、帮”的基础上，全面地开展评比摆口，并在此基础上评选先进单位。由市、县红十字会初步审查同意，填写先进单位先进事迹鉴定一式三份，经市（武汉市经市卫生局党委）、县委宣传部签署意见后上报。先进单位的代表，经省审查同意后，同时取得会员代表资格。

先进工作者的评选，依照“五好”会员的评选条件，自下而上评选产生，由市、县红十字会填写先进工作者先进事迹鉴定一式三份，经市（武汉市经市卫生局党委）、县委宣传部签署意见后上报。经省审查同意后，同时取得会员代表资格。

会员代表的评选，由各市、县红十字会提名，填写会员代表资格审查表一式二份，经市（武汉市经市卫生局党委）、县委宣传部签署意见后上报。

四、评选时间

各市、县红十字会接到本通知后，立即组织力量，开展评选活动，并于8月底以前，将先进单位、先进工作者和会员代表材料，报送省红十字会。

湖北省卫生厅　湖北省红十字会

1964年7月30日

（原载湖北省档案馆馆藏档案，档号：SZ115-02-0686-0008）

关于硚口区红十字会1964年下半年工作安排的通知

各街办事处、各有关单位：

根据省红十字会1964年工作安排的指示精神及总会提出的“计划化、有重点，根据需要与可能，适当发展”的工作方针，结合我区具体情况，提出如下安排。

一、建立和健全各级红十字会组织，加强红十字会工作的领导，使之成为卫生部门的有力助手

（1）建立区、街红十字会组织。首先，成立区、街红十字会筹委会，负责红十字会成立的各项组织工作。红十字委员会未成立前，负责领导全区红会的组织整顿工作，筹备召开会员代表会，直到红十字会委

员会正式成立后撤销。

（2）整顿和建立基层组织。根据省会有计划、有步骤、分期分批继续恢复和建立红十字卫生站的精神，要求在10月底以前在利济、汉中、□乐、宝□、□街和已建立红十字卫生站的中小学校、行业和工厂，按照总会颁发的《中国红十字会关于红十字卫生站的意见》的文件精神进行整顿，做到组织、人员、任务、制度“四落实”。今年年底前，在其余8条街全面整顿居委会的红十字卫生站的组织。

二、整顿组织的步骤

（1）各街、各单位在整顿红会组织时，应按照总会颁发的《中国红十字会关于会员工作的意见》的文件精神，做好登记老会员和发展新会员的工作。为了保证红会组织的纯洁和更好地进行工作，除按会章规定精神办理以外，在会员条件上，还应从政治、思想、作风等方面适当掌握（具体四个条件，见1964年8月市红会翻印的红十字会工作资料第一面）；在会员数量上，应从实际情况出发，要求少而精。在整顿巩固的基础上，逐步发展，但根据规定，红十字卫生站必须由会员3人以上才能成立。

（2）在登记老会员的同时，应进行会务知识的宣传教育工作，使会员都能认识建立红会的意义、宗旨、任务以及会员的义务和权利，充分发挥会员积极性，开展各项活动。

（3）通过充分酝酿，选举卫生站的委员、站长，成立红十字卫生站，□以按会员多少，结合居民行政组织（或生产学习组织）划分会员小组，选出小组长，以便领导会员开展活动。基层组织整顿好以后，各街、各单位选举委员、常委、正副会长，可以召开会员代表会议，成立街、单位红十字会。

（4）进行卫生业务训练。建立各种制度，按照《中国红十字会关于卫生救护训练工作的意见》的精神，结合各个时期的卫生工作，对会员进行卫生知识的普及教育和部分会员的卫生救护训练工作，这项工作由各地段医院、卫生员负责。在进行卫生业务训练的基础上，建立和健全各项工作制度，逐步开展会务和卫生业务活动。制度要求简而易行，在布置会员开展各项活动时，应注意不要过于加重会员的负担，布置他们力所能及的工作去做。

三、开展会务活动

（1）各级红会对会员工作的中心工作是会员教育工作。按省会指示精神，对会员除了开展卫生知识普及教育外，结合当前的社会主义教育，对会员进行阶级教育，提高他们的阶级觉悟。要发动会员积极参加各级组织的社会主义教育活动……要抓好会员的组织生活，不宜过密，最好每月1到2次。要抓好会员骨干（包括卫生站干部、积极分子）的教育，每个站要培养出10个左右的骨干会员，然后推广到全体会员。

（2）开展“五好”会员、“五好”干部、“五好”单位的评比竞赛活动。利用几次会员的组织生活，学习省会关于“五好”的评比竞赛条件，订卫生站和个人的“五好规划”，每季度检查一次，年终在评功择好的基础上，评选区、街“五好”会员、“五好”干部、“五好”单位，奖励先进，推动工作，以优异的成绩迎接建国15周年，迎接中国红十字会成立60周年和改组14周年。

四、当好卫生部门助手，积极开展各项卫生业务活动

（1）要求会员积极参加各时期的爱国卫生运动，在群众中起模范带头作用。除要求自己搞好个人卫生、家庭卫生和环境卫生以外，还应向群众进行除“四害”、讲卫生的宣传活动。

（2）协助卫生部门和地段医生做好季节性传染病、职业病的预防宣传、接种等工作，并以红十字卫生站为基础，成立疫情报告网。

（3）配合人民武装部，结合民兵□□，进行国防救护的训练和组织工作。

（4）配合计划生育办公室，进行计划生育宣传、调查避孕方法指导和代卖避孕工具等工作。今后，将此工作列为红十字会卫生站的重要任务之一。

（5）在会员中大力提倡友爱互助，发扬救死扶伤的革命人道主义精神，在卫生救护方面积极为群众办好事。

武汉市硚口区人民委员会
1964年9月4日

（原载武汉市档案馆馆藏档案，档号：XX000033-WS01-0205-0012）

湖北省红十字会一九六四年上半年工作情况汇报

中国红十字会总会：

根据总会（64）红组字第44号通知，兹将一九六四年工作情况简要汇报如下。

一、贯彻总会一九六四年工作会议的情况

我省于今年5月在武昌饭店召开了全省红会工作会议，会议原定32人，由于会议内容丰富，学习方法生动活泼，越开人越多，武汉市各区又增加了7人。实际到会39人，其中五市、三县的人委和卫生行政负责同志21人，红会专职干部18人（到会人员中，科级以上干部22人，老红军4人）。省卫生厅达时、左吉副厅长主持会议，省红十字会会长、卫生厅姚克方厅长（当时正在住院疗养），杨桂生、张泽生副厅长也参加了会议，听取了大会发言和总结。这次会议是在省人委领导下召开的，各市、县领导都很重视，省卫生厅五位厅长（一正四副）都亲自参加，说明我省在总会会议以后，已对红会工作认真重视起来，并且决心搞好。

会议全面贯彻了总会会议精神，总结和布置了全省红会工作，交流了各地经验，通过了开展"五好"为纲，"比、学、赶、帮"运动的评比竞选办法。与会人员一致认为："这次会议收获很大，提高了思想认识，明确了方针任务，交流了先进经验，增强了工作信心。"

省会五月会议以后，各地及时进行了传达贯彻，总的情况是：领导重视，行动快，干劲足，措施具体。其中以武汉市、黄石市、沙市、麻城县、浠水县最为突出，孝感县也比较好，宜昌市、襄樊市较差一些。

经过层层传达、层层贯彻总会和省会精神以后，大部分地区的工作开始出现了新的气象。例如：

武汉市于5月26日召开了200多人的大会，贯彻总会和省会会议精神，参加会议的有各区的副区长，街办事处主任、卫生干事，各区卫生科科长。特别是各级领导开始把红会工作纳入议事日程，中共武汉市委常委专门讨论、研究了红会工作，这是武汉市红会工作出现大好形势的根本原因之一。武昌区在会后从区爱委会防疫站抽调了三人做红会工作（二人专、一人兼），朱副区长还安排每周星期四抽一天时间，专门研究或下基层检查红会工作；江岸区在区长办公会议上讨论了红会工作安排；汉阳区人委批转了区红会工作方案，其他各区也都采取了积极措施，固定了专人管理红会工作。

武昌区的红会工作是在这次省、市贯彻总会会议精神以后抓起来的，目前已经有十五条街开始了整顿和建立组织工作。在建站工作中，出现了许多新人新事，不少街道、地段医院、工厂、学校等部门把办好红会当成分内的工作，从各方面给予支持。第一纱厂主动赠送几箱子药品给积玉桥街办站，天一印染厂替街道红十字卫生站做站牌，武昌区紫阳街的会员在讨论会费时说："大家的红会大家办，缴纳会费理当然。"有些会员自愿多缴会费。群众总结了红会工作有"十大好处"：

(1) 对提高觉悟有好处；

(2) 对提高群众卫生知识，保证身体健康有好处；

(3) 对病人和医疗部门有好处；

(4) 对防治传染病有好处；

(5) 对计划生育有好处；

(6) 对经常性预防接种有好处；

(7) 对控制蚊蝇孳生地，改进环境卫生有好处；

(8) 对搞好个人卫生和家庭卫生有好处；

(9) 对节省人力、物力、财力有好处；

(10) 对加强政府于群众联系有好处。

总的看来，由于国内外一派大好形势，我省红会工作也相应出现新的气象，发挥了应有作用。例如，武钢的红十字会会员在1963年一年内，就地处理的轻病、小伤计达325842人次，保护了劳动力，节省职工往返看病时间合35303个工作日，并宣传、带动职工捕鼠55383只（仅四个月的统计），绿化植树189000余棵，根治了部分蚊蝇孳生地，促使发病率逐年下降。武汉市硚口区同和旅社建立红十字卫生站以后，一年来，主动到码头、医院接待病人旅客3347人次，及时解决了各地来汉就医病人的实际困难，红十字卫生员给病人挂号取药，背进背出、隔离消毒、烧水煎药、端尿盆、送马桶、抹汗洗澡，病人称他们是"武医附三医院"。浠水县城关镇红十字卫生站在今春爱国卫生运动中，消灭死角七处，面积521平方米；臭水沟3条，长1251米；灭鼠461只。由于该站的组织带头作用，不卫生户由去年的162户下降为13户，最卫生户由去年的86户上升为192户。麻城县白果镇的14个红十字卫生站，在"八一"建军节时，挂着袖章、背着药箱，配合民兵组织，开展了卫生宣传急救活动。其他各地红会也都做了很多工作，取得（了）一定成绩，基本上扭转了前几年"按兵不动"的局面，有关情况、经验、体会和存在问题，遵照总会指示，留待年终总结。

二、关于机构、编制、干部、经费方面

(1) 我省已经恢复机构、开展工作的红十字会计有：武汉、黄石、宜昌、沙市、襄樊五市红十字会，麻城、浠水、孝感三县红十字会。

(2) 我省省会及五市、三县红十字会的领导机构，在1961年中国红十字会全国代表会议后，全部经过改选。省红会并拟于今年11月召开全省红十字会会员代表会议和先进单位、先进工作者代表会议，奖励先进，交流经验，改选省红会领导机构。

（3）省红十字会与省卫生厅合署办公，武汉市红十字会是单独办公，宜昌、沙市、襄樊、黄石、麻城等红会都是与卫生局合署办公，孝感县红会与卫协会合署办公，浠水县红会与红十字会医院合署办公。

合署办公的好处是便于统一领导、互助协作，存在问题是协作不够，红会工作往往容易被挤掉。这种情况，在省会五月会议以后，已有所改进。

（4）由于1963年4月24日国家编委的通知和1964年2月8日总会、财政部、卫生部和国家编委联合通知的规定，确定的我全省红会干部编制名额为14人，系在全省总编制内解决，因而未能如数配齐。现在的情况是：省红会尚无专职干部，由卫生厅办公室兼管；武汉市红会有6名专职干部；另如麻城县2名专职干部，浠水、孝感县各一名专职干部，均系三县自行解决配备的；这些干部一般从事红会工作时间较久，比较热爱红会专业。宜昌、沙市、黄石、襄樊均无专职干部，或一人或二人兼管红会工作。

（5）本年度我省会务活动经费已按规定确定为30000元，并已拨给武汉市2000元，其他四市三县各1000元。由于今年省会五月会议以后，各地红会工作均有不同程度加强，尤其是武汉市工作很有起色，举办了一些会务、业务活动，感到经费不够需用。省红会最近订购教材，制作奖章、纪念章、纪念册和准备召开全省代表会议暨先进单位、先进工作者代表会议的所需费用，均由省卫生厅从卫生事业活动经费中解决。在经费安排方面，由于我省红会工作确比去年有所改进，会务、业务活动日趋正规、经常，希望总会能酌情增加明年经费预算，以利工作开展。

（6）武汉市原有红十字会医院一所，已改（由）卫生局管理。麻城县、浠水县各有红十字会诊所一所，已转集体所有性质，仍由红十字会直接管理。

麻城县红十字诊所，计有工作人员13人，分内、外、注射、化验、药房、挂号六个科室，今年上半年统计：内科门诊9599人次，外科门诊6074人次。从1956年开始，年年盈余。今年上半年实际结余2341元。

浠水县红十字会医院，计有工作人员28人，分八科室二处（内科、外科、中医科、针灸科、正骨科、注射室、化验室、中西药房、门诊处、住院处），病床40张。今年上半年门诊23818人次，出诊1342人次

（其中急救 125 人次）。上半年收入 36787 元，开支 31642 元，实际结余 5145 元。

三、关于工作方面

（1）武汉市红会主要在街道、厂矿、学校、服务性行业等方面开展，这几个方面都比较好，而以街道、学校、厂矿红会工作比较突出。

其他四市、三县红会工作，主要在街道、学校、服务性行业等方面开展，以街道、学校比较突出。麻城县红会在公社开始试点，全县统一组织工作组，在对外开放的白果镇的梁家畈、建国两个公社重点开展工作。

（2）我省各市、县的卫生业务活动，在卫生救护、爱国卫生运动、防疫保健、卫生宣传、计划生育等方面开展。今年，省会五月会议以后，一般都抓得比较扎实，其中以爱国卫生运动、防疫保健、卫生宣传、计划生育比较突出。

（3）我们的意见，从当前红会工作开展情况和对外开放地区结合起来选择，对外可以开放的市、县红十字会为武汉市、麻城县。

武汉市原有武钢红十字会和实验中学红十字会，这两个单位建立红会组织时间较长，工作有基础。

今年，可以增加对外开放的点有武汉重型机床厂、武汉肉类联合加工厂、十四中学、武昌区紫阳街文昌门居委会红十字卫生站。这些单位都是在今年省会五月会议以后，进行整顿和培养的。

麻城县对外开放的地区是白果镇，这个镇的街道红十字卫生站工作比较突出，并在梁家畈、建国两个公社重点开展了工作。

湖北省红十字会

1964 年 9 月 17 日

（原载湖北省档案馆馆藏档案，档号：SZ115-02-0685-0004）

统计图表

分会干部学习会参加干部名单

（中国红十字会总会于1950年11月6日举办分会干部学习会）

汉口分会：宋如海（会长）、朱文俊（医院院长）

济宁分会：吴景侠（女、干事）、吴肇忠（司药）

西安分会：马彦翀（会长）、张英三（业务组长）、刘印初（医院院长）

长泾分会：郭琦元（理事）、张宇和（总干事）、华毓楠（诊所主任）

镇江分会：丁阴楣（诊所副主任医师）

常州分会：吴逸樵（总干事）、杨迪群（前黄服务站主任）

昆明分会：张福彭（副会长）、刘国信（医院院长）

福州分会：黄诚（代总干事）

凤台分会：詹子明（会长）

内江分会：萧晴天（常理兼院长）

洛阳分会：管昭汉（主委）

南京分会：吴耀麟（总干事）、曹寄深（诊所主任）

赣州分会：戴眉生（总干事）、黄诚述（医院院长）

梧州分会：周清源（干事）

上海分会：蒋君毅（总干事）、陈福祺（诊所主任）

天津分会：徐桐萱（诊所医师）

南昌分会：郝鸿纶（医院院长）

济南分会：郑少白（理事）、毕寿先（业务组长）、吴治安（医院院长）

青浦分会：王昌来（代院长）

黄州分会：张宗象（总干事）、周怀坚（护校校长）

万县分会：沈丕谟（医院院长）、李元林（总干事）
青岛分会：程伯良（副会长兼总干事）、王锡麟（医师）
广德分会：陈宏图（会长）
夏邑分会：阎廷献（会长）、胡懋昭（医院院长）
无锡分会：蒋白鸥（总干事）、白光（无锡市卫生局选派）
重庆分会：余养贤（常理）、黄次咸（总干事）、黄汉鸿（医院院长）
开封分会：徐唯雅（总干事）
南宁分会：蔚天佑（主任医师）、覃一南（业务组长）
太原分会：袁参侯（理事）
北京分会：谷光甫（医院院长）

（原载于《新中国红十字》1950 年第 3 期）

湖北省麻城县红十字急救总站名册

职别	姓名	性别	年龄	籍贯	家庭成分	文化程度	现在职业	住址	证章号码	备考
总站长	张文礼	男	41	山西		初通文学	民政科长	县人民政府	001631	
副站长	方展如	男	33	浠水		高中毕业	卫生院长	县卫生院	001632	
副站长	师安义	男	36	麻城		白求恩医大三期毕业	卫生科主任科员	县人民政府	001633	
副站长	詹文贤	男	29	麻城			麻城卫协会主任委员	城关镇北正街	001634	
书记	李启松	男	21	麻城		初小	红十字会干部	麻城分会	001635	
委员	郑玉德	男	28	麻城		初小	城关镇镇公所所长	城关镇镇公所	001636	

（续表）

职别	姓名	性别	年龄	籍贯	家庭成分	文化程度	现在职业	住址	证章号码	备考
委员	徐志斌	男	26	麻城			民政科科员	县人民政府	001637	
委员	吴伯厚	男	52	麻城		初中毕业	初级中学校长	麻城县中		
委员	张光隆	男	28	麻城	地主	师范毕业	城厢小学校长	麻城城厢小学		
委员	江济炎	男	32	麻城	贫农	小学四年	麻城搬运工会主任	麻城北正街四号		
委员	王甫庭	男	25	麻城	贫农	三年	手工业	闵集		
委员	罗启耀	男	62	麻城	赤贫	高小五年	麻城织布工会保管	麻城北正街		
委员	姚昭先	男	38	四川彭县	小土地出租	初中毕业	麻城分会诊疗所医师	红十字分会诊疗所	001638	

（原载麻城市档案馆馆藏档案，档案号：108-1）

麻城县城关镇搬运工会红十字急救站名册

职别	姓名	性别	年龄	籍贯	家庭成分	文化程度	现在职业	住址	证章号码	备考
站长	江济炎	男	32	麻城	贫农	小学四年	搬工	城关镇北正街	001639	
副站长	金秀炎	男	20	麻城	贫农	高小	搬工	城关镇西南街	001640	青年团员
书记	李鹏飞	男	31	麻城	中农	高小	搬工	城关镇北正街	001641	

（续表）

职别	姓名	性别	年龄	籍贯	家庭成分	文化程度	现在职业	住址	证章号码	备考
急救员	宋仕发	男	38	麻城	贫农	小学四年	搬运	城关镇西南街	001642	
急救员	王明有	男	41	麻城	贫农		搬运	城关镇北正街	001643	
急救员	施常义	男	26	麻城	贫农	小学三年	搬运	城关镇北正街	001644	
急救员	曹卓德	男	37	河南	贫农	小学二年	搬运	城关镇西南街	001645	
急救员	张才高	男	29	麻城	贫农	小学三年	搬运	城关镇西南街	001646	
急救员	高正壹	男	22	麻城	贫农		搬工	城关镇西南街	001647	
急救员	宋海山	男	45	麻城	贫农	小学三年	搬工	城关镇西南街	001648	
急救员	宋启龙	男	35	麻城	贫农	小学四年	搬工	城关镇西南街	001649	
急救员	鲍长春	男	32	麻城	贫农		搬工	城关镇西南街	001650	
急救员	张秀山	男	46	麻城	贫农	小学三年	搬工	城关镇西南街	001651	
急救员	袁国良	男	41	麻城	贫农		搬工	西陈乡	001652	
急救员	高品成	男	26	麻城	贫农		搬工	城关镇西南街	001653	
急救员	郭正如	男	28	麻城	贫农		搬工	城关镇西南街	001654	
急救员	余子忠	男	31	麻城	贫农		搬工	城关镇北正街	001655	
急救员	鲍伟卿	男	25	麻城	贫农		搬工	城关镇北正街	001656	

（续表）

职别	姓名	性别	年龄	籍贯	家庭成分	文化程度	现在职业	住址	证章号码	备考
急救员	王金浩	男	24	黄陂	贫农	初识	搬工	城关镇西南街	001657	
急救员	李润甫	男	24	麻城	贫农	小学三年	搬工	城关镇西南街	001658	青年团员
急救员	王辉民	男	32	麻城	贫农	初识	搬工	城关镇北正街	001659	
急救员	刘崇禧	男	26	麻城	贫农		搬工	城关镇北正街	001660	

注：合计二十二人

（原载麻城市档案馆馆藏档案，档案号：108-1）

麻城县县联社织布工厂红十字急救站名册

职别	姓名	性别	年龄	籍贯	家庭成分	文化程度	现在职业	住址	证章号码	备考
站长	罗启耀	男	62	麻城	贫农	高小五年	织布厂保管员	麻城县联社织布厂	001661	长征干部
副站长	张必平	男	34	湖北新州	中农	小学四年	织布厂保管员	麻城北关新街织厂	001662	
书记	程介甫	男	23	麻城	中农	高小五年	会计	麻城北关新街织厂	001663	青年团员
急救员	潘少干	男	27	新州	贫农	小学二年	织布厂保管员	麻城北关新街织厂	001664	

（续表）

职别	姓名	性别	年龄	籍贯	家庭成分	文化程度	现在职业	住址	证章号码	备考
急救员	黄成英	男	18	麻城	贫农	小学四年	织布厂保管员	麻城北关新街织厂	001665	
急救员	戴敬恒	男	36	麻城	贫农	初识	炊事	麻城北关新街织厂	001666	
急救员	安梅莲	女	40	河北	中农		纺纱	麻城北关新街织厂	001667	
急救员	陶洋香	女	40	麻城	贫农		纺纱	麻城北关新街织厂	001668	
急救员	陈肇英	女	19	麻城	贫农		纺纱	麻城北关新街织厂	001669	
急救员	罗桂蓉	女	21	新州	贫农	初识	纺纱	麻城北关新街织厂	001670	青年团员
急救员	陈金枝	女	29	新州	贫农	初识	纺纱	麻城北关新街织厂	001671	
急救员	余少杜	男	37	麻城	贫农		搬运	城关镇西南街五联组	001672	
急救员	何先桂	男	28	麻城	贫农		搬运	城关镇西南街五联组	001673	
急救员	石世秋	男	25	麻城	贫农		搬运	城关镇北正街四联组	001674	

（续表）

职别	姓名	性别	年龄	籍贯	家庭成分	文化程度	现在职业	住址	证章号码	备考
急救员	吴汉山	男	45	麻城	贫农		搬运	城关镇西南街四联组	001675	
急救员	孙芝明	男	53	麻城	贫农		搬运	城关镇西南街二联组	001676	
急救员	邹合山	男	47	麻城	贫农		搬运	城关镇北正街四联组	001677	
急救员	胡景必	男	44	麻城	贫农		搬运	城关镇北正街四联组	001678	
急救员	梅友荣	男	25	麻城	贫农		搬运	西南街三联组	001679	
急救员	周东惠	男	21	麻城	贫农		搬运	西南街二联组	001680	

注：共计二十人

（原载麻城市档案馆馆藏档案，档案号：108-1）

麻城县城厢中心小学红十字急救站名册

职别	姓名	性别	年龄	籍贯	家庭成分	文化程度	现在职业	住址	证章号码	备考
站长	张光隆	男	28	麻城	地主	师范毕业	教员	城厢小学	001681	本校校长
副站长	蔡仲明	男	26	麻城	自由职业	师范毕业	教员	城厢小学	001682	教导主任
副站长	史东阳	男	25	罗田	中农	师范毕业	教员	城厢小学	001683	教导主任

（续表）

职别	姓名	性别	年龄	籍贯	家庭成分	文化程度	现在职业	住址	证章号码	备考
书记	郑弼超	男	29	麻城	地主	初中毕业	教员	城厢小学	001684	
第一队队长	陈精松	男	15	麻城	贫农	六年级	中学生	城关镇西南街	001685	
副厂长	胡运生	男	14	麻城	贫农	四年（级）	中学生	城关镇西南街	001686	
急救员	李润洲	男	14	麻城	工人	四年（级）	中学生	城关镇西南街	001687	
急救员	潘秀英仁	男	12	麻城	贫农	四年（级）	中学生	城关镇北正街	001688	
急救员	李恢宏	男	11	麻城	伪政	四年（级）	中学生	城关镇北正街	001689	
急救员	周月英	女	18	麻城	工人	四年（级）	中学生	城关镇西南街	001690	
急救员	胡春祥	男	15	麻城	贫农	四年（级）	中学生	城厢小学	001691	
急救员	郑尊武	男	16	麻城	贫农	四年（级）	中学生	三河乡	001692	
急救员	方宗华	男	12	麻城	贫农	五年级	中学生	城关镇东正街	001693	
急救员	唐政治	男	15	麻城	小贩	五年级	中学生	城关镇西南街	001694	
急救员	吴美芳	女	16	麻城	自由职业			麻城张家巷	001708	
急救员	陈昌明	男	14	麻城	手工业			麻城东正街	001709	
急救员	戴国祥	男	11	麻城	贫农	三年级	学生	麻城冷家巷	001710	
急救员	梅炳礼	男	14	麻城	中农	三年级	学生	麻城徐家浜庭	001711	

（续表）

职别	姓名	性别	年龄	籍贯	家庭成分	文化程度	现在职业	住址	证章号码	备考
急救员	熊宏正	男	16	麻城	中农	三年级	学生	麻城西家乡	001712	
急救员	刘宏海	男	15	麻城	中农	四年级	学生	麻城林店区罗家铺	001713	
急救员	周汝炎	男	12	麻城	贫农	三年级	学生	麻城西南街	001714	
急救员	王茂仁	男	11	麻城	贫农	二年级	学生	麻城北正街	001715	
急救员	张炎芬	女	16	麻城	中农	三年级	学生	麻城北正街	001716	
急救员	孙宗福	男	12	麻城	工人	三年级	学生	麻城右文门	001717	
第二队队长	周显志	男	14	麻城	富农	五年级	学生	麻城许家凉亭	001718	
副队长	王金万	女	16	麻城	工人	四年级	学生	麻城北正街	001719	
急救员	金丽兰	女	19	麻城	富农	四年级	学生	麻城北门外金家湾	001720	
急救员	钱淑英	女	17	麻城	工人	四年级	学生	麻城西南街	001721	
急救员	李传逊	男	11	广西	伪政	四年级	学生	麻城西南街	001722	
急救员	周代喜	男	14	麻城	富农	四年级	学生	麻城七里岗乡	001723	
急救员	余佩金	女	14	麻城	工商		学生		001724	
急救员	陈朝发	男	14	麻城	贫农	五年级	学生	麻城□石乡	001726	
急救员	顾泽文	男	13	麻城	手工业	五年级	学生	麻城西南街	001727	

（续表）

职别	姓名	性别	年龄	籍贯	家庭成分	文化程度	现在职业	住址	证章号码	备考
急救员	陈兴秋	女	16	麻城	工商	五年级	学生	麻城北正街	001728	
急救员	黄光秀	女	16	麻城	贫民	五年级	学生	麻城新街	001729	
急救员	李福喜	男	13	黄冈	贫民	五年级	学生	麻城北正街	001730	
急救员	邹永浩	男	13	麻城	贫民	五年级	学生	麻城右文门	001731	
急救员	肖觉民	男	17	麻城	中农	六年级	学生	城厢小学	001732	
急救员	程秀兰	女	18	麻城	地主	六年级	学生	麻城廖家巷	001733	
急救员	吴玉珠	男	15	麻城	工商	六年级	学生	麻城东正街	001734	
急救员	王学珍	女	16	麻城	工商	六年级	学生	麻城北门外	001735	
急救员	陈明华	女	14	麻城	工商	六年级	学生	麻城东正街	001736	
急救员	秦义珍	女	15	麻城	贫农	六年级	学生	麻城东门横街	001737	
急救员	熊国年	男	14	麻城	贫农	六年级	学生	麻城绅於巷	001738	
急救员	熊楚芸	女	12	麻城	自由职业	五年级	学生	麻城西南街	001739	
急救员	郑贤堂	男	14	麻城	手工业	五年级	学生	麻城东正街	001740	
急救员	袁志忠	男	17	麻城	贫农	五年级	学生	麻城三河乡	001741	
急救员	石玉兴	男	14	麻城	中农	五年级	学生	麻城七里岗	001742	

（续表）

职别	姓名	性别	年龄	籍贯	家庭成分	文化程度	现在职业	住址	证章号码	备考
急救员	熊国林	男	12	麻城	贫农	五年级	学生	麻城朝圣门绅家巷	001743	
急救员	吴晚芳	女	11	麻城	自由职业	五年级	学生	麻城张家巷	001744	
急救员	金仕喜	男	14	麻城	木商	五年级	学生	麻城廖家巷	001745	
急救员	刘传绅	男	13	麻城	小土地出租	五年级	学生	麻城夫子河区赵家宴乡	001746	
急救员	刘世永	男	12	麻城	中农	五年级	学生	麻城罗店区罗家铺	001747	
急救员	杜绝采	女	17	北京	自由职业	五年级	学生	麻城北正街	001748	
急救员	钟世金	男	12	麻城	贫农	五年级	学生	麻城三厢小学	001749	
急救员	潘忠信	男	13	麻城	工人	五年级	学生	麻城西南街	001750	

注：合计七十人（此处共五十六人，原档案资料缺少十四人的信息）

（原载麻城市档案馆馆藏档案，档案号：108-1）

麻城县初级中学红十字急救站名册

职别	姓名	性别	年龄	籍贯	家庭成分	文化程度	现在职业	住址	证章号码	备考
站长	吴伯厚	男	52	麻城	贫民	初中毕业	教员	麻城县立中学	001751	

（续表）

职别	姓名	性别	年龄	籍贯	家庭成分	文化程度	现在职业	住址	证章号码	备考
副站长	杨华	男	33	浠水	地主		教员	麻城县立中学	001752	
书记	彭世珍	女	20	麻城	地主		职员	麻城县立中学	001753	
第一队队长	罗文祥	男	18	麻城	中农	初级中学	学生	麻城县立中学	001754	
急救员	彭克书	男	19	麻城	贫农	初级中学	学生	麻城县立中学	001755	
急救员	胡雄武	男	20	麻城	贫农	初级中学	学生	麻城县立中学	001756	
急救员	吴继书	男	20	麻城	贫农	初级中学	学生	麻城县立中学	001757	
急救员	蔡河清	男	18	麻城	中农	初级中学	学生	麻城县立中学	001758	
急救员	戴清臣	男	17	麻城	商	初级中学	学生	麻城县立中学	001759	
急救员	王文华	女	17	麻城	贫民	初级中学	学生	麻城县立中学	001760	
急救员	颜鸣礼	男	16	麻城	地主	初级中学	学生	麻城县立中学	001761	
急救员	张长新	男	19	麻城	贫农	初级中学	学生	麻城县立中学	001762	
急救员	朱长福	男	15	麻城	贫农	初级中学	学生	麻城县立中学	001763	
急救员	龙志显	男	18	麻城	中农	初级中学	学生	麻城县立中学	001764	
急救员	黄树民	男	17	麻城	中农	初级中学	学生	麻城县立中学	001765	
急救员	何正金	男	16	麻城	贫农	初级中学	学生	麻城县立中学	001766	

（续表）

职别	姓名	性别	年龄	籍贯	家庭成分	文化程度	现在职业	住址	证章号码	备考
急救员	鲁性麒	男	19	麻城	贫农	初级中学	学生	麻城县立中学	001767	
急救员	吴光森	男	16	麻城	贫农	初级中学	学生	麻城县立中学	001768	
急救员	熊嘉梦	男	18	麻城	贫农	初级中学	学生	麻城县立中学	001769	
急救员	夏传铭	男	17	麻城	地主	初级中学	学生	麻城县立中学	001770	
急救员	王天寿	男	17	麻城	中农	初级中学	学生	麻城县立中学	001771	
第二队队长	姜延福	男	15	麻城	中农	初级中学	学生	麻城县立中学	001772	
急救员	鲍震寰	男	17	麻城	中农	初级中学	学生	麻城县立中学	001773	
急救员	颜子文	女	16	麻城	贫农	初级中学	学生	麻城县立中学	001774	
急救员	王汝圭	男	16	麻城	贫农	初级中学	学生	麻城县立中学	001775	
急救员	刘家勇	男	17	麻城	贫农	初级中学	学生	麻城县立中学	001776	
急救员	金仕鑫	男	16	麻城	商业	初级中学	学生	麻城县立中学	001777	
急救员	徐声海	男	17	麻城	中农	初级中学	学生	麻城县立中学	001778	
急救员	周浩龙	男	16	麻城	地主	初级中学	学生	麻城县立中学	001779	
急救员	王爋精	男	18	麻城	中农	初级中学	学生	麻城县立中学	001780	
急救员	张伯珍	男	15	麻城	贫农	初级中学	学生	麻城县立中学	001781	

（续表）

职别	姓名	性别	年龄	籍贯	家庭成分	文化程度	现在职业	住址	证章号码	备考
急救员	周梦鳌	男	18	麻城	贫农	初级中学	学生	麻城县立中学	001782	
急救员	田焰祥	男	19	麻城	地主	初级中学	学生	麻城县立中学	001783	
急救员	邹忠安	男	18	麻城	中农	初级中学	学生	麻城县立中学	001784	
急救员	余品琐	男	16	麻城	商	初级中学	学生	麻城县立中学	001785	
急救员	金凰楚	男	15	麻城	商	初级中学	学生	麻城县立中学	001786	
急救员	袁英	男	21	麻城	中农	初级中学	学生	麻城县立中学	001787	
急救员	郭宗谏	男	19	麻城	中农	初级中学	学生	麻城县立中学	001788	
急救员	冯学礼	男	22	麻城	地主	初级中学	学生	麻城县立中学	001789	
急救员	黄元安	女	25	江苏	贫农	初级中学	学生	麻城县立中学	001790	

注：合计四十人

（原载麻城市档案馆馆藏档案，档案号：108-1）

麻城县城关区闵集红十字急救站名册

职别	姓名	性别	年龄	籍贯	家庭成分	文化程度	现在职业	住址	证章号码	备考
站长	余殿华	男	33	麻城	商	八年	职员	闵集	001791	
副站长	吴茂高	男	39	麻城	贫农	初中	医	闵集	001792	
书记	吴然道	男	30	麻城	贫农	八年	职员	闵集	001793	

（续表）

职别	姓名	性别	年龄	籍贯	家庭成分	文化程度	现在职业	住址	证章号码	备考
第一队队长	王甫庭	男	25	麻城	贫农	二年	手工业	闵集	001794	
副队长	梅耀卿	男	30	麻城	贫农	三年	手工业	闵集	001795	
急救员	梅玉卿	男	36	麻城	贫农	三年	手工业	闵集	001796	
急救员	梅玉珍	女	20	麻城	贫农	三年	手工业	闵集	001797	
急救员	梅光寅	男	20	麻城	中农	三年	手工业	闵集	001798	青年团员
急救员	吴然润	男	20	麻城	中农	四年	手工业	闵集	001799	
急救员	梅本玉	男	29	麻城	贫农	八年	手工业	闵集	001800	
急救员	黄纪臣	男	30	麻城	小土地出租	四年	商	闵集	001801	
急救员	梅本普	男	29	麻城	贫农	一年	商	闵集	001802	
急救员	史正阳	男	24	麻城	贫农	二年	农	闵集	001803	
急救员	鲁晓男	男	23	麻城	工商业	一年	商	闵集	001804	
急救员	王义	男	39	麻城	贫农	初中	医	闵集	001805	
急救员	梅光花	女	18	麻城	贫农		农	闵集	001806	
急救员	郑道良	男	25	麻城	中农	四年	手工业	闵集	001807	
急救员	郑茂庭	男	29	麻城	贫农	五年	手工业	闵集	001808	
急救员	宋太荣	女	20	麻城	贫农		手工业	闵集	001809	
急救员	涂大乾	男	24	麻城	贫农	四年	手工业	闵集	001810	
急救员	朱泰礼	男	20	麻城	富农	二年	手工业	闵集	001811	
急救员	吴修保	男	18	麻城	贫农	二年	农	闵集	001812	
急救员	吴修胜	男	18	麻城	贫农	一年	农	闵集	001813	
急救员	梅本英	女	19	麻城	贫农	半月	手工业	闵集	001814	
急救员	朱泰益	男	24	麻城	富农	二年	农	闵集	001815	
急救员	梅信亭	男	23	麻城	贫农	二年	手工业	闵集	001816	青年团员
急救员	闵先贵	女	18	麻城	中农	一年	手工业	闵集	001817	

（续表）

职别	姓名	性别	年龄	籍贯	家庭成分	文化程度	现在职业	住址	证章号码	备考
急救员	熊芍仪	男	49	麻城	贫农	三年	手工业	闵集	001818	
急救员	徐志福	男	24	麻城	地主	二年	药剂	闵集	001819	
第二队队长	王爱玉	女	36	麻城	贫农	初识	农	闵集	001820	
副队长	毛汉波	男	23	麻城	中农	六年	农	归亭乡	001821	
急救员	白开淋	男	22	麻城	贫农	初识	农	归亭乡	001822	青年团员
急救员	董传荣	男	20	麻城	中农	四年	农	归亭乡	001823	青年团员
急救员	吴永华	男	21	麻城	中农	二年	农	归亭乡	001824	
急救员	董俊武	男	30	麻城	中农	八年	农	归亭乡	001825	
急救员	朱仁仲	男	20	麻城	中农	七年	农	闵集	001826	
急救员	冯福禄	男	20	麻城	中农	三年	农	闵集	001827	
急救员	荣炳芝	男	26	武昌	贫农	三年	商	闵集	001828	
急救员	王永忠	男	18	麻城	贫农		手工业	闵集	001829	
急救员	俞开明	女	18	麻城	贫农	一年	手工业	闵集	001830	
急救员	董孝才	男	30	麻城	贫农		手工业	闵集	001831	
急救员	俞厚清	男	28	麻城	贫农	初识	手工业	闵集	001832	
急救员	凌德爱	女	18	麻城	贫农	初识	手工	闵集	001833	
急救员	王旭东	男	35	麻城	贫农	高小	医	闵集	001834	
急救员	库约芳	女	18	麻城	贫农		手工	闵集	001835	
急救员	闵承炎	女	27	麻城	贫农		手工	闵集	001836	
急救员	查秀英	女	28	麻城	贫农	二年	商	闵集	001837	
急救员	凌德荣	女	19	麻城	中农		农	闵集	001838	
急救员	王永松	男	25	麻城	贫农	初识	手工	闵集	001839	
急救员	林成贵	女	20	麻城	富农	一年	手工	闵集	001840	
急救员	库能应	男	42	麻城	贫农	二年	摊贩	闵集	001841	
急救员	蔡子香	女	19	麻城	贫农		手工	闵集	001842	

（续表）

职别	姓名	性别	年龄	籍贯	家庭成分	文化程度	现在职业	住址	证章号码	备考
急救员	凌德莹	女	18	麻城	贫农	一年	手工	闵集	001843	
急救员	闵承娥	女	20	麻城	贫农	一年	学生	闵集	001844	
急救员	闵承英	女	18	麻城	贫农	一年	手工	闵集	001845	

注：合计五十五人

（原载麻城市档案馆馆藏档案，档案号：108-1）

麻城县龟山区红十字急救站名册

职别	姓名	性别	年龄	住址	证章号码	备考
站长	段继信	男	34	龟山区区政府	009182	区政委
副站长	方思炎	男	38	龟山区卫生所	009184	区卫生所所长
书记	张耀文	男	25	龟山区区政府	009185	民政干部
第一队队长	甘友华	男	33	龟山区十一乡	009186	党员
副队长	周东五	男	21	九乡	009187	
急救员	刘法贞	男	38	九乡	009188	
急救员	李瑞桃	男	33	十乡	009189	
急救员	吴世文	男	19	九乡	009191	
急救员	刘荣闵	男	20	九乡	009192	
急救员	洪济法	男	19	十乡	009193	
急救员	刘修贵	男	19	九乡	009194	
急救员	吴泽鉴	男	25	九乡	009195	
急救员	李济禄	男	19	九乡	009196	
急救员	周东恒	男	19	龟山区九乡	009197	
急救员	刘法魁	男	22	龟山区九乡	009198	

（续表）

职别	姓名	性别	年龄	住址	证章号码	备考
急救员	吴炳明	男	20	龟山区九乡	009199	
急救员	刘月希	男	38	龟山区九乡	009200	
急救员	段才照	男	21	龟山区九乡	009201	青年团员
急救员	刘泽俊	男	45	龟山区九乡	009202	
急救员	高松清	男	23	龟山区九乡	009203	
急救员	吴淑华	女	16	龟山区九乡	009204	
第二队队长	王□□	男	23	龟山区五乡	009205	
副队长	杨□□	男	26	龟山区十三乡	009206	
急救员	何勇义	男	19	七乡	009207	
急救员	鲍保卿	男	22	七乡	009208	
急救员	黄玉珍	女	17	龟山五乡	009209	
急救员	王学芳	女	20	龟山五乡	009210	青年团员
急救员	鲍家□	女	34	龟山区四乡	009211	
急救员	李□焰	女	21	龟山区四乡	009283	
急救员	黄德桂	女	16	龟山区四乡	009212	
急救员	陈永芳	女	15	龟山区十二乡	009213	
急救员	张长君	男	18	龟山区十二乡	009214	
急救员	丁茂□	男	21	龟山区五乡	009215	候补青年团员
急救员	黄□□	男	19	龟山区五乡	009216	
急救员	彭元初	男	22	龟山区六乡	009217	
急救员	刘先保	男	22	龟山区六乡	009217	（疑为原文误）
急救员	周汝金	男	20	龟山区六乡	009218	
急救员	胡青杨	女	23	龟山区十三乡	009219	
急救员	陈永发	男	17	龟山区十二乡	009220	

注：合计三十九人

（原载麻城市档案馆馆藏档案，档案号：108-1）

中国红十字会三十个分会医院、诊所、病床及门诊人数统计表

注：本表摘录自1950年12月中国红十字会分会干部学习会总结报告

三十个分会医院、诊所、病床及门诊人数统计表1

地区	华东区									
分会名称	青浦分会	济宁分会	济南分会	凤台分会	广德分会	南京分会	无锡分会	青岛分会	长泾分会	上海分会
医院数量	1	1	1	1	1					
床数	15	5	35	2	4					
医院每月门诊平均数	800	2000	1500	400	2500					
诊所数量						2	1	1	1	2
诊所每月门诊平均数						10000	1736	1560	800	5467
工作人数	7									

三十个分会医院、诊所、病床及门诊人数统计表2

地区	华东区			中南区						
分会名称	镇江分会	常州分会	福州分会	汉口分会	南昌分会	赣州分会	广州分会	南宁分会	梧州分会	夏邑分会
医院数目				1	1	1	1	1	1	
床数				50	14	36	150	60	50	
医院每月门诊平均数				3300	2500	4500	5310	1500	2000	
诊所数量	1	1				1	8		1	
诊所每月门诊平均数	4000	2400				4590	8369		2000	
工作人数		5	20					60	7	

三十个分会医院、诊所、病床及门诊人数统计表 3

地区	中南区		西南区				西北区	华北区		
分会名称	洛阳分会	开封分会	内江分会	万县分会	重庆分会	昆明分会	西安分会	北京分会	天津分会	太原分会
医院数目			1	1	1	1	1	1		
床数			12	50	40	30	20	57		
医院每月门诊平均数			900	3500	2500	2500	4795	1500		
诊所数量	1								1	
诊所每月门诊平均数	450								300	
工作人数										

（原载于《新中国红十字》1950 年第 4 期）

中国红十字会汉口分会调查表

名称	中国红十字会汉口分会简称：汉口红十字会（英文 China Red Cross WuHan）			
地址	汉口药帮一巷十四号			
沿革	成立年月	为什么要成立		解放后有什么改变
	1916 年 6 月	因当时武汉连年遭受灾害，为担任救护伤兵及平民医疗救济工作而成立	本分会于 1915 年 11 月由汉口各国联合会会长王琴甫按照万国红十字救人之义发起筹组红十字分会，推行社会福利救济事业。1916 年 3 月组建临时干事部，以王琴甫为干事长，于 1916 年 6 月正式成立，并定名为中国红十字会汉口分会，8 月举行选举，推刘子敬为正会长，王琴甫为副会长，权景泉为理事长，王□□为□□长，并设立议事会，推周颜荣（为）议长，杨贞生为副议长，即行开始办理救济医疗等社会福利工作	本分会解放后领导人及行政负责人均未更动，目前正计划筹备改组

（续表）

<table>
<tr><td rowspan="2">性质</td><td colspan="2">何国主办？</td><td colspan="2">为何宗教及派系？</td></tr>
<tr><td colspan="2">中国红十字会创办</td><td colspan="2">无宗教信仰及派系</td></tr>
<tr><td>与外国有何来往</td><td colspan="2">有无钱和东西捐助你们？由何处捐助？
本会与外国团体无往来</td><td>有没有外国人工作？（姓名、国籍）
本会无外籍人员</td><td>其他</td></tr>
<tr><td rowspan="2">与政府和国内其他团体有何往来</td><td colspan="2">是否已向人民政府登记？</td><td>与其他救济团体人力、物力、财力上有什么往来？</td><td rowspan="2">其他</td></tr>
<tr><td colspan="2">已于一九四九年九月廿四日向武汉市人民政府民政局申请社会团体登记</td><td>上海国际救济委员会1948年5月至9月补助本分会医院免费病床五张，费用计□合元188350。上海国际救济委员会及□□□□在解放前曾补助本会医院一部分医疗器材及药品原料。1950年10月5日申请参加中国人民救济总会武汉市分会，为团体会员</td></tr>
<tr><td rowspan="3">组织概况</td><td colspan="2">分会</td><td colspan="2">总会</td></tr>
<tr><td>有多少分会？</td><td>在什么地方？</td><td>哪些人是理事？对本团体有何帮助？</td><td>有多少人？工作人员如何分工？</td></tr>
<tr><td>共有192个分会（目前有89个分会照常工作）</td><td>分布在全国各地</td><td>总会会长为李德全，副会长为彭泽民、刘鸿生、熊瑾玎、胡兰生，理事为金宝善、苏井观、龚普生、伍云甫、林仲、吴有训、徐国懋、王□筠、朱子会、傅况鳞、徐寄庼、傅连暲、杨静仁、朱学范、曹孟君、吴晗、梅兰芳、康克清、周鲠生、谢雪红、邓裕志。
总会对本会补助大部分医疗器械及药品</td><td>总会具有职工五十八，分设秘书长一人，副秘书长二人，秘书组主任一人，组织组主任一人，业务组主任一人，宣传组主任一人，联络组主任一人</td></tr>
</table>

（续表）

	姓名	性别	年龄	籍贯	现任职务	党派	宗教	文化程度	经历
主要行政负责人	宋如海	男	59	安徽	会员兼总干事		基督教	大学	延安抗日军政大学名誉博士，前汉光中学校长，国立高等师范教员，国立湖南大学体育主任，国立药科大学教员，现任汉口青年会总干事
	王民仆	男	69	湖北武昌	副会长		佛教	大学	汉口红十字会高级助产职业学校校长，现任私立培育小学校董事长
	朱文俊	男	39	浙江定海	事务组长兼医院院长		无	大学	上海仁济医院医师，定海县立医院院长，中国红十字救护总队医疗队长，中国红十字会汉口分会诊疗所主任
	刘剑雄	男	46	汉口	总务组长		无	大学	陇海铁路局秘书，汉口体育协会副总干事，中国红十字汉口区办事处干事

	举办些什么事业	服务对象及现有人数：收容人数	服务对象及现有人数：其他受益人数	进行什么生产	其他
业务状况	医院一所、乡村巡回医疗队一队	门诊每月约计 140 人，住院平均□□人。约 1600 人			

（续表）

<table>
<tr><td rowspan="11">经济状况</td><td rowspan="2">有多少财产、来源如何</td><td colspan="2">现款</td><td>房屋</td><td>土地</td><td>其他</td></tr>
<tr><td colspan="2">本会现无基金</td><td>一幢</td><td>一亩四分八毫（本会房屋基地）</td><td></td></tr>
<tr><td rowspan="4">经费来源</td><td>年份</td><td>政府补助多少，占%？</td><td>国内捐助多少，占%？</td><td>国际捐助多少，占%？</td><td>生产收入多少，占%？</td></tr>
<tr><td>1948 年</td><td>无</td><td>约金元 188.35，占 0.15%</td><td>无</td><td>约金元 76157.32，占 99.85%</td></tr>
<tr><td>1949 年</td><td>无</td><td>无</td><td>无</td><td>人民币 36347332，占 100%</td></tr>
<tr><td>1950 年</td><td>无</td><td>无</td><td>无</td><td>人民币 272160950，占 100%。（截至十月份）</td></tr>
<tr><td rowspan="3">行政费与业务费比例</td><td>1948 年</td><td colspan="4">行政费约金元 667172 元，占 9%，事业费约金元 6795213，占 91%</td></tr>
<tr><td>1949 年</td><td colspan="4">行政费人民币 2408747，占 9.5%，事业费人民币 32522476，占 90.5%</td></tr>
<tr><td>1950 年</td><td colspan="4">行政费人民币 21227.820，占 7%，事业费人民币 250933130，占 93%（截至十月份）</td></tr>
<tr><td rowspan="2">现有物资</td><td>有些什么</td><td colspan="4">现有普通医疗应用之器械药品敷料</td></tr>
<tr><td>有多少</td><td colspan="4">钢丝病床 50 张，诊疗床二张，铁分娩床一张，婴儿磅一座，□光机一架，显微镜三架，普通应用之医疗器械及药品辅料</td></tr>
<tr><td>目前的困难</td><td colspan="6">本会因无国家基金，举办之医院设备致无力充实，不能适用（应）病人的需要，医疗服务无法广泛展开</td></tr>
<tr><td>今后有什么计划</td><td colspan="6">本会拟设法恢复抗战以前所设立之汉口红十字会高级助产职业学校并计划充实医院设备</td></tr>
<tr><td>备注</td><td colspan="6">附送《中国红十字月刊》创刊号及第二期各一本</td></tr>
</table>

填表人：朱文俊 1950 年 11 月 15 日

（注：此表报中国人民救济总会武汉市分会）

（编者注：为便于参阅，录入时在格式上稍作了调整）

（原载武汉市档案馆馆藏档案，档号：XX000134-WS01-0152-0014）

中国红十字会武汉市分会医院两年来治疗工作统计表

1950 年 9 月至 1952 年 9 月

科室＼项目	门诊人数					
	初诊	复诊	住院人数	男		305
				女		665
内科	9400	6371	农村访问及医疗	访问户数		1100
外科	8063	14290		治疗人数		305
妇科	3740	3793	免费医疗	免费医疗	人数	6466
皮肤验尿科	3261	3241			金额	61124000
儿科	1867	2652		免费接生	人数	105
眼科	4126	4974			次数	105
牙科	138	87				
其他	12818	9539		免费接种	人数	28684
总计	43413	44947			次数	31

（原载武汉市档案馆馆藏档案，档号：XX000071-WS01-0693-0004）

中国红十字会武汉市分会核定工资名册（1952 年 9 月 19 日）

行政单位	姓名	职别	原工资	本机关拟定		初步核定		最后核定		备注
				级别	工资	级别	工资	级别	工资	
	戴维天	总干事								
	王民朴		车马费，130	18	280	18	280			
	汪士延	干事	220	19	255	19	255			
	邓幼陔	干事	220	19	255	19	255			
	刘珮	干事	试用，140	20	230	21	210			

（续表）

行政单位	姓名	职别	原工资	本机关拟定		初步核定		最后核定		备注
				级别	工资	级别	工资	级别	工资	
	祖叶荣	干事	试用，140	14	190	17	230			
	杨森权	助理干事	174	22	190					按照原职评定
	刘自军	通讯员	142	22	190	22	190			
	周训玉	通讯员	120	25	130	25	130			

（原载武汉市档案馆馆藏档案，档号：XX000071-WS01-0700-0001）

中国红十字会武汉市分会助产学校核定工资名册（1952年9月19日）

行政单位	姓名	职别	原工资	本机关拟定		初步核定		备注
				级别	工资（分）	级别	工资（分）	
	黄远芳	教导主任兼副校长	270分					由市卫生局评
	蔡树和	文书并图书管理	试用180分	19	255	21	210	
	王若珍	教导干事并班主任	试用180分	19	255	21	210	
	陈惠珍	生活辅导员	试用180分	21	210	22	190	
	戴才贞	会计	试用180分	20	230	20	230	
	宗敬琛	事务员	试用180分	21	210	23	170	
	黄　敏	缮写并收发	包干考评，180分	21	210	23	170	

（续表）

行政单位	姓名	职别	原工资	本机关拟定		初步核定		备注
				级别	工资（分）	级别	工资（分）	
	张家琨	炊事员	120 分		140	24	170	
	秦永乐	通讯员	120 分		140	25	150	
	周德昌	勤杂员	由医院来，126 分		136	25	130	
	刘书元	勤杂员	120 分		136	25	130	

（原载武汉市档案馆馆藏档案，档号：XX000071-WS01-0700-0013）

湖北省一九五二年红十字分会人员经费及事业费补助预算表

单位：元

款	项	科目	合计	红十字分会经费						
				人员经费			事业费补助			小记
				人数	标准	金额	人数	标准	金额	
32		民主党派及人民团体补助支出	240509724			74909724			165600000	240509724
	1	民主党派及人民团体补助	74909724	12	6242477	74909724				74909724
	2	民主党派及人民团体事业费补助	165600000				23	600000	165600000	165600000

（续表）

款	项	科目	合计	红十字分会经费						
				人员经费			事业费补助			小记
				人数	标准	金额	人数	标准	金额	
		黄石市分会医院	64800000				9	同上	64800000	64800000
		孝感市分会诊所	57600000				8	同上	57600000	57600000
		麻城县分会诊所	34200000				6	同上	34200000	34200000

说明：

1. 编制：12 人内包括黄石市分会 4 人、孝感县分会 4 人、麻城县分会 4 人，预算由省具体分配。

2. 标准：（1）人员经费包括个人待遇及公用部分，按照 1952 年湖北省党群工资制人员全年预算标准计算。（2）事业补助每人每月以 60 万元全年计，包括人员待遇公用部分及事业费用一切开支。

3. 经费之编制按照中央授定数计列。

（原载孝感市档案馆馆藏档案，档案号：76-1-037-025）

中国红十字会武汉市分会急救训练班第四班学员名册（1953 年 3 月 7 日）

姓名	性别	年龄	文化程度	训练时间	服务地点
汪金鹏	男	35	初中肄业	24 小时	中山大道 1064 号
王　英	女	30	未填	全	中山大道 1064 号
瞿曼峤	女	39	未填	全	中山大道 1064 号
刘振群	女	42	未填	全	中山大道 1064 号
周光仪	女	27	未填	全	中山大道 1064 号

（续表）

姓名	性别	年龄	文化程度	训练时间	服务地点
刘之雄	女	35	未填	全	中山大道 1064 号
何慧君	女	32	未填	全	中山大道 1064 号
李逸轩	女	28	未填	全	中山大道 1064 号
谌畹芳	女	32	未填	全	中山大道 1064 号
阮海清	男	23	高中毕业	全	中山大道 1064 号
赵树华	男	26	未填	全	中山大道 1064 号
康　婉	女	40	未填	全	中山大道 1064 号

（原载武汉市档案馆馆藏档案，档号：XX000071-WS01-0706-0002）

中国红十字会武汉市分会武昌区急救站训练班第十二班学员结业成绩册

兹送上我厂急救员（急救站人员）名册 5 份，请查收填写急救员证，并定于本星期五下午六时开会，举行结业典礼。请派员参加指导为荷。（相片照好后补）

国营武汉市第一棉纺织厂

1953 年 3 月 24 日

中国红十字会武汉市分会武昌区急救站训练班第十二班学员结业考试成绩册

姓名	性别	年龄	籍贯	住址	结业考试成绩得分	備考
王廷玉	女	58	宜都	张之洞路 103 号	95	无
彭素洁	女	53	孝感	民主路 67 号	94	无
汤静云	女	28	湖北	白土塘 17 号	93	无
肖力真	女	27	江西	海月庵 14 号	93	无
姚青英	女	45	武昌	云华林 18 号	93	无
白映清	女	45	京山	龙甲营崇真堂	93	无

（续表）

姓名	性别	年龄	籍贯	住址	结业考试成绩得分	借考
胡文萍	女	29	武昌	中营街6号	92	无
朱定惠	女	25	湖北	楚材街85号	92	无
周梅花	女	37	河南	粮道街198号	89	无
胡信真	女	40	湖北	中营街5号	87	无
熊继伦	女	39	武昌	候补街24号	87	无
袁一荣	女	38	湖南	粮道街198号	91	无
颜素贞	女	36	湖北	东楼棚84号	84	无
邓邦珍	女	19	湖北	新桥福音堂	84	无
刘翠涛	女	60	湖北	张之洞路永生堂	83	无
陈文惠	女	65	武昌	云华林85号	63	无
杨孔蕴	女	32	武昌	候补街15号	85	无
黄荣芳	女	47	武昌	新桥92号	75	无
彭　蕙	女	未填	未填	未填	65	无
谢嘉秀	女	未填	未填	未填	70	无

（原载武汉市档案馆馆藏档案，档号：XX000071-WS01-0694-0010）

卫生事业单位现有各类人员登记表及工资等级评定表3

单位名称：武汉市分会　填报日期：1954年□月□日

现职别	姓名	调整前待遇			调整后待遇			备注
		等	级	工资（分）	等	级	工资（分）	
科员	张俊山	未填	未填	220	4	17	242分	同意
□士	王如芬	未填	18	220	4	17	242分	同意

（原载武汉市档案馆馆藏档案，档号：XX000071-WS01-0162-0015）

中国红十字会原有地方组织名单

河南省办事处；

北京市分会；

天津市分会；

上海市分会；

河北省：张家口市分会；

山西省：太原市分会；

龙江省：哈尔滨市分会筹委会；

山东省：济南市分会、青岛市分会、济宁市分会、高密县分会、昌南县分会、即墨县分会、胶县分会；

安徽省：芜湖市分会、安庆市分会、当涂县分会、广德县分会、凤台县分会、寿县分会；

江苏省：南京市分会、无锡市分会、常州市分会、镇江市分会、江阴县分会、青浦县分会、武进县分会；

浙江省：杭州市分会、绍兴市分会、温州市分会；

福建省：福州市分会、仙游县分会；

云南省：昆明市分会；

四川省：重庆市分会、万县市分会、泸州市分会、垫江县分会、内江市分会、大竹县分会、遂宁县分会、安岳县分会、渠县分会、灌县分会、邻水县分会、什邡县分会、乐山县分会；

河南省：郑州市分会、开封市分会、安阳市分会、漯河市分会、洛阳市分会、汲县分会、郏县分会、夏邑县分会、固始县分会、罗山县分会、嵩县分会、淮滨县分会、临颍县分会、永城县分会；

湖北省：武汉市分会、黄石市分会、孝感县分会、麻城县分会；

湖南省：洪江市分会、岳阳县分会、零陵县分会、安仁县分会；

江西省：南昌市分会、赣州市分会；

广东省：广州市分会、汕头市分会、江门市分会、新会县分会；

广西省：南宁市分会、柳州市分会、梧州市分会；

陕西省：西安市分会、宝鸡市分会、咸阳市分会；

甘肃省：平凉市分会。

1956 年

（原载湖北省档案馆馆藏档案，档号：SZ115-02-0160）

中国红十字会拟成立的地方组织名单

（一）成立河北省红十字会。省下成立七个市、一个县红十字会即：

石家庄市、保定市、唐山市、秦皇岛市、邯郸市、通州市、承德市、□□县。

（二）成立山西省红十字会。省下成立四个市、一个县红十字会即：

大同市、阳泉市、长治市、榆次市、□□县。

（三）成立辽宁省红十字会。省下成立十个市、一个县红十字会即：

沈阳市、营口市、安东市、旅大市、鞍山市、抚顺市、本溪市、阜新市、锦州市、辽阳市、□□县。

（四）成立吉林省红十字会。省下成立六个市、一个县红十字会即：

长春市、通化市、四平市、延吉市、西安市、吉林市、□□县。

（五）成立黑龙江省红十字会。省下成立四个市、一个县红十字会即：

齐齐哈尔市、佳木斯市、牡丹江市、鹤岗市、□□县。

（六）成立山东省红十字会。省下成立五个市红十字会即：

烟台市、德州市、威海市、临清市、潍坊市。

（七）成立安徽省红十字会。省下成立三个市红十字会即：

合肥市、蚌埠市、淮南市。

（八）成立江苏省红十字会。省下成立七个市、一个县红十字会即：

南通市、扬州市、泰州市、清江市、苏州市、徐州市、新海连市、灌云县。

（九）成立浙江省红十字会。省下成立四个市、一个县红十字会即：

宁波市、金华市、嘉兴市、湖州市、定海县。

（十）成立福建省红十字会。省下成立三个市红十字会即：

厦门市、泉州市、漳州市。

（十一）成立云南省红十字会。省下成立二个市、一个县红十字会即：

个旧市、河口市、□□县。

（十二）成立四川省红十字会。省下成立四个市红十字会即：

成都市、自贡市、宜宾市、南充市。

（十三）成立湖北省红十字会。省下成立三个市红十字会即：

宜昌市、沙市市、襄樊市。

（十四）成立湖南省红十字会。省下成立六个市红十字会即：

长沙市、衡阳市、湘潭市、株州市、常德市、邵阳市。

（十五）成立江西省红十字会。省下成立三个市、一个县红十字会即：

景德镇市、九江市、上饶市、萍乡县。

（十六）成立广东省红十字会。省下成立五个市红十字会即：

海口市、潮州市、湛江市、韶关市、佛山市。

（十七）成立广西省红十字会。省下成立二个市红十字会即：

桂林市、北海市。

（十八）成立陕西省红十字会。省下成立一个市、一个县红十字会即：

南郑市、延安县。

（十九）成立河南省红十字会（将现有河南省办事处改组成立）。省下成立六个市（包括一个矿区）红十字会即：

新乡市、商邱市、南阳市、许昌市、信阳市、焦作矿区。

（二十）甘肃、青海、贵州三个省及内蒙古、新疆维吾尔两自治区今年暂不成立省（自治区）级红十字会，只成立以下六个市红十字会即：

兰州市、西宁市、贵阳市、呼和浩特市、包头市、乌鲁木齐市。

以上共成立十九个省红十字会，九十一个省属市（包括一个矿区）红十字会和十个县红十字会，但这仅提供各省参考。如上列市县不符合工业地区、沿海国防地区和交通要冲的条件，各省红十字会可根据实际情况酌予调整，改选别的市县。

1956年

（原载湖北省档案馆馆藏档案，档号：SZ115-02-0160）

中国红十字会地方组织一九五六年干部人员编制及发展会员人数分配表

组织名称	省、区、直辖市组织编制人数	发展会员人数	备 注
北京市红十字会	36 人	20 万人	北京市计 15 区。今年发展会员 20 万人，已经总会批准，并已制订具体计划，报当地人民委员会
天津市	30 人	15 万人	天津市计 13 个区。今年发展会员 15 万人，已经总会批准，并已制订具体计划，报当地人民委员会
上海市	40 人	3 万 5 千至 5 万人	上海市计 30 个区
河北省	50 人	4 万至 5 万 6 千人	河北省原有和今年拟成立的红十字会，计省 1 个，编制 6 人；市 8 个编制共为 42 人；县 1 个，编制 2 人
山西省	34 人	3 万 5 千至 5 万 1 千人	山西省原有和今年拟成立的红十字会，计省 1 个，编制 6 人；市 5 个，编制共为 26 人；县 1 个，编制 2 人
辽宁省	85 人	7 万 4 千至 10 万 6 千八	辽宁省今年拟成立的红十字会，计省 1 个，编制 9 人；市 10 个，编制共为 74 人；县 1 个，编制 2 人
吉林省	36 人	2 万 4 千至 3 万 5 千人	吉林省今年拟成立的红十字会，计省 1 个，编制 6 人；市 6 个，编制共为 28 人；县 1 个，编制为 2 人
黑龙江省	34 人	2 万 1 千至 3 万 1 千人	黑龙江省原有和今年拟成立的红十字会，计省 1 个，编制 6 人；市 5 个，编制共为 26 人；县 1 个，编制 2 人
山东省	59 人	8 万至 11 万 4 千人	山东省原有和今年拟成立的红十字会，计省 1 个，编制 8 人；市 8 个，编制共为 43 人；县 4 个，编制共为 8 人

（续表）

组织名称	省、区、直辖市组织编制人数	发展会员人数	备　注
安徽省	47人	5万8千至8万3千人	安徽省原有和今年拟成立的红十字会，计省1个，编制7人；市5个，编制共为32人；县4个，编制共为8人
江苏省	87人	11万至15万7千人	江苏省原有和今年拟成立的红十字会，计省1个，编制9人；市1个，编制共为70人；县4个，编制共为8人
浙江省	39人	5万至7万人	浙江省原有和今年拟成立的红十字会，计省1个，编制6人；市7个，编制共为31人；县1个，编制为2人
福建省	34人	3万2千至4万7千人	福建省原有和今年拟成立的红十字会，计省1个，编制6人；市4个，编制共为26人；县1个，编制2人
云南省	23人	2万4千至3万5千人	黑南省原有和今年拟成立的红十字会，计省1个，编制5人；市3个，编制共为16人；县1个，编制2人
四川省	不详	不详	四川省原有和今年拟成立的红十字会，计省1个，编制9人；市8个，编制共□□
河南省	88人	10万8千至15万5千人	河南省原有和今年拟成立的红十字会，计省1个，编制9人；市10个，编制共为57人；县9个，编制共为18人；矿区1个，编制4人
湖北省	45人	7万2千至10万3千人	湖北省原有和今年拟成立的红十字会，计省1个，编制7人；市5个，编制共为34人；县2个，编制共为4人
湖南省	45人	3万至4万4千人	湖南省原有和今年拟成立的红十字会，计省1个，编制6人；市7个，编制共为33人；县3个，编制共为6人

（续表）

组织名称	省、区、直辖市组织编制人数	发展会员人数	备　注
江西省	34 人	4 万至 5 万 6 千人	江西省原有和今年拟成立的红十字会，计省 1 个，编制 6 人；市 5 个，编制共为 26 人；县 1 个，编制 2 人
广东省	59 人	9 万 6 千至 13 万 8 千人	广东省原有和今年拟成立的红十字会，计省 1 个，编制 8 人；市 8 个，编制共为 49 人；县 1 个，编制 2 人
广西省	32 人	4 万至 5 万 7 千人	广西省原有和今年拟成立的红十字会，计省 1 个，编制 6 人；市 5 个，编制共为 26 人
陕西省	37 人	5 万 6 千至 8 万 1 千人	陕西省原有和今年拟成立的红十字会，计省 1 个，编制 6 人；市 4 个，编制共为 29 人；县 1 个，编制 2 人
贵州省	6 人	1 千 4 百至 2 千人	贵州省今年拟在省会所在地成立市红十字会 1 个，编制 6 人
甘肃省	12 人	6 千至 9 千人	甘肃省原有和今年拟成立的红十字会，计市 2 个，编制共为 12 人
青海省	4 人	6 百至 1 千人	青海省今年拟在省会所在地成立市红十字会 1 个，编制 4 人
新疆维吾尔自治区	6 人	1 千至 2 千人	新疆维吾尔自治区今年拟成立市红十字会 1 个，编制 6 人
内蒙古自治区	10 人	3 千至 5 千人	内蒙古自治区今年拟成立市红十字会 2 个，编制共为 10 人
合计	1090 人	150 万至 200 万人	以上计省红十字会计 19 个；中央直辖市红十字会 3 个；省属市红十字会 132 个（包括 1 个，矿区）；县红十字会 46 个；总计 200 个单位

说明：

1. 本表所列编制人数，系以 1090 人为标准［国家拨给本会 1200 人编制，除去总会编制 110 人（不包括外侨工作处编制 20 人），尚余 1090 人］，按照各省、市红十字会今年建立组织及发展会员的任务进行分配的。

2. 编制的初步规定是：

（1）省红十字会为5～9人（根据各省原有和今年拟成立的市、县红十字会的多寡确定）。

（2）省属市红十字会按照市的大小分为三等：

一等市（过去曾为中央直辖市）18～20人。计6个市（编制18人的3个市；编制20人的3个市），即：南京、西安、重庆各为18人；沈阳、武汉、广州各为20人。

二等市（省会所在地、工业城市、沿海地区及交通要冲）6～12人。计35个市（编制6人的8个市；编制8人的9个市；编制10人的17个市；编制12人的1个市），即：张家口、本溪、合肥、新海连、桂林、贵阳、乌鲁木齐、包头等8市各为6人；石家庄、唐山、抚顺、蚌埠、无锡、厦门、汕头、南宁、兰州等9市各为8人；太原、旅大、鞍山、长春、哈尔滨、济南、芜湖、徐州、杭州、福州、昆明、成都、郑州、开封、洛阳、长沙、南昌等17市各为10人；青岛为12人。

三等市3～5人。计91个市（包括1个矿区，编制3人的23个市；编制4人的64个市；编制5人的4个市），即：延吉、西安、德州、潍坊、临清、绍兴、嘉兴、湖州、个旧、河口、宜宾、南充、商邱、沙市、襄樊、洪江、常德、邵阳、海口、湛江、佛山、北海、咸阳等23市各为3人；保定、秦皇岛、邯郸、通州、承德、大同、阳泉、长治、榆次、营口、安东、辽阳、阜新、锦州、通化、四平、吉林、齐齐哈尔、佳采期（佳木斯）、牡丹江、鹤岗、济宁、烟台、威海、安庆、淮南、常州、镇江、南通、扬州、泰州、清江、苏州、温州、宁波、金华、泉州、漳州、泸州、内江、自贡、安阳、漯河、新乡、南阳、许昌、信阳、焦作、黄石、宜昌、湘潭、赣州、景德镇、上饶、九江、江门、潮州、韶关、梧州、宝鸡、南郑、平凉、西宁、呼和浩特等64市各为4人；万县、衡阳、株州、柳州等4市各为5人。

（3）县红十字会一律为2人。

（4）中央直辖市红十字会为30～40人（北京36人，天津30人，上海40人）。

3. 省属市、县红十字会编制由省红十字会统一掌握，参照上述编制的规定，根据精简原则，按照市、县红十字会今年工作实际情况斟酌分配。

4. 本表所列发展会员人数系以今年在全国发展150万～200万人的总目标进行分配的。分配各省的数字，系按各省辖有市县红十字会（包括原有和今年拟成立的市、县红十字会）的多寡、大小确定的，各省红十字会可以以本表所分配的数字为参考，订出全省发展会的目标及拟发展红十字会会员的市、县红十字会应发展会计的数字，但不应少于本表所分配的数字。

5. 会员会费收支办法另行规定。

1956年□月□日

（原载湖北省档案馆馆藏档案，档号：SZ115-02-0160）

中国红十字会一九五六年“卫生卫国”训练数字分配表

单位	应训人数	组站人数（人）	应组站人数（人）	应组队人数（队）	组站费（元）	组队费（元）
新疆	200～400	200	17	2	425	412
青海	120～200	100	10	1	250	206
甘肃	1200～1800	900	24	2	600	412
内蒙	600～1000	500	20	2	500	412
辽宁	14800～21200	10600	660	25	16500	5150
吉林	4800～7000	3500	240	6	6000	1236
黑龙江	4200～6200	3100	300	6	7500	1236
河北	8000～11200	5600	340	10	8500	2060
山西	7000～10200	5100	260	9	6500	1854
陕西	11200～16200	8100	260	9	6500	1854
四川	22600～32400	16200	800	14	20000	2884
云南	4800～7000	3500	160	3	4000	618
贵州	280～400	200	20	1	500	206
广西	8000～11400	5700	240	6	6000	1236
广东	19200～27600	13800	660	20	16500	4120
湖南	6000～8800	4400	200	6	5000	1236
湖北	14400～20600	10300	500	10	12500	2060
河南	21600～31000	15500	800	12	20000	2472
山东	16000～22800	11400	500	15	12500	3090
安徽	11600～16600	8300	340	8	8500	1648
江西	8000～11200	5600	240	7	6000	1442
浙江	10000～14000	7000	250	20	6250	4120
福建	6400～9400	4700	240	20	6000	4120
江苏	22000～31400	15700	660	20	16500	4120

（续表）

单位	应训人数	组站人数（人）	应组站人数（人）	应组队人数（队）	组站费（元）	组队费（元）
天津市	50000	25000	1500	30	37500	6180
上海市	7000～10000	5000	250	18	6250	3708
北京市	20000	10000	500	15	12500	3090
总计	300000～400000	200000	9991	297	249775	61182

说明：

（1）训练人数一般的依发展会员人数20%计算；

（2）组站人数相当于训练人数50%；

（3）训练费以每班60人24小时，连同教员交通费、实习教材费、课本费、挂图费及照明茶水费、笔墨纸张等费计算每班51元，合计34万元；

（4）组站费以每站站牌一个，急救箱一只合计25元计算；

（5）组队费以每队分五个组，每组担架一副、急救箱一只、臂章五个、队旗一面合计□06元计算。

1956年□月□日

（原载湖北省档案馆馆藏档案，档号：SZ115-02-0160）

中国红十字会武汉市分会武昌支会暨诊疗所职工册

职别	姓名	职别	姓名
支会总干事	王同	诊所司药	彭德麒
支会副总干事	万协吕	诊所产科兼护士	白碧霞
支会干事	江佑平	支会事务员	郑管口
诊所主任医师	梅志忠	支会工友	周正富
诊所医师	——	——	——

（该表呈报中国人民救济总会武汉市分会）

□年10月4日

（原载武汉市档案馆馆藏档案，档号：XX000134-WS01-0088-0008）

人道文苑

各分会热烈庆祝总会改组周年纪念

9月8日总会改组一周年纪念日，总会于当日举行了一个盛大的庆祝会，在报告上出了一个特刊，本刊出了一期特大号，并在中央人民广播电视台播了本会改组一年来的工作总结。各分会亦纷纷来电致贺，都在纪念日先后召开了一个座谈会，在这些会上，所有的分会都作了总结性的工作报告或者是检讨工作，多数分会在这一含有纪念意义的会上报告了新中国红十字会与旧社会中的红十字会的本质上的不同，对旧红十字会加以分析批判，通过这一个会，鼓舞了全体工作同志的情绪，一般的对新红十字会的光明前途有了一个较明确的认识。

有些分会将这一个会安排在他们新创办的诊疗所里举行，使诊疗所在同一天开诊，如重庆、即墨、零陵等分会，这是非常有意义的，这象征了新中国红十字会的医药卫生、救济福利事业正在蓬勃发展的前途！有些分会以实际行动来纪念这一个光辉的日子，如昆明市分会，组织了一个旧矿区医疗队于9月4日出发去矿场工作；黄石市分会则于9月8日起门诊一律免费3日；有些分会在9月8日制定了优待烈军属的办法；有些分会（如重庆、杭州等）则于纪念日同时进行了对医防队队员家属的慰问工作。从这一纪念日可以看出本会在人民政府的正确领导之下，已走上了面向工农的正确方向，逐步地发展了业务，真正发挥了为人民服务的作用。但根据广大群众的要求来说，这还是非常不够的，有待于总会、各分会以及各医防队等努力争取，以期在现有成绩的基础上谋取更有利于人民的向上发展。

（原载于《新中国红十字》1951年第2卷第2期）

我们怎么样在农村进行医防工作的

湖北省麻城县唐山区是一个山地，近来已是四个多月没有下雨，农民们在政府抗旱救灾、不靠天吃饭的口号下，积极地展开了抗旱救灾的运动。由于较长时间的干旱，造成了一些疾病如疟疾、营养不足、消化不良等。被反动政府与封建地主长期压迫、剥削的唐山区农民，卫生常识很差，有病不知道找医生，只是求菩萨。根据当地的需要，领导上派了我们这个工作组到这里来进行医防工作。

我们到达唐山区后，就找了一所破庙，在群众的帮助下把残缺不全的泥菩萨扔到泥塘里去，把它彻底打扫整理了一下，三五天后破庙焕然一新，外科室、内科室、药房、化验室等都立了起来，从前求菩萨用的竹签做了门诊挂号用的牌子，大门口子明公祠的匾额也贴上了“预防为主”四个字，门外墙上都写满了卫生标语和画上了墙头漫画。

在当地行政的配合下，我们用幻灯、挂图到每一个自然村去宣传卫生常识和红十字会的方针任务，广泛宣传了有病早治、无病预防的道理。我们并且训练了急救员，办了接生员训练班。妇幼卫生工作同志主动找孕妇做产前检查。产妇临产，不管多远，我们都去接生。有一次夜间，下着雨，出去接生的同志在半途中手电也没电了，只好在雨中摸黑走，走过了崎岖的山路和树林，衣服都被汗和雨浸透了，到达目的地后把婴儿顺利接下来。平常我们还治了不少病，拖延了多年的胃溃疡也经我们用组织疗法治好了。

农民在门诊部说：“从前求吃香灰治病，不知送了多少命，今天还是那个庙却不是那个神了，泥菩萨换成活菩萨。”他们不仅这样尊重我们，还说：“只有毛主席来了才派来医生给我们治病，还教我们不得病的道理。”

（原载于《新中国红十字》1952 年第 12 期）

我怎样做一个急救训练班的小先生

唐　琬

我在武汉市红十字分会主办的急救训练班第四班结业后，就被提为小先生，担任第八班的助理讲师。现在我想把我的经过和在工作中所体会到的一些情况，写出来，供同志们参考。

先介绍一些关于结业后的情况：我们第四班是在一九五二年十月底结业。以后，我们举出组长，每天领导学习，曾以假戏真做的方式，在学习时，由同学装着偶然意外受伤，我们就马上出动，以镇静的态度和敏捷的动作，很快地给病人消毒、止血、固定、注射强心针，而且很小心地照着老师们所指示的方法，把病人放在担架上，平稳地抬着，好像准备送往医院。关于包扎的技术，我们也是每天实习，不但要每个人会，而且进一步包得很好。所以在一个很短的时间内，我们的收获很大。

在十一月，红十字会武汉市分会在武昌青年会开办急救训练第八班。老师要我去当小先生，起初我想：一直就是做学生，上课时坐着听老师讲课，突然要我去站在上面讲给别人听，而且自己所知道的很有限，心里十分惶恐。后来经过老师们的几次启发和鼓励，我才鼓起了勇气，来接受这个自己认为很艰巨的任务。

十一月二十六日，正式上课了，我一走上讲台，脸也有点红，心里蹦蹦乱跳。一连上了几次课后，也就渐渐习惯了，胆子也大了，看见同学们学习的情绪很好，才鼓起了我教学的勇气和信心，也同时提高了我教学的兴趣。

在教学期中，起初同学们对我还有些生疏，上课时他们都能很好地听讲，但是一般的不肯多发言，再加以人数太多，我不可能在很短的时间内知道他们每个人姓名。后来经过了一个时期，我在课前课后尽量找机会同他们接近，渐渐地就熟识了起来。上课时他们发问就渐渐踊跃，并提出很多问题。有些问题，我知道的，就很快地答复他们，不知道的，回头再问我的老师或翻阅参考书籍，第二天再去详细地解答给他们听。像这样，使我在教学中又吸收了很多的知识和经验。

我这班学员，大多数是家庭妇女，有一部分是缝纫生产组组员，所以文化程度高低不一。有曾在女师肄业的，有在高中肄业的，有的仅读过几年小学，而结婚后忙于家务，长久不提笔了，所以只能认而不能写，甚至有少数是文盲，因为文化水平的悬殊，所以影响了课程的进度。于是我就把她们编成了几个小组，把文化程度高的和低的掺杂起来，每组举出一个文化较高的担任组长，掌握全组学习，让好的带动差的，目的是想不让一个掉队。因此，提高了一般文化较差的学员的学习情绪，并根据第四班的学习经验，要她们边学边做，所以关于包扎、搬运、人工呼吸法等，都能以敏捷而熟练的动作完成急救任务。在结业时，同学们一般都能答复试题。另外有五个同学，因为本身工作的牵制，没有充分时间准备课程，考试绩较差，但她们还要求再参加下一班继续学习。

在结业考试后，我们又教她们学习注射，她们常以很高兴的心情，告诉了我许多她们在课外所做的实例，证明她们的学习不是白费了，有一个同学告诉我说："有一天，她家隔壁一个孩子，很顽皮，从楼梯上摔下，把头摔破了，出血不止，而且血色鲜红，她知道是动脉出血，赶快按住他的颞颥动脉，然后招呼别人拿了消毒纱布棉花来，做成垫子，盖在伤口上，再用双头带给他包扎，马上就止住了血，赶快送到医院，过了几天就好了。"她说："我现在才真正体会到急救的重要和好处。"她并表示愿意在急救站工作，做一个人民忠实的急救员。另外一位同学告诉我说，她有一位同居的老太太，常常发生呃逆，她就照着书上的方法，叫那位老太太伸直两手，平举向前，她就按住她的两腕脉门处，同时给她喝了一碗凉茶，一会的工夫，她放开两手，马上那位老太太就不呃逆了。她当时欢喜得跳起来，后来她对我说学习实在是好，使她知道了许多以前不知道的常识和技能，她表示愿意将来有更多的学习机会，为人民服务打下更好的基础。

总起（体）来说，我在这一工作中，不但提高了自己，而且使我对这一工作发生了浓厚的兴趣，我希望以后有更多更好的小先生们不断地从训练班中产生出来，组成骨干力量，在红十字总会和分会领导之下，与群众运动相结合，向苏联先进经验学习，来推进群众所迫切需要的急救工作，达到消灭意外灾害，保卫人民健康的目的。

（原载于《新中国红十字》1953 年 2 月号）

"要把这里的卫生习惯带回各区去"

孝感分会巡回医防队，于去年（一九五二年）年底由青山区配合生产，胜利完成防治工作归来以后，于今年元月六日，该队根据工作需要，又转往金盆浴鲤水库工地为民工工作。

金盆浴鲤水库工程，是在生产救灾原则下开工的，该队同志因为没有水库工作经验，在阴历年前，只是在治疗上打圈子，每天总是忙得连饭也顾不到吃。阴历年后，该队同志总结了前一段工作，想办法设立一个休养室，将重病人集中起来，一方面使病人得到安心休养和及时的治疗，同时病室只要留一个医生就够了，其他同志可抽出来搞环境卫生工作。

于是该队同志，在民工未来之前先发动群众将屋内扬尘打扫一遍，再给他们喷射 DDT，民工来后，也将民工组织起来，每日派值日员一人，负责室内外的卫生。住余家湾的晏河区七中队的民工，为了使大家不随地吐痰，就将火灰当作痰盂，规定大家吐在里面，第二天一早，值日员再换上一堆新灰。

这样可容十余人的休养室，便成立起来，使每一个重病都得到安心休养，该队同志又愉快地给民工病者烧饭，并安慰他们，给他们讲些卫生常识，每一个病者在痊愈回队时都表示非常感激，如消港区的民工刘绍贞说："人民政府，对人民真关心，真负责，我这样重的病（肺炎）都给治好了，我回队要更加努力地工作，来报答人民政府"。

在"不让民工病死一人"的口号下，至二月初共治疗民工三千四百七十四人，保证了民工的健康，对水库工程的顺利进行起了一定的作用，工程完成后，民工同志一致提出"要把这里的卫生习惯带回各区去"。

（原载于《新中国红十字》1953 年 5、6 月号）

攻破了"攻不破的碉堡"

第一医防大队第四队　魏素真　江慰生

黄石市爱国卫生运动突击月，由市党委决定于四月份开展。我队有三位同志配合了市的环境卫生工作组，在解放街工作。解放街是黄石港镇最落后的一个死角，大家都认为这是一个"攻不破的碉堡"。街上有六十八座厕所，粪缸也不少。我队同志为了防止蛆和苍蝇的孳生，准备推行厕所加盖和取缔不合理的厕所的办法。但厕所又多数是公共厕所，面积较大，一个就有一丈七尺长，宽约七尺的样子，坑的上面，只有一点脚踏的板子，苍蝇飞进飞出毫无障碍，厕所的周围，小便随便乱流，臭气冲人。我队同志抓住了这一重要关键，即召开几次厕所主人会议，尽量宣传苍蝇病菌对人民的危害性，讲解后由群众提出一些改进的办法，同时街干部同志配合我们在群众中进行了个别的说服动员工作，不久厕所、粪缸都变了样，百分之九十九都完全加上了木头盖子，不合理的也都取缔了。

工作结束后，群众说："多亏红十字会同志们的热心帮助，攻不破的碉堡攻破了"。

大冶发电厂爱国卫生也是由我们负责搞的。首先队员们和党委行政领导及工会密切联系取得他们的同意后，第一步就深入各车间、仓库、宿舍及家属住的地方，了解情况，发现困难，提出具体要求和计划，然后召集各单位主要负责人开会，决定成立爱国卫生委员会电厂分会，将计划油印发给各单位讨论和研究。根据讨论意见，再充实计划提交大会通过。按着厂内具体情况又成立了五个支会，明确划分卫生地段。各支会下设四个小组：（一）计划组，负责计划工作和人员的调配；（二）宣传组，由工会担任，负责发动群众；（三）供应组，负责供应卫生工具，如扫帚、铲子等，由各单位的总务科负责；（四）检察组，在每天打扫完了就进行检查，还有哪些地方做得不够，及时指出。行政上并决定在搞卫生工作的几天中，每天抽一小时进行大扫除（占生产时间半小时，休息时间半小时）。当群众发动起来时又趁机会组织了突击队及互助小组，进行消灭死角。同时，晚上组织了卫生讲座，提高每一个工人对卫生的认识。群众的力量是伟大的，在一二天时间，清除垃圾和铲草共两千多担，清出来废铁、旧材料约二三百斤；填平污水坑十二处。五十多岁的孙老师傅说："我在电厂多少年了，这些臭水坑、垃圾堆，经过几次的爱国卫生运动，没有清除，这次有了这几位红十字会的卫生干部同志来了，使我们得到了卫生学习，才提高了我们的认识，发动了大家，把这个苍蝇蚊子的'制造厂'消灭了。真是只有毛主席领导下，我们工人才能提高卫生知识，今后我们懂得了卫生一定要保持经常化。"

（原载于《新中国红十字》1953 年 7 月号）

汉阳国棉一厂训练了急救员

钟庆瑛

汉阳国棉一厂的工人，过去在车间里时常碰到一些轻微的意外伤害和事故，如细纱间温度较高，碰到纱头开花，工人急着接纱头，高温度再加上心情紧张，常发生晕倒现象。发生事故必须到医务室，起码耽误几个人半小时的工时，也就耽误了生产。厂里的党、行政和工会对这些问题非常重视，经过开会研究，决定由工厂劳保福利科主办急救训练，暂时在三个车间中选出三十个工人（都是卫生积极分子），每天晚上学习两小时（七至九时）。教材根据本会出版的《急救》结合工厂情况加以改编，配合一些自己编的讲义。教师由厂内医务室医师担任。准备先培养出一批急救员来解决工人中的意外伤害、晕倒等问题。

经过七十二小时的训练，急救员们都已具备了一定的急救技术，在三个车间内成立了三个急救站，大车间每站发给六个急救箱，小车间发三个。急救员的领导由行政和医务室负责。急救站的药品由医务室配发。在急救员结业和组站时，厂的领导为了慎重，和武汉市分会联系，分会总干事参加了结业大会并讲了话，发给每一个急救员一本《急救》和一个急救员证章，并且在厂内做了红十字会工作图片和卫生画刊展览。

急救站组成后，马上就开始了工作。工人晕倒时，急救员就及时地用热敷法使他清醒过来；打破手的也有急救员包扎了。这样减少了工人去医务室的工时浪费。在增加工时、增加产量和保护工人身体健康等方面来说，都起了作用。有些工人说：过去半个钟头不能解决的问题，现在很短时间就行了，这是增加生产的一个窍门。设了急救站后，也解决了医务室的一些困难。如过去医生下车间巡回，不一定碰到有人碰伤或晕倒，也许他刚走就出了事故；也许他在这一个车间而那一个车间有人晕倒，有了急救员后已经减少了这些现象。再如过去种痘时，工人很多，医务室几个医务人员应付不下来，现在急救员能帮着做了。急救员在爱国卫生运动中也带动了工人把宿舍打扫得干干净净，带动了不愿戴口罩的工人都戴了口罩。

急救员对提高生产，保障工人身体健康已经有了显著的作用，该厂准备在六七月间再办一班。

（原载于《新中国红十字》1953 年 8 月号）

麻城分会会员深更半夜抬送病人回家

刘焱晴

麻城大坳工程民工李学全因病由工地回家，夜间路经闵集晕倒在地，不省人事。闵集急救员得到这个消息马上背上急救包跑去急救。经过处理，人醒了，仍然不能行路。急救员熊硕仪（工人）、王义向其他急救员说："我们是红十字会会员又是急救员，要发挥阶级友爱的精神，把他送回家去！"他们立刻找了绳子、扁担、竹床，八个人在黑夜里换班抬了二十余里，送李学全回到家。李学全的父亲要款待急救员们，王义说："新中国红十字急救员，与过去不同，不吃饭，不要你们花半文钱。"李学全的父亲激动地说："唉！现在有了毛主席真好，你们深更半夜将我儿子送回来，我从来没有看到这样的事啊！"

后来闵集全街黑板报、街头广播都表扬熊硕仪等八个人。李学全病痊愈后也写感谢信感谢闵集急救员及麻城分会。

（原载于《新中国红十字》1953 年 10 月号）

麻城急救员王明福积极抢救人民战士王柏松

刘焱晴

八月十三日，麻城县人民银行警卫班王柏松同志，带了五千万元和一支手枪，骑自行车到白果区营业所去。当日因天气太热，温度竟达到华氏一百零四度，在途中罗家大塆乡路上，中暑晕倒在地上，看（着）像死去一样。身上手枪和五千万元及自行车甩在路上。恰巧白果区罗家大塆乡急救员王明福从田里找猪回来，碰见王柏松倒在地上，喊了几声，没有答应，当即看了一下，还可抢救，便先将钱和手枪、车子收拾起来，急忙找了一点开水灌给王柏松喝，然后大步跑到塆内找了几个民兵，将他抬到阴凉的竹园内。王明福一面就拿急救包，给王柏松灌救急水和打强心针，一面叫老婆用扇子搧他，解解热气。等王柏松清醒后，王明福和几个民兵又将他抬到自己家里休息，全家都很耐心地当成自家人照料，年轻妇女替王同志洗衣裳，男的替他拭汗（洗澡），年老的老婆婆也把平常自己舍不得吃的白糖冲豆粉给他喝，吃不进时便慢慢地灌。不但这样照料王明福，他们还跑去白果银行营业所送信，该所主任随即带了些礼物，同区长到急救员王明福全家慰问，感谢他们抢救和照料，急救员王明福说："你们不应该带礼物来慰问我全家，要晓得今天人民干部，是我们的救命恩人，是亲兄弟一般，他受了热不也是为了我们吗？我们是红十字急救员，是应该尽这些义务的哩！我救了王同志，就是救了我们自己一样。政府发放贷款救济我们，总是照顾我们穷苦农业户，我们要报答毛主席哩！"像急救员王明福不辞劳苦地救活了人民战士王柏松同志，保护了手枪和款子，是高度的爱护国家财产和人民战士的具体表现，除白果银行营业所主任及该区区长亲往慰问外，当地还通报表扬了他。

（原载于《新中国红十字》1953年11月号）

感谢人民政府给我治好黄肿子病并把余粮卖给国家

冷成瑞述　萧匡民记

我是孝感县十四区高桥乡冷家大塆人。家里种田，还带种些菜，一家七口，靠我一个人劳动。一九五〇年，得了黄肿子病，面黄肌瘦，手软脚酸，不能劳动，路都走不动，找过好多先生、用过好多钱都没治好。年久日深，变成个懒汉，家里生活渐渐难了。

今年十一月，孝感县红十字分会和县卫生院派钩虫病防治组下乡来了，住沙沟乡，听说给群众治黄病不要钱，我就跟区里要了介绍信，到那里去治治看。

我走不得，坐船到了那里，防治组的同志替我验了大便，说是得的钩虫病，把打虫药给我吃，叫我三天去验一回大便、七天吃一回药；吃药后又把大便很细心地洗出钩虫来，放在镜子里给我看，我亲眼看到自己肚子里的虫。

现在我的病好多了，手软脚酸没得了，脸上有些发红，也能做些轻事了，我想：要不是共产党、毛主席来了，领导穷人翻身不要钱治病，我这多年来的黄病哪会治得好呢？又哪会有钱治呢？

我觉得这回不但救了我，也救了我一家，我没有旁的打算，除了今后努力生产以实际行动来感谢政府，现在我将秋谷四百四十斤于十一月二十九日卖给国家，黄豆五十六斤于十二月十四日也卖给国家，一为响应政府号召，二为表示感谢。数目虽少，但因我生病不能劳动，没有更多的余粮。

此外，我还要不断在我塆宣传钩虫病预防，并且听医生的话，把灰放在窖里做消灭钩虫病的预防工作，下菜地时穿上鞋子，以免再得病。

（原载于《新中国红十字》1954年1月号）

我扭转了对红十字会的错误看法

武汉市急救员　罗复刚

我在一九五二年参加了武汉市分会第一届急救员训练班学习。当时上课是在一个教会学校中——真理小学，开会或测验时也是在什么三一堂、圣公会、生命堂等处，有些教会又是以十字为象征的，因此结业时我就错误地认为红十字会是一个宗教团体。

因为我不信仰宗教，自那以后，红十字会开什么会或有什么工作，我都不愿参加，站长也拿我没有办法。

一九五三年七月朝鲜停战协定签订以后，常有朝中红十字会代表在联合红十字会小组工作的消息在《长江日报》上发表，我就怀疑红十字会究竟是一个什么组织呢？思想上有了些变化，有了工作也去干了，就是还不很积极。后来我和其他一些急救员参加在武汉展出的全国爱国卫生运动展览会作解说工作，得到分会同志的帮助，并从好多实际例子中才真正知道新中国红十字会是一个人民卫生救护团体，是一个组织与发动群众做卫生普及与卫生救护工作，并为保护世界和平而努力的群众组织。

我的看法由此扭转了。我要立下一个保证：决心努力争取做一个红十字工作者。

（原载于《新中国红十字》1954 年 1 月号）

我要热情负责地做好急救工作

国营武汉第一棉纺织厂女工　红十字急救员　陶凤鸣

我是国营武汉第一棉纺织厂细纱车间的一个当车女工，又是一名不脱产的红十字急救员。按照工作情况，我在生产中是不能放松一分钟的时间的，急救工作又在生产时间内，因此，在生产中做急救工作在我来说真是一件繁重的任务。

是不是怕困难而不做急救员了呢！不，和其他急救员一样，不但自觉自愿地来做，并且把急救工作当作一件光荣的任务来完成。因为，在车间干活，就同在战场上一样，机器轰隆隆地响，马达飞快地转，白班换夜班地工作着，为的是完成生产计划在生产战线上打胜仗。可是机器转得越快、越灵活，劳动强度也就越大，加上车间温度较高，工人们略为疏忽一点，就要发生头痛、呕吐、昏倒、碰伤、轧伤等情况。往常，不管伤病大小，人多人少，都得花半点钟到一点钟去医务室治疗，生产就要停止半小时到一小时，这损失多么大啊！由此可见，车间里多么需要我们这些作为医务室助手的红十字急救员。

我们厂的急救员是在去年一月间训练的，经过六个星期的学习，结业后，在车间成立了三个站展开工作。一年来我们的急救工作是有成绩、有作用的。经过我们急救过的人，大都能很快地恢复工作。如有一次，实验室的一个同志手指被机器刺伤了，流血不止，经急救后只十分钟又回到生产岗位。一个落纱工的手指被机器碰伤，急救员用五分钟的时间给他包扎后他即恢复了工作。一个揩车工友被机器擦伤了四个手指，仅十分钟时间的敷药包扎他又能干活了。这些，不但节省了很多工时，工人们也很喜欢，他们说，有了你们，比到医务室去挂号候诊快得多。我们急救员也不辜负工人同志们的信任，工作也很负责。当然，这是与党政领导对我们（的）重视与培养分不开的。

我在这个工作上还有做得不周到不圆满的地方，今后一定抱着虚心的态度接受意见改正缺点，虚心学习急救技术，更加热情负责地做好急救工作。

最后，我希望急救工作能够积极地向工厂矿山等生产建设的地方发展，让急救技术给工人自己掌握，为工人们服务；我更希望全国的急救员，特别是工人急救员，热情负责地做好急救工作，保障工人兄弟姐妹的健康，保障他们生产计划完成甚至超额完成，为国家的总路线总任务贡献出我们所有的力量。

（原载于《新中国红十字》1954 年 3 月号）

总路线鼓舞着我们前进

（综合报道）

各地分会及其所属单位在当地党、政的统一领导下，普遍展开了国家过渡时期总路线、总任务的学习。通过学习，各地的红十字工作者在思想认识上都有了不同程度的提高，并且都结合工作进行检查，改变了过去对工作的不正确的看法和不好的作风，以实际行动响应了国家的号召。特别是一些分会在学习中初步明确了红十字事业今后如何服务于生产建设，也根据各地具体情况提出了一九五四年为总路线总任务服务的工作计划。

二

过去，有不少红十字工作者是不了解我国如何逐步过渡到社会主义社会去的。上海市分会在他们的学习小结中写着“只见到新中国各项事业的跃进，而不知道这已经是过渡时期的社会主义建设”，而有的同志认为“社会主义可以自然到来，只要时机成熟”。由于对国家前途认识模糊，不认识卫生工作在国家建设中的作用，便经常闹个人问题，在工作上常犯错误，不少分会的同志对总路线的学习不重视，甚至对党在国家过渡时期中的一切措施缺乏认识，如汲县分会的一些同志刚学习时对把余粮卖给国家和多吃粗粮等做法思想还搞不通。经过各地党、政的动员启发并经过深入学习以后，大家不仅认识到国家将要经过一定的过渡时期，稳步地走向美好的社会主义社会，明确了要树立服从国家整体计划的观念，在这一过程中不断地进行自我的思想改造，并且纠正了认为做卫生事业不如参加重工业建设有前途等不正确的想法，认识到红十字事业为生产建设服务的重要性。许多红十字工作者在学习中还联系了自己的思想进行检查。孝感县分会的彭医生说出了过去见到私人诊所一月能赚八九十万因而想转业的思想，并且说：“现在才明白我已踏上了往社会主义去的光明大道，还能退坡吗！”柳州市分会第二门诊部会计苑子瑜说：“以往我总是不安心工作，做一天和尚撞一天钟”，学习后，“把我的眼睛照亮了”，因而表示今后“一定要发挥自己在社会主义建设中的螺丝钉的作用。”有些红十字医务工作者在总路线的教育下，认识到自己的工作与劳动人民的关系，切实地改变了过去不重视政治和对人民卫生事业不负责任的作风。如平凉市分会李识泌医师过去不参加政治学习，为照顾自己的开业诊所，不能很好地领导分会诊所的工作，以致诊所仅注射器每月平均要损坏四具。经过总路线的学习后，他认识到总路线是“国家大事，人人有责”，批判了过去为个人打算的思想，表示一定要重视政治，并且改进了工作作风，三个月来诊所已消灭了损坏医疗器具的现象。其他像泸州、安阳、固始等分会事业单位的医务人员，在总路线光辉的照耀下也都初步树立了全心全意为病人的良好医疗作风，加强了团结，提高了工作效率。汲县分会事业单位的各科并且自动互相帮助，随时应诊，以免耽误劳动人民的生产时间。

二

由于思想认识的提高，各分会的红十字工作者都以最大的热诚拥护党在过渡时期的各项具体措施。孝感县分会的工作同志为了拥护政府的粮食统购工作，都写信回家动员家属亲友把余粮卖给国家。零陵县分会诊所的挂号员朱斌听完了总路线总任务的报告后，想到在党的领导下得到解放，现在党又领导大家过更好的日子，便连夜回家，把去年卖猪后买的四百多斤谷子亲自挑送到粮库，卖给国家。尤其是国家经济建设公债发行的时候，红十字工作者们认识到这是为了加速国家经济建设，逐步提高人民物质和文化生活水平的英明措施，在北京、青岛、武汉、上海、天津、梧州、泸州、汲县、岳阳、常州、柳州、遂宁、孝感、镇江、临颍、安阳、固始等数十个分会及泗洪诊所中，普遍掀起了认购热潮，很多分会在几小时甚至几分钟内就完成了认购数字，多数分会超过了认购数字的一倍以上，临颍县分会并且超过了十六倍。其他在增产节约、普选等运动中大家也都积极行动起来。

不少分会的红十字工作者在学习以后，结合工作向广大的群众展开了关于总路线总任务的宣传。固始县分会配合了文化馆、收音站深入到农村向农民们宣传了总路线和国家发行经济建设公债和普选的伟大意义，动员他们把余粮卖给国家，附带介绍了红十字会。西安市分会医院在党支部的领导下，与青年团、宣传员及及青年积极分子密切配合，向一部分慢性病和能够活动的轻病人宣传了总路线，住院病人、农业劳动模范冯生义在听了粮食政策的宣传以后恳切地说："我病好回家以后先把我家余粮卖给国家，巩固我们的互助组，同时还要给大伙宣传让大家参加互助组。"

三

值得重视的是不少分会经过学习后根据总路线的精神，制定了一九五四年的工作计划，明确了面向工矿的工作重点，这些计划有许多已开始在逐步实行。如上海市分会将一辆积存的旧车改装成流动诊疗车，车到工厂、工地作卫生宣传教育工作，并确定以工厂、工地为急救训练和卫生宣教的重点。无锡、武汉等若干分会今年的急救训练工作已经明确地提出面向厂矿、工地，以广大的工人为对象。无锡等分会并组织了巡回医防队到建筑工地为工人们进行医疗、卫生宣传及炊事员训练等工作。地处农村的分会也制订了以农民为对象的各项服务于农业生产互助合作运动的医疗预防工作计划，如高密县分会在一九五四年的工作计划中提出将在当地的农业生产合作社中训练急救员、保育员等若干人。安岳县分会更在计划中具体地提出了今年为农业生产合作社与互助组所作的各项工作和进行的步骤。

总路线照耀着红十字事业，照亮了我们的前途。如同上海市分会的学习小结中所写的："卫生事业是国家建设事业不可分割的一部分。"我们每个人做好了各人岗位上的工作，都能起到推进与配合生产建设的作用，使祖国更快地实现社会主义工业化，走向繁荣、幸福与富强。新中国的红十字工作者们，让我们为人类美好的将来——共产主义社会的早日到来而努力吧！

（此稿根据青岛市分会、柳州市分会及韩文娟、赵永生、闵金禾、李万杰、王善普、程性恬、施仕全、胡瑜、陆希羽、胡树基、廖寿桂、孙英杰、成荣光、冯钟勤、张文俊、尹既昌、张国庆、忽京伟、王维周、伍建业、杨明珠、张洁圣、刘德莉、刘来运等同志的来稿，高密县等分会的计划所综合）

（原载于《新中国红十字》1954 年 4 月号）

"要不是急救员，哪里有救呢！"（节录）

许多急救员在遇到一些意外伤害患者的时候，就立即赶去急救，这必然是要使他们付出一定的时间、精力，还需要细心和耐心，必要时还要用自己的衣物等来保护伤者。当他们做到这一切时，群众称赞他们，有些单位表扬他们，不少动人的事迹已在各地不断出现。

麻城白果区急救员宁永忠三月四日在梁家畈乡参加春节文娱活动时，遇到该乡妇女罗文兰因玩六人秋千，从两丈多高的秋千架上跌下来，当时昏迷、呼吸停止。他就连忙给伤者做了人工呼吸，看她渐有好转，又很快地跑去把急救箱拿来，给伤者注射了一针"康福那心"，用锤母尼亚茴香酯刺激神经，并把伤处包扎好。一会儿伤者醒了过来，他的爱人等把她抬回去时，宁永忠不放心，又一路护送到家，并在她家里看护了三四个小时，直等没危险了才离开。罗文兰的爱人非常感激他，拿了三十万元酬谢他。他说：“我是红十字会的急救员，专为人民急救，是不要钱的。”罗文兰的爱人没法，就去找村长和全乡干部商量，最后决定做一面锦旗送给白果区急救站。后来群众打着锣鼓把一面“救命英雄”锦旗送到白果区政府（急救站设在区政府里）时，很多群众反映说：“毛主席真办得好，遇到急救员，死人救活了。要不是急救员，哪里有救呢？”

（下略）

（原载于《新中国红十字》1954年4月号）

模范卫生工作者王阵权

麻城县分会　章家驯

王阵权同志是麻城县乘马区大河铺乡人，是红十字会会员和急救员，今年被选为乘马区急救站站长。他几年来始终如一地为人民的健康事业积极工作，因而得到了该乡群众的信任，提起他，该乡很多人都说：王阵权真算得上是一个模范卫生工作者。

一、他的决心

王阵权的家里是个贫农，祖辈几代都是靠种地主的田度日。解放后他翻身了，工作非常积极，曾受过政府卫生部门举办的种痘训练、环境卫生训练和红十字医防队举办的急救训练。他热爱卫生工作，从一九五一年起从没歇过气。他经常记得他的亲生母亲因为没钱治病而病死了。他也记得自己在几岁时，被火炉烧毁了面部，因为得不到及时救治，而使面部留下了疤痕，现在一提起来他就难过地说：“那时假使能得到急救，我的脸也不致这样难看了。”所以当有些人觉得做行政工作光荣，做卫生工作、急救工作不光荣，叫他不要搞这些工作时，他就说：“卫生工作是保护群众身体健康的革命工作，同样是为人民服务，想想过去我就更要下劲地搞。”他决心要努力做好卫生和急救工作，来报答人民政府对他的培养和希望。

二、争取领导、结合中心工作开展了经常的爱国卫生运动

王阵权同志经常主动地去和乡长联系，并且在卫生工作上努力地做出一些成绩，因此乡长对卫生工作也逐渐重视起来，各种干部会都叫他参加，他就利用时间宣传卫生常识。并在工作中注意了运用典型示范以

身作则等方法去带动群众。例如，该乡傅家河塆是大路边上的一个塆子，正当大路有一口水井——这是全塆唯一的吃水井，来往行人脚上的灰土，随时都能落到井里去，该塆周围也很脏，大部分人家都没有固定放猪牛牲口的棚圈，塆里病人也很多。他根据这一情况，首先动员了青年积极分子带头，从讲大扫除能找出肥料增加生产着手，来说明卫生的好处，指出了塆里病人多是由于饮水不干净和环境卫生没搞好，在他的说服和积极分子带头下，全塆行动起来了，进行了大扫除，家家都在外面选定了一个地方做粪档，井上加了木盖，还订出了公约：禁止在井边洗衣洗菜。这样傅家塆的环境面貌改变了，改良了水井，大家都吃干净水了，塆里的疾病自然也较前大大减少了，来往的群众都说傅家河塆的卫生好。他就运用这个塆的典型成绩向全乡推广，在这种影响下，全乡普遍结合生产开展了卫生积肥运动。紧接着，他就把运动中涌现的卫生骨干组织起来，在全乡各塆村建立了卫生基层组织，并订立了检查和汇报制度，来保持工作的经常。

又如，他住的胡家塆有一个大污水粪坑，历年来都没搞干净过，每年夏天坑里长出很多蚊虫，影响人们的健康，但是谁也没去清理它。去年春天，王阵权一面宣传，一面亲自动手挑去了粪坑中的污水和粪渣倒到厕所内，并带动青年们一同来搞，在这样影响下全塆群众都动手了。这样不但把粪坑清除干净，并且还把它填平了，成为全塆群众喜爱的休息的地方了。群众都反映说："去掉了这个粪坑，今年夏季蚊蝇毒虫都可大大减少了，病也可少生些，坐在这里也觉得新鲜些，讲卫生真是好。"今年春节前他根据上级布置精神，召集全体卫生干部布置了春节卫生工作，运用各种文娱活动的方式，在全乡普遍开展了卫生宣教，同时利用群众原有过年爱清洁的习惯，在全乡普遍发动了一次大扫除，积肥二三七四四担，填平污水坑十四处，新做牲畜栏圈十八个，给该乡今年增产积肥运动打下了基础。

三、救了一条性命

为了照顾急救站的工作，麻城分会发给乘马区一个急救包。王阵权同志自从领回了这个急救包之后，他时刻想，上级对我们的工作这样关心和帮助，群众又是这样迫切需要我们，我要怎样去运用这个急救包呢？于是他每逢乡里或区里开群众会等大的会，或到其他地方去，急救包总是随身挂着，遇到别人受伤他就马上急救。去年十二月二十七日的下午，该乡胡家塆农民程略庭的一个小孩程小毛，坐在碾子上碾米并带赶牛，忽然牛一跑，把小孩儿扔到碾槽上，小孩脸部受伤很重，鼻子都跌裂了，大量出血不止，情形很危急，当场群众都惊慌失措，没有办法止血。恰好王阵权同志来了，他马上给以急救，止住了血，并将伤口包扎好，使小孩由危转安，在场的群众都放心了，程略庭更是感激他救了孩子的性命。农民洪宗贵说：“人民政府的办法真是好，训练急救员起了大作用，今天要不是王阵权来，小孩性命就危险了。”

四、卫生工作者的一面旗帜

王阵权同志经常艰苦地工作，真正发挥一个红十字会会员和急救员的作用，在卫生工作上取得了很大成绩，他的模范事迹不但为该乡群众所赞扬，而且成为全区卫生工作者的榜样。王福店乡卫生员陶克礼说：“我一定要学习王阵权同志的工作精神，向王阵权同志看齐。”王阵权曾三次出席乡和区的卫生模范会议，他现在已成为全区卫生工作者的一面旗帜。

（原载于《新中国红十字》1954 年 7、8 月号）

红十字少年在学校卫生工作中的作用

中国红十字会组织训练部　张书绅

在中小学中发展红十字少年组织，建立红十字卫生站或红十字卫生角，对于促进少年儿童的身心健康有很大的作用。苏联和其他兄弟国家都非常重视这种对少年儿童进行卫生教育的组织形式，把它列为红十字会工作的重要组成部分。在苏联，红十字会会员有两千万人，红十字少年就占了其中的三分之一左右。全国的中等学校、七年制学校，工艺、铁路和工厂艺徒学校，差不多都有红十字少年组织。红十字少年经常受到卫生知识教育，培养成良好的卫生习惯，协助学校医务人员进行各项群众卫生保健工作。红十字少年组织不仅丰富了少年儿童的生活，并且锻炼了他们共产主义的道德品质。

我国红十字会学习了苏联的先进经验，在 1952 年开始试行发展红十字少年组织。到今年 6 月底为止，北京已在四十五所中学里发展了二万零一百一十五名红十字少年，并且在三十多所学校里进行了“卫国卫生”训练。红十字少年经过“卫国卫生”训练的已占总人数的 75% 左右。这些学校大都建立了红十字卫生站或卫生角。在开封、福州、无锡、武汉、上海等地，发展红十字少年的组织工作和卫国卫生训练工作也都做出了一定的成绩。

红十字少年经常的活动是向同学们宣传卫生常识，对学校环境卫生和同学个人卫生进行检查督促。如北京女十二中、第二十六中等红十字少年基层委员会都能根据季节需要，定期利用黑板报、广播进行卫生宣传，讲解怎样预防感冒，怎样预防肠胃病和煤气中毒等等。北京第一中、四中等校的红十字少年，在全市“除四害”的运动中都举办了卫生展览会，向同学们介绍捕鼠和灭蚊蝇的具体方法。在红十字少年的积极带动下，同学们迅速地掀起了除四害的热潮。每天的课前个人卫生检查已经成为红十字少年习惯了的经常工作。带着红十字臂章的值日生总是很认真地检查同学们的手帕、衣服、指甲和教室内外的清洁。他们把检查的结果记录下来，有批评有表扬。有一些学校还建立了“分区专责地段保洁制”。这些经常性的卫生监督工作作用很大，例如北京回民学院常常有外宾来参观。过去，学校里的卫生工作做得不经常，常常为了接待外宾突击打扫卫生。自从红十字少年认真执行卫生监督以后，这种突击现象就消除了。由于他们的卫生工作经常做得很好，今年 7 月初，全区的学校都到那里去观摩学习。

救护工作是各学校红十字卫生站的一项重要工作。红十字少年在这种工作（中）起着学校医务人员得力的助手作用。在校内的课外活动中，体育课上，盛大的集会、游行以及学生出外参观、旅行和进行义务劳动的时候，受过救护训练的红十字少年就是同学们的小医生。一般的轻微外伤往往都是由红十字卫生站来处理的。即使一些较重的外伤，经过红十字卫生站初步处理以后再送到学校的卫生室诊治，也能够减少伤口感染。北京回民学院的红十字少年每月平均要进行一千多人次的轻微外伤救护。北京第十中学，在一次植树的义务劳动中，学生李德洪头部撞伤，流血不止，情况十分□急。当时红十字少年窦宝贤立即进行了急救，进行了伤口消毒和包扎，因此防止了大出血的危险。这件事在同学中发生了深刻的影响，学校卫生室的大夫也非常感动。

红十字少年们还经常协助本校医务人员给同学们作一般性的健康检查，如量胸围、体重、身长，检查视力，填写健康记录，进行防疫注射等等。

几年来，我国红十字少年经常和各国红十字少年通讯，建立了亲密的友谊。他们互相介绍有意义的生活情况。今年上半年，我国各地红十字少年还制作了很多礼品送往保加利亚、捷克斯洛伐克、英国、秘鲁等国的红十字会，参加国际红十字少年礼品展览。在这几年中，苏联、保加利亚、朝鲜和英国的红十字会代表团曾来我国参观。他们都称赞我国红十字少年在学校中所起的作用。苏联红十字会主席米捷列夫教授参观北京第五中学时对红十字少年说:“你们的工作很有成绩,和苏联学校中的红十字少年的工作几乎做得一样地好。”

红十字少年的工作,近年来得到了各方面的支持和重视。北京、武汉、无锡等市教育局都曾和红十字会发出联合通知,指示各学校发展红十字少年组织,推行“卫国卫生”训练。红十字少年的工作还没有在各地全面展开,在已经开展的地区工作中也还存在着一些问题,需要继续努力,改进提高。希望社会有关方面和红十字会合作,使红十字少年的组织能够在更多的中小学里普遍建立起来。

(原载于《光明日报》1956年8月21日)

加强红十字会的工作是贯彻预防措施的有效办法

——在政协第二届全国委员会第三次全体会议上的发言

胡兰生、熊瑾玎、浦化人、刘清扬在联合发言中说:红十字会是群众自愿组织的卫生救护团体,是以会员为基础的组织。它的这种性能和它的人道主义的历史传统,使它在进行群众卫生活动方面有许多便利条件。

我们完全拥护毛主席、周总理、李副总理、陈副总理和陈叔通副主席的各个报告,并愿意在实际工作中把它贯彻下去。请让我们来谈谈加强群众卫生工作与充分发挥中国红十字会的作用的问题。

卫生工作是关系全体人民健康和生命的大事。党和政府一向重视这项工作。早在建国之初,即确定了预防为主、面向工农兵、团结中西医和卫生工作与群众相结合的四大原则。七年来,在党和政府的正确领导和关怀下,人民卫生事业有了巨大的成就。无论城市或乡村,卫生状况都有了很大的改进,苍蝇蚊子大大减少了,甚至出现了“无蝇城”和“无蚊村”。几种恶性传染病加霍乱、天花、回归热、斑疹伤寒等,有的已经消灭有的显著减少,但是旧社会所遗留下来的不卫生习惯和卫生科学知识落后的现象仍然存在。由于不懂得讲卫生,从而为疾病增加传播机会的人,不论在工人、农民、城市居民,甚至机关干部中却还是很多的。正因为如此,我国目前还流行着很多疾病,如赤痢、疟疾、麻疹、白喉、猩红热、流行性“乙型”脑炎、寄生虫病和某些职业病等等，发病数字没有降低，而在某些地区还在上升。这就严重地危害着人民的生命和健康，同时也就直接影响到工农业的生产。

这种情况必须改变。要改变这种情况，就必须全面贯彻预防为主的方针，就必须发动广大群众起来讲究卫生，使广大人民群众的卫生知识逐渐提高，不卫生的习惯逐渐改变，经常地进行个人卫生和环境卫生工作，并组织起来与各种疾病作斗争，以逐步达到预防的目的。但是这里有一个困难，就是怎样使群众不断地增加卫生知识，经常地进行卫生活动。当然，卫生行政部门、卫生防疫机构、医疗机构都可以而且应该做这个工作，可是它们的人员有限而且各有专业，如果经常来做群众卫生活动的组织工作，势必造成紧张忙乱，顾此失彼。因此，群众卫生活动应该是在卫生部门的领导下和科学技术的指导下依靠群众组织来做。

针对这种情况，我们觉得应该发展红十字会组织，使它成为政府卫生部门联系群众的纽带和开展群众卫生活动的助手。

大家知道，红十字会是群众自愿组织的卫生救护团体，是以会员为基础的组织。它的这种性能和它的人道主义的历史传统，使它在进行群众卫生活动方面具有许多便利条件。它可以通过发展会员和建立基层组织形式把爱国卫生运动中涌现出的积极分子组织起来，并通过有计划的训练和有组织的宣传工作，培养更多的卫生积极分子。吸收群众为红十字会会员，可以加强群众对搞卫生工作的光荣感、责任心和组织观念。经常而又广泛的卫生训练和宣传，可以普及卫生知识，使群众懂得搞卫生的好处，并知道如何搞好卫生，从而可以自觉自愿地行动起来。

红十字会的这种优点，在各地红十字会的实际活动中已经得到充分证明。

去年3月，北京市开展捕鼠运动月时，仅七个区街道上的红十字会会员二万六千多人就捕鼠三万七千多只，有两千多个会员每人捕鼠五只以上。广州市一些街道建立起红十字基层组织，发动受过卫生训练的会员——红十字卫生员经常做卫生宣传及喷射消毒药剂，蚊蝇密度就显著下降。当地卫生部门反映说：凡建立红十字组织的街道，爱国卫生运动就经常化了。开封市去年评选除四害和爱国卫生运动个人模范二百八十三名，红十字会会员就占了85%。这些事例说明：红十字会会员在爱国卫生运动中起了积极带头作用，是推动爱国卫生运动的基本力量。

天津市油脂公司加工厂自去年3月建立了红十字卫生站，红十字卫生员经常宣传卫生，一般工人都做到饭前洗手，出车间注意穿衣服，并改善了饮食卫生，职工发病率就逐步降低了，该厂保健站门诊人数由每天四十人减少到十来个人。无锡市第四中学自建立起红十字卫生站，展开卫生活动以后，去年夏季与往年同期比较，内科病人从平均每日六十人下降到平均二十人。青岛市红十字会在啤酒厂职工家属中训练了一批家庭护理员，分配到每个家属小组掌握卫生工作，协助该厂医师进行各项卫生活动，该厂家属门诊率就由原占职工门诊率三分之二强下降到五分之一弱。这些事例说明：加强红十字会工作是贯彻预防措施的有效办法。

在防疫和消灭疾病的斗争中，红十字会会员是医务人员的尖兵。天津市的一些红十字基层组织已以会员小组为基础建立了疫情报告网，发现疫情立即报告地段诊所，并帮助患者家属进行消毒隔离。天津市兴安路街，自红十字基层组织担任疫情报告以后，就没有一个疫情遗漏，没有死一个孩子。杭州、无锡、南京等地的红十字会会员、卫生员在受过短期训练后，就协助医务人员作有关血吸虫病的普查、宣传，动员病人就医，以及做“两管一灭”、抗原皮内试验、大便孵化等等工作。

在急救和处理意外伤害方面，红十字会会员发挥了革命人道主义精神，受到群众的普遍欢迎，如焦作李封煤矿七个井下红十字卫生站，去年两个月共急救一千零二十人次，使工人少受痛苦，并为国家节省了许多工时。汕头市去年 8 月间发生两次大火灾，每次都有二三百名红十字卫生员驰赴灾场抢救，共救护一千零一十五人，并从烈火中抢救了四个小孩两个老妇脱险。北京市西单区顺城街红十字卫生站去年 1 月至 7 月共处理轻重伤患一百九十九起。该处联合食堂的一位同志说：“我们一天也离不了这个卫生站。”

从以上所举的事例，我们认为红十字会组织是协助政府卫生部门发动群众经常搞好卫生工作的一种有效的组织形式。从节约观点来看，运用红十字会组织形式，动员一些红十字会会员不脱产地办理群众卫生工作，和依靠一部分会费来举办卫生活动，这比之完全由国家出人出钱来办群众卫生事业也有事半功倍之效。

现在全国共有十四个省红十字会，三个直辖市红十字会，一百三十六个市县红十字会，三千六百多个基层组织和五千六百多个红十字卫生站。几年来，共训练了四十多万红十字卫生员，去年又发展了四十多万个红十字会会员。但是由于发展不平衡，红十字工作还未被各地党政领导机关普遍重视，有些地区卫生部门对于红十字会的作用还认识不足，以及有些地区红十字会所存在的困难问题还未得到妥善解决，从而使红十字会的作用没有充分发挥出来。这种情况不仅影响到我国群众卫生工作的开展，也会无形中影响我国社会主义的建设。现在世界上已有七十五个国家有红十字会，一般的都很发达。苏联红十字会已有两千多万会员，只有七百多万人口的保加利亚也有红十字会会员一百多万人。为了搞好人民群众卫生工作，为了发扬革命人道主义精神，红十字会事业应该向前发展。我们希望人民政协全国委员会与各地政协委员会和各有关方面，特别是卫生部门，医药卫生工作者多给予指导、协助和支持，使红十字会这个群众团体在祖国的伟大社会主义建设事业中充分发挥它的作用。

（原载于《人民日报》1957年3月19日）

除四害讲卫生造福人民造福子孙

——卫生部部长李德全的发言

自一九五七年六月举行第一届全国人民代表大会第四次会议以来，在仅仅半年多的时间里，国际、国内的政治形势都发生了巨大的变化。国际上总的情况正如毛主席所说的“东风压倒西风”，世界和平力量日益壮大，以美帝国主义为首的殖民主义已是日暮途穷。在国内是在基本上完成生产资料所有制的社会主义改造的基础上，继续进行了政治战线上和思想战线上的社会主义革命，通过伟大的整风运动、反右派的斗争和全民性的社会主义大辩论，全国人民大大地提高了社会主义觉悟，并随之出现了生产建设的新高潮。这就为我们社会主义建设的飞跃前进奠定了极为良好的基础。

继续消灭危害人民最严重的疾病
更好地提高全国人民的健康水平

我们国家的卫生工作人员，也同样地通过这一系列的运动，在党、政的领导下，提高了政治觉悟，促进了工作，在卫生工作上出现了新气象。在医疗保健工作、中医工作、妇幼卫生工作、医学教育和医学科学研究工作、建立与整顿卫生组织等方面，都有很大进步。特别是在消灭严重危害人民健康的传染病、寄生虫病的工作上，取得了很大的成就。天花、鼠疫等烈性传染病已基本消灭。血吸虫病已在三百零九个市、县全面地展开了防治工作。两年来的努力，全国已出现了八个消灭血吸虫的县，有一百多个乡基本上消灭了钉螺，治疗人数已达一百万左右。虐（疟）疾方面：一九五七年一至十月的全国发病人数比一九五六年同期减少百分之二十四点三。湖南省全省发病人数一九五七年一至十一月比一九五六年同期减少百分之四十五点五。黑热病已接近消灭。其他钩虫病、丝虫病、新生儿破伤风和性病也取得一些成绩。甲状腺肿等地方病和工业中职业病、职业中毒也都展开了积极的防治工作。

当前，我们国家正处在社会主义工农业生产空前高涨的阶段，全国人民正向大自然进行英勇斗争。在卫生工作上为了保证这一重大任务的完成，当前的重大任务就是更进一步地继续消灭危害人民最严重的疾病和更好地提高全国人民的卫生健康水平。为了达到这一目的，就必须坚决依靠群众，动员全国人民开展以除四害为中心的爱国卫生运动。

开展经常性的爱国卫生运动　养成人人讲卫生的良好习惯

大家都知道在危害人民健康最严重的疾病中，有很多是经由老鼠、苍蝇和蚊子传染的。老鼠不仅能传播大家所熟悉的鼠疫，而且还能传染恙虫病、地方性斑疹伤寒、森林脑炎、钩端螺旋体病、野兔热、蜱传性回归热、流行性出血热和血吸虫病。苍蝇是传染霍乱、伤寒、痢疾、婴儿腹泻等病的一个主要媒介。蚊子是散播疟疾、丝虫病和流行性乙型脑炎的媒介昆虫。十分显然，必须消灭四害才能根本消灭这些疾病。与此同时，消灭麻雀又是为了保护庄稼。老鼠盗食粮食的情况就更严重，并且老鼠还要损害农作物，损坏建筑，破坏堤防，咬坏杂物。为此，党中央和毛主席在全国农业发展纲要（修正草案）第二十七条中提出了从一九五六年起，在十二年内，在一切可能的地方，基本上消灭老鼠、麻雀、苍蝇和蚊子的任务。农业发展纲要第二十八条中又明确指出要从一九五六年起，在十二年内，在一切可能的地方，基本上消灭危害人民最严重的疾病，要积极开展群众的经常性的爱国卫生运动，养成人人讲卫生、家家爱清洁的良好习惯的任务。大家知道，人们居住环境做到整齐清洁，生活、饮食合乎卫生，就会使身体健康，精力充沛，朝气蓬勃，从而对工作、学习、生产，对社会主义建设都将带来无穷无尽的力量。因此，党所提出来的除四害、讲卫生的号召，确是移风易俗改造国家的伟大号召，它是伟大的创举，伟大的变革，它是造福人民和造福子孙万代的好事。

爱国卫生运动在几年来的实践中证明，群众的觉悟和认识是不难提高的，运动搞得比较好的地区群众很快就能体会到卫生运动给他们带来的好处，很快就能把运动与生产和日常生活结合起来，运动的内容也越来越丰富，越来越深入人心。例如：山东省阳信县全县八百五十六个自然村，现在已有七百一十个卫生村，其中达到“三洁四无”或接近“三洁四无”的就有二百四十九个村。该县东阳村解放前是十分贫穷的村子，全村百分之七十的农民都逃过荒，要过饭，现在不仅四害已经除尽，而且还做到“八净”，即手净、脸净、身体净、衣服净、被褥净、厨房净、厕所净和畜栏净。几年来没有发生一例传染病，劳动出勤率经常保持百分之九十以上，农业生产迅速提高，一九五七年每亩平均产量已由一九五三年的一百四十五斤增加到三百多斤，为全县小麦最高产量。广州金花街有三千多户人家，在解放前被称为三臭街（坑渠臭、垃圾堆臭、厕所臭），传染病经常流行。一九五二年开展爱国卫生运动以后，群众都积极参加，做到了三灭（灭蚊、蝇、鼠）和四净（室内外净、厨房厨具净、被服家具净、沟渠厕所净）。在这次运动中，金花街是最先实现六无标准（无尘土、无垃圾、无粪便、无污水、无口痰、无杂物）。金花街的居民均是劳动人民，物质生活条件并不优越，但已能把卫生环境彻底翻了个身，并且把清洁卫生安排到每一个人的日常生活里去。由敌伪时期遗留下来的一个小厂发展起来的天津织染厂，过去卫生情况十分恶劣，不仅影响职工们健康，并且造成很多次品。通过开展爱国卫生运动，填平臭水坑、改善环境卫生和车间劳动卫生条件等一系列措施，厂内外面貌焕然一新，疾病大为减少，呼吸系统疾病一九五七年比一九五六年减少百分之五十五，油污次品亦由百分之四十五降至百分之十八，保证每个品种的质量指标都能按月超额完成。南京城外四所村的长平路小学校的校舍，本来是一所破庙，但在师生员工的努力下，填平了十四个臭水塘和四十多丈长的污水沟，广栽树木，使学校环境变得又卫生又美丽。在这次除四害运动中，又全部动员投入战斗。由于卫生状况改善，学生发病率已由一九五二年的百分之八十降低到百分之一以下。天津海关的卫生运动，党、政领导都很重视，深入发动了群众，使办公室、食堂、宿舍经常保持清洁。由于做好食堂卫生，几年来没有发生一个患肠胃传染病的病人。农村卫生搞得好的还有山西稷山县太阳村，屯留县东李高乡，河南登封县的景店乡，浙江金华的邢八染村，广东乐昌的歧乐社，安徽界首县杨小塞村。城镇中也有江西九江市，南京五老村，上海山阴路，北京福绥境，学校如北京米市胡同小学，工厂如沈阳国营“七二四”厂等等。这些城市、乡村、工厂、学校和机关，在保持卫生环境上不少都是六年来如一日，由于对这一运动有了正确认识，使这一运动做到了经常化，取得了增加生产与消灭疾病的重大成就。

从城市到农村　从平原到山区　掀起空前的爱国卫生运动高潮

自一九五七年下半年在农业发展纲要（修正草案）公布和党八届三中全会提出积极开展卫生运动的号召以后，特别是毛主席去冬以来的亲自督促检查，以除四害为中心的爱国卫生运动就在全国各地更大规模地轰轰烈烈地开展起来。两个月来运动已逐渐普及和深入到全国广大地区的各个角落。从城市到农村，从平原到山区，从沿海到边疆，已经掀起声势浩大规模空前的运动高潮。首都人民用百倍干劲参加了这一运动，城区有百分之九十的住户都进行了清洁大扫除，百分之九十八的住户作到无蝇，有九百二十八个工厂、学校、机关、部队、街道和乡、镇提出了要在一星期到一个月内，分别达到四无的要求。江苏省已有百分之九十以上的市、县行动起来，组织了成千上万的突击队，举行大规模向四害进军的誓师大会和广播大会。安徽省一月十四日就有一百四十余万人收听了除四害誓师大会，并发布了除四害的总动员令，全省已有八百万人以排山倒海之势投入战斗。其他也有很多省、市、县和江苏、安徽一样声势浩大地展开了卫生运动。正由于运动的开展如此壮阔，在短短两个多月时间里，全国就已消灭了老鼠四千万只以上，捕雀二千五百多万只，消灭大量越冬蚊蝇，涌现出一无到四无的市、县、区、乡、镇、社、街道、企业、学校和机关已有四千六百多个以上。

情绪越来越高劲头越来越大　除四害的规划一再修改提高

目前全国除四害、讲卫生的运动正在继续上升，群众的情绪越来越高，劲头也越来越大。许多省和市、县的除四害规划一再修改提高。广东省原订八年实现“四无”省，现改为五年；江苏省原订八年现改为四年。有的市、县如河南的登封、郑州，山西的屯留，河北的河间，江苏的南京、常州、镇江、南通，甘肃的兰州，山东的济南、阳信、单县等都决定要提前在今年实现“四无”。群众不仅有决心消灭四害，并且还要与此同时消灭更多的其他害虫，上海提出了臭虫、蟑螂和钉螺也要消灭，有的地区把虱子、跳蚤也列入被消灭之列，这真是万分令人欢欣鼓舞的好事。

四害虽小危害很大必须除尽　群众发挥力量定有把握实现

但是，也必须看到运动的发展还有不平衡现象，主要原因是由于有些领导干部认为除四害、讲卫生是小事情，不值得小题大作，兴师动众。其实这是不了解四害虽小，但危害极大，讲卫生虽是生活习惯问题，但它确是移风易俗改造国家的大事。解放前人民在反动阶级的统治下，谋生都很困难，当然没有力量去除四害，因之，死于鼠疫的在一九三九年到一九四八年就有二万三千多人，疟疾患者估计每年就有五千万人以上，这种关系到成千上万人民和健康的问题，能够说是小事情吗？过去我国素有“东亚病夫”之称，现在我们要建设成为“国富民强”的社会主义先进国家，能说这一有关生产、生活和国家根本状况的卫生运动不是极其重大的事情吗？

有些人还存在着右倾保守思想，对除四害、讲卫生缺乏信心，怀疑四害能否除尽，对当前一些有利条件估计不足，因而对运动的开展劲头不大。显然，只要看一看全国各地出现的“四无”单位的事例，就可以肯定地回答，上述这种疑虑是极端错误的，为什么许多村镇、街道、企业单位、学校和机关都能除尽了四害，搞好了卫生，那么别的村镇、街道、企业单位、学校和机关为什么就做不到呢？关键仍然在于领导，如果能够从群众观点出发，关心人民的疾苦，深刻体会到搞好卫生就可以减少疾病，可以促进生产建设，可以提高文化，那么对这样切合人民利益的好事，必然会鼓起干劲，勇往直前，坚决地加以领导。只要密切联系群众，了解群众的愿望，集中群众的智慧，发挥群众的力量，势必可以移山倒海，无坚不摧。党提出要从一九五六年起，在十二年内，在一切可能的地方基本消灭四害，从各先进地区发展的形势来看，不仅完全有把握能够实现，而且也完全有可能提前实现。我们必须同右倾保守思想作斗争。

每月检查　经常评比　卫生工作　要经常化

也有些人把除四害、讲卫生和生产对立起来看，认为除四害、搞卫生会妨碍生产，会妨碍其他中心工作。事实证明卫生与生产，卫生运动和中心工作是完全可以结合起来的，并且完全有利于生产也有利于中心工作的，许多地方能够把群众性的卫生工作和生产结合起来，统一领导，统一安排，他们就能够在提高生产的同时提高了卫生，在提高卫生的基础上，又进一步提高了生产，他们也就取得了蓬勃的力量泉源，也取得了卫生运动可以经常化的宝贵经验。我们必须坚决执行毛主席以除四害为中心的爱国卫生工作、每月必须检查一次和经常评比的指示，使卫生工作成为贯彻到每个季节的经常工作。

落后赶上先进　先进更加先进　今年十二月要进行一次评比

许多地方党、政不仅积极领导并且身体力行，如北京、上海、山东、山西、甘肃、江西、青海等地的领导同志都亲自挂帅，检查督促，因而发动了群众，创造了新形势。各地必须向着先进单位，加紧跟上，落后的要赶上先进，先进的要更加先进。我提议：在一九五八年内每省至少出现一个到几个“四无”县或市；省市以下的地、县、区、乡、社、街道办事处则应创造出更多的“四无”单位。积极做好一九五八年十二月各省市除四害运动的评比大会的准备工作。广泛地开展除四害，消灭疾病的宣传活动。城市一定要达到每一条街道，每一个工厂、商店、机关、学校和每一户人家，乡村一定要达到每一个合作社、每一个耕作队和每一户人家。必须加紧督促检查，加紧对群众的技术指导。帮助群众作好规划，提出具体要求；加紧总结群众的经验并且及时推广，安排好各时各地的生产工作并且把卫生运动纳入生产计划；把定期的突击运动和经常化的卫生工作密切衔接起来；突击一切死角和空白点，做到城市和农村、机关和居民互相支援，这些都是很重要的问题，应在运动中注意解决。

卫生机关、卫生人员、红十字会员必须以身作则，争取先进，克服落后，只能促进，不能促退，必须认识政治是灵魂，是统帅，相信党的领导，在党的领导下，克服三大主义，贯彻勤俭办事的方针，打掉官风，依靠群众，鼓起革命的干劲，掌握又多又快又好又省的社会主义建设原则，积极努力和全国人民一致行动起来，使运动在现有的基础上推向更新的高潮。

各位代表，我们新中国自从诞生以来，在短短的八年多时间里，已经出现了不少奇迹。现在我们更进行着前人所从未做过的事情。我相信在毛主席和党中央的英明领导下，今后一定会在奇迹上出现更多的奇迹，一个现代的工业、现代的农业和现代的科学文化的六亿多人民的社会主义的巍然强大国家，就会很快地出现在世界人民的面前。

（原载于《人民日报》1958年2月8日；另载于《光明日报》1958年2月8日）

红十字会是爱国卫生运动的有力助手

——伍云甫、陈其瑗、刘清扬、倪斐君代表的联合发言

我们完全拥护李先念副总理、薄一波副总理、彭真副委员长和吴玉章主任的各项报告。我们都是红十字工作者，请允许我们谈谈中国红十字会的国内业务工作的情况。

中国红十字会本是旧有的群众自愿组织的卫生救护团体，解放后，经过改组，充实了新的工作内容，它的主要任务是动员和组织群众学习卫生知识，参加爱国卫生运动，为预防疾病、保护身体健康而斗争；并根据友爱互助、救死扶伤的革命人道主义精神，参加社会服务活动。全国现有省、自治区、直辖市红十字会组织二十个，市、县红十字会组织一百九十三个，红十字基层组织约一万个，红十字卫生站一万三千多个。会员中，受过短期训练的红十字卫生员有五十四万多人。

红十字会员和卫生员，参加了全国人民的伟大行列，全力以赴，为四无乡、四无城、四无省、四无国而奋斗。

目前，全国正在开展一个规模巨大的除四害、讲卫生的爱国卫生运动，全国人民在党和政府的领导下，鼓起革命干劲，正以排山倒海之势，为争取实现四无乡、四无城、四无省、四无国而努力。在这个运动中，中国红十字会的会员、卫生员，都是毫无例外地全力以赴，并且起了积极的作用。去年十二月二十二日起，北京市开展冬季爱国卫生运动突击周的时候，第一天红十字会员就出动了一万六千多人，组织了一百八十七个宣传大队，设立了三百九十个广播站、四百一十六个宣传点，配合腰鼓、杂技、乐队等和市内许多宣传队伍一道，深入大街小巷展开宣传。紧接着，全市十万多名红十字会员就行动起来，许多区的街道以会员为骨干组织突击队，带动群众大扫除，清除垃圾，消灭越冬蚊蝇和麻雀、老鼠。例如东四区宝钞胡同办事处组织了十八个突击队，共一百八十七人（其中会员八十四人）带动一千四百三十四人，清扫了全管界的街巷；街办事处提出要在一月二十五日做到四无，红十字会员们即提出保证自己家里提前五天做到四无，他们还组织了活动小组，包干负责，捕打本片的老鼠和麻雀。不仅北京如此，其他如苏州、南京、零陵、孝感、上饶、南昌、济南、杭州、青岛、哈尔滨、延吉等许多地方，都运用红十字会员为主要力量，组织各种突击队推动运动的深入开

展。据湖北麻城县副县长吴伯原在麻城县先进红十字工作者大会上指出：一九五七年全县五千七百多红十字会员组织的一百零七个突击队，共灭鼠五十万九千零六十只，捕雀三十五万六千五百八十只，灭蝇挖蛹七百五十五斤半。这次运动中，杭州市江干区全区的烟熏灭蚊蝇工作，是由五百多个红十字会员带头干的，他们有的还自己买煤炭到群众家去熏，做得又快又好，第一阶段共熏房屋三万三千多间，已基本上消灭了越冬蚊蝇。在一些小县城及农村，红十字会员们以“支援农业生产大跃进”为口号，将卫生活动与积肥结合起来，仅据常州等地十六个街道或农业社的基层红十字会的统计，在这次运动中已经积肥九万多担又七千多车。南京市的红十字会员们以一九五八年内全市三万个会员家庭达到“六无”的誓言，向全省兄弟红十字会挑战。北京市爱国卫生运动委员会副主任顾德经过历次爱国卫生运动，体会到红十字会员的作用，因而他肯定地认为：“红十字会是爱国卫生运动的有力助手。”红十字会对广大会员进行卫生知识教育，他们在大规模卫生运动中一再显示力量，不仅自己讲卫生，而且深入每家每户，动员群众讲卫生。

红十字会员（之）所以在爱国卫生运动中能够带动群众起积极作用，一个重要因素是他们在参加红十字会以后，基层红十字会就有组织、有系统地通过训练、讲座等多种办法，经常对他们进行卫生知识教育和会务知识教育。红十字会员在懂得了为什么要讲卫生和怎样讲卫生的道理以后，不仅在大规模的卫生运动中显示出他们的力量，而且首先从他们自身做起，开始革除不卫生的习惯，注意居住、饮食和个人卫生；并向周围群众宣传卫生知识，帮助群众讲究卫生，他们生活在群众之中，非常熟悉周围群众的语言、生活习惯和卫生状况，他们能深入每家每户，联系实际，宣传动员，通俗易懂，很受欢迎。南京市四条巷有五十户人家，经过红十字会员深入宣传避孕以后，四十八户采取了避孕措施，出生率下降了……武汉市江岸区大智街的红十字会员还带动群众建立了讲卫生的“地段责任制”，每个会员带动三到五户，订立了卫生制度及保证贯彻的办法，一有卫生工作布置下来，会员们即挨家挨户宣传与发动，很快就达到家喻户晓，人人动手。现在这个街的卫生工作已经走上经常化。湖北孝感城关镇红十字会工作会议，在镇党委的主持下总结了经验，认为由于红十字会员带动群众讲卫生，已经发生了四大变化：“消极变积极，突击变经常，污坑变大道，死角变乐园。”可以看出，红十字会对会员群众进行的卫生宣传教育，在提高人民卫生知识和使卫生工作经常化方面，有重要作用。

红十字会提倡互助友爱救死扶伤，它的卫生员和急救站曾忘我地为伤病人服务；厂矿建立了红十字卫生站，随时处理急救，不误工时。红十字组织是提倡互助友爱、救死扶伤的革命人道主义精神的，它训练卫生员，设立急救站为人民服务。在无锡市，有一个渔妇的孩子头部跌了二寸多长的口子，已见到颅骨，情势很紧急，第二中学红十字卫生员（学生）沈祥秀听到这消息后，立即赶去作了急救处理，并且护送到医院作了进一步的缝合治疗；同时，为了帮助渔妇克服当时的经济困难，沈祥秀还把刚领到的两元助学金送给她作治疗费用，渔妇当时流下了感激的眼泪，周围群众对沈祥秀这种精神表示尊敬，深感红十字活动的高尚和光荣。在济南市离明街，一位六十七岁的烈属宗逢元突然旧病复发，卧床不起，他是孤身一人，这个街上的红十字卫生员们自动组织了一个小组，几个红十字卫生员轮流值班，不分昼夜地护理老人，还请医买药，端屎端尿，经过半月之久，还帮老人找来亲属，接他回老家。街坊们称赞他们说，红十字卫生员不嫌脏不嫌累，亲儿亲女也不过如此。以上只不过随便举出的两个事例，红十字会员和卫生员中有不少这样的事例。他们之中有许多人不怕辛苦，不要报酬，不管风里雨里，忘我地为伤病人服务，有些事迹是可歌可泣的。这是在社会主义制度下，通过红十字会活动所表现出来的新的道德力量，也是红十字组织在卫生工作和救护活动中取之不竭的力量。此外，由于红十字卫生员的急救活动，一般外伤可免致感染，急病可不致因时间延误发生生命危险。这在保障群众健康，减轻伤病痛苦上有一定作用，同时也减轻医务人员的门诊负担，对生产建设也大有好处。据本溪矿务局田师傅煤矿十九个红十字卫生站不完全的统计，一九五七年全年他们共处理外伤和急救一万三千零二十六人次，其中百分之五十五需要到井上医务室去，但因有了红十字卫生站，可以在井下随时得到处理，不耽误生产时间，若以每人上井下井节省两小时计算，给国家少浪费一千七百九十一个工作日，按每个工作日平均最低产煤两吨计算，等于增产了原煤三千五百八十二吨。这仅是一个煤矿一年的统计，如果全国工业单位都建立了这种组织，这将是一笔很大的数字。

红十字会员，协助地段和车间医生工作，充当了有力的助手，对疾病的发现、控制和治疗，贡献很大。红十字少年在卫生宣传和疾病预防方面做了不少工作。

红十字会员和卫生员们在消灭疾病方面，也起着积极的作用。他们经过短期训练后，一般能在医生的指导下，通过红十字基层组织的活动，协助地段或车间医生作疫情报告、家庭护理、病情调查、病人隔离、疫地消毒、饮水消毒、环境消毒、预防接种、妇幼保健，以及分发预防疾病的药品等许多工作。因此，使地段医生有了助手，对疾病的发现、控制和治疗，都得到很多方便。南昌市桃花乡，过去疟疾严重流行，一九五七年建立红十字组织后，乡卫生所运用这批力量做好疫情报告、服药预防两项工作，由会员把预防药物"送上门，看着吃"，当年发病率降低了百分之八十五。抚顺市望花区和平街地段医师邵明俊过去种痘时，一个人忙得焦头烂额，还要动员地段内一个工厂门诊部的全体医生、护士停诊几天来协助，自从建立了红十字组织后，这位大夫在红十字卫生员的协助下，就能在更短日子内使三百八十多个孩子都种上了牛痘，出痘率在百分之九十五以上，所以他说，红十字会员给他的工作增加了很多便利条件。此外，在杭州、上海、青浦、无锡、南京等许多地方，红十字会员在血吸虫病防治工作中，也做了许多他们可以做的工作。

红十字会还在许多地方的中小学校中，发展了红十字少年会员，目的在于自小就培养青少年们讲究卫生的良好习惯，树立起互助友爱，救死扶伤的人道主义精神。这些红十字少年们在学校中进行了许多卫生宣传和疾病预防工作，还协助校医作沙眼矫治、体格检查。青少年们在红十字活动中学到卫生知识以后，还回家督促家庭讲究卫生。最近在北京、南昌、苏州、哈尔滨等地开展劝止随地吐痰运动时，红十字少年们成了运动的先锋队，在街道上向群众展开劝说活动，收到很好的效果。

运用红十字组织，组织群众讲卫生可以少花钱多办事，甚至不花钱也能办许多事。希望社会各个方面重视和支持这个组织，让它在讲究卫生、消灭疾病、移风易俗、改造国家的伟大斗争中发挥更大的作用。

如上所述，很显然，红十字会是可以当作卫生部门一种联系群众的桥梁和开展群众卫生工作的助手的。目前加强红十字会工作，发展红十字会的组织，是有利于贯彻"预防为主"和"卫生工作同群众运动相结合"的方针的。再从勤俭建国，勤俭办一切事业的方针来考虑，不论在目前或将来，要完全由国家出钱出人来办群众卫生事业是不可能的也是不应该的，如果运用红十字组织，让群众自己组织起来学习卫生、讲究卫生，就可以少花钱多办事，甚至不花钱也能办事。群众的力量是伟大的，我们的卫生事业为了群众，必须依靠群众，因此应该发动群众力量组织起来办理群众的卫生事业。

总之，红十字会是一个讲卫生、讲人道的人民团体，是我国人民对疾病痛苦作斗争的一支力量。它的一切活动，是为人民健康服务，为社会主义建设服务，为人类的进步和文明服务，这是一种人民群众的卫生福利事业。但由于我们国内业务工作开展得迟，我们的工作经验还很少，组织还没有普遍发展，因此它的一切活动需要广大群众的积极参加，需要社会各个方面的重视和支持。我们衷心地希望各位代表同志给这个事业以关怀和赞助，让它在开展群众经常的爱国卫生运动中，在讲究卫生、消灭疾病、移风易俗、改造国家的伟大工作中，发挥更大的作用。

（原载于《人民日报》1958 年 2 月 15 日）

麻城县首创“四无”社

勤俭一社是宋埠镇城外的一个农业社，到 1958 年 1 月上旬，已经成了麻城县的第一个四无社。

一社有 199 户、784 人。原来从社员到干部光强调生产，不管卫生，全社很难找出四家清洁户。疾病流行最严重的 1956 年，全社有 56% 的人得过疟疾，13% 的人得过痢疾，其他麻疹、肺炎也有流行。一年医药费花去 1400 元。第六生产队在 1956 年秋收，二十二个劳动力病倒十六个，秋收靠了二队的支援，医生一个星期没离门。不仅仅这样，积肥也没有从卫生方面着手，自然肥积得很少，买商品肥的钱花了七千多块，投资很大，生产增加了却没有增加社员的收入。

从科学技术上武装社员

1957 年 7 月，在宋埠镇党政领导和红十字会的支持下，一社吸收五十二名优秀社员为红十字会员，成立了基层红十字会，训练了十八名红十字卫生员，并且组织卫生员学习了“除四害”小册子，分头包教会员。在党支部领导下，党团员和红十字会员们又学习了农业发展纲要草案，着重讨论了除四害的意义，算了搞好卫生增加生产的细账，然后以支部为领导，团员和红十字会员起保证作用，组织了除四害突击队、侦察兵、检查员和技术指导员，开展了除四害、讲卫生的活动。

开始时，仍有部分社员有抵触情绪。党支部和红十字会召开了社员大会，以“除四害有什么好处？能不能消灭？怎样消灭？”为题，进行大辩论，鼓起社员的信心与决心。同时，进一步采取了领导干部与红十字会员带头作榜样，红十字委员划片包干，红十字会员包户，教除四害的技术，从科学技术上武装了社员。红十字基层组织还举行了四次现场参观和除四害的技术交流。在用药捕鼠时，采取了红十字小组长负责，会员包户，送药上门，做到了统一拌药，统一下药，统一收鼠，一夜灭鼠1420只，没有毒死一只家禽牲畜。

经过红十字会员的包户宣传教技术，全社男女老少都以革命干劲行动起来，家家动员，人人动手，队队竞赛。到1957年12月底，共灭鼠两万多只，灭雀及雀蛋1400多个，挖蛹三百多斤，半年内基本上消灭了鼠雀和蝇蛹。

卫生知识普及化

一社提出了既不耽误生产，又要搞好卫生的要求，因而在加强红十字组织活动上采取了开会四变：变业务管理委员会为基层红十字委员会；变生产队长会为红十字小组长会；变社员大会为红十字会员和卫生宣传教育会。四变的目的是要结合研究生产来研究社里除四害、讲卫生的工作，向社员宣传卫生知识，帮助学习除四害的本领。各生产队的红十字小组也经常活动，生产队长兼会员小组长统一安排生产，领导卫生工作，经常检查督促，做到边做活、边研究、边活动、边宣传。三个两个会员碰到一起，也常常谈谈各户除四害、讲卫生的情况，一起想办法去解决。如六队社员张玉良家长期是肮脏户，常睡湿地，又不注意饮食和个人卫生，结果从1956年秋收病到1957年3月才好，耽误八个多月的生产，受尽了折磨。经会员垄守波、叶厚荣深入到张家耐心说服，算生病与健康的细账后，张玉良认识了，很快变成了卫生模范户，还由五保户变成余粮户，直到现在没害过病。

现在一社已经达到卫生知识普及化，随便哪一个社员都懂得简要的卫生知识。有一次湖北省卫生现场会的代表梁云洁同志，在一社碰到一个三岁小孩李景中，他就问小孩：“什么叫四害？”孩子回答：“是苍蝇，它传病；蚊虫咬人；老鼠好吃、咬东西；麻雀好吃我家晒的麦子。都是坏东西，我家没有。”梁代表听了哈哈大笑，抱起孩子舍不得放，还对另一个代表（麻城县防疫股长）梁德威说：“卫生知识真正做到家喻户晓不容易，我们也要求建立红十字组织。”

卫生知识的普及，使得家家户户都自觉地积极搞卫生，最清洁户达到92%，现在家家有痰盂，户户白墙红门。

积肥三十多万担

在彻底搞好卫生，改变环境多积肥的活动中，全社为消灭蚊蝇，翻盆倒罐，将杂草铲除一光，还多次打扫尘土，处理垃圾，清除污水沟十三条，填平污水坑二十八个，取缔粪窖一千七百二十口。在修公共厕所和牲畜栏圈时，红十字会员龚常如、龚守波、熊友安作了具体的领导和技术指导，建成了十三座完全合乎卫生要求的厕所和蓄粪池，修了猪圈十二个。

有了红十字组织推动搞卫生以后，共积自然肥三十四万多担，节约商品肥7200多元，还做到了人畜分居。

三结合

一社搞成四无社，虽然有卫生所和联合诊所协助，如果没有红十字会员这个力量与大量涌现出来的积极分子，要在半年内做到四无是不可能的。红十字会员还结合救护、结合妇幼、结合防病搞工作。救护节省了药费和跑诊所的时间。宣传妇幼卫生知识使1957年全社所生的三十六个婴儿，都采用了新法接生；68个需要避孕的妇女都自愿报名，填了计划生育登记表。防病方面，大人小孩分别作了伤寒、百日咳等疫苗注射；采用常山丸抗疟和饮水消毒。

通过这些卫生防病工作，使一社在建立红十字会以后，没病倒一人，100%的劳动力健康出勤，医药费比1956年降低了96%。

三带来

1958年1月10日，一社经过鉴定是四无社后，女社员何素菊、郭素青就说："除四害讲卫生带来了健康，带来了增产，带来了幸福。"根据我们参观检查，一社个个身体好，人人生产强，而且卫生积肥肥下得足，1957年平均增产32%，仅拿棉花来说，亩产平均比1956年增产66.6%，而且白天厕所看不到苍蝇，夜晚睡觉不用蚊帐，仓库粮食无鼠吃，晒粮食再不用人照管了。这个社的代表龚一波在麻城县红十字会先进工作者代表大会上说："红十字会的建立，为社员创造了无穷的幸福。"

（原编者注：此稿根据有关材料作了整理与补充）

（原载于《中国红十字》1958年3月总65号）

他救活了一个人

质　工

有一天，我在汉口遇到分别了一年多的同学方健民。无意间，看见他胸前挂着一枚圆证章，上面有一个小小的红十字，凑近一看，下面还有红十字急救员几个字。我问是怎样得来的。他没有马上回答我，但是，兴高采烈地说："好朋友，我多么高兴哟！参加红十字会以后，学了救护知识，马上就用于实际了——我救活了一个人！"

"怎么，你救活了一个人?"我惊奇地问。

"9月16那天夜晚，大家已经睡觉了，但是，有的人还没有睡稳，忽然听见塆里北上五二娘伤心地大哭起来，当时谁也不知道发生了什么事。过了一阵儿，像有好些人都起来了，我也穿衣跑出来。走到她家门前，就看见十几个人围在那里，地下躺着一个人。有人说："李二叔淹死了。"当时，我马上走上前去，摸了摸李二叔的胸膛，心脏还在跳动呀！我真是又慌又喜，我知道用人工呼吸法能救得活。我把李二叔口腔、鼻孔里的泥土全掏了出来，然后让他俯卧着，给他做人工呼吸。过了一点多钟，我的力量简直快用完了，才发现他有了一息轻微的呼吸。当时我真兴奋，又给他做了半点钟，结果就救活了。"方健民一口气把话说完了，接着，又告诉了我人家是怎样地感激他。

听了他这段话，我好像听了神话似的，但是，我知道方健民是个共青团员，向来对人不说谎话。还没等我开口，他又继续说："唉！好朋友，红十字会真好，这枚证章就是我参加红十字会学习卫生救护训练后得来的。但是我参加得太迟了。照说，你还记得，我叔父是在1954年淹死的，情况完全一样，心也是在跳，可就是干望着没办法，死去了。唉，多哟！当我还在读小学的时候，妹妹也是这样死去的。"

听完他的话，我一面替那些死去的人叫冤，一面从内心里对红十会发生了感情，我也急着要学会那种救人的本领。这时，他好像很了解我的心情似的，对我说："红十字会是个群众组织，过些时，各地都会有的；你们学校也会有。只要你自愿，就能参加。"

（原载于《中国红十字》1958年3月总65号）

孝感县分会有个会员成为五年无蝇光荣户

孝感县有个红十字会员王凤英老太婆，是个五年无蝇光荣户又是除四害能手，我们特意去拜访了她。

走进她家屋里，虽然是些旧家具，却排列得整整齐齐，擦洗得干干净净，板壁上没有一点灰尘。院里地面上找不出一根杂草。短墙上放着几盆花草，满院清香，使人觉得很清爽。

王老太婆已经七十多岁了，身体还很健壮。看见我们来了，她很高兴，我们要她讲讲除四害的经验，她便滔滔不绝地畅谈起来了。她说："从1953年爱国卫生运动以来，我一直是无蝇光荣户。特别是1956年我参加了红十字会，除四害更起劲。现在我已经做到四无户。"

她除四害有长期的计划和随时的安排。方法是先用利诱，后以智取；引敌上钩，一网打尽，另外还要时时警惕，保持经常。谈到捉苍蝇，她讲了一段故事：1956年伏天里，乡里一个亲戚把一只臭鱼篮子寄放在她家里，顿时飞来一阵阵苍蝇，一拍子打下去，总是死的少，跑的多。她一连想了两个晚上，最后买了四两红糖和二角钱蜂蜜，用开水调成稠浆糊一样，涂在篮子底上，放在朝阳的僻静地方。一会儿大群苍蝇飞来吃，粘上就跑不掉了。早放晚收，每天用夹子捡一大铁盒苍蝇，红糖和蜂蜜也越晒越粘，保持很长时间。这样一直搞了二十天，苍蝇渐渐少了，连附近的苍蝇也灭掉不少。她还说，每天拍不离手，见蝇就打，要眼快手快；屋内外还要经常保持清洁，彻底消灭苍蝇的孳生条件，饭菜加盖不招惹苍蝇。这许多办法就使得她做到经常无蝇。

她捉老鼠、麻雀的办法也很妙，总是先用食物吸引它们来，赚它们上钩，然后再集中一批一批地大量捕捉，比零零星星地捉拿，效率高得多。至于蚊子，她说消灭起来更容易，阴沟条条弄通，到处不留积水，墙上时常喷滴滴涕，六月间连帐子都不用挂了。

"婆婆，你这大年纪，积极除四害不觉累吗?"我们都问她。

"累什么！只要有计划，能坚持，附带就做了。我还是个红十字会员，为子孙万代造福的事，还不应当积极干吗！"说着，她拿出她的会员证和除四害的日记账给我们看。

我们不但看了这些东西，还看了她屋里挂满的光荣牌和奖状，里面有"无蝇光荣户""红十字先进工作者"等等。这位老人的干劲真值得人尊敬，我们跟她分手的时候，还有点舍不得哩。

（原载于《中国红十字》1958 年 4 月总 66 号）

彭绍成教儿童灭蝇

杨济华

麻城城关镇的彭绍成是一个基层红十字会的宣传委员。他灭蝇决心大，不怕麻烦，常说："红十字会员必须在除四害讲卫生运动中当促进派，除四害就是听毛主席的话。"他觉得灭蝇不能光靠大人的力量，于是就教小孩打苍蝇。小孩子们天真活泼，但有些顽皮，不听话，彭绍成就想办法先把一个六岁小孩梅国民培养成扑蝇典型：帮他做个不花钱的硬纸蝇拍，再亲自带着这个小孩到处打苍蝇，两天就打了 17231 只。这时候，彭绍成再把全选区的小孩都召在一块，号召他们向梅国民学习，耐心地教给儿童们扑蝇的方法，并要他们做到三有：有口罩，有拣蝇筷，有蝇拍。结果，全选区 345 个小孩都打起苍蝇来了，并且成了习惯。根据十天的统计，全选区儿童共灭蝇 106000 只。彭绍成还经常给小孩子们讲苍蝇传播病的道理，使孩子们懂得讲卫生和加强灭蝇的决心。梅国民的妈妈问苍蝇有什么害处？梅国民就说："苍蝇能传染吐泻病；苍蝇吃过的东西我不再吃。苍蝇邋遢！"

现在彭绍成已成为这里儿童们最喜爱的大朋友，并且深得他们家长的好评。

（原载于《中国红十字》1958 年 6 月总 68 号）

参观麻城县红十字会

孝感　王善普

原编者注：作者在今年 5 月 8 日随孝感县红十字参观团，到麻城参观红十字基层工作，同时出席湖北省红十字工作会议。根据现场参观，作者认为麻城红十字工作很好，值得学习，临走时写诗十四首赠给麻城县红十字会。现在选登六首。

访　问

久仰麻城信未真，
而今一见始倾心！
城乡共誉红十字，
救死扶伤讲卫生。

会　务

组织突击打冲锋，
实现六无立大功；
党政支持多器重，
部门团结力无穷。

会　员

卫生区额挂门前，
模范家庭是会员；
几净窗明人意好，
春光明媚绝尘寰。

城　镇

六无[①]十化[②]满城春，
花有清香树有荫[③]；
只见蜂群勤酿蜜[④]，
绝无鼠雀和蚊蝇。

学　校

城厢小学建基层，
培养儿童讲卫生，
务工[⑤]务农[⑥]勤锻炼，
能文能武赛罗成。

五星二社

五星社里卫生员，
救死扶伤美誉传[⑦]，

突击开荒三百亩[8]，

共夸红会好青年。

① 六无是无蚊、蝇、鼠、雀、臭虫、跳蚤。

② 十化包括全县各项工作，如电气化、机械化、卫生化等等。

③ 指全城已实现了绿化。

④ 指养蜂场的蜂群，也比喻全镇人民在辛勤劳动。

⑤ 红十字少年办了少年工场，自己修理桌桥、做厕所盖。

⑥ 红十字少年办了“少年农业社”，养了不少鸡兔等。

⑦ 五星二社在麻城岐亭乡，该社红十字卫生员支持水库建设，担任急救工作，受群众爱戴。

⑧ 五星二社青年会员们组织了红十字开荒队，把三百亩荒草沙滩变成了良田。

（原载于《中国红十字》1958年6月总68号）

各地分会红十字青少年活跃在街头（节录）

（上略）

武汉市从11月3日到13日展开了以消灭蚊蝇、整顿市容为中心的突击运动，江汉区四万多小学生一齐投入战斗。

江汉区小学生共组织了50多个宣传队，100多个捕蝇队和500多处交通卫生监督岗。宣传队深入街道里巷进行宣传；捕蝇队到处捕打苍蝇，前进街三个小学的学生在四天里就打苍蝇112515只，交通卫生监督岗上的小学生们，都按照区除四害指挥部的规定工作：劝导行人走便道；劝导行人遵守四不（不随地吐痰，不乱丢果皮纸屑，不乱倒垃圾、污水，不随地大小便）；督促工商户刷洗门前果皮箱、痰盂摆放端正；督促工商户和居民刷起墙头乱贴的广告、标语，严格认真地执行自己的任务。此外，花楼街等地方还组织了学生检查组，由老师带领按居民委员会检查卫生。小学生们的活动对突击运动起了推动作用。（贾魁光）

麻城宋埠镇民办小学红十字会组织了一个“红十字青少年巡回卫生宣传队”，趁人们赶集时进行宣传。宣传队的队员们带着红十字袖章，高举着菱角式的红旗，拿着扬声筒、蝇拍和宣传材料，边走边喊“要麻雀上天无路，老鼠入地无门，蚊蝇断子绝孙”；“伯伯爷爷们不要随地吐痰，不要乱抛果皮杂纸，遵守公共卫生制度”。他们每天都要走遍四门，并且见到苍蝇就打，见到不卫生的地方就提意见。最近，麻城县委发出了除害灭病的紧急通知，这个宣传队活动得更频繁了。（汪鲁谦）

（下略）

（原载于《中国红十字》1958 年 12 月总 74 期）

国际红十字会与武汉市红十字会（节录）

陶济安

（上略）

武汉市红十字会概况

辛亥革命爆发时，革命党人赵伯威邀请同情革命的人士武昌商会吕逵先、汉口商会徐荣廷，动员市民捐助现款，馈送食物，支援前线，并且组织红十字救护队，救护战地士兵，掩埋尸体于陈家湖上首（即现球场路北），垒成六大墓冢估计万人以上，俗称“万人坑”或“六大堆”，解放后修筑为“辛亥革命烈士陵园”

民国四年（1915 年），汉口各团体联合会会长王琴甫，因南北兵争已起，倡议照国际红十字会救护意旨，组织汉口红十字会，赞成者 30 余人，并推王琴甫负责筹备。民国五年（1916 年）6 月正式成立，派王琴甫赴上海红十字会总会，考察借鉴，由总会协助组织，定名为“中国红十字会总会汉口分会”。八月进行选举，选举刘子敬为会长，王琴甫为副会长。因经费困难，公推王琴甫赴都，筹措银元 1 万元。

1933 年 1 月，创办了汉口红十字会医院，院址在硚口区药邦巷。后鉴于院址狭小，1955 年，市政府选定汉水入江处下首沿江大道“重划”部分地区为院址。……

武昌红十字会，在 1946 年抗日战争胜利后，由武昌基督教青年会总干事王同着手恢复，征得会员 700 余人，收会费千余元，开办急救训练班，组织三轮车急救队。解放后，随着武汉三镇新的建制，将汉口和武昌红十字会，合并为武汉市红十字会。

（下略）

（原载于政协武汉市委员会文史学习委员会编《武汉文史资料文库第六卷（社会民俗）》，武汉出版社 1999 年版，第 137–138 页）

孝感县红十字会（节录）

费同锴

一、沿革

孝感红十字会，是抗日战争胜利后，在孝感城垣马路南二段的天缘善堂的基础上建立的。该善堂在孝感有较长的历史，县南的大福街设有分堂。经费来源是靠固定的几百亩农田出租、代人诵经做斋场和向地方士绅募捐。教堂主持人是胡信之（大悟县人），堂中还有黄月峰、王光珠、邓南芝、吴杏梅、龚共龙等人。

在"积善好施"之动机下，善堂于一九四六年开创免费门诊，任诊医生是当时济时诊所的邵济时医师（基督教徒，湖北京山人）和其婿李醒华（安徽贵池人）为医师。另有几个青年负责打针、发药，施行免费门诊（邵、李本人均办私人诊所）。当年，曾获得"善后救济总署"免费供给的一批西药与医用器材。一九四八年又获得旧政府批准，成立"孝感县红十字会"（编制六人），由胡信之兼任会长，王善甫、曾慕藩任干事。门诊部另增加一些工作人员，拨与少量经费，一直持续到解放前夕。

一九五〇年，该会由孝感县人民政府接管，暂由县民政科具体领导，原善堂全部人员均予留用，发给工资，并对外正式开展门诊业务。由免费门诊，改为收费门诊。

二、红十字会的性质与组织活动

红十字会是世界性救死扶伤的群众团体，新旧中国皆有此组织，有的还设有街道红十字急救站。我省县设红十字会者为数甚少，孝感是其中之一。国际上发生战争、出现疾病，灾害时，两国之间虽无外交关系，而红十字会却可以捐款送药和其他救济物资，战场上则可打"红十字"白旗去救护病伤人员，它是世界公认的慈善组织。

三、解放后红十字会的活动情况

一九五一年，红十字会有工作人员十五人，具体医疗业务改由县卫生科直接领导。一九五四年由中共孝感县委组织部长程文元同志兼任县红十字会会长。一九五五年又由副县长李森华兼任会长，卫生局长肖华诚任副会长。同年冬，程文元曾参加全国红十字会工作会议。之后，省红十字会又增拨了专业经费，充实了医护人员，经费由县财政统一开支。

一九五四年大水灾时，红十字会抽调医护人员深入灾区为防洪抢险服务，接着又动员灾民还乡，积极搞好抗灾自救的冬播活动。

一九五五年，上级拨专款在六家巷购置会堂，进行修缮，并添置医疗设备，开展综合性门诊，设置图书室，对外进行宣传（预防、卫生、教育）活动，同时在城关、花园两镇发展红十字会会员，培训急救员，建立街道红十字急救站，免费做急救工作，保持其社会活动。

……

（原载于政协孝感市委员会编《孝感市文史资料（第2辑）》，1985年自印本，第163-164页）

麻城市红十字会发展概况（节录）

胡金勇

麻城红十字会成立于一九四七年，当时称“中华民国红十字会麻城县分会”，会址设在宋埠镇清源堂。因湖北省未建立管理机构，而直属于南京红十字总会，那时人们认为红十字会的宗旨为“仁慈、博爱”的慈善性质的团体。

1949年以前的麻城县红十字分会，因地方财政不拨经费，活动面窄小，且经办人多为宗教界人士。会长陈华斋，副会长袁益香都是道教徒，他们为了开展工作，扩大影响，多途径地筹集经费：第一，发展会员，收取入会费和会费。宋埠、铁门、中驿、白果、城关等地区的青年都纷纷参加该会为会员。因为当时南京国民政府行政院曾发过文件通知全国，凡在红十字会工作的青年人，可免于抽壮丁，这样红十字会便成了“壮丁保护伞”。闵集乡有一个红十字会会员被抓去当壮丁，县红会急电报告南京总会，很快得到南京复电，指定麻城县政府予以释放。这样，入会的人就更多了。第二，四乡慕捐。因为主持当时会务工作的多是宗教职业者，他们习惯于这种作法。募捐的钱款，多用于会务经费和一些救护和救济活动。第三，开设诊疗所和看护训练班。过去，麻城人民苦于无医少药，开设诊所是较好的盈利途径。同时开办了一个有40人参加为期两年的看护（即护士）训练班。红十字会向学生收取学费。如已故医界老前辈宋仕明先生1947年曾在红十字会担任急救训练班老师，讲授外科、药物学。

1949 年 8 月 2 日，中国红十字总会迁至北京，进行了必要的改组。周恩来总理亲自修改会章，明确规定了中国红十字会为全国性人民卫生救护、社会福利团体。北京总会接管了南京“中华民国红十字会”的一切财产和组织，通知各地原有的红十字分会，在当地党和政府的领导下，配合政府卫生部门进行改组，并拨专款为筹备经费。1952 年 1 月，重新改组并正式成立“中国红十字会麻城县分会”，并选举产生理事会。由张文礼同志任会长，夏德彰、帅安义、唐敏斋为副会长，吴伯厚为总干事。理事会成员得到北京总会承认，并发来聘书。此后，中央内务部、卫生部、财政部、救济总会、红十字总会联合通知，各地红十字会的经费纳入当地政府财政部门预算，在“民主党派及人民团体补助费”项下列支。

建国后的麻城县红十字会，在县委和县人民政府的领导下，在卫生科（局）的指导下，主要做了以下工作。

一、发展会员，建立基层组织

在十几年间，发展红十字会员近 6000 人，其中，红十字少年 1300 人，建立基层红十字委员会 230 多个。在全县大部分工厂、学校、医院、机关团体、农业生产合作社、街道、商店成立了基层委员会，并发展会员。红十字会员绝大多数是卫生模范和先进的生产（者）、工作者，是开展爱国卫生运动、除害灭病的生力军。

二、开展急救训练，家庭护理训练，建立急救站

经过训练的急救员，除熟练掌握战场救护和外伤包扎外，并能处理一般的疾病。五十年代的麻城红十字急救员活跃在各条战线，他们不顾个人得失，成为“救死扶伤”的积极分子。特别是在大型的群众活动中，都有“红十字”急救站的旗帜飘扬，如在修建大坳水库的工地上，白果区急救站、龟山区急救站的急救员轮换值班，及时救护在施工中受伤的民工。在筑路工程沿线，各个水利建设工地，送粮集中点（即收粮站），大型群众集会等场合，都有红十字会急救员背着急救箱，打着红十字旗帜，活跃在群众之中。急救站是急救员的活动中心，全县建立急救站 210 个，培训急救员 1200 余人，每个站由县红十字会发急救箱一个，箱内配备急救药品、简单器具。

三、卫生防疫工作

红会除发动会员在各自的所在地做好卫生防疫、预防接种和预防注射外，还抽调出专人先后在城关镇、宋埠镇、乘马老苏区、张广河山

区，白果区的建国，麻溪河农业生产合作社等地办点，开展除害灭病工作，均取得显著成绩。

四、救济

救济工作是红十字会的任务之一，地方红十字（会）的救济对象主要是对灾区人民的疾病和贫困患者施行免费医疗。

1952 年麻城发生百年罕见的百日大旱，灾情十分严重。入伏后，宋埠、中驿、龟山、白果、阎河等地传染性痢疾流行，因当时的医疗条件差，无法控制，大部分灾民无钱医治。县红十字会将疫情急速上报，北京总会得悉后，马上派遣刚从朝鲜归国的红十字国际医防服务大队第二中队十二小队，携带药品到麻城灾区巡回医疗，随后总会又急电武汉红十字会医院组织医疗队，协助麻城扑灭疫情。医疗队 24 人，分赴灾区，翻山越岭，夜以继日地为灾区患者送医送药上门，分文不取。在疫情扑灭之后，医疗队又深入乘马、林店苏区为革命根据地人民免费医疗。这次医疗队，在麻城工作到第二年三月才撤离，走时总会指示将带来的全部医疗器械和剩余药品移交县分会，当时计价 1 万元。

1954 年，麻城遭受特大洪灾，总会拨来专款，分会组织两个医疗队，深入宋埠、歧亭、三河、阎河、张广河等地，对灾区人民施行免费医疗。

红十字会医院平时对持有乡政府以上证明，前来就医的贫困患者，亦给予免费医疗。

五、医疗工作

1952 年麻城建立了红十字诊疗所，配备了四个医务工作者，在总会医疗队协助下，开始接受对外诊治。由于全体医务工作者全心全意为病人服务，不分上下班，不分白天黑夜，随叫随到，在城乡群众中享有较好信誉。红十字会医院的发展也是较快的，1957 年有业务人员 19 人，每日门诊病人近 300 人。

上面列举的是麻城红十字会在县委和县政府的重视下所做的几项有益于人民的工作。当时《中国红十字》月刊、《健康报》、《湖北日报》等报刊先后发表过麻城县红十字会的会员、急救员、专职工作者的活动情况和先进事迹，引起省和中央的重视，曾被评为全省先进单位。

（下略）

（原载于政协麻城市委员会文史资料研究委员会编《麻城文史资料（第 3 辑）》，1990 年自印本，第 153–163 页）

黄石红十字会组织

中国红十字会黄石市分会原名中国红十字会大冶县分会，乃民国八年（1919 年）由招商局黄石港站负责人郭鹤年及黄石港商界人士朱芹香发起成立。成立时（是）以救济事业为宗旨的群众慈善团体。受设在上海的中国红十字总会统一领导。从 1922 年起，由梅悦臣任会长，朱芹香任副会长，会址在黄石港沿江街 13 号。解放后，中国红十字会大冶县分会于 1949 年 8 月更名为“中国红十字会大冶工矿特区分会”。1951 年 1 月 10 日，经黄石市人民政府批准，成立“中国红十字会黄石市分会”，会长仍由梅悦臣继任，副会长周振家、姚余三。

（原载于李名钢主编：《黄石市情概览》，黄石市档案局 2002 年自印本，第 181–182 页）

杂　组

麻城县红十字急救总站及各站暂行组织细则

一、总则：本站为麻城县红十字急救总站下属各站，总站直属当地政府民政科、卫生科及中国红十字会麻城分会领导。

二、宗旨：为推行各界及农村救护工作，建立各单位卫生组织，确保广大劳动人民健康及配合目前国家大规模经济建设，防止及减少因意外伤害而造成死亡和残废，为当地人民自救助人的救护组织。

三、组织：总站设站长一人，副总站长三人，总站委员八人，文书一人；各单位急救站设站长、副站长、文书各一人，队长各一至二人，各队平均二十人至三十人不等。

四、工作与任务：甲、总站负责各站的行政领导救护工作及推行防疫卫生工作，传达上级指示号召及上级总结，汇报各站的工作。乙、各站、队担任执行救护工作及防疫卫生运动和宣传政府指示的各种政策及号召。

五、经费：本站是发扬革命的人道主义，救死扶伤、福利人民的救护机构，除上级认为某站确实对急救解决了一部分问题，对人民有了一定的贡献时，则可发给规定的补助办公费。全站的工作人员一律是义务制，不脱离生产。

六、嘉励：凡本站工作人员，在实际救护工作中表现积极，有牺牲忘我的精神，且有显著成绩者，各站可将实际情况呈报麻城分会转请北京红十字会总会给以嘉奖。

七、人事调动：凡急救员有调动他往，应随时按级上报总站。

八、学习制度：各站可酌情每周进行学习急救一次，并请当地医务部门指导及取得密切联系。各站之间互相交流经验时，可呈请总站或代转。

九、汇报制度：各队每旬向该站汇报一次，各站每月 20 日左右向总站以书面和填表格汇报一次，总站每月廿五日前，总站以各站工作情况做总结向上级汇报。

（原载麻城市档案馆馆藏档案，档案号：108-1）

总会宣传组给各地分会的代邮

简覆分会元月份工作报告

第一医防服务大队第一队及昆明、福州、黄石、渠县等分会：

就一九五三年元月份工作报告，提供意见如下，供参考：

（一）有的分会将工作会议精神作了传达，使红十字工作者和红十字会员明确了新中国红十字会发展的方向和努力的目标，这是很好的，希望尚未进行传达的一些分会，应即结合当前的卫生人员学习运动，学习工作会议的有关文件并将工作会议的精神传达并贯彻下去。

（二）关于爱国卫生运动春季突击月工作，有的分会在元月份已开始作了准备，遵照总会第一季度工作计划作了布置，开展了爱国卫生运动春季突击月宣传工作和初级卫生人员训练工作，如黄石、福州分会元月份已着手进行；但有的分会工作仍局限于治疗工作，对爱国卫生运动春季突击月工作有的未提，甚至有条件进行初级卫生训练的分会，元月份也未提出如何开展此项工作，如昆明、青岛等分会报告只报道医院、保健站工作。希各分会配合当地政府卫生部门，动员和组织群众按中央卫生部及本会对爱国卫生运动的指示，拟定贯彻爱国卫生运动经常化、制度化的具体实施计划，使运动普遍、深入地开展。

（三）还有很多分会一、二月份工作简报至今未报来，望各地分会今后应按季将工作进行情况报告总会，尤其春季一、二、三月份报告于四月十五日前报来（两份），在工作中吸取的经验、办法，希多介绍。

应注意吸取与总结宣传工作的经验

各分会、各医防队：

最近月刊上刊载了几篇关于宣传工作的论著和文稿，其中包括苏联卫生宣传工作的先进经验、分会的宣传工作经验和关于推行宣传工作所应注意的一些事项。这些都是我们在推行宣传工作中所需要参考学习的材料。

经验是从实践工作中得来的，但各地各时的具体情况不尽相同，因之吸取别人的经验，也不能机械地硬搬，而是必须要与自己的主观、客观情况相结合。

我们介绍关于宣传工作经验、论著的工作仅在开始，希望各分会、各医防队很好地参考，运用月刊上所刊载的这些材料，对推行宣传工作有所帮助；并希望各分会、医防队把自己积累的起来的经验及时报会，以便交流推广。

宣传组

三月六日

回执、收据不要专寄

各分会、各医防队：

我们常收到专为寄回配发宣传器材、回执或稿费收据的信件、公文。这样做对总会和分会、医防队的人力、物力、时间都不经济，建议今后此类回执、收据等可附在其他公文、稿件中寄回总会（可注明转宣传组）。

宣传组

（原载于《新中国红十字》1953 年 3 月号）

总会给孝感分会的代邮（二）

孝感分会：

六月十九日孝（53）业字第三六号函请配发宣传材料一节，收音机、照相机因总会无此项预算不能配发。其他宣传品过去已陆续发给，如今年二月及五月间已先后发给你分会有关卫生宣传画、宣传小册子多种。希能尽量利用总会过去所配发之宣传材料，使其能起到应有之作用。

（原载于《新中国红十字》1953 年 7 月号）

中国红十字会武汉市分会急救站工作制度通则（1953年12月10日）

为便于本会各急救站推行急救工作，特订定本通则已知依据。

一、站的组织

（一）急救训练结业后，依照本会建站计划，由学员在自觉自愿的基础上，组建急救站。（以下简称“站”）

（二）站成立时，由实际参加服务的急救员，互选站长一人、副站长一人，主持站务。

（三）在参加人数较多或有部分站员不能值班的站，得编成急救小组，推选组长，由站长领导进行工作。

（四）站组成后，为红会业务机构的一部分，除另有本身组织上的行政领导（如工人站受工人领导，居民站受街政府领导）外，一般归本会领导或业务上的领导。

（五）站的站牌、急救箱、担架、夹板等，由本会按照规定发给。

（六）站在开始工作时，须将实际参加服务的急救员造册一式二份（包括姓名、性别、住址、备考等栏），分送有关领导部门及本会备查。

二、订立制度

（七）各站应根据本通则，结合本身的具体情况，订立工作制度，学习公约，共同遵守。

（八）制度及公约经站员会议通过后，另抄二份，由站长盖章，分送有关领导部门及本会备查。修改时手续同。

三、工作范围

（九）遵守急救原则，急救工作仅限于急病或遭受意外伤害的初步救治，不做任何治疗工作。重伤尽速转送医院，轻伤经急救后也不做复诊，对要求复诊患者应耐心说服。

（十）严格掌握本会印发的送院介绍三联单的使用，非十分紧急和严重的情况不得填发。一经填发，站长必须对医院负责办理补缴或免缴费的手续。

（十一）急救员应响应政府号召，服从组织调配，除急救任务外，踊跃参加爱国卫生运动或各项卫生突击工作。

（十二）急救员在进行急救时，可随时做卫生宣传及红十字会会务宣传，以普及卫生知识，扩大红十字事业的影响。

四、处理步骤

（十三）急救员值班时，应先检查箱内药品、纱布、棉花，器械先消毒，把手洗净，随时准备出动。

（十四）遇有急救事故发生，急救员应沉着镇定，了解情况，详细检查患者后，首先处理其最紧要部分。

（十五）每次工作完毕，应整理箱内物品，保持清洁。使用器械后，应擦干消毒，以免生锈。

（十六）患者经急救处理以后，应急填写伤患登记表。（由本会统一制发）

五、药品使用

（十七）救护员应尽量爱护药品、器械，做到节约，避免浪费或损坏。

（十八）为了节约酒精，最好少用消毒锅煮针头空管，可在家先以纱布包好，利用炉火煮沸，隔两三天煮一次。平时多用胶布，少用绷带。

（十九）药品用完，可向本会领取补充，领取药品日期按规定每月五日、二十日两天（如遇星期日顺延至星期一），特殊情形者例外。

六、会议、学习

（二十）各站应定期每周或两周举行一次站员会议，检查工作，交流经验。

（二十一）为了提高业务水平，各站可结合站员会议，组织集体学习。

（二十二）学习参考材料，由本会供给，暂规定以《新中国红十字》月刊为经常学习文件。

（二十三）急救员可自愿参加本会举办的或指定的各科医药讲座听讲，及业务上的演习或实习。

七、工作检查

（二十四）本会有责任经常不定期地派干部□□到各站了解情况，

检查工作，并及时协助解决问题。

（二十五）急救员有责任对急救工作或当地卫生工作随时反映意见，并提出合理化的建议。

（二十六）站长每月终做好月报表，在下月五日以前递交本会。

八、对外联系

（二十七）各站可通过本会关系，与附近医院、诊所、居民组织及派出所经常联系，在进行工作时，并主动争取其必要的联系。

（二十八）站与站之间，应随时发生工作或学习上的联系。

九、其他事项

（二十九）急救员因故离站时，须报由本会转移关系，其在以后因故不愿参加急救工作者，由本会收回急救员证章。

（三十）本通则如有未尽事宜，随时由本会修正，通知各站。

（原载武汉市档案馆馆藏档案，档号：XX000071-WS01-0701-0018）

中国红十字会武汉市分会医院新建门诊部计划任务书

我院周围环境完全是劳动群众集中居住的地点，在客观上环境卫生是比较差，故此生病者较多，每天门诊人数约已达4000人。但我院现有房屋窄狭，交通不便，也不合医院标准，而又无一宽大候诊室，大人、小孩混在一起，空气不流通，对门诊部候诊病人有极大影响，甚至还增加传染病的机会。且吵闹声音很大，影响住院病人休养，而我院内后面妇产科病房已超过使用年限，墙壁裂开，时有倒塌之危险。门诊科室向来不够应用，无法适应病员需要。为了配合业务发展，便利病员就诊，必须修建门诊部。

现我院已征得武汉市会馆公所联合会的同意，并经武汉市城市建设委员会城地字〔1953〕1541号公函，将我院后面六水分源空地约11.5亩，划拨我院建筑使用。我院计划于1954年内在该处一部分空地上建筑修建能容500病员的门诊部一座（占地1100平方公尺），门诊部大门可临六水分源通至长堤街。其门诊部基本建设费，估计每一平方公尺

130 万元，1100 平方公尺约计 14 亿 3000 万元。另因打通长堤街及节约土地，尚需拆迁三栋公屋、一栋私屋，计算 7000 万元，合计 15 亿元。

建设新门诊部以外，可余空地，拟建筑 200 张床位医院一所，按 5 年计划分期完成。如该处空地不敷建筑时，可向两侧扩展。其两侧亦系会馆公所联合会地产，且与我院旧有基本房屋相连，可以利用并适合逐步发展。

三、原则。（下文内容在原件中缺失）

中国红十字会武汉市分会医院

1953 年□月□日

（原载武汉市档案馆馆藏档案，档号：XX000071-WS01-0712-0019）

总会宣传组给国营武汉第一棉纺织厂等的代邮（三）

国营武汉第一棉纺织厂及本刊读者：

上期本刊《四千二百多个工作日》一稿中所报道的急救员共增产六十七万余磅□□细纱这一数字，是用一个工人每小时产二十支细纱二十磅与急救员所节省的工时——四千二百多个工作日相乘的。当时因本刊记者去国营武汉第一棉纺织厂采访时，未能立即得到一个工人一日的生产数字，便请厂方以后寄给我们，但一直到看校样时还未寄到，便改用厂方曾于一九五三年十一月六日在长江日报发表的数字（即每小时二十磅）。最近厂方将数字寄来，一个工人每一个工作日生产的平均数字是：细纱三百二十二点九六磅。用这个数字与四千二百多个工作日相乘，急救员增产数字应是细纱一百三十六万余磅。

谨向国营武汉第一棉纺织厂致谢，并向读者作以上的补正。

（原载于《新中国红十字》1954 年 3 月号）

武汉防汛斗争中的优秀“白衣战士”张天巧加入共产党

武汉沿江大堤上的“白衣战士”张天巧，是在堤防上第一批被接收加入中国共产党的八个优秀防汛战士中的一个。

十一日，记者在某堤段指挥所遇见她，和她一同到堤上巡逻。她背着药包，戴着宽沿草帽，一路向堤上的人们问冷问热，人们也都亲热地向她打招呼。扛在她肩上的红十字救护旗迎着江风呼拉拉地响。

（略）

张天巧和她所领导的医疗组，天天要做十几个小时的工作。白天，她要到医疗站给堤上换班下来的工人擦药换药；不论在渍水没膝的雨天或是炎热异常的晴天，她要到堤上巡回医疗；她还要挤出时间把防汛期间必需的卫生知识教授给工人们，和医疗组的同伴们一起给工人注射防疫针，在工人们的宿舍、厨房和厕所里喷射消毒药剂。

今天，武汉市有一千二百多名像张天巧这样的医务工作者，正以革命的人道主义精神在防汛前线，保卫着十多万防汛大军和市郊积水区人民的健康。

（原载于《人民日报》1954 年 8 月 22 日）

何文泽学习证训

查何文泽同志，曾于 1933 年秋季在前私立汉口红十字会高级助产职业学校就读，1935 年春季因生小孩辍学（未毕业），特予证明。

中国红十字会武汉市分会

1954 年 9 月 11 日

（原载武汉市档案馆馆藏档案，档号：XX000071-WS01-0710-0003）

武昌久安药厂急救站起了增产作用

蔡叔和　盛龙轩

武汉市分会在武昌区办了两个回民急救训练班，一九五三年十二月二十日结业后，就将成绩比较好的学员组成了三个急救站，其中有一个站设在久安药厂。久安药厂是解放后新设的制药厂，有工人百余人（其中约二分之一回民）。厂址临近江边，比较偏僻，过去虽和分会第二门诊部订有特约诊疗合同，但路程较远，伤患者到门诊部就诊往返共约四小时。因此设了急救站以后，一般工伤患者就不需去门诊部，节省了时间，对增加生产起了显著作用。

据分会向该厂经理答列卿（回族）了解，轧片间一个工人一天可以生产0.5公分药片六万片，如果去一次门诊部，就要少产三万片，而一月份急救员共处理伤患五十一人，除急救所耗时间，可免致减产一百四十多万片。现资方也感到急救工作确实起增产的作用，自动给急救站以具体支持。急救站长魏尚慈（回族）也感动地说：“在反动统治时代，我们少数民族受尽了歧视，只有今天毛主席共产党领导之下才能得到这种照顾。”

（原载于《新中国红十字》1954年3月号）

站在运动前面，促进运动发展（节录）

宣　传

各个地方的红十字会员，为了充分发动群众，投入除四害、让讲卫生运动，积极进行了生动有力的宣传。

（略）

在武昌造船厂，一百多个工人和家属的红十字卫生员，五六天内就贴了除四害讲卫生的标语一百七十张、大字报二十张、连环画十六张。卫生员还在中午时间用广播向各车间开展了多样化的口头宣传。

（略）

（原载于《中国红十字》1958年3月总65号）

吴文应打麻雀

红十字会员吴文应是麻城县宋埠镇棉花采购局的营业员。在镇委会的领导与鼓励下，他对消灭四害热情高，信心大，在空闲的时候，经常带着自己心爱的鸟铳和铳药出发。他是个转业军人，枪法很准，一铳能打死几只麻雀。他的经验有三打三不打：三打是有把握打、不耽误工作打、教给别人打；三不打是没把握不打、有危险（可能伤人畜的时候）

不打、不打空铳。他说：“我打麻雀像消灭敌人一样，一个也不让它逃走。”的确，他没打过空铳，百发百中，三天打死麻雀152只。

有人说：“麻雀又小又会飞，怎能消灭呢？”他解释说：“消灭四害要有信心、决心。”他经常把他打铳的经验教给别人，在他带动下，活跃在田野里和森林中打麻雀的人越来越多。人们都称他为打麻雀的能手。

（原载于《中国红十字》1958年3月总65号）

变三多为五无

禾　苗

武汉市十四中校内有一座小山，学校后面还有一个面很大的沙湖，青山绿水景色优美，但住在这里并不那么好受。以往每逢夏天，沙湖里孳生的蚊子，随风飞到校内，山上丛生的野草就成了它们藏身的好地方。晚上，不挂蚊帐休想睡觉。此外，苍蝇、臭虫也多得吓人。大家都认为这三多是无法消灭的。这一次武汉市发布了除五害的命令后，十四中全体师生员工立即做了总动员。3月27日十四中基层红十字会举办了“除五害技术训练”讲座，29日全校停课突击，经过29、30两天大搬家式的扫除，每个角落都打扫得一干二净，山上15000平方公尺的杂草也拔光了，厕所周围都填上了新土，16名红十字少年给全部宿舍喷洒了滴滴涕乳剂。同学们一致表示要苦战一月，在“五一”节前消灭五害，作为对这个伟大节日的献礼。

（原载于《中国红十字》1958年4月总66号）

社论：发扬基层的首创精神（节录）

在总路线的光辉照耀下，各项社会主义建设事业都在大跃进，我们红十字工作也出现了一个生气勃勃的局面。天津市城厢区北门里街红十字会和孝感县城关镇红十字会，得到了地段门诊部的积极支持，在当地党政直接领导下，按照民办业余中学的办法，苦战一昼夜或几昼夜，创办了业余红十字学校，使近百人参加了护理知识的学习，满足了会员群众要求进一步掌握卫生科学知识的愿望。

（原载于《中国红十字》1958年8月总70号）

人民日报社论：干干净净迎国庆（节录）

中共中央已经发出了继续开展除四害运动的决定，并且要求各地在国庆节前普遍举行一次大规模的除四害运动，打扫得干干净净，迎接国庆。

除四害、讲卫生、消灭疾病，正如中央的决定中说的，是“增强人民体质、保护劳动力、提高劳动效率的一项带有根本性的重要措施”。……到8月5日止，全国已治疗血吸虫病人二百零七万四千人，灭螺二十一亿三千多万平方公尺，出现基本无螺县、市十四个，基本无螺乡八百一十个，基本消灭血吸虫病的县市九十六个，基本消灭血吸虫病乡（镇）二百九十个，并且出现了江西的余干、婺源，广东的增城，湖北的谷城、襄阳等七个根除血吸虫病县市。

（原载于《中国红十字》1958年9月总71号）

社论：一定要破除迷信（节录）

就从红十字会员和基层组织的活动来说，在党的领导下，随着思想的解放，打破迷信，摆脱了不少旧规章、洋制度和所谓国际红十字传统的束缚，在工作内容、组织形式和工作方法上，创造了不少新事物。……武汉市江汉区的各种预防注射工作都由各街红十字卫生员来担任，今年5月份，不到二十天就胜利完成了大脑炎第一次和第二次的预防注射工作。卫生部称他们是一支最可靠的防疫助手。

（原载于《中国红十字》1958年9月总71号）

武汉市文教分院先进集体、先进工作者代表大会上的报告（节录）

我市卫生事业的发展是迅速的，全市已有各级医疗预防机构 4166 个，较 1958 年还增长 28%，病床已发展到 20364 张，较 1958 年增加 48.4%，基层保健组织已建立了 6 千个。发展了红十字会员 35 万余人，培训了保健员 4 万人，全市基本上实现了保健化，建立了一个比较完整的医疗预防机构。

1960 年 4 月 8 日

（原载武汉市档案馆馆藏档案，档号：XX000071-WS01-0115-0002）

武钢的卫生保健事业

随着武钢生产建设的发展，武钢的卫生保健事业也取得了显著的成绩。

现在武钢已初步形成了一个比较完整的工人卫生保健网。除了具有较高医疗水平的医院外，还设立了不少保健站，另外在职工中培养了一批业余的红十字保健人员，有效地保障了工人的身体健康。

武钢的医务人员贯彻了卫生工作“从生产出发、配合生产、为生产服务”的方针，树立了为政治、为生产、为职工服务的观点，他们不辞辛劳，深入生产现场，及时地为职工治病，受到职工群众的热情赞扬。

（原载于《光明日报》1961 年 3 月 5 日）

湖北省红十字会工作情况简介

（64）红姚字第 38 号

湖北省红十字会自 1956 年改选以来，做了不少工作，取得一定成绩。以后，由于国内形势的变化，领导工作没有跟上去，除武汉市外，大部分地区工作会一度停顿。1962年，贯彻了红十字会全国代表会议精神之后，进行了整顿，恢复了工作，明确了红十字会国内工作方向，扭转了停顿局面。1963年，我们进一步贯彻“调整、巩固、充实、提高”的方针，由于各级党、政领导的重视和有关部门的大力支持，以及广大会员的积极努力，武汉、黄石、沙市、宜昌、襄樊等市和麻城、孝感、浠水等县红十字会都开展了工作。在健全领导机构、整顿基层组织的基础上，全体会员均积极参加了爱国卫生运动，组织了卫生救护训练、卫生宣传，并在防疫、急救、计划生育的宣传和避孕方法指导等方面均取得了一些成绩，发挥了红十字会组织在群众性除害灭病工作中的助手作用。

一、省会工作

实践证明，总会提出的“有计划、有重点，根据需要与可能，适当发展”的工作方针是正确的。实行这个方针，红十字会的国内工作就能稳步推进，扎扎实实地开展起来。

为了深入贯彻总会精神，省会于1963年10月召开了全省红十字会工作座谈会，各地红会汇报了情况，交流了经验，学习了李德全会长于1961年10月23日在“全国代表会议上的报告”和彭炎秘书长1963年3月23日在“部分城市红十字会工作座谈会上的总结”，最后由省会姚克方会长做了总结发言，布置了工作。

1963年10月和12月，省会先后组织了两次工作检查，到武汉、黄石、浠水、麻城、孝感、沙市、宜昌、襄樊等地，首先听取各地分会汇报，参观了基层，并向当地卫生行政领导宣传红会的性质、任务和在爱国卫生运动中所能起的作用。

为了迅速开展红十字卫生站的活动，省会购买了六百多元的常用药品，又从卫生厅仓库中拨出了部分的药物，充实了30个保健箱（原有的保健箱不在此数内），分发各新建及恢复的卫生站应用。

为了在学校中做好红会工作，省会印发了武昌实验中学红会工作的经验。

二、整顿组织

1963年，各地红会都进行了整顿组织工作，武汉市是在6月开始的，其他各地多是在10月以后先后进行的。各地红会结合开展爱国卫生运动，本着“整顿一批、巩固一批、提高一批”的原则和“边宣传、边检查、边整顿”的工作方法，经过整顿后的红十字卫生站，工作普遍活跃起来，成为群众性卫生工作的一支骨干力量。如，武汉市江岸区大智街红会的领导干部就是街办事处的文教卫生主任。他们首先从武装骨干思想、端正骨干认识入手，成立了学习领导小组（参加的有卫生干事、总站卫生员、派出所治安民警和地段医院院长），学习了总会有关指示，讨论了红会宗旨、性质、任务，（并）联系本街红十字会组织存在的问题反复务虚。然后，又用了四个半天的时间，召集了居委会主任、卫生主任和红会卫生站的骨干深入进行学习，从而提高了认识，端正了思想，增强了信心。骨干回去后，就积极开展了宣传、摸底、审查、登记、编组、建站等工作。经过三四个月的努力，这个街道重新登记和新发展的会员共458人，建立了16个卫生站，开展了许多经常性的活动。

三、基层活动

经过整顿工作，由于健全了组织，加强了领导，基层的活动就更为活跃一些，并能保持经常。学校的红会，一般都做了些简易治疗、卫生检查、体格检查和卫生宣传工作；街道红会主要是搞爱国卫生运动，开展了预防工作和简易治疗，在减少药费开支，提高出勤率方面起了显著作用；有的旅馆办起了红十字卫生站，改善了服务态度，提高了服务质量，接送患病旅客，背进背出，联系医院，为他们换药、洗澡，深得旅客好评，成了医院辅助病房，解决了病人暂时不能住院的困难。各地红会的会员，救死扶伤，发扬革命的人道主义，为老、幼、病、孕、残洗衣服、端茶水、治疾病，办好事的模范层出不穷，举不胜举。

麻城县红会有一个诊所，浠水县有一个红十字医院，原来都是国家办的，随着精简机构，都转为集体。这两个医疗机构中都有党的组织，干部都是国家派去的，他们在经营管理、服务态度方面都比县医院好，在群众中威信很高，对许多困难患者，实行了免费医疗。浠水县红十字医院还抽出两个干部，做县红会的工作和城关的卫生防疫工作，工资仍由集体负担，风格是很高的。

四、几点体会

1. 结合三大运动，树立三个观点

红会工作要为无产阶级政治服务、为生产服务、为保障人民健康服务，就必须与阶级斗争、生产斗争和科学实验三大革命运动紧密结合，在各项活动中，贯彻阶级观点、群众观点和生产观点。这是办好红会的思想基础。

经验证明了，各级红会必须在当地党委的统一领导下，根据国防形势和防治疾病的要求，紧密结合阶级斗争、生产斗争和科学实验，配合爱国卫生运动，大力开展国防卫生救护训练和卫生知识的教育，在各项会务和业务活动中，贯彻阶级观点、群众观点和生产观点，才能正确地解决中心工作和部门工作的关系，才能紧紧抓住中心工作带动全面工作的方法，搞好红会工作。否则，皮之不存，毛将焉附？离开了三大革命运动，离开了中心工作，无视三个观点，红会活动是无能为力的。

2. 民主办会，勤俭办会

红十字会的组织原则是民主集中制，特别是红会这样的群众团体，做工作不能用行政命令，只能民主协商，只能用说服教育的方法，办好红会，必须体现民主精神，必须调动全体会员的自觉性、积极性，就是群众的事情群众来办。

勤俭办会的精神，应该贯彻在红十字会举办的各项活动中。比如，红十字卫生站的保健箱，只能以常用急救药品为主，以免造成浪费和意外事故。

3. 全面规划，检查评比

主席指示我们要“全面规划，加强领导”。这是一个极其重要的指导方法。红会工作有了规划，就能争取各级党、政领导和各级卫生行政部门把红会工作纳入议事日程。此外，还有三大好处：一是明确目标，统一意志。有了规划，红会干部、红会会员就知道干什么？如何干？上下左右统一起来。二是组织群众，有条不紊。有了规划，就能起指导广大群众行动的作用，就不会做了这条，丢了那条，顾此失彼。三是便于检查，便于评比。有了规划，按规划办事，便于检查、评比，斗争就不会松懈，工作就不会自流。

4. 有点有面，又抓又推

任何工作都要抓点，抓点是为了带面。怎么使点发挥作用呢？要在点上抓紧做好当前的一两件事情，创造出经验加以推广，叫做“抓紧做好，马上推广”。省会总结了武昌实验中学的经验，武汉市红会总结推广了江岸区的经验。这对推动学校和街道的红会工作，都起到了一定的作用。

湖北省红十字会

1964 年 2 月 28 日

（原载湖北省档案馆馆藏档案，档号：SZ11502-0684-0001）

红十字会会员助人为乐成为卫生部门开展群众卫生工作的得力助手

各地许多红十字会会员发扬革命人道主义精神，在急救护理、预防疾病以及爱国卫生运动等方面给群众办了很多好事，成为卫生部门开展群众卫生工作的得力助手。

近年以来，各地涌现出大批先进的红十字会基层组织和先进会员，他们常常在群众遇到疾病或自然灾害时，挺身而出，助人为乐，甚至不惜献出自己的生命。许多红十字会会员还在协助医院抢救危重病人方面发挥了积极作用。上海机床钢模厂工人王存柏的手被机器轧断时，红十字会会员、生产组长倪国祥立即紧握住王存柏的断肢上端，高举断臂，从事故发生到去医院途中，一直没有放下，使王存柏避免了失血过多；红十字会会员、女工林培芳不顾一天的工作疲劳，在医院通宵达旦，细心护理。他们运用了平时学到的急救护理知识，对王存柏断手再植的成功贡献了一份力量。芜湖市纺织器材厂的工人、红十字会会员张英男，努力学习卫生救护知识，积极参加群众卫生救护工作，处处关心别人，事事帮助别人，直到为了抢救两名落水少年，光荣地牺牲了自己年轻的生命。上海市的居民、红十字会会员徐澄女是一个普通的家庭妇女，她为了热心照顾一个邻居老太太治病，给老太太端茶送水、洗衣烧饭，并且代替做老太太在街道上担任的工作，收入仍归老太太，自己不取分文报酬。北京市的一个红十字卫生站站长、五十三岁的家庭妇女王亚清看见一位老太太掉到护城河里，丝毫不考虑个人安危，立即跳下河去抢救，并且不顾自己水淋淋的一身，陪送老太太去医院，一直等到老太太被抢救过来。宁波市的红十字会会员林世棠，在台风侵袭时同其他会员一起，到水深及腰的危险房屋中抢救居民，并且为受灾群众安顿住处，治伤护理，自己受寒得病，发烧到三十九度，还念念不忘地询问受灾群众的情况。汕头市红十字卫生队的队员，从着火的房子里救人脱险，护送重伤人员去医院。天津市的红十字会会员在一九六三年河北省部分地区发生水灾时期，组织救护组，展开防汛抗洪的支前、宣传、慰问、救护等活动，不辞辛苦地照顾产妇，护理病人，受到群众的爱戴。为表扬他们这些舍己为人的高尚精神，中国红十字会最近对各地有突出成绩的基层单位和会员，颁发了奖状和奖章。

中国红十字会最近还在北京召开一九六四年工作会议。在国内工作方面，会议号召各地红十字会基层组织和广大会员，坚持学习毛主席著作，学习解放军，提高阶级觉悟，练好卫生救护方面的基本功，开展思想好、工作好、学习好、团结好、卫生好的“五好”会员的评比竞赛，更好地为社会主义建设服务。

（原载于《人民日报》1964 年 4 月 3 日）

省红十字会第二届委员会委员选举票

（根据原档案整理）

职务	委员姓名	工作单位	同意请划“○”	不同意时划“×”
会长	姚克方	省卫生厅		
副会长	刘天民	省人委		
副会长	刘劲	省民政厅		
副会长	陈枫	对外事协		
常委	赵伯瑞	省教育厅		
常委	国莆	省工会		
常委	陈晢	省妇联		
常委	桑毅修	省团委		
常委	谷光	省科协		
常委	孙光珠	省卫生厅		
常委	李大裕	武汉市卫生局		
常委	钱学习	襄樊市人委		
常委	肖华诚	孝感市人委		
常委	王宝楹	黄石市人委		
常委	杨实舜	宜昌市卫生局		
常委	程贞华	沙市市卫生局		
常委	吴伯厚	麻城县人委		
常委	杨崇新	浠水县卫生局		

（续表）

职务	委员姓名	工作单位	同意请划“○”	不同意时划“×”
常委	何钦圣	湖北医学院附院		
常委	赵厚甫	省粮食厅		
常委	李凤恩	武钢炼铁厂		
常委	李家友	江岸区人委		
常委	朱涵珠	武昌区人委		
常委	何为	实验中学		
常委	王守瑞	省卫生厅		

（原载湖北省档案馆馆藏档案，档号：SZ115-02-0685-0001）

省红十字会第二届会员代表暨先进工作者和先进单位代表会议目次安排

一、会议议程

二、出席会议：地区，会员代表，先进工作者、先进单位代表（人数、姓名）

三、主席团名单

四、当选第二届委员会：会长、副会长、常委、委员名单

五、第二届委员会会议通过年度工作计划提纲

六、工作报告

七、杨厅长讲话

八、代表发言摘要

九、闭幕词

十、会议花絮：参观情况、展览会情况、代表对会议的反映

附件：

1.“五好”评选标准及办法

2. 省会组织规程（草案）

（注：原档案中未见附件）

（原载湖北省档案馆馆藏档案，档号：SZ115-02-0685-0001）

省红十字会第二届委员会第一次会议议程

一、选举会长、副会长、常务委员

二、报告本次会议情况

三、讨论明年度工作计划

1. 加强领导，整顿各地各级红会组织。

2. 整顿旧会员，适当发展一部分新会员。

3. 进一步开展对会员的政治思想教育、会务教育和业务教育。（省会预备按照总会教育提纲编辑各项教材）

4. 编印宣传画及卫生常识参考资料。

5. 在武汉市江岸区及武昌区试办社会青少年红十字卫生队。

6. 在宜昌市试办义务输血团。

7. 在黄石市办理农村公社红十字卫生站试点。

8. 在沙市市办理饮食行业红十字卫生站试点。

9. 配合各地民兵训练，组训民兵卫生队。

10. 各地可考虑条件在明年二、三季度举行一次评奖大会。

11. 明年拟组织省内、外参观各一次。

（原载湖北省档案馆馆藏档案，档号：SZ115-02-0685-0001）

省红十字会第二届会员代表会议暨先进单位、先进工作者代表会议闭幕词

各位代表、各位同志：

湖北省红十字会第二届会员代表会议暨先进单位、先进工作者代表会议开了六天，现在胜利闭幕了。

在省委、省人委的正确领导下，在各方面的大力支援下，我们这次会议开得很成功。在这次会议上，我们总结了前段工作的经验，通过学习、讨论、参观，进一步明确了红会的性质、任务和作用。在会议期间，（我们）交流了先进经验和先进思想，贯彻了总会三月国内工作会议的精神，改选了湖北省红十字会委员会，确定了今后工作的方针和任

务。由于各位代表的积极努力，预定的任务已经圆满地完成了。

红十字会是群众性的卫生救护团体。近两年来，我省红会经过初步整顿，进行了许多救死扶伤的革命人道主义活动，出现了许多好人好事，为提高人民健康水平，发展社会主义和加强国防做出了贡献，充分体现了社会主义红会的性质，充分发挥了外交部门和卫生部门的助手作用。在座的许多先进地区和先进单位（的代表），像武汉市的江岸区、武昌区，麻城县，浠水县；像宜昌市的一中、三轮车合作社，沙市市的新沙路小学；武汉市的大智街、四维街、实验中学、十四中、满春路小学，黄石市的联合村，麻城县的白果镇，浠水县的沿河街、红星大队的红会组织；武钢钢厂、大光明五金厂、同和旅社、交通旅社，在开展红会活动方面，特别是在救治小伤小病、开展爱国卫生运动和计划生育宣传当中，做出了很好的成绩，为全省红会树立了榜样。许多红十字会员认真学习毛主席著作，按毛主席的指示办事，专门利人，毫不利己，不讲条件，不要报酬，为人民做了数不清的好事，使“先公后私、先人后己、助人为乐、助人为荣”的社会主义新风尚得到了发扬。我们希望，各位代表把兄弟市、县的先进经验和先进思想带回去，广为传播，使它在更多的地方生根发芽，开花结果。

同志们，我们的工作已经取得了很大的成绩，这是肯定的。但是，和国内先进的省、市比较，未来的任务是十分繁重的。我们只能说，有了一个良好的开端，距党和人民的要求差得很远。代表同志们回去后，要结合“社教”“五反”，进一步整顿组织。在有些市、县要按照总会的方针，“有计划、有重点，根据需要和可能，适当发展”一批新会员；在会员人数已经比较多的地区，要加强政治思想和会务知识的教育，进一步开展群众卫生和救护活动，使其不断地巩固和提高。

在前进道路上，我们还会遇到一些困难：有些同志对红会缺乏认识，我们的经验还不多，工作中还有一些缺点，我们的专职干部很少，我们的经费有限，广大会员的觉悟水平还不一致。这些因素都会影响红会工作的发展和巩固。但是，我们有党的正确领导、有优越的社会主义制度，我们所从事的工作是有利于人民、有利于社会主义建设的，它已经得到并将继续得到广大人民群众的支持。我们有各地党政领导、有关部门的支持，会员的热心工作，这些有利因素，更能长期发挥作用。因此，我们应当信心百倍地展望未来。

毛主席曾经教导我们说：“虚心使人进步，骄傲使人落后。”我们应当永远记住这个真理。出席这次会议的先进单位、先进代表，在许多方面是先进的。但是，也应该看到，我们还有不足的方面，我们做的工作还很有限，经受考验的时间还很短。因此，（我们）千万不能骄傲。那些没有出席这次会议的单位和会员中还有许多无名英雄，这次因为名额有限，不能都邀请来参加，也属遗憾，必须看到，他们有许多东西是值得我们学习的。我们应当谦虚谨慎，戒骄戒躁，踏踏实实地工作。让我们团结一心，共同奋斗，为把我省红会工作推向一个新阶段，赶上全国先进水平而努力吧！

最后，祝代表同志们身体健康！

（原载湖北省档案馆馆藏档案，档号：SZ115-02-0685）

武汉分会医院工厂地区工作小结

为了进一步贯彻党的卫生方针，实现医院革命化，使医院工作更好地面向群众、面向生产、面向基层，我们成立了“工厂地段防治办公室”的专班，协调326名医务人员，加上两个门诊部保健科，走出医院，加强基层卫生院和工厂保健站，与他们共同开展防病治病工作。

武汉分会医院

1966年1月11日

（原载武汉市档案馆馆藏档案，档号：XX000071-WS01-1206）

图书在版编目（CIP）数据

中国红十字运动史料选编．第十七辑，湖北专辑．二/湖北省红十字会，红十字运动研究中心编．—合肥：合肥工业大学出版社，2022.7

（红十字文化丛书）

ISBN 978－7－5650－5883－7

Ⅰ.①中…　Ⅱ.①湖…②红…　Ⅲ.①红十字会—史料—湖北　Ⅳ.①D632.1

中国版本图书馆 CIP 数据核字（2022）第 070721 号

中国红十字运动史料选编·湖北专辑二（第十七辑）

湖北省红十字会
红十字运动研究中心　编　　涂明珍　池子华　主编

责任编辑　孙南洋
出版发行　合肥工业大学出版社
地　　址　（230009）合肥市屯溪路 193 号
网　　址　www.hfutpress.com.cn
电　　话　人文社科出版中心：0551－62903200
营销与储运管理中心：0551－62903198
开　　本　710 毫米×1010 毫米　1/16
印　　张　25.5
字　　数　444 千字
版　　次　2022 年 7 月第 1 版
印　　次　2022 年 7 月第 1 次印刷
印　　刷　安徽联众印刷有限公司
书　　号　ISBN 978－7－5650－5883－7
定　　价　68.00 元